La 30 65 (1)

Paris
1896

Chastenay, L.-M.-V. comtesse de

Mémoires, 1771-1815
L'Ancien Régime et la Révolution

Tome 1

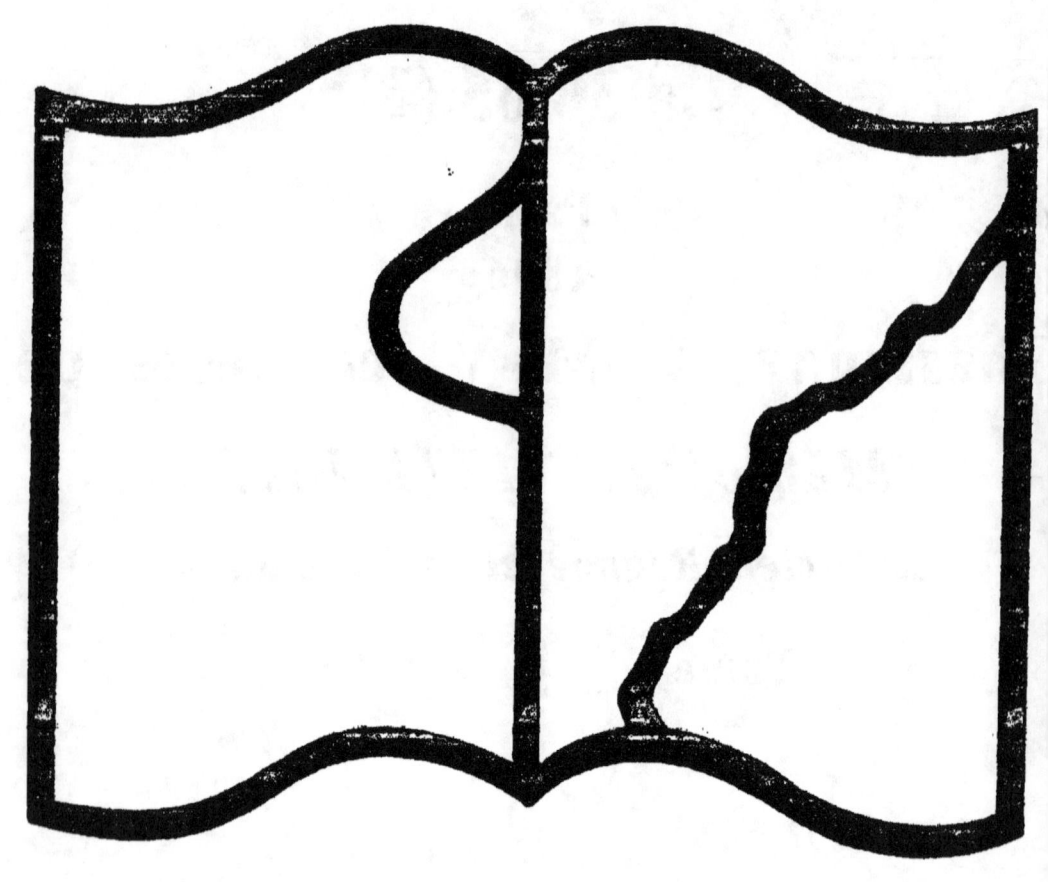

**Symbole applicable
pour tout, ou partie
des documents microfilmés**

Texte détérioré — reliure défectueuse

NF Z 43-120-11

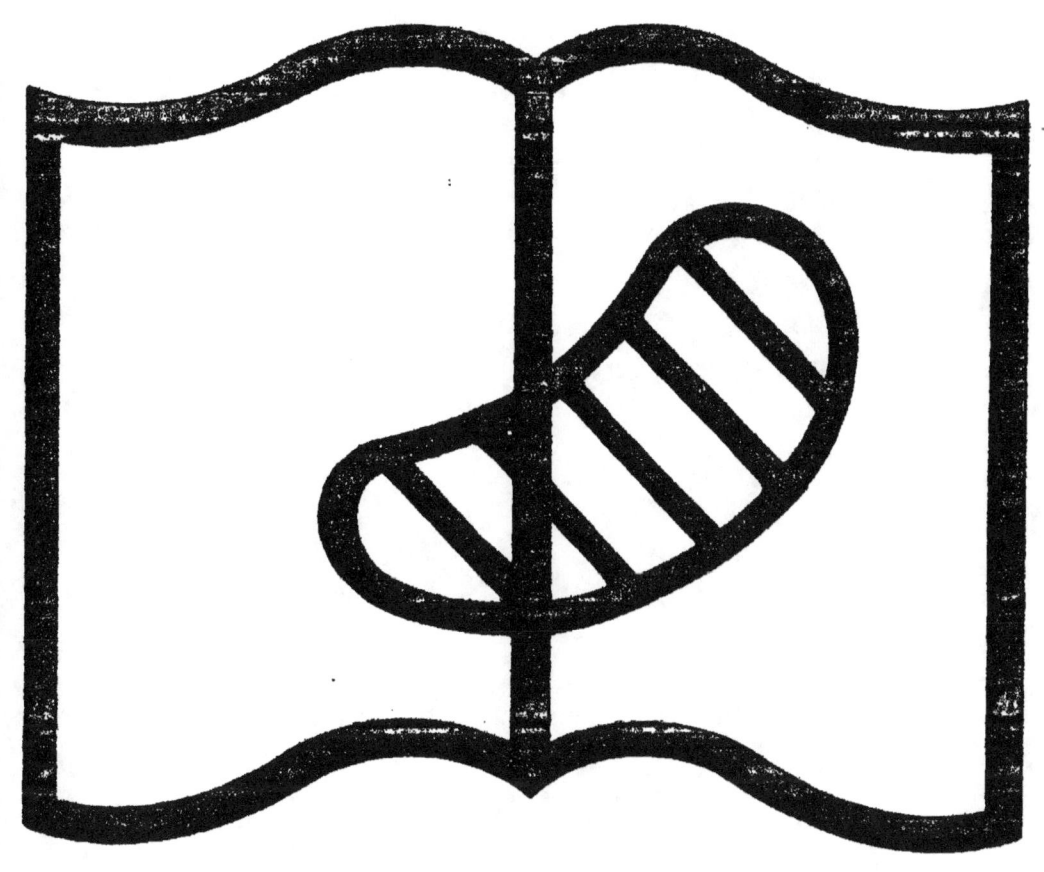

Symbole applicable
pour tout, ou partie
des documents microfilmés

Original illisible

NF Z 43-120-10

MÉMOIRES
DE MADAME
DE CHASTENAY

1771 — 1815

PUBLIÉS PAR ALPHONSE ROSEROT

TOME PREMIER

L'ANCIEN RÉGIME — LA RÉVOLUTION

Avec deux portraits

PARIS

LIBRAIRIE PLON

E. PLON, NOURRIT et Cie, IMPRIMEURS-ÉDITEURS

RUE GARANCIÈRE, 10

1896

MÉMOIRES

DE MADAME

DE CHASTENAY

L'auteur et les éditeurs déclarent réserver leurs droits de reproduction et de traduction en France et dans tous les pays étrangers, y compris la Suède et la Norvège.

Ce volume a été déposé au ministère de l'intérieur (section de la librairie) en mars 1896.

MÉMOIRES

DE MADAME

DE CHASTENAY

1771 — 1815

PUBLIÉS PAR ALPHONSE ROSEROT

TOME PREMIER

L'ANCIEN RÉGIME — LA RÉVOLUTION

Avec deux portraits

PARIS

LIBRAIRIE PLON

E. PLON, NOURRIT et Cⁱᵉ, IMPRIMEURS-ÉDITEURS

RUE GARANCIÈRE, 10

—

1896

Louise Marie Victorine, Comtesse de Chastenay

Madame la comtesse Victorine (1) de Chastenay-Lanty, auteur de ces Mémoires, née à Paris au mois d'avril 1771, est morte à Châtillon-sur-Seine le 9 mai 1855. Avec elle s'est éteinte une famille qui tenait un rang distingué en Bourgogne (2).

Mme de Chastenay ne fut pas mariée. Elle dut au titre de chanoinesse, qui lui fut conféré dès l'âge de quatorze ans, d'avoir été appelée « Madame » par ses contemporains.

Quoique bien jeune encore au moment de la réunion des États généraux, elle fut à même de juger les préliminaires du grand drame qui allait se jouer et les acteurs destinés à y prendre part. Tenant à la Cour par ses relations de famille, et à la partie libérale de l'Assemblée par son père, député de la minorité de la noblesse, elle occupait une situation exceptionnelle pour bien voir le

---

(1) Mme de Chastenay a toujours été appelée *Victorine*, quoique son acte de baptême (12 avril) indique les prénoms de Louise-Marie-Victoire.

(2) Elle eut un frère, le comte Henri de Chastenay, pair de France, mort avant elle, en 1834, et marié à Henriette de Laguiche, dont il n'eut pas d'enfants.

monde ancien prêt à disparaître, et le monde nouveau qui allait le remplacer. D'autre part, une instruction très supérieure à celle des jeunes filles de son temps, un rare esprit d'observation, un jugement droit, — qualités naturelles développées dès son jeune âge par de fortes études, — lui permirent d'apprécier avec une entière maturité d'esprit les événements qui se déroulaient sous ses yeux.

Ses Mémoires, écrits sans prétention, avec une élégante facilité et une distinction contenue, nous montrent sous un jour piquant les principaux personnages de cette époque mémorable; la peinture des mœurs et des usages y tient également une place importante.

On se tromperait, cependant, si l'on croyait ne trouver dans cette lecture qu'un agréable passe-temps. Sans doute, une femme, si remarquable fût-elle, ne pouvait prendre une part active au mouvement politique; mais Mme de Chastenay s'y trouva mêlée par la force des circonstances. La préoccupation de sa propre sûreté et de celle de ses parents, dans les moments de troubles; le désir de faire rendre justice aux victimes de la Révolution, et d'obliger, d'une manière générale, tous ceux qui réclamaient son appui, la mirent en relation avec un grand nombre d'hommes politiques de cette période agitée. Par la suite, plusieurs de ceux qu'elle avait ainsi connus lui servirent d'introducteurs dans le monde impérial, où ils venaient eux-mêmes de pénétrer.

La supériorité de son intelligence, son goût pour les études les plus variées, sa qualité de femme auteur, l'alliance, dans sa personne, d'une origine nobiliaire et de sentiments très modernes, l'ont fait rechercher à la fois par les savants et les littérateurs et par les hommes de gouvernement. Aussi bien, l'histoire littéraire et celle des grands événements politiques trouveront ici des éléments d'une égale importance.

Il convient d'ajouter que sous l'Empire Mme de Chastenay se tint sur une prudente réserve, sans rompre ouvertement avec le nouveau pouvoir. Elle appréciait les bienfaits d'un gouvernement réparateur et les institutions merveilleuses que le génie de Napoléon avait fait surgir des ruines de l'ancien régime, mais elle appartenait à une société qui ne lui laissait pas l'entière liberté de ses mouvements. A vrai dire, elle n'aimait pas l'homme extraordinaire qu'elle ne pouvait s'empêcher d'admirer. Napoléon était, du reste, dans des sentiments identiques à l'égard de Mme de Chastenay : il n'a jamais oublié qu'en 1795 une jeune fille de vingt-quatre ans avait pu soutenir avec le général Bonaparte, pendant quatre heures, une conversation sur les sujets les plus variés, que son génie était seul capable d'embrasser ; mais l'Empereur n'avait pu enrôler cette âme fière dans l'armée de ses courtisans, et la plier aux caprices de son despotisme. Au surplus, si Mme de Chastenay ne parut que bien rarement aux fêtes officielles de l'Empire, elle fut plus assidue aux réceptions de certains ministres et aux soirées intimes de l'impératrice Joséphine, qu'elle avait connue chez Barras.

Deux figures historiques dominent la vie de Mme de Chastenay, celles de Fouché et de Réal.

Fouché fut très lié avec elle ; le portrait qu'elle en a tracé permettra peut-être de préciser quelques traits encore indécis de cette physionomie si complexe ; il sera consulté par ceux qui voudront démêler la vérité dans les jugements divers portés sur un homme tant redouté de ses contemporains, et qui sut mettre en échec la perspicacité de Napoléon lui-même.

L'influence de Réal fut plus grande encore sur la destinée de Mme de Chastenay. Réal éprouva pour cette femme aimable tout ce que l'amitié et même la passion peuvent inspirer de dévouement. Mme de Chastenay n'a soulevé qu'une partie du voile destiné à soustraire aux regards indiscrets de la postérité le tableau de cette intimité touchante ; ce qu'elle en a laissé voir suffit pour exciter le plus vif intérêt.

Ces Mémoires sont publiés d'après le manuscrit original, qui ne comprend ni divisions ni sommaires. Il importait d'établir quelques repos au milieu d'un aussi long récit et de préciser par quelques dates la marche chronologique des événements.

Des notes étaient également nécessaires. On les a faites aussi peu nombreuses et aussi courtes que possible, de manière à éviter tout appareil d'une érudition qui serait ici déplacée. Dans ce travail d'annotation, les noms très connus et ceux qui ne méritent pas de l'être ont été négligés à dessein, sauf dans les cas, très rares d'ailleurs, où l'on aurait pu éprouver quelque incertitude à cause d'homonymes. Des éclaircissements étaient, au contraire, indispensables pour les noms d'hommes politiques de second ordre et, en général, pour ceux des savants, artistes et littérateurs, célébrités moins connues que celles du monde politique et militaire.

Dans le manuscrit de ces Mémoires les noms propres sont écrits d'une manière presque toujours fautive ; des recherches consciencieuses ont permis de faire disparaître la plupart de ces imperfections.

Mme de Chastenay avait chargé de cette publication M. Alexandre Laperouse, président du tribunal civil de Châtillon-sur-Seine, son exécuteur testamentaire, décédé avant d'avoir pu réaliser les intentions de celle qui l'avait honoré de son amitié. Celui qui écrit ces lignes, en épousant la petite-fille du président Laperouse, filleule elle-même de *Madame Victorine,* a considéré comme une obligation personnelle la réalisation d'un vœu si respectable; cette publication lui a semblé le plus bel hommage qu'on pût rendre à la mémoire d'une femme distinguée entre toutes, et dont la vie entière fut consacrée à la défense des faibles et des opprimés.

A. R.

PRÉFACE DE L'AUTEUR

A cette époque de ma carrière, que je puis en appeler le retour (1), je me sens pressée de reporter mes regards sur ces jours écoulés de ma vie qui ne sont pas tout à fait un songe; j'éprouve le besoin de dire avec simplicité ce que j'ai vu, ou ce que j'ai cru voir.

Étrangère à tous les partis, je dirai cependant quels furent mes intérêts, et s'il arrivait que je me misse en scène dans les récits que j'ai à faire, ce serait afin de répandre quelque lumière sur les situations individuelles qui trop souvent échappent à l'Histoire.

Je n'ai pas le dessein d'imprimer tout ce que je me propose d'écrire; ceux qui me survivront jugeront de l'intérêt que ma relation peut avoir, ils en disposeront à leur gré. J'écris pour être lue un jour, je pense que mon récit pourra devenir utile, parce qu'il sera vrai.

Je n'ai d'autre plan arrêté que celui de présenter les événements dans leur ordre, et de chercher l'histoire du cœur humain dans celle de la Révolution. Le texte des

---

(1) Mme de Chastenay écrivait ces lignes en 1817 : elle avait alors quarante-six ans; mais certaines parties de ses *Mémoires* ont été rédigées en 1810, et par suite à une époque encore plus rapprochée des événements qu'elle rapporte.

décrets m'échappera souvent, les détails des plus glorieuses campagnes me seront souvent interdits, les plus éloquents orateurs ne revivront pas dans mon ouvrage. Je m'étendrai, sans proportions peut-être, sur certains événements que j'aurai mieux connus; je traiterai brièvement ceux qui m'auront été les plus étrangers. En un mot, je n'écris pas l'Histoire; mais si je remplis mes intentions, j'aurai peut-être écrit pour l'Histoire.

MÉMOIRES
DE MADAME
DE CHASTENAY

CHAPITRE PREMIER

Famille de l'auteur : les Chastenay, Le Bascle d'Argenteuil, Herbouville. — Jeunesse de Mme de Chastenay mère. La vie de couvent, à Port-Royal. Dame d'honneur de la duchesse de Bourbon. Son mariage (1770).

Je ferai connaître mes parents, je ferai connaître leurs familles ; je ne suis rien qu'avec eux, je n'ai rien été que par eux.

Ma race des deux côtés est antique et chevaleresque. Le nom de mon père date, en Bourgogne, des plus antiques souvenirs. Dans les temps modernes, Joachim de Chastenay, chevalier des ordres du Roi et commandant à Châtillon-sur-Seine, eut un rôle considérable dans sa province pendant les troubles du seizième siècle. Huberte, sa fille, fut nommée à quinze ans abbesse de Remiremont, en considération, dit l'acte capitulaire, des services rendus au chapitre par sa famille.

Cette famille, d'ailleurs, ne fut guère à la cour. François de Chastenay, aïeul de mon père, propriétaire des plus belles terres dans l'arrondissement de Châtillon (1), dissipa en quelques années une fortune territoriale qui serait

(1) Châtillon-sur-Seine, chef-lieu d'arrondissement (Côte-d'Or).

immense aujourd'hui. Mon grand-père, son second fils, qu'on rappela des combats de Malaga sur mer, de Malplaquet sur terre, au secours de sa vieillesse, sauva de ces débris la seule terre d'Essarois (1). Je respecte cette terre comme la nourrice de ma famille. Si j'ai des neveux, je leur demande pour elle quelque affection. C'est là que mon père a reçu le jour.

Assurément rien ne peut aujourd'hui donner l'idée des mœurs conservées dans les châteaux par les nobles jusqu'au temps de la Révolution. Elles se perdaient tous les jours; la Révolution en a enlevé la trace.

Mon grand-père avait plusieurs frères. L'aîné, le marquis de Lanty, que Louis XV se souvenait d'avoir vu à l'armée, quand ils étaient jeunes tous les deux, était, à ce qu'il paraît, un homme aimable et fait pour aimer comme pour plaire. Séduit par une jeune personne sans nom et sans fortune, il l'épousa et fut déshérité. De ses deux filles, belles comme leur mère, l'une épousa M. Dupleix, et l'autre est morte sans avoir été mariée.

Mon grand-père avait tout quitté pour rétablir par ses efforts les affaires de sa maison. Ses frères cadets, indépendants, sauvages, chasseurs, comme aux premiers âges de la société, vivaient à quelque égard du produit de leurs chasses, buvaient chez les curés, chez les chirurgiens du pays, et bons par essence, fiers, mais sans morgue, familiers par nécessité et par habitude, ils ont laissé, malgré le désordre et, je puis le dire, l'inconvenance de leur vie, ils ont laissé dans le pays des souvenirs profonds de respect et d'amour.

Le baron de Crépan, l'un d'eux, mourut jeune, ainsi qu'un autre de ses frères. Une tradition de nos montagnes

---

(1) Près de Châtillon-sur-Seine, canton de Recey-sur-Ource.

est qu'épris et favorisé d'une de ses jeunes parentes, qui habitait le voisinage, il allait la trouver chaque soir près d'un ruisseau. Elle lui survécut fort peu, et l'on croyait que leurs âmes revenaient au théâtre de leurs amours.

Le comte de Saint-Georges, frère puîné de mon grand-père, était un homme de haute stature, robuste, ignorant par excellence et buveur intrépide; il a prolongé sa carrière jusqu'à quatre-vingt-dix ans, mais je ne l'ai jamais connu. Marié trois ou quatre fois, il eut un fils dans sa jeunesse. Ce fils était d'une figure charmante, son esprit était aimable; il acquit de lui-même d'agréables talents, il faisait des vers, il avait de l'instruction. Brave à se faire distinguer, adroit à tous les exercices, il servit avec honneur; mais bizarre, incapable de joug et de contrainte, gentilhomme français dans tout ce que ce mot présente de plus abstrait et de plus exagéré, il ne voulut jamais plier devant la faveur. Il dit ses opinions, prétendit mériter et ensuite obtenir; quitta le service par humeur, couvert de blessures multipliées et accablé de rhumatismes gagnés avec gloire, mais brouillé avec les hommes influents et sans avoir reçu la croix de Saint-Louis qu'il refusa d'aller chercher à son régiment. Un mariage inégal et un grand dérangement de fortune lui ont fait traîner une vieillesse peu heureuse. Longtemps, dans sa province, la mémoire meublée de toutes les chartes relatives aux privilèges de la Bourgogne, il faisait aux États la terreur des élus et du prince de Condé. Toutefois la pureté de son zèle, le désintéressement abolu de sa conduite, la naïveté de ses emportements lui conciliaient l'estime et le respect de ceux mêmes qui ne l'approuvaient pas (1).

---

(1) Il est l'auteur d'une brochure intitulée : *Lettre d'un gentil-*

C'était à lui que mon grand-père avait longtemps destiné sa fortune. Il avait atteint l'âge de cinquante-cinq ans sans avoir pensé au mariage. Une querelle violente avec le fougueux comte de Saint-Georges, dans une auberge, à Châtillon, décida de sa destinée : mon grand-père donnait à son frère des conseils sur l'éducation de son fils, déjà grand et l'objet commun de leur tendresse. « Voudrais-tu donc, dit le père, que je fisse de mon fils un olibrius tel que toi? » Cette injure en amena de plus graves. Mon grand-père part furieux et se rend à Courcelles, petit château près de Châtillon (1), chez le vénérable comte d'Argenteuil ; il exhale son ressentiment, on l'engage à se marier; on lui indique Mlle d'Argenteuil, parente de la maison, qui demeurait chez son père, dans un château de Champagne. Mon grand-père s'y transporte, et le mariage est conclu.

J'ai entendu mille fois mon père se rappeler avec intérêt le spectacle des vertus dont la famille d'Argenteuil a entouré son enfance et sa jeunesse. Courcelles, ce petit château, rasé depuis la Révolution, conservait les formes gothiques; un couple uni par une tendre estime en a longtemps honoré le séjour. Le comte d'Argenteuil avait bien fait la guerre ; il avait ramené de celle d'Espagne un beau cheval espagnol, que mon père a connu âgé de plus de trente ans. Son conducteur, Espagnol comme lui, était aussi vieux en proportion, mais tout était heureux dans cette maison sainte. La bienfaisance y avait un temple. Le marquis d'Argenteuil, fils de ces dignes gens dont je parle, était peut-être trop

---

homme bourguignon à un gentilhomme breton. In-8°, 48 pages, sans lieu ni date (Dijon, 1788). Inconnu à Barbier et Quérard.

(1) Courcelles-les-Rangs, commune de Monliot, canton de Châtillon-sur-Seine.

hautain pour laisser à ses bonnes qualités le vernis d'aucun charme. J'ai vu dans mon enfance Mlle Duret, sa tante, habitant ce même château, vêtue comme une Sœur grise et consacrant au soin des pauvres tout son temps et toute sa fortune.

Le père de ma grand'mère était gouverneur de la ville de Troyes; un de ses fils a rempli très honorablement les fonctions d'ambassadeur de l'ordre de Malte. L'aîné, retiré du service, vécut toujours dans son château, heureux près de sa paisible et vertueuse compagne. Riche livrée, vaisselle d'argent cossue, domestique nombreux, chevaux sages et bien entretenus; le marquis d'Argenteuil allait chaque jour visiter ses équipages et faire une courte promenade. D'ailleurs, le soin de ses affaires était, ou à peu près, sa seule occupation; une partie de cartes avec sa femme, à peu près son seul plaisir, tandis que Mme d'Argenteuil dans le salon depuis le matin filait de la soie avec un rouet à main, piquait des points de tapisserie et conversait avec quelques voisins. Tous deux étaient heureux et ne désiraient rien de plus; leur univers était là tout entier. Ils ont laissé à leurs enfants de la fortune et leurs exemples. M. d'Argenteuil resta veuf plusieurs années, et son dernier mot en mourant fut de dire à son fils empressé près de lui : « Mon cher ami, je vais rejoindre ta mère. »

Une grande disproportion d'âge séparait mon grand-père de sa nouvelle épouse; ils eurent toutefois beaucoup d'enfants. Ma grand'mère habita son château en Bourgogne, et seule pour la plupart du temps. Son mari affectionnait une terre qu'il avait en Picardie, terre fatale et qui a accablé ses enfants de procès (1). Bon d'ailleurs,

---

(1) Fleury, près d'Amiens, canton de Conty.

quoique vif, il a servi de tuteur et de père à tout ce qui resta orphelin, de son temps, dans les deux terres dont il était seigneur. Ma grand'mère était la protectrice des pauvres, et, dans un pays où, par défaut d'ordre, elle avait laissé des dettes criardes, payées depuis par mon père, son nom est prononcé avec attendrissement.

Nous n'avons plus l'idée de cette dignité simple, de cette bonté égale, de cette politesse extrême et presque sans nuances qui se trouvaient alors chez les nobles seigneurs. Ils avaient de bonne foi le sentiment de leur importance et ne craignaient jamais de la pouvoir perdre. Alors aussi on ne leur disputait rien, et à cause de cela même ils se regardaient comme obligés à tout.

Mon père ne fut pas le premier fruit de cette union; il avait un frère, très aîné, qui mourut à l'armée, avant l'âge de vingt ans. Deux de ses sœurs étaient ses aînées : Mme du Deffand lui servit de marraine. Il n'avait que onze ans lorsque son père mourut, saigné hors de propos dans une attaque de goutte. Ma grand'mère, avec bien de l'esprit, de l'instruction et des intentions pures, était au-dessous de la tâche que son veuvage lui imposa. Elle ignorait le monde entièrement, elle dédaignait ou négligeait les soins de détail et tout ce qui s'y rapporte. Son fils fut comme abandonné dans une pension à Paris, et de là au collège du Plessis. Je lui ai ouï dire bien des fois qu'il était sans habits, sans argent, sans recommandation d'aucune sorte, et que dès ce temps il se promettait bien que ses enfants ne seraient pas traités de même.

Pourtant, des dispositions naturelles, un caractère heureux, un caractère adorable, un extérieur aimable et distingué lui firent faire d'assez bonnes études. Des principes honnêtes se développèrent en lui comme d'eux-mêmes; il n'eut que de bons sentiments et fut aimé de quiconque le connut. A l'âge de seize ans environ, il fut placé dans une école libre que l'on nommait académie; les jeunes gens devaient y apprendre à faire les exercices du corps et un peu de mathématiques. Maîtres d'ailleurs de tout leur temps, et dégagés de toute active surveillance, plusieurs auraient bien pu s'y perdre; mais la gaieté d'un caractère droit, l'honnêté d'un cœur pur firent alors le salut de mon père.

Ce fut en sortant de cette école qu'une circonstance le ramena en Bourgogne, et qu'il y fit effectivement connaissance avec sa mère. Jeune, simple, facile, il se trouva heureux dans la compagnie de cette mère qui était spirituelle et très bonne; il chassait du matin jusqu'au soir, entouré des jeunes compagnons qui avaient partagé les jeux de son enfance. Il les traitait franchement en camarades; les vieilles femmes, les paysans regardaient leur jeune et généreux seigneur comme s'il eût été leur enfant. Comment ce pays ne lui serait-il pas cher, et comment ne me le serait-il pas?

Ces temps furent trop courts. Mes tantes revinrent de leur chapitre; elles y avaient contracté une sécheresse qui ne pouvait s'accorder avec la franchise non polie du jeune hôte des bois. Avec des principes d'or et des âmes de toute pureté, rien n'avait étendu les idées de ces dames respectables. Elles n'avaient ni l'esprit, ni l'instruction de leur mère; le jeune homme s'ennuya, retourna à Paris, mousquetaire d'abord, sous-lieutenant ensuite, au régiment de Bauffremont. Comme personne ne s'occupait de son sort, il n'avait point encore d'autre titre, quand, vers la fin de sa vingt et unième année, une nouvelle et plus brillante carrière se détermina pour lui.

Une jeune beauté s'était élevée à l'ombre épaisse du cloître et sous les voiles blancs de Port-Royal. Catherine-Louise d'Herbouville, ma mère, était restée orpheline dès le bas âge. Sa mère n'avait pu se consoler de la mort d'un premier enfant; elle avait succombé aux ravages que l'excès de la douleur avait causés dans sa constitution; elle était morte à vingt-huit ans, en donnant le jour à mon oncle.

J'ai vu des portraits de ma grand'mère; elle était grande et devait être belle. Pleine d'agréments, d'esprit et de toutes les grâces que le monde peut embellir, elle a laissé à ceux qui l'ont connue des souvenirs qui ne se sont éteints qu'avec eux. J'en ai retrouvé la trace vivante dans ceux de ses contemporains que j'ai connus, et M. le prince de Condé parle encore de cette femme charmante comme si elle eût vécu hier.

La maison d'Herbouville est normande et antique. L'une de ses traditions est qu'une de ses branches passa en Angleterre avec Guillaume le Conquérant et s'y perpétua sous le nom de Mortimer, qu'on regarde comme le nom primitif de la maison. La coutume de Normandie, qui concentrait en une seule main tout l'héritage d'une famille, a conservé à mon oncle une fortune territoriale considérable, et sa sœur n'a retiré de la succession paternelle que son *mariage avenant*, étroite légitime appelée aussi *chapeau de roses*.

Le grand-père de maman avait traîné jusqu'à plus de quarante ans une vie pénible et languissante. L'intérêt de ses enfants le détermina alors à vendre un emploi supérieur de gendarmerie, dont il était en possession, et le soin de sa santé le fixa dans une de ses terres, à Saint-Jean du Cardonnay, près Rouen. Il y a vécu plus de quatre-vingt-seize ans, ayant recouvré depuis un demi-siècle tous les privilèges de la santé. Il vivait avec ses voisins, tenait table ouverte, et table tout le jour. La chasse, dans la saison, occupait les heures libres. C'était sans doute un grand moyen de sociabilité; on goûtait en commun des jouissances positives, et rien de ce qui divise ordinairement les hommes ne pénétrait sans compensation dans ces relations que l'usage cimentait.

Mon grand-père, fils de ce vieillard, fut tué à la bataille de Minden, capitaine de gendarmerie. Ses deux frères avaient été tués en différentes occasions de la même guerre. Mon oncle, au berceau, resta seul avec sa sœur, à peine plus âgée, sous la tutelle de son oncle, l'abbé d'Herbouville (1), plus que sous celle de son grand-père. La jeune orpheline demeura peu à Saint-Jean, où d'abord on la conduisit. Sa grand'mère maternelle, Mme de Cambis, dont le mari était mort ambassadeur en Angleterre, la fit revenir auprès d'elle. Il paraît qu'elle était aimable; qu'accoutumée au plus grand monde et à la plus grande existence, elle avait gardé dans sa retraite et au milieu de ses infirmités le goût de l'élégance et tout l'extérieur d'un haut rang. La Reine venait la voir à sa maison de Saint-Cloud, et la jolie petite fille, que Mme de Cambis montrait avec orgueil, a conservé les impressions que toutes ces circonstances devaient laisser sur son esprit.

Mise de très bonne heure au couvent, et bientôt privée de sa grand'mère, la jeune d'Herbouville s'y trouva avec toutes les jeunes personnes les plus distinguées de son âge; mais la grand'mère n'était plus, toute élégance avait disparu. Rien ne flattait plus assez l'amour-propre naissant, dans un petit monde où l'état des familles avait

---

(1) François-Louis d'Herbouville, abbé commendataire de Molôme (Yonne).

créé derrière les grilles toutes les existences artificielles que le grand monde pouvait présenter. L'abbé d'Herbouville arrangeait sa tutelle avec un dévouement admirable, mais il n'avait que l'idée d'économie. M. de Cambis, beau, bon et loyal homme, avait au milieu de Paris la ronde simplicité d'un gentilhomme châtelain. Il eût tout donné à sa nièce, qu'il adorait, mais il ne concevait pas ce qu'elle pouvait vouloir. Mme de Cambis, née Montperroux, sa femme, l'eût difficilement éclairé à cet égard. Religieuse dans le cœur, elle a pris le voile en devenant veuve. Concentrée dans une société estimable, mais sérieuse et terne, elle n'avait d'une grande existence que l'habitation du vaste hôtel de Cambis, au Marais, un bel équipage bien tenu, une table bien servie et un ennui profond.

Elle devait être bien jolie, cette petite pensionnaire qui enviait peut-être en secret les robes d'étoffes et les gazes de ses compagnes plus parées. L'uniforme de Port-Royal était un fourreau de serge blanche, à queue traînante, à manches courtes, qui laissait le cou découvert et se terminait à une collerette de batiste. Un voile blanc, à plat sur les cheveux, complétait ce costume virginal. La figure la plus parfaite que le ciel se soit plu à former devait paraître ravissante sous des draperies si simples. Maman a la taille et les mains de la Vénus de Médicis ; elle a le profil grec, des dents de perles, un teint parfait ; l'incarnat d'une rose blanche rosée est le seul que la nature ait mêlé sur ses joues charmantes ; un sourire enchanteur et une grâce toute française : voilà quelle était cette jeune fille qui s'ignorait entièrement.

L'éducation du couvent était fort régulière. On y prenait l'esprit et les habitudes de la dévotion ; l'instruction d'ailleurs y était nulle. Les talents s'y ébauchaient à peine, et on y commençait seulement les leçons de danse et de musique, mais sans aucune émulation. Les jeunes personnes, entre elles, étaient des dames, et le monde, les usages étaient toutes leurs pensées. Une jeune personne qui ne prenait pas au couvent le goût passionné de dévotion qui pouvait la faire aspirer au voile noir et aux vœux, en sortait disposée à ne reconnaître de module que la mode, de bonheur que les plaisirs, les parures, la figure du monde. Entre les murailles d'un couvent on ne soupçonnait pas la nature, et un certain mélange de moralité et de sécheresse ne disposait pas au roman.

Pourtant, ce grand monde d'autrefois laissait à ceux qui en composaient la cité une sorte d'indépendance, que les divisions et l'âpreté actuelles ne représentent, ni ne suppléent. On se distingue aujourd'hui par une bannière, par une couleur; alors on voulait être soi, et dans les salons comme ailleurs l'individu, quel qu'il pût être, ne se perdait pas dans les masses; il n'y avait foule nulle part.

Je crois que réellement on devait s'amuser dans cette société d'un même âge, dont les devoirs étaient si peu de chose; mais à peine avait-on douze ans que déjà l'on pensait bien s'ennuyer. Les visites des dames du monde, leurs toilettes, leurs propos préoccupaient longtemps ces jeunes esprits. « Allez-vous au Temple ce soir? » dit un jour, en sortant, une dame à sa compagne. — « Non, j'irai au Palais-Royal. » Ces mots, que maman entend encore, firent une impression incroyable sur toutes ces petites aspirantes à l'éclat, au plaisir, et, sans le savoir, au succès.

Je passe des détails, qui pour être piquants doivent être entendus de la bouche de celle qui les conte. Il faut la voir elle-même prenant possession d'une chambre particulière au couvent du Cherche-Midi, et y introduisant une femme de chambre, la première qu'elle eût jamais eue et qui resta la compagne constante, l'amie de sa vie entière. Il faut la voir à l'Abbaye-aux-Bois, se livrant aux gaietés de son âge, avec la jeune Mme d'Es..., mariée et pensionnaire encore; il faut la voir dînant chaque jour avec Mme de Richelieu, abbesse de cette abbaye, y voyant Mme d'Egmont et prenant de ces femmes, d'un ton si distingué, un genre et des manières qui ne sont point de l'imitation, et qu'on ne saurait imiter.

Elle allait avoir dix-sept ans; elle était toujours plus charmante. Elle perfectionnait ses talents de chant et de clavecin; elle avait l'instinct de l'instruction, elle achetait de fort bons livres, et ne les ouvrait pas quelquefois sans plaisir. Mme de La Force, ancienne amie de sa mère, conçut l'idée de lui faire avoir une place qui facilitât son mariage; elle lui en obtint une au Palais-Bourbon, que Mlle d'Orléans devait bientôt occuper en épousant le duc de Bourbon, et Mlle d'Herbouville entra au couvent de Panthémont, pour y commencer ses relations avec la jeune princesse qu'elle devait suivre un jour.

Ce couvent alors était déjà une cour; elle fut brillante à Issy, où la princesse passa l'été. Je me représente la vie de ce château comme l'idéal des romans : une princesse de vingt ans, spirituelle, jolie, animée, éprise déjà de ce bel enfant de quinze ans qui devait être son époux, et qu'on y amenait à peine; une gouvernante, future dame d'honneur, sévère, vigilante et vraiment un peu duègne; ses deux filles non mariées, mais dont l'une, vrai composé de tous les agréments, devait s'élancer comme éperdument au plaisir et se livrer à toutes les galanteries ; une amie de la princesse, d'un âge bien plus mûr, contrefaite à l'excès, mais douée d'un esprit supérieur et comme enrichi de la passion de son âme de feu qui ne pouvait, à cause de sa figure, s'exhaler en sentiments tendres ; Mlle d'Herbouville avec tous ses charmes naissants, timide et volontaire, fière et douce à la fois, possédée du désir de plaire et de l'instinct qui fait commander ; mille visites journalières enfin, tous les princes, tout leur cortège ; élan et retenue à la fois. C'était une excellente école. Les soirs, au reste, que ces dames étaient seules, elles lisaient tout haut entre elles l'histoire, romanesque à la fadeur, intitulée : *La reine de Navarre*. Les dimanches, elles faisaient elles-mêmes des confitures et des gâteaux, et elles dansaient avec les femmes de chambre et les officiers de la maison.

Pourtant il fallait un mari. Les parents de ma charmante mère ne savaient pas trop sa fortune, qui a surpassé leurs idées ; ses partages n'étaient pas faits. Pour elle, tout étrangère au matériel du monde, elle entrevoyait seulement qu'elle voulait épouser un homme de qualité et n'entendait rien à tout le reste.

Comme il arrive presque toujours, un vrai hasard en décida. Le jeune homme, dont j'ai parlé au commencement de ces Mémoires, fut rencontré à la campagne par une vieille amie de l'abbé d'Herbouville. Une idée de convenance la frappa ; elle proposa, elle arrangea toutes choses ; ma grand'mère vint à Paris, et, sans éloignement, mais presque sans attrait, après trois visites au parloir, le *oui* fut dit à Saint-Sulpice (1).

Les mariages du Roi et des princes eurent lieu à

---

(1) En 1770.

cette même époque. Des fêtes brillantes se succédèrent, mais à la cour les fêtes sont des corvées. Six mois de séjour à Issy avaient presque blasé la jeune et charmante comtesse sur les plaisirs bruyants du monde ; pleine de sa dignité, comme il arrive dans la société des princes quand on n'y devient pas servile, elle ne tarda pas à trouver que l'existence secondaire que donne une place chez une princesse ne pouvait pas convenir à ses goûts et à ses idées ; elle refusa tout appointement, et moins de six mois après son mariage elle donna sa démission. Des sentiments imprévus au couvent occupaient alors sa jeune vie. Elle se trouvait à Fleury, terre de son mari, près d'Amiens ; elle y était avec mon père. Elle était grosse, et ce monde et Paris n'occupaient plus guère sa pensée.

CHAPITRE II

Naissance de Mme de Chastenay (1771). — Carrière militaire de son père. — Premières études de Mme de Chastenay. — Le piano avec Séjan et Pradhère. — Premier voyage à Essarois. — Le prince Xavier de Saxe à Pont-sur-Seine (1781). — Voyage à Fleury. — Fêtes champêtres en Picardie. — Suite des études. — Fêtes de famille. — Bals d'enfants. — Études de mathématiques élémentaires, de latin, de géographie. — Habitués du salon de Mme de Chastenay mère. — Médecins d'autrefois. — M. Turlot devient l'ami de la famille de Chastenay.

Je vins au monde (1) et je fus chérie comme peut l'être un premier enfant. Mon frère naquit quinze mois après. Ces deux naissances, quelques fausses couches, altérèrent promptement une santé excellente réellement, mais pourtant délicate. Paresseuse, parfois dédaigneuse, maman ne cultiva pas toujours la société, mais elle en fut toujours l'amour. Elle s'y livra par intervalles, elle y brilla en s'y montrant et, sans toujours répondre aux empressements, elle parut toujours aimable. Je lui ai entendu conter ses relations avec Mme de Boufflers, la

(1) Église Sainte-Madeleine de la Ville-l'Évêque, à Paris. Le 12 avril 1771, baptême de Louise-Marie-*Victoire*, fille de messire Érard-Louis-Guy, comte *de Chastenay*, officier au régiment de dragons Bauffremont, seigneur d'Essarois, Fleury, Méracourt et Beauvoir en partie, et de très haute et très puissante dame Mme Catherine-Louise d'Herbouville. Parrain, messire François-Louis d'Herbouville, seigneur d'Harescourt, Hevercourt et Fessauvillers en partie, abbé commendataire de Molôme; marraine, très haute et très puissante dame Mme Louise-Anne-Élisabeth Le Bascle d'Argenteuil, veuve de messire Joseph-Auguste de Chastenay, chevalier, comte de Lanty.

mère du bon chevalier qui fut Tibulle dans son jeune âge, Philémon dans l'âge avancé. Cette société académique était essentiellement aimable; on y aimait l'esprit comme on s'aime soi-même et sans l'affecter davantage : c'était une constante gaieté; c'était une charmante bonhomie, un désordre de malaisance et tout ensemble de prodigalité. Logeant dans la même maison, le chevalier venait chez mes parents demander une place à table, quand il avait, disait-il chez sa mère, cédé sa part à l'étranger. Je laisse à penser s'il payait son écot !

J'étais au monde, mais n'étais pas présente; j'ai pourtant gardé le souvenir des dames belles et brillantes que je voyais venir chez maman. Je me souviens aussi de beaucoup d'hommes distingués dont les noms reparaîtront en quelques circonstances; ce sont mes Mémoires que j'écris, je veux seulement, pendant que j'en suis à cette époque, faire comprendre qu'à Paris, si les sociétés se dispersent, la bienveillance réunit tôt ou tard ceux que le hasard et le plaisir y avaient jadis rapprochés. Chacun voyage pour ses affaires et s'applaudit de ses rencontres; le Temps, comme un grand fleuve, court et purifie tout; les eaux stagnantes seules sont bourbeuses.

Je crois avoir été une enfant fort aimable, et avoir, dès que j'ai parlé, fait concevoir beaucoup d'espérances. Rieuse, pleureuse, bavarde à l'excès, fort sensible et assez colère, voilà ce que j'ai d'abord paru. Changez l'âge et la figure, telle à peu près je suis encore.

Maman me sembla, dès que j'ouvris les yeux, une merveille d'amour et de grâce; je puis bien dire que, sans l'avoir alors compris, toute mon enfance fut subjuguée par elle. Je la trouvais charmante, et j'aimais sa beauté. Elle a sans doute inspiré des passions; je doute que personne ait eu toute la possession de ma passion pour elle.

J'eus pour bonne la fille aînée de la nourrice de ma mère, cette excellente bonne, que nous avons toujours, trésor de vertus, de bonté, de raison, de sagesse, et n'ayant pas songé un jour à rien définir de tout cela.

Mon père tint moins de place dans ma petite enfance. Il m'aimait tendrement, et je l'aimais bien aussi, mais il allait à son régiment, et ayant de bonne heure conçu le dessein d'entrer dans la carrière des affaires étrangères, il fit le voyage d'Italie ; il fit ensuite celui d'Allemagne, et j'avais à peu près huit ans quand sa vie errante fut finie.

Le régiment et les voyages de mon père demandent peut-être une digression. Alors commençaient les *frisures* qui devaient dénaturer l'armée. La discipline allemande semblait donner le secret des succès du grand Frédéric pendant la guerre de Sept ans ; on perdait de vue son génie et la malhabileté de nos chefs. Mon père, franc, généreux, loyal, pouvait bien être adoré de ses dragons et les enlever à sa suite, au cri de la patrie et de l'honneur; mais le charlatanisme odieux d'une tenue d'ostentation, d'une manœuvre mal combinée, d'un vain appareil d'automates, qui anéantissait le soldat, ne put jamais lui imposer. Le bon naturel fit chez lui ce que le bon goût fit même alors chez quelques hommes, moins purs et moins que lui amis de l'humanité. La garnison lui paraissait insupportable. Un jeune philosophe qui lisait Montaigne, Montesquieu, Rousseau, et qui, tel que l'abeille, n'exprimait de leurs productions que ce qu'elles avaient de sucs salutaires, ne pouvait guère trouver de plaisir aux passe-temps assez grossiers de camarades provinciaux, d'une autre classe, quoique dits gentilshommes, et généralement peu lettrés. Son colonel, homme immoral, ne goûtait guère son enthousiasme; mais ses soldats ne cessaient de lui dire : « Mon capitaine, laissez venir la guerre, et vous verrez qui fera le plus. »

De fréquents congés, obtenus par maman, le consolaient de ses exils. Femme, et charmante, elle voulait et toujours elle faisait vouloir. M. de Monteynard, ministre de la guerre, lui opposait un jour la loi et l'ordonnance : « Il n'y a que les bêtes, dit-elle avec vivacité, qui suivent les ordonnances; les gens d'esprit les font. » Le vieux ministre fut charmé, le mot courut et fit fortune. La cour était à Fontainebleau, et le soir, au bal de la Reine, le bon Louis XVI fit dire à ma jeune mère qu'elle avait sûrement toute raison, que les bêtes seules suivaient les ordonnances, que les gens d'esprit les faisaient, et que mon père aurait son congé.

J'ai cité ce trait fort exact ; il prouve ce que c'était que le ton de l'ancien régime et son heureuse facilité. Ce n'est pas ce charme qui l'a perdu, c'est l'incohérence des mesures, car les coups de plat de sabre pleuvaient sur toute l'armée, lorsque l'aménité des chefs réduisit cette innovation à une dangereuse habitude.

Dirai-je que, même alors, la cour était si peu de mode qu'il est arrivé à maman de se trouver, les princesses comprises, elle douzième, aux bals de la Reine?

La carrière des affaires étrangères offrait, en temps de paix, plus d'avenir que le métier militaire à l'ambition d'un homme instruit et qui, malgré une inexprimable modestie, avait la conscience intime de ses moyens. Mon père se rappelle toujours avec une vraie satisfaction les voyages d'instruction qu'il entreprit alors. Excellent jeune homme, il jouit partout d'une considération supérieure à son âge; il fut apprécié, chéri par tous ceux dont le suffrage pouvait être compté. Il fit, en Allemagne surtout, des observations judicieuses que de grands événements ont trop justifiées depuis. Ses mémoires, à son retour, sentirent le paradoxe; l'entraînement du jour, les petites opinions toutes faites furent heurtés par ses aperçus. D'ailleurs, M. de Vergennes, imposant et sonore comme les colosses creux, avait à placer au dehors ses nombreux parents demi-bourgeois; la société Polignac, en faveur, emporta le reste des vacances, et, peut-être alors découragé trop tôt, mon pauvre père, avec le grade militaire que comportaient son rang et son âge, ne songea plus rien à obtenir.

Une pénible circonstance ne cessa d'enlacer de contrariétés et de peines toute la jeunesse de mes parents : un procès de succession, commencé plus de quinze ans avant la naissance de mon père, n'a été terminé, et à peu près perdu, que peu d'années avant la Révolution. Un procès de famille, bien plus fâcheux encore, mit leurs affaires dans une crise plus pénible. M. d'Harvelay, garde du Trésor royal, et ami de mes parents, prêta pour un remboursement cent soixante-cinq mille francs, exigibles et rigoureusement exigés. Reconnaissance constante à sa mémoire !

J'anticipe, on le voit, sur les faits. J'y prenais alors peu de part; cependant maman nous menait quelquefois, quand elle allait parler aux procureurs ou bien solliciter les juges. On nous laissait dans la voiture. Plus âgés, on parla devant nous de tous les intérêts qui devaient préoccuper, et jamais nous ne fûmes étrangers aux affaires de nos parents.

Je ne me souviens nullement d'avoir appris à lire, mais l'un de mes plus anciens souvenirs me représente à moi-même lisant, gracieuse et sérieuse. Je crois devoir dire à ce sujet que je ne saurais partager l'opinion de Mme de Genlis sur la lecture des contes de fées dans l'enfance ; ils donnent du mouvement aux idées, ils donnent du goût pour les ouvrages d'esprit, ils excitent l'attrait de la lecture. Les *Contes* de Mme d'Aulnoy, le *Magasin des enfants et des adolescentes*, quelques tomes des *Mille et une Nuits*; enfin, les *Conversations d'Émilie*, les *Comédies* de Mme de Genlis ont fait le charme de mes jeunes années et toute l'occupation de mes récréations quand il n'y avait pas de promenades. Dirai-je que les fables de La Fontaine, dirai-je que *Télémaque* en variaient les plaisirs ? Cela est vrai, et pourtant je ne me vante pas.

J'eus, dès l'âge de cinq ou six ans, une bonne institutrice, appelée Mlle de Sully, qui venait, à titre de maîtresse d'histoire, me donner des leçons au cachet. Son instruction n'avait rien de routinier. Il y avait chaque fois une répétition de catéchisme, mais, à l'exception de cet objet et de quelques vers par hasard, tout le reste était raisonné. Je démontrais sur la carte le paragraphe de géographie que j'avais étudié ; je débitais le sens des chapitres de grammaire que j'avais eu à apprendre ou dans Restaut ou dans Wailly ; enfin, je racontais les vingt ou trente pages que j'avais lues, d'abord dans un *Abrégé de l'Histoire de France*, et ensuite dans celui de l'*Histoire ancienne de Rollin*, par l'abbé Taillé. J'avais un *Dictionnaire mythologique* de Chompré, que je feuilletais à ma fantaisie.

Quand je fus un peu plus grande, c'est-à-dire à neuf ans au plus, on me mit à faire des extraits. Je lisais alors l'*Histoire d'Angleterre*, du Père d'Orléans, et les *Révolutions romaines*, de Vertot. Mon père m'engagea à donner à mes extraits une forme de lettres ; il répondit à quelques-unes, et sans l'époque pendant laquelle tant de papiers ont disparu, j'aurais encore ces chères réponses.

S'il faut que tout marche de front, je dirai que les talents n'étaient pas négligés. Je ne me souviens pas de ma première leçon de musique, à peine de ma première leçon de dessin, et mon frère, qui partagea les leçons de dessin seulement, montra d'abord tant de dispositions que ce fut pour lui qu'elles se suivirent. Les heures données à la musique et le mauvais état de mes yeux, souvent malades dans mon jeune âge, me firent abandonner le crayon, non sans regret, vers l'âge de neuf à dix ans. J'avais de la facilité et j'avais pris le goût des fleurs.

M. Séjan (1) me mit les mains sur le piano ; à l'âge de six à sept ans, je savais fort bien la musique, et j'ai solfié jusqu'à douze ou treize ans, mais je ne fis en commençant aucun progrès sur l'instrument. Les leçons ne continuèrent pas moins, quoiqu'elles fussent d'un prix fort cher ; elles se prenaient avec docilité, mais sans aucune émulation. Les maîtres que j'ai eus m'ont enseigné dès mon enfance avec le ton qu'ils auraient aujourd'hui ; M. Séjan aurait quitté une écolière opiniâtre, mais il ne se serait jamais permis de la gronder. De mon côté, dressée à une vie occupée, et voyant mon maître avec bienveillance, je prenais leçon sans contrainte, sans humeur, et peut-être ce temps qui paraissait perdu ne le fut-il pas en effet.

J'avais toujours fort aimé la musique ; je trouvais que mes études n'étaient pas de la musique, et j'avais, je crois, assez raison. Maman n'en avait pas perdu le goût ;

---

(1) Nicolas Séjan (1745-1819), organiste de Notre-Dame et de Saint-Sulpice.

elle l'avait toujours cultivée, et depuis que j'étais au monde j'avais entendu des concerts, j'avais écouté des virtuoses et j'entendais des accompagnateurs, Pradhère entre autres, alors dans toute la grâce de son talent, qui venait accompagner maman. J'avais, je crois, de neuf à dix ans lorsque maman imagina de me faire jouer un duo avec elle, pour une fête de saint Louis, qui était la fête de mon père; c'était un duo de Bach, je m'en souviens encore. Je le jouais à merveille, et l'essor du talent assez beau que j'ai eu fut pris à compter de ce jour. Je dois avouer que la culture en fut prodigieusement soignée. Dès que maman vit que je réussissais, elle quitta tout, peu à peu, pour elle-même; j'eus à la fois Pradhère, Séjan et mon vieux maître de musique appelé Le Chantre, et si mon frère et moi nous devons quelque chose aux meilleurs des parents, c'est sans doute pour l'énorme dépense qu'a coûté notre éducation. C'était, en effet, toute l'année que duraient les leçons et les maîtres.

Avant l'âge de dix-sept ans, j'avais fort peu quitté Paris; cependant j'ai gardé le souvenir de deux voyages dont j'aime à faire revivre les détails.

Mes parents avaient repris la terre d'Essarois; ils l'avaient rachetée de ma grand'mère, quoiqu'elle eût fait partie de l'héritage paternel; mais la longue tutelle de mon père avait été conduite par un notaire de village. Ce retrait se fit au prix de beaucoup de sacrifices, mais il fallait conserver un aussi beau fonds. Maman, bien jeune encore, partit au mois d'octobre (1781) pour venir faire connaissance avec des montagnes et des bois, au moins agrestes en été, et sauvages pendant l'hiver. J'avais alors neuf ans et demi, mon frère en avait huit. Nous partons et nous allons vite; six chevaux de poste, plusieurs courriers. Malheureusement maman avait promis une visite dans un château, sur la route, près de Pont-sur-Seine ; les postillons, en prenant la traverse, jettent la voiture dans un fossé. Nous versons, on crie, on s'effraye ; le danger pouvait être grand, et maman, frappée de terreur et ne pouvant continuer sa route, fit demander l'hospitalité chez le comte de Lusace, à Pont même (1).

Je n'oublierai jamais ni ce château ni ce séjour. Le comte de Lusace, fils de l'Électeur de Saxe, frère de l'Électeur régnant et propre oncle du roi de France, avait pris de l'amour à Dresde pour une jeune Italienne placée en qualité de dame chez l'Électrice (2). Cet amour devint une passion si violente que la morgue allemande, que l'intérêt d'une succession presque royale et souvent ornée du diadème, que tout céda devant sa puissance : l'Italienne fut épousée. Elle fut épouse légitime, mais sans nul état politique, et ses enfants ne pouvaient prétendre à aucune existence de princes.

J'entendais raconter tout cela dans le temps même que j'étais à Pont, mais sans me faire une idée bien nette des circonstances de ce roman. La grande comtesse de Lusace était d'une santé languissante ; j'entendais dire qu'elle était belle, j'avoue que je n'y songeais pas. Le comte, beaucoup plus vieux, appelé aussi prince Xavier, était un gros Allemand, absolu, mais assez bon homme. Je ne crois pas qu'il passât pour avoir de l'esprit. Il m'eût intéressée plus tard : cet homme avait connu

---

(1) Pont-sur-Seine (Aube). — Xavier de Saxe, dit en France le *comte de Lusace* (1730-1806), fils de Frédéric-Auguste, roi de Pologne, et frère de la Dauphine, belle-fille de Louis XV.

(2) Claire-Marie, comtesse de Spinucci, dame d'honneur de l'Électrice douairière de Saxe. Elle l'épousa à Dresde le 9 mars 1765.

une passion violente, et, marié depuis près de vingt ans, il était encore amoureux !

Ce château était l'abrégé d'une petite cour allemande. Il y avait un chambellan, un secrétaire des commandements du prince, une vénerie assez en règle, un domestique assez nombreux, et, dans le nombre, des musiciens en état de faire un petit concert ; mais, quoique la comtesse chantât, on les faisait rarement venir.

Trois filles du comte, à peu près de mon âge, firent à Pont ma société. Ces petites filles n'étaient pas heureuses ; le système de leur éducation était sévère, leur désœuvrement profond, le peu d'études qu'elles faisaient, maussades à cause de ce mot à mot et de ces répétitions qui désolent les enfants et retardent leur esprit, quand ils ne l'étouffent pas. Je n'ai retrouvé dans le monde aucune de ces trois personnes, qui furent mariées en Italie ; je n'ai vu que leurs sœurs aînées, qui de mon temps étaient au couvent. Béatrix, la plus aimable, à mon avis, de mes trois compagnes, est devenue la belle duchesse de Riario ; elle est morte jeune à Paris, sans avoir eu beaucoup de bonheur.

Le comte de Lusace avait un fils aîné qui se destinait à l'Église ; il était presque un homme au temps dont je veux parler. Il partit pour le séminaire, et y mourut peu après. Son frère Joseph, appelé le chevalier de Saxe, avait environ quatorze ans dans le temps que nous étions à Pont : vif, bruyant, étourdi ; mon frère, tout enfant, fut pour lui un compagnon selon son cœur. Il avait commencé d'une façon brillante la carrière des armes, en Allemagne, quand il fut tué en duel, à la fleur de son âge.

Mme la duchesse d'Esclignac, l'aînée des filles du prince Xavier, a été seule mariée par la protection du roi de France. Louis XVI la dota et fit son mari duc; les autres ont été depuis établies convenablement, mais seulement en Italie.

Une litière du Roi vint nous chercher à Pont; trois mulets, des sonnailles et la berline en poste allant au pas derrière la litière, c'était un étrange équipage. Nous traversâmes Châtillon, où je crois qu'on s'en souvient encore. On nous perdit à travers bois, en nous faisant arriver ici. Les paysans, qui recevaient leur dame, tirèrent tant de coups de fusil que les mulets faillirent nous jeter tous dans l'étang, et nous arrivâmes au château à pied et nuit bien close, l'avant-veille de la Toussaint.

Le séjour fut de moins d'un mois. On renouvela le bail de la terre. Le château était délabré, les meubles rares et tout usés. Pas un arbre, excepté les bois. Ce beau jardin qui fait nos délices était alors un pré bourbeux; le verger ne portait que de l'herbe, le potager à peine des choux, et pas un fruit. Ma grand'mère ne se promenait jamais, mangeait des noix et du fromage, et ne s'occupait pas de ce qu'on appelle détail.

Maman alors fit connaissance avec le comte de Chastenay-Rompré, cousin et parrain de mon père, ancien gentilhomme campagnard, alors âgé, mais d'une noble figure; il était un peu effrayé de venir saluer une si belle dame. Il l'eut à peine vue que le charme opéra. Je reviendrai sur ce brave homme et sur la vie qu'on menait dans son castel; il faut lui laisser prendre encore quelques années: la vieillesse ne dépare pas tous les fronts où elle vient s'asseoir.

Je voulus de ma propre invention donner une fête à maman et célébrer la Sainte-Catherine. Je faisais fort souvent des chansons qui témoignaient de l'enfance du poète et rappelaient celle de l'art. Je composai pourtant ce que j'appelais une pièce; mon frère et moi, nous prîmes pour théâtre un bois de lit-sangle, orné de draperies. Nous étions de vraies marionnettes. On tira des fusées dans la cour du château. Le vicomte de Chastenay, l'autre parent dont j'ai parlé, était venu aussi voir maman et lui avait fait des couplets; on trouva tout cela charmant, et l'héroïne était en effet bien charmante.

On revint à Paris, par Pont, et maman rapporta de cette course une cruelle esquinancie qui causa beaucoup d'inquiétudes; je me souviens qu'on disait alors : « Si Mme de Chastenay avait une fièvre maligne, elle pourrait en revenir, mais son mari n'en reviendrait pas. »

Le voyage de Fleury, que je veux rappeler aussi, fut bien plus gai à tous égards; il eut lieu, je crois, deux ans après, toujours dans la saison d'automne. On avait emmené un procureur, homme très spirituel, appelé M. Moreau, pour travailler sur l'éternel procès; on avait emmené M. de Fresne, maître de dessin de mon frère, jeune homme singulier, non sans esprit, non sans talents, bon enfant, mais de ceux qu'on dit un peu timbrés, et par là même plus amusants, lorsque leur caractère est doux. M. Galaud, bon et lourd chirurgien, était aussi de la partie. Maman avait très mal aux nerfs, et, sans jamais en faire usage, ne pouvait jamais se sentir éloignée des secours utiles de la médecine. M. Galaud soigna les pauvres, fit beaucoup de tapisserie et dansa aux bals du dimanche.

Ce voyage, dont quelques passants augmentèrent encore le plaisir, marqua dans notre vie à tous comme une très agréable époque. Mes parents, toujours bienfaisants, se livrèrent à leur penchant avec une charité tendre, une grâce que rien n'avait encore attristée, avec une prodigalité qui semble la fleur du bienfait.

La Picardie est un pays charmant. Il est tout à la fois fertile et bocager; les maisons sont couvertes en chaume; mais ce qui fait bien au paysage n'ajoute pas toujours à la convenance de l'habitation. Les maisons de Fleury étaient basses, sombres, malpropres; on s'y chauffait avec des feuilles, parce que le bois est cher et rare dans le pays. Le fermier était riche et le paysan pauvre, comme dans toutes les contrées de grande culture, où l'industrie n'a pas suffisamment d'essor. Maman allait elle-même dans toutes les chaumières; elle y fit soigner les malades, elle y habilla des enfants. Je vois encore M. Galaud rembourrer un fauteuil pour la vieille mère Morin, maman lui coudre un vêtement, et M. de Fresne fit un dessin, que de Launay a gravé depuis, de l'une des scènes les plus touchantes.

Rien n'était plus joli que les bals du dimanche. On dansait depuis vêpres dans une cour sans murailles, bordée de peupliers et de pommiers à cidre. Un ménétrier et son fils, qu'on appelait Rabâche, s'établissaient sur des tonneaux; on venait de tous les villages voisins, et les costumes picards, pour les femmes surtout, ont réellement de l'élégance. Tous les gens de la maison dansaient, et parmi eux se trouvaient de beaux danseurs. Mon père, ma mère, nous deux mon frère, tous les habitants de la maison, nous dansions tous du meilleur cœur, et je parierais que la coquetterie trouva moyen de se glisser entre les jolies paysannes et les beaux messieurs du château.

Quand la nuit était venue, on ouvrait une salle assurément bien peu ornée. L'éclairage était peu brillant, mais le violon de Rabâche soutenait le plaisir, et les quinze contredanses de la cour, réduites alors à trois ou quatre, se prolongeaient jusqu'à dix heures.

Maman voulut donner une fête à ce village si heureux; la Saint-Martin fut le jour choisi, et l'on ferait de sa description, en la rendant seulement exacte, une jolie page dans un roman. Une salle immense fut tapissée d'épaisses guirlandes de chêne; on avait fait avec le lierre des arcades jusqu'au plafond, et le bon goût du dessinateur avait présidé entièrement à cette charmante décoration. Des lampions, disposés dans des pommes à cidre, étaient multipliés partout, et composaient une illumination dont les reflets roses augmentaient l'agrément. Un joli petit garçon, couronné Bacchus, était placé sur un tonneau, à l'une des extrémités de la salle; de longues tables en fer à cheval étaient abondamment servies; tous les gens y étaient assis, avec la tête du village et des danseuses et danseurs. Maman avait mis auprès d'elle les deux doyens de la paroisse, et mon père les deux matrones.

Rien ne fut plus gai que ce souper. Chacun avait fait sa chanson; régulières ou non, on les reprit en chœur : elles étaient pleines de sentiment et maman en avait su faire un hommage touchant pour mon père. Après le souper, on dansa toute la nuit, et peut-être n'y a-t-il aucune fête qui ait laissé de plus doux souvenirs.

Le procès perdu peu après a forcé de vendre cette terre. Mon père y avait fait élever un monument, aussi noble que simple, à la mémoire révérée de mon aïeul, de son père dont la cendre y repose. Dans la Révolution, à cause des armoiries et des titres de l'épitaphe, il fallut ôter ce monument. Le maire le fit défaire par pièces et sans le briser; ces pièces furent conservées par le respect et par l'amour, et, dès qu'il a été permis de rétablir de telles fondations, la commune a uni ses soins aux soins religieux de mon père, et le mausolée a été replacé.

L'ancien régime n'avait plus rien que de philanthropique et de philosophique dans les systèmes. Nous étions tous élevés dans l'idée de l'égalité des hommes, du mépris des vaines distinctions, de l'obligation de s'en rendre digne, de la jouissance des bienfaits et de la forme délicate qui doit en augmenter le prix. Ces idées, inculquées chez nous plus souvent peut-être qu'ailleurs, n'étaient cependant étrangères à aucune éducation de cette époque ; les précepteurs des jeunes gens en étaient presque tous imbus ; les religieuses dans les couvents en nourrissaient les jeunes personnes, et Coblentz a été encombré par des gens qui ne voulaient plus que leurs notaires leur donnassent la qualité de très hauts et très puissants seigneurs.

Le goût passionné de l'étude doit tenir quelque chose de celui de la liberté. Dès l'âge de dix ans, je lisais avec le plus vif intérêt les *Hommes illustres*, de Plutarque ; *Britannicus* était, des pièces de Racine, celle que je ne cessais d'étudier, par aversion de la tyrannie. Je lisais et commentais parfois la *Constitution d'Angleterre*, par Delolme ; j'étais toute à la cause des plébéiens, quand je tenais l'histoire romaine : je détestais les Appius. Je crois qu'à cet âge j'aurais aimé les Gracques, comme la Sophie de Rousseau aimait le fils d'Ulysse. Toujours aux opprimés, ce n'étaient pas des réflexions, c'étaient de réels sentiments qui me préoccupaient pour les Gracques, pour Cinq-Mars et Charles Ier.

Autour de nous tout était bonté. Depuis la mort de sa nourrice, maman avait appelé chez elle le père Chenard, son nourricier, dont ma bonne était la fille. Ce vieillard, d'une belle figure, avait le caractère le plus doux ; son âme était pure, comme ses mœurs, et tous ses sentiments chrétiens. Il avait été maçon. Nous appelions grand-père cet excellent vieillard. Bien vêtu, bien nourri, et toujours bien logé, il avait quelque argent pour ses petites dépenses. Il se promenait quelquefois avec nous. Sa complaisance était inépuisable; il ne quittait pas notre chambre. Notre vrai grand-père n'eût pu être plus respecté ni plus chéri; je crois qu'il n'eût pu nous aimer davantage, ni sûrement être plus heureux.

C'est avec de telles leçons, et surtout des exemples tels, que nous étions élevés, mon frère et moi. Je vois encore maman, jeune et jolie comme les Amours, faire la partie de mouche de son bon nourricier, quand il avait mal à la jambe et qu'il ne pouvait pas sortir; je vois le plaisir qu'y trouvait ce bon vieillard. Il est mort en 1789, à l'âge de quatre-vingt-six ans, à Châtillon, où il était resté quand, après les élections, nous fûmes partis pour Versailles. Nous n'avons pas eu la triste douceur de recevoir ses derniers soupirs et sa dernière bénédiction; mais sa fille était auprès de lui, et ils devaient nous rejoindre ensemble.

Les fêtes de mes parents, celle de mon père surtout (car maman n'aimait par les *surprises*), étaient vraiment des fêtes et des époques charmantes; c'était comme nos jeux Olympiques, où nous recevions nos couronnes. Une fois (et nous étions alors très jeunes), maman faisait présent à mon père de son portrait, moins joli qu'elle, mais cependant agréable encore. On nous plaça près de ce portrait, avec des bouquets de fleurs dont nous lui faisions une couronne. J'ai toujours ouï raconter que nous formions un tableau frappant, et bien longtemps j'ai entendu rappeler par les spectateurs l'impression qu'il leur avait faite.

En général, à toutes ces fêtes, mon frère étalait un grand dessin, bien encadré, dont son maître composait le modèle d'après les idées que nous lui donnions : c'était Scipion couvrant son père de son bouclier, et livrant sa vie pour conserver la sienne; c'étaient Cléobis et Biton traînant le char de leur heureuse mère, etc. Il y avait toujours un concert, où je jouais au moins un concerto de piano; il y avait des couplets qui de bonne heure, exacts ou non, furent mon ouvrage, et bientôt même il y eut de petites pièces. On priait à ces soirées tout ce que mes parents connaissaient, et nous étions de bien bonne foi applaudis, car nos talents étaient supérieurs à notre âge, et tout était en nous de la plus parfaite simplicité.

Mais ce n'était pas tout; à ces triomphes de talents à ces petites représentations, quelquefois mêlées de proverbes et dont nos maîtres différents étaient avec nous les acteurs, il se mêlait des *surprises* d'une autre sorte : des extraits, des compositions, des traductions faites en secret, bonnes ou mauvaises, et revêtues de papier d'argent ou de cartons assez recherchés. Tout est inégal dans le jeune âge; entendant à peine le latin, je voulus traduire, pour le bouquet de mon père, cinq ou six odes dans Horace. Je me souviens que dans celle-ci : *Donarem pateras* (1), je rendis hardiment *hic saxo* par « ce Saxon », et je fis un sens à l'avenant. La même année peut-être, et n'ayant pas plus de douze ans, je composai de moi-même un tableau chronologique de l'histoire ancienne, que j'ai encore et qui vraiment est distribué d'une manière assez remarquable.

Plus tard, nous nous mîmes dans la tête d'apprendre en secret l'italien. Nous gardâmes ce secret trois mois;

(1) Carm. VIII, lib. IV.

nous joignîmes à notre bouquet la preuve du succès de notre étude. Je n'en ai jamais fait d'autre sur l'italien, mais elle était sérieuse, et elle m'a suffi pour cultiver cette langue par la lecture. Je puis bien ajouter, au reste, que jamais secret ne m'a tant pesé.

Nos fêtes à nous aussi étaient joyeusement célébrées. Les intimes amis de la maison et nos maîtres y prenaient tous part à l'envi. La première chanson faite pour moi m'a été donnée avec un rosier, par le bon docteur Larue : j'avais dix ans ; je la sais encore. Les fêtes de mon frère toutefois furent d'ordinaire les plus brillantes, parce que j'étais le poète en titre et que j'arrangeais tout le spectacle.

Une fois, il reçut un bouquet dont son cœur le rendait bien digne, quoiqu'il fût encore bien enfant. On sut qu'un malheureux tailleur était prisonnier à la Force pour dette de mois de nourrice. M. Gilbert, gouverneur de mon frère, feignit d'avoir reçu une lettre de Flandre (c'était son pays), et d'être obligé de prendre à la prison de la Force des renseignements qu'on lui demandait. Il y mena mon frère et le pria de l'attendre dans une salle où l'on fit entrer le tailleur. Cet homme, prévenu, conta sa misère à un enfant plein d'une compassion que ses propres moyens pécuniaires ne pouvaient rendre efficace. Il fallut, pour pouvoir l'emmener, lui dire qu'on s'unirait à lui pour obtenir de nos parents l'acquittement de la dette du prisonnier. Je ne sais plus ce qu'était cette somme, mais un enfant ne connaît pas les valeurs. Je n'étais pas dans la confidence, et je me souviens des larmes pieuses et touchantes de mon cher Henri à son retour; peu d'heures après, il reçut son bouquet et la quittance du geôlier de la Force. L'attendrissement de la joie répondit à celui de la pitié, mais ils passèrent ce que l'on attendait, car mon frère, quoique très vif et très impétueux, était habituellement timide. Je parlais, je pérorais pour deux ; nous nous battions souvent, sans être moins de bon accord, et jamais union ne fut meilleure.

Heureux jours que ces jours de fête, douce manière de supporter le temps ! Jamais ces époques sacrées n'ont été pour nous sans souvenirs.

Nous allions au bal, dans l'hiver, mais alors à des bals d'enfants ; c'étaient ceux de notre âge, et jusqu'à leur mariage les demoiselles n'allaient pas à ceux des jeunes femmes, qu'on appelait bals de nuit.

Quelquefois, il est vrai, nos bals, commencés à cinq heures et finis à dix, étaient suivis de bals de nuit. Nous voyions arriver peu à peu les belles dames, les jeunes gens élégants qui parlaient à nos mères ; quelquefois l'on dansait une dernière contredanse avec un de ces agréables, ou quelque jolie jeune mariée daignait appeler un petit garçon et vouloir danser avec lui ; ce n'était pas une aventure commune, mais c'était un bien grand plaisir.

Ces bals, au reste, de l'âge de six ans à dix-huit, n'étaient pas privés d'intérêt, et déjà l'œil observateur pouvait y caractériser le monde qui allait éclore.

Mon frère tout enfant eut au bal des succès ; il dansait à merveille et ne s'en doutait guère.

Notre maître de danse, le plus à la mode en ce temps, était celui de Mlle de Matignon ; il fit danser le menuet de la cour, et une autre fois la *cosaque* et les *pygmées*; on les trouva charmants, on les fit danser plusieurs fois.

Mon frère enchantait les hommes jeunes alors et un peu cavaliers par la manière dont il enfonçait son chapeau au menuet.

J'ai parlé de sa timidité; il n'en avait aucune dès qu'il se sentait livré à lui-même. La danseuse qu'il choisissait était toujours une des plus grandes, et sûrement une des plus jolies. Exactement poli, il ne laissait jamais prendre une place qu'il avait retenue, et quelques vieilles dames se souviennent encore de sa fermeté résolue contre le duc de Duras actuel, alors Amédée de Duras, mais plus grand et plus âgé que lui, qui voulait abuser de cette sorte d'avantage.

Les hommes du monde d'aujourd'hui ont tenu à beaucoup d'égards ce qu'ils annonçaient dans nos bals. Le duc de Mouchy, Charles de Poix, visait beaucoup à l'élégance dédaigneuse et était Noailles déjà dans ses grâces réelles et dans ses plus faux airs; le duc de Duras, ce qu'il est, bon homme à connaître, mais assez peu gracieux et douteusement poli. Ceux qui n'annonçaient point d'esprit en ont en général fort peu montré; les bons enfants sont demeurés les meilleures gens du monde. Quelques jeunes défauts se sont amortis, quelques qualités inaperçues se sont développées, mais d'ailleurs ce petit monde a vieilli, et voilà tout ce qu'on y a vu de réelle différence.

M. le duc d'Enghien était de nos danseurs, et lui aussi alors promettait ce qu'il a tenu ; vif, aimable, empressé, d'une politesse facile, d'un naturel plein de franchise et de grâces, il était appelé Monseigneur ; il dansait le premier à chaque contredanse ; d'ailleurs il était comme les autres : rien de guindé autour de lui, pour toute escorte le chevalier de Virieu, son gouverneur, qui jouait uniquement le rôle de père.

Je n'ai pas revu de bals de cette espèce, et comme ceux-là sans disparate. Les demoiselles, fort parées, étaient régulièrement assises devant leurs mères. On venait les prier à danser et les ramener à leur place. La valse n'était point connue; on exigeait de nous des façons réservées; on ne parlait à ses danseurs que pour paraître obligeante et polie; point d'airs évaporés surtout. Quelques-unes s'en permettaient, mais la plupart de celles-là sont devenues ou de jeunes prudes, ou des coquettes de mauvais goût. Quelques-unes, et surtout celles dont l'entourage était brillant, se sont soutenues dans les hautes régions et ont tenu avec la mode leurs engagements prématurés.

J'avoue que ces souvenirs m'amusent, et je vois encore ces miniatures de femmes, ces petites prétentions, ce dénigrement copié, ces succès éphémères, ce vernis terne ou éclatant qui colorait toutes ces figures, indépendamment de la beauté et de quelques avantages de rang. Je crois que le coup d'œil de ces bals devait être fort amusant. C'étaient de jolies répétitions.

J'ai connu à ces bals toutes mes contemporaines et aussi mes contemporains. Je n'ai eu de liaison avec aucun : mes parents avaient un peu de sauvagerie, je menais une vie très occupée, j'en avais contracté non de l'orgueil, mais un peu de sérieux et de raideur. Il n'y a pas de philosophe grec qui ait été plus étranger que moi aux divertissements du monde; dans ma seconde enfance et ma première jeunesse je passais d'ailleurs pour un prodige, et les parents, plus que les jeunes personnes, ne me voyaient qu'avec jalousie aux concerts qui se donnaient comme des exercices dans quelques maisons de connaissance, pour donner de l'émulation à ce que nous étions d'écolières. Je me vois au piano la dernière, comme la plus habile, et, franchement, je l'avoue, on ne pouvait comparer; je n'en étais pas plus fière, je le dis aussi franchement. J'aimais l'étude avec passion, mes maîtres me préféraient, et je passais ma vie dans cet état animé, mais sérieux, que Mme de Staël appelle le bonheur.

Ce sera longtemps pour moi une grande question que celle des sociétés pour les jeunes personnes. Je ne parle pas du danger, pour l'avenir, de certaines liaisons qui se trouvent avoir été formées avec des femmes plus que légères; l'inconvénient douteux est compensé par l'avantage de relations qui deviennent utiles et profitables à tous les points de vue. Les jeunes personnes, je crois, deviennent plus aimables dans ces réunions, où il faut plaire pour être aimées; elles s'y accoutument à la société et à l'intimité des femmes, circonstance plus importante qu'on ne le croit; mais je pense que leur instruction prend dès lors, ou à peu de chose près, le niveau de leur société; elle cesse d'être pour elles un objet principal, et partout le niveau s'établit au terme moyen.

Au reste, de ceci comme de bien d'autres choses, les circonstances en décident; des parentes de même âge, un voisinage d'enfants que l'âge réunit, font cesser tous les raisonnements, et il est différent de ne pas introduire une jeune fille dans un cercle qu'elle ne voit pas, ou de la priver d'une société dont elle sait qu'elle pourrait jouir.

Je n'ai jamais eu de sociétés, hors dans ma petite enfance dans le jardin du Palais-Royal, et depuis l'âge de huit ans je les ai perdues de vue. L'une de mes compagnes, Mlle de Scherjaloff, avait douze ans et me paraissait un siècle; elle avait de l'esprit, et je n'étais pas une enfant pour elle. Je l'ai retrouvée depuis princesse de Galitzin, et alors vraiment si vieille que j'aurais bien voulu, par sentiment de coquetterie, pouvoir nier que je l'eusse connue.

La duchesse de Lévis, Mlle d'Ennery de mon temps, aussi plus âgée que moi, ne m'a inspiré nul désir de rappeler la connaissance, et à peu près par de pareilles raisons. J'ai retrouvé avec plus de contentement une petite Menard, peut-être un peu plus jeune que moi, devenue Mme de Rony, jolie comme un Amour et chantant comme une petite Muse. Elle entra une fois où j'étais tenant à la main un bouquet de roses; elle se mit au piano, chanta à me ravir et voulut bien se souvenir la première de notre antique Palais-Royal. La pauvre petite femme, attaquée de la poitrine, est morte peu de temps après.

Mon frère et moi étions toujours ensemble, et nous ne formions aucun désir. Nous allions chaque jour nous promener avec ma bonne, ou même M. Gilbert, l'honnête gouverneur de mon frère; quand il pleuvait, nous jouions aux enfants.

Je n'ai pas parlé de M. Gilbert. Cet homme, digne de tous les hommages comme de tous les regrets, professait les mathématiques quand mon père en désira pour lui-même quelques leçons. Nous n'avions que neuf à dix ans lorsqu'on nous les fit partager. M. Gilbert nous enseigna les règles de l'arithmétique, il nous apprit à calculer le calendrier; nous en fîmes un, *en surprise*, pour les étrennes de nos parents, et sa date pourrait prouver que je ne trompe pas sur nos âges : je crois que mon père l'a encore, et je ne le referais pas aujourd'hui.

Décidés à garder leur fils, mes parents jetèrent les yeux sur cet homme estimable et doux; ils lui firent des avantages, et M. Gilbert souscrivit. Il avait une femme respectable et un peu plus âgée que lui; elle devint mère pour la seule fois, vers ce même temps, mais l'enfant mourut en nourrice.

M. Gilbert était un homme de bien, rempli de principes, mais non cagot, de mœurs austères sans nul effort, d'une égalité de caractère admirable, d'un cœur droit et sensible. Il possédait toutes les vertus simples, toutes les qualités qui font le bonheur des autres et qui ne troublent la tranquillité de personne. Il avait plus de sens que d'esprit. Il savait très bien les mathématiques qu'on enseigne et les enseignait avec une extrême clarté ; il ne savait pas le latin, son instruction n'était pas étendue. Je ne pense pourtant pas qu'il fût possible de placer auprès d'un jeune homme un être plus digne des fonctions auxquelles il voulut bien se dévouer.

M. Gilbert continua de m'enseigner la géométrie, l'algèbre, la sphère, toutes les mathématiques élémentaires enfin. C'est une étude que j'ai recommencée vingt fois, et avec M. Gilbert et toute seule. Je ne crois pas qu'aucun cours de logique donne à l'esprit plus de rectitude ou de dispositions à la conserver. Je n'avais pas, quand je les étudiais, beaucoup de goût pour les sciences exactes; les démonstrations rigoureuses d'un résultat évident au coup d'œil me fatiguaient ; le positif des mathématiques élémentaires pesait sur mon esprit au lieu de le satisfaire ; mais depuis que j'ai compris que ces bases déterminées étaient celles d'une échelle sans terme ; depuis que la terre, considérée sous ce rapport, n'a plus été pour moi qu'un observatoire d'où l'on devine les cieux (1); depuis que les sciences naturelles m'ont appris que l'auteur universel amuse d'abord en toutes choses notre orgueil, de conséquences bien exactes, pour dérober ensuite ses œuvres tout à coup à ce que ces conséquences avaient de plus subtil, j'ai considéré avec

(1) Allusion au cours d'astronomie qu'elle suivit plus tard, avec Arago pour maître.

admiration cet enchaînement de vérités simples, dont l'idéalité fait la justesse et qui régissent toute la matière.

M. Gilbert a demeuré avec nous jusqu'au moment où mon frère approcha de seize ans, âge auquel il a pu se croire indépendant; mais le joug lui avait peu pesé, et les habitudes un peu sérieuses de la maison exerçaient un tout autre empire.

Cet excellent homme eût vécu dans une modeste aisance si la Révolution, les assignats et la banqueroute ne l'eussent à peu près ruiné. Il avait adopté une petite fille. Deux enfants au berceau étaient restées orphelines dans la maison qu'il habitait, après la crise du 13 vendémiaire an III; leur père, mis hors la loi par le parti vainqueur, avait été surpris et était devenu victime. M. et Mme Gilbert gardèrent ces infortunées. Les leçons de mathématiques étaient alors le patrimoine que le bon M. Gilbert rajeuni, ranimé par sa bienfaisance admirable, multipliait au delà de ses forces; une fluxion de poitrine le saisit : il fut emporté en trois jours. Sa veuve subsista avec les soins de sa première fille adoptive et les secours de son estimable pupille. Mon frère, en outre, a rendu cet hommage aux vertus de son instituteur de se charger de la plus jeune des deux petites que M. Gilbert avait prises. Ma belle-sœur et mon frère ont eux-mêmes élevé cette enfant; ils l'ont mise ensuite dans le commerce, et ils ont de mille manières encore aidé sa sœur.

Notre premier maître de latin fut un abbé Barême, homme doux et aimable, qui donnait des leçons d'histoire, de grammaire et de géographie aux dames. Maman, qui l'avait pris pour elle, nous le donna, et pendant quelque temps il nous fit aussi des leçons de cette espèce. Sa méthode, combinée avec celle des autres études, revenait toujours à ce précieux avantage de multiplier les idées et de donner du mouvement et de la facilité à l'esprit.

L'abbé Barême ouvrait une carte : la description géographique amenait une courte exposition des productions et de la physique générale du pays ; puis il en racontait les principales époques, les principales histoires. Nous écrivions à notre manière la leçon qu'il nous avait faite ; nous lisions le lendemain ce que nous avions écrit. Le style, l'orthographe avaient leur commentaire ; les questions suivaient. On voit qu'en fait d'instruction toutes les routes sont bonnes, et qu'il peut être utile et agréable d'en suivre plusieurs à la fois, ou du moins successivement.

Je saisissais rapidement ; l'abbé Barême m'admirait bien franchement. Mes disparates le faisaient rire aux larmes, et je fus plutôt le guide que l'élève, dans nos études du latin. Les progrès apparents furent extraordinaires. Virgile, Horace furent presque dès le début l'objet de ma curiosité. Horace, je l'avoue, je n'y comprenais rien ; Virgile, dont nous expliquâmes le deuxième livre et même la fin du quatrième, me fit goûter le charme des beautés antiques : matériellement je l'expliquais mal, mais en fait je l'entendais assez bien.

C'était, au vrai, étudier la poésie, ce n'était pas apprendre le latin. Mon frère, plus jeune, moins appliqué, peut-être un peu négligé par le maître, n'apprenait absolument rien ; moi-même, je ne savais pas grand'chose. On indiqua à mes parents un professeur du collège du Plessis, l'abbé Boucly, professeur de troisième. C'était un homme profondément instruit de la langue latine ; il connaissait bien ses auteurs, il avait de l'esprit, du mordant, un peu de la gaieté du collège, mais beaucoup de bonnes qualités. Il nous demanda la permission de nous remettre au rudiment. Nous repassâmes par les degrés, et je crois que ce fut un parti très utile. De temps en temps le supérieur de Sainte-Barbe, l'abbé Baduel, le préfet des études, l'abbé Nicole, venaient en grande cérémonie inventorier notre savoir; une jeune demoiselle latiniste était pour eux une nouveauté qui ne laissait pas que de leur paraître aimable, et j'avais près d'eux de grands succès.

Je me disputais souvent avec l'abbé Boucly; il prenait avec mon frère plus de liberté qu'avec moi, et faisait tomber sur lui toutes les observations qui pouvaient nous être communes; mais alors je prenais parti, et ce n'était pas sans violence. Le malin abbé se vengeait par quelque fable ou citation, qu'il me dictait dans une version latine et qu'il fallait bien lui traduire. Je faisais de mon mieux pour faire semblant de n'en pas sentir l'application, mais j'avais trop de franchise; tout à coup j'éclatais en reproches et en larmes, et quand l'abbé avait bien joui de sa victoire, nous nous raccommodions toujours, et nous étions mieux que jamais.

Je n'ai pas revu M. Boucly depuis l'âge de dix-sept ans; il me rendit vers ce temps le service de me procurer à Sainte-Barbe une bourse pour un jeune homme digne d'en profiter. J'ai été un temps infini avant de découvrir son sort depuis les crises de la Révolution. J'ai publié plusieurs ouvrages sans avoir de lui signe de vie; j'ai su enfin qu'il était à Mayence, proviseur du lycée de cette ville, alors française, et c'est à Mayence qu'il est mort.

J'ai dit que je voyais peu de monde, mais tant de maîtres et de tant d'espèces étaient déjà une société. Je dînais et soupais dans une chambre avec mon frère, afin d'économiser le temps, et notre régime sans doute en était alors plus frugal et plus sain. Cependant j'étais fort souvent chez maman à l'heure où elle avait du monde, ou le matin ou pendant les soirées; je ne restais pas toujours là, mais quelquefois je saisissais des parties de conversation, et les hommes les plus aimables ne manquaient pas de s'occuper de moi.

Je me souviens de M. Dudoyer(1); c'était un poète dramatique, dont le frère était conseiller de grand'-chambre. Il composa les vers que nous eûmes à débiter le jour où le portrait de ma mère fut offert par mes mains en bouquet à mon père. Les vers mis dans ma bouche étaient vraiment charmants; il m'apprit à les dire, et je les dis fort bien; mais ce qu'il y a de plus remarquable, c'est que la leçon qu'il me donna alors a depuis été ma règle unique pour lire tout haut plus ou moins bien.

Je me souviens de M. Deslon(2), médecin, disciple de Mesmer. Je me rappelle les emportements, les fureurs, les querelles dont le magnétisme animal était à cette époque l'occasion. Je ne sais pas si la politique a motivé des disputes plus amères; quoi qu'il en soit, le docteur Deslon était un homme d'esprit et d'imagination, et je crois qu'il est mort de chagrin d'avoir adopté un parti qui lui donnait l'air d'un renégat beaucoup plus que d'une victime, et qui l'enchaînait à cinq ou six femmes malades et convulsionnaires, sans autre secours que celui de quelques manœuvres de province, qui avaient le titre de médecins et qui magnétisaient pour vivre.

Maman se croyait toujours malade, et je ne pourrais citer beaucoup de médecins célèbres que nous n'ayons pas vus alors à la maison. Ses médecins sont devenus,

---

(1) Gérard Dudoyer de Gastels (1732-1798).
(2) Charles Deslon, médecin ordinaire du comte d'Artois, mort en 1786.

sous l'Empire, ou ministres, comme Corvisart, et donnaient chez eux des audiences, ou tout à fait gens du monde, comme Bourdois ; au temps dont je parle, ils étaient médecins d'abord, puis amis, de quelques personnes distinguées à un titre quelconque, recherchés et répandus dans le monde, sans cependant en faire partie. Alors, il est vrai de le dire, le prix de leurs visites n'avait rien d'arbitraire, six livres ; on dînait à deux ou trois heures ; les médecins, presque tous gourmands, avaient leur couvert mis, à choix, dans un nombre de bonnes maisons, et alors, même dans les plus médiocres, une demi-douzaine au moins ou d'amis ou d'habitués venaient se mettre à table à volonté, sans avoir été invités et sans qu'on fît plus de frais pour eux.

J'ai donc connu Malouat, homme d'infiniment d'esprit et de beaucoup de capacité, Bourdois, Portal, savant et rempli de douceur, le célèbre Tissot, dont je me souviens moins, enfin le fameux Fourcroy, que mon père avait attiré, après avoir suivi ses cours, car mon père se livrait aux sciences avec un extrême intérêt. Il savait bien l'anglais et l'italien, il avait refait, à nos leçons, tout son cours de latinité, il étudia l'anatomie avec MM. Sue et Portal, la botanique avec MM. Desfontaines, Thouin, Jussieu ; la physique avec Charles, la chimie avec Fourcroy ; et s'il eût été moins modeste, il eût pu, comme un autre, se proclamer Mécène, car dans toutes les occasions il rendit service à ses maîtres.

Je me rappelle toute la vivacité de M. Fourcroy (1), alors jeune savant. Il avait un peu d'âpreté, et eût préféré la fortune d'un médecin en vogue à la renommée

(1) Antoine-François de Fourcroy, chimiste, conseiller d'État (1755-1809).

d'un chimiste éloquent. Je l'ai retrouvé une fois depuis la Révolution ; il était chef de l'instruction publique, conseiller d'État, homme titré ; il se trouvait bien peu heureux, regrettait ce temps passé où tout le monde l'aimait, disait-il, et témoigna plus de joie que je ne puis le dire à se ressouvenir de notre maison, de maman dont il était médecin, et du rôle qu'il avait alors.

Je ne parlerai pas de beaucoup d'hommes marquants par l'esprit que j'ai vus passer dans le salon : le cardinal de Rohan, M. de Calonne, M. de Rulhière ; dans un autre genre, le baron de Breteuil et beaucoup d'autres. C'est M. de Calonne qui m'a le premier fait concevoir l'idée d'un homme aimable, et j'étais encore bien enfant.

L'abbé Mary venait quelquefois nous voir ; il était précepteur des enfants de M. le comte d'Artois. Maître de quartier au Plessis (1), dans sa première jeunesse, il y avait connu mon père ; élève depuis de l'abbé de La Caille, et littérateur distingué, autant que mathématicien, plus que tout homme d'un esprit brillant, il était devenu le principal instituteur des princes, l'ami intime de la famille de M. de Serent leur gouverneur, celui de la duchesse de Narbonne. Par Mme de Narbonne il se trouvait admis dans la société de Mesdames, et il n'a eu peut-être depuis qu'une trop impétueuse influence sur de très graves événements. Au temps dont je parle, il n'était qu'aimable et heureux. Il venait rarement, nous interrogeait avec gaieté, était toujours content de nous et nous donnait de bons avis. Tout rempli de maximes antiques, il ne cessait de nous répéter, pour nous exciter à l'étude : *Et facere, et pati fortia romanum est.*

---

(1) Collège du Plessis, à Paris.

Mais le grand intérêt de notre vie se rattache à la connaissance lointaine de notre ami M. Turlot. Je crois que M. l'abbé Turlot a essentiellement réuni toutes les qualités de l'homme vraiment aimable à celles qui doivent à jamais gagner l'estime et le dévouement. Doué d'une figure douce et gracieuse, dont l'expression calme était pourtant pleine d'esprit et semblait le miroir d'une âme pure et d'une philosophie sagement tempérée ; instruit et sans être pédant, poète plein de grâces sans s'être jamais cru poète ; fait pour réussir dans le monde par son aménité et par sa bienveillance, et souvent éloigné du monde par une sorte de sauvagerie qui n'était justement que piquante ; ecclésiastique et régulier, sans vaine hypocrisie et sans austérité, tel a été et est M. Turlot. Nous pouvons dire que jamais ami meilleur et plus aimable n'a pu se rencontrer. Il est devenu le complément de notre famille et de notre bonheur intérieur.

J'étais bien jeune encore, et j'avais des sabots chinois pour la première fois de ma vie. C'était une assez grande jouissance. On nous avait menés à la Thuilerie, près Passy, chez Mme de Gouvernet ; je me promenais sur la terrasse, assez occupée de mes sabots et de leurs petites pelisses blanches. M. Turlot les remarqua, il vint m'en faire un compliment ; dès ce jour nous causâmes ensemble. Maman, qui l'avait déjà vu, venait de l'engager à venir chez elle, et il a été notre ami.

Il se trouvera souvent nommé dans cet écrit. J'aurai à parler de ses malheurs et de sa touchante philosophie, qui lui a permis de conserver les jouissances au-dessus des coups de la fortune (1). A l'époque dont je parle, il

(1) M. Turlot, né à Dijon en 1745, entra plus tard à la Bibliothèque nationale.

suivait dans le monde le jeune abbé de Bourbon (1), dont il avait été le gouverneur; ses espérances pouvaient paraître en proportion des désirs qu'il aurait pu former.

(1) Fils naturel de Louis XV; mort à vingt-cinq ans, en 1787.

CHAPITRE III

Instruction religieuse. — Mme de Chastenay élue chanoinesse d'Épinal (1785); cérémonie de réception. — Elle devient, ainsi que son frère, avec les enfants d'Orléans, élève de Mme de Genlis. — Portrait de Mme de Genlis. — Assemblée des notables (1787). — Mme de Chastenay coadjutrice de l'abbesse d'Épinal (1788). — Mme de Montesson à Plombières. — Le cardinal de Loménie et son ministère. — Du rôle de la femme près des hommes politiques. — Agitation parlementaire à Dijon.

Je venais d'avoir quatorze ans quand je fis ma première communion. J'avais reçu la confirmation la veille de ce jour solennel. J'avais beaucoup de piété; je n'avais pas été accablée de pratiques ; mon âme était d'une parfaite pureté. Ma dévotion était tendre ; mon imagination lui donnait quelque exaltation, et toutes les puissances de ma raison avaient été armées en faveur des dogmes religieux. La conviction chez moi était mathématique. Je savais qu'on avait combattu la religion ; les vérités de cette religion me paraissaient démontrées à l'évidence, des discussions de controverse m'eussent paru tout à fait oiseuses. Mon confesseur était le curé de la Madeleine, victime depuis au 2 septembre; homme saint et excellent, simple d'ailleurs, sage, honnête, éclairé plutôt qu'enthousiaste, et plutôt homme d'un esprit distingué, il était la vertu même. Jamais il ne me troubla de difficultés prématurées, de pensées étrangères à mon âge et à ma situation. Enfant, quand je m'accusais d'avoir battu mon frère, il me demandait si mon frère me l'avait rendu, et se contentait de l'affirmative. Je ne sortais jamais du tribunal de la pénitence sans être résolue à ne plus faire aucune faute, et sans être bien convaincue que je n'en commettrais plus jamais; je pensais alors que je serais parfaite, et je soupirais en me disant que ce serait sûrement bien ennuyeux.

J'avais de onze à douze ans lorsque j'entendis lire dans *Adèle et Théodore* (1) l'histoire touchante de M. et Mme de La Garage; un profond chagrin les avait ensevelis tous deux dans un château qu'ils avaient en Bretagne. Ils y avaient consacré, depuis ce moment, leur fortune et leur vie entière au soin des malades et des pauvres. Je ne puis exprimer l'impression que me causa cette lecture; il me sembla que j'entrevoyais la voie parfaite, qu'il m'était prescrit d'y entrer. Je pleurai beaucoup, je sentis en moi des combats presque aussi vifs que s'ils avaient été réels. Combien de fois, depuis cette époque, je me suis trouvée attendrie, en considérant la bure et le voile blanc de nos respectables Sœurs grises !

J'étudiai plusieurs catéchismes, surtout celui de Montpellier; on mit entre mes mains plusieurs autres ouvrages bien faits et bien écrits, et à mon tour j'en composai plusieurs. J'ai dit que j'avais contracté l'habitude de beaucoup écrire; je fis une foule d'ouvrages théologiques, de discours sur les Évangiles, et, quel qu'en pût être le mérite, leur objet me devenait propre de plus en plus.

La candeur de mon esprit était telle que je fus longtemps à comprendre qu'on professât une opinion sérieuse sans en être réellement pénétré. J'avais pris quelques

---

(1) Par Mme de Genlis.

leçons d'anglais d'un bon Cordelier irlandais qu'on appelait le Père Hyki ; on me fit travailler durant quelques semaines avec un M. Achard, Anglais de beaucoup d'esprit et ministre protestant. Nous causâmes de luthéranisme, et je l'engageai à se convertir ; il me demanda des enseignements. Je n'hésitai pas à prendre la plume, à écrire, à prouver, à raisonner à l'évidence. J'avoue que je fus au moins surprise quand je jugeai, par une réponse d'ailleurs agréable et bien conçue, que la question au vrai n'était point entre nous dans les diversités apparentes de quelques points de doctrine ; que le système de sa réformation était, parmi les réformés instruits, ce que sont pour les astronomes les expressions du lever, du coucher du soleil, etc., et que toute la logique du monde serait perdue dans cette matière. Je crois, au reste, ou j'ai cru depuis que sur toutes les questions religieuses mon clergyman était au moins indifférent.

Je continuais mes études ; mes talents devenaient très brillants : on avait ajouté Rodolphe à mes professeurs de musique. J'apprenais de lui la composition musicale. Je lisais beaucoup, je faisais des extraits des ouvrages, des plans d'ouvrages, des traductions, des poèmes même. J'avais peu de moments disponibles ; je les passais avec mon frère, je causais avec mes parents, j'allais me promener à l'Étoile (1) : j'en rapportais des fleurs des champs ; mon père, qui étudiait la botanique, m'en disait les noms ou les faisait inscrire sur mon herbier par M. Desfontaines. Enfin je voyais le soir quelques visites qui venaient chez maman, société fort sérieuse, qui ne me montrait pas le monde élégant,

---

(1) L'Étoile des Champs-Élysées.

mais qui m'en donnait des nouvelles ; enfin, je me trouvais si accoutumée, sans orgueil cependant, à me trouver dans la chambre un objet principal, que je me crus obligée de me raisonner moi-même, au mariage d'un de mes parents, et de me dire que la mariée devait concentrer l'attention.

Une de mes tantes, Mme d'Argenteuil, cousine germaine de mon père, devint abbesse d'Épinal (1), et maman, qui avait beaucoup contribué au succès qu'elle obtint alors, lui demanda pour moi sa place, que sa nomination rendait vacante. J'avais quatorze ans, et mes parents me menèrent au chapitre afin d'y être *appréhendée* (2). C'était une cérémonie qui tenait de la chevalerie et de l'institution monastique. Les preuves de noblesse, qui dans ce chapitre étaient une filiation paternelle de huit nobles d'épée, et autant du côté maternel, étaient discutées et admises par les généalogistes du chapitre; elles étaient jurées et publiées à la cérémonie par trois chevaliers dont les noms avaient été prouvés dans les admissions de leurs parentes. L'appréhendée leur présentait en reconnaissance un nœud d'épée.

Je me souviens qu'à l'heure de vêpres tout le chapitre (ces dames étaient vingt en tout), se rendit à la maison de ma tante pour m'y prendre; j'avais une robe noire. L'un des chevaliers me donna la main ; la musique de la garnison précédait. Quand nous fûmes dans le chœur de l'église, on me fit mettre à genoux; l'abbesse me dit : « Que demandez-vous, ma fille? » Réponse : « Le pain et le vin de saint Goëry (patron du chapitre), pour servir Dieu et la sainte Vierge. » On

(1) Marie-Louise-Victoire Le Bascle d'Argenteuil, élue abbesse le 11 décembre 1784; prit possession le 9 mai 1785.
(2) Procès-verbal de réception du 10 octobre 1785.

me fit manger d'un biscuit, mouiller mes lèvres dans une coupe ; on me passa le grand cordon bleu, avec la croix au bout, le long manteau bordé d'hermine, l'aumusse, le voile noir ; tout me fut remis en un instant. On chanta le *Te Deum*, puis le cortège revint dans le même ordre, et un bal s'ouvrit chez ma tante.

Je m'amusai beaucoup à ce bal et à ceux qui se succédèrent dans les quatre ou cinq jours de mon séjour à Épinal. La cérémonie me fit pleurer, parce que maman y pleura ; mais la danse me consola bien vite. J'étais pour le coup l'objet principal, et de droit ; j'avais des succès au bal, pour la première fois peut-être, car je n'ai jamais ni très bien ni très mal dansé. Le plus beau danseur du régiment de Noailles, M. Alexis du Hautoy, âgé de dix-huit ou dix-neuf ans, me priait aux plus belles contredanses ; ce petit hommage me fut assez sensible, mais je n'ai jamais revu mon danseur, et j'ai su de quelques émigrés qu'il était mort en Portugal.

Ce fut une assez heureuse prévoyance de la part de mes parents, que cet établissement chapitral, qui m'a fait appeler *madame* et m'a figuré un état. Il était, même alors, dans l'ordre naturel des choses que je me marierais dans le cours de peu d'années ; je ne sais pourtant à quel propos j'entendais dire souvent à maman que je ne me marierais pas, que mon sort en serait plus heureux. Tous ces discours, qui exprimaient un vœu, ne me plaisaient pas infiniment ; un grand nombre de filles de mon âge étaient mariées, et encore au couvent, je l'avoue ; mais au bal elles étaient des dames, et moi, en dépit de ma croix, je n'y étais guère qu'une enfant ou, ce qui est bien pis, une grande demoiselle.

Le peu de goût de maman pour le mariage, ou ses intimes pressentiments, ne l'empêchaient pas cependant d'y songer; elle préparait aussi l'établissement de mon frère. Ses relations avec l'abbé Mary, quelques actes conservatoires, semblaient préparer à mon frère une place dans l'une des maisons des ducs d'Angoulême ou de Bourbon; on s'occupa de ménager, dans ce même esprit, la maison d'Orléans, où s'élevaient trois princes. Mlle d'Orléans paraissait destinée à l'un des princes de la famille royale; on songea à me procurer chez elle une place dans l'avenir. Maman sut se rapprocher de Mme de Genlis, et nous arrivâmes à Bellechasse vers ou avant l'époque de mon apprébendement.

On sait que Mme de Genlis, auteur déjà lu du *Théâtre des jeunes personnes* et, je crois, d'*Adèle et Théodore*, avait été chargée de l'éducation de Mlle d'Orléans dès le premier moment de sa naissance. M. le duc d'Orléans voulut qu'elle exerçât les fonctions de gouvernante des trois princes ses fils; et s'il est singulier qu'un prince ait eu cette idée, il est plus singulier encore que Mme de Genlis ne l'ait point rejetée.

Cette femme extraordinaire avait été charmante; elle perdit de bonne heure sa beauté, mais elle conserva longtemps une taille élégante, des yeux charmants et la plus aimable physionomie. Elle avait été préférée, sans fortune, par le comte de Genlis son époux; placée au Palais-Royal, elle y avait promptement captivé le duc et même la duchesse. Elle avait au milieu du monde cultivé ses talents brillants et son étonnante instruction. Objet d'admiration et d'adoration pour les uns, objet de la plus cruelle jalousie pour les autres, elle fut de bonne heure en butte à d'affreuses méchancetés; pourtant elle ne cessa pas de triompher et de plaire. Elle a eu toute sa vie assez grand besoin d'art, et cependant ses torts les plus graves ont été des inconséquences. Ce n'est pas dans le grand monde que les observations tiennent le plus du bon cœur; on y apprend un code négatif très compliqué, et, placé hors d'une certaine enceinte de jugements et d'idées, on se trouve, après y avoir vécu, plus dépourvu de lumières et de notions que si l'on eût toujours habité un désert.

Mme de Genlis reçut avec grâce ma charmante mère, autrefois connue d'elle; elle admit avec plaisir auprès de ses élèves un enfant tel que mon frère, une jeune personne telle que j'étais alors. Mon frère allait le matin dans un jardin près des Tuileries jouer aux barres et sauter des rubans avec les princes; j'allais avec maman dîner avec toute la famille au couvent de Bellechasse, ou faire le soir quelques visites.

La maison se composait de la gouvernante, qu'on appelait *Bonne amie;* de Mademoiselle (1), petite, blonde, mince et bien délicate pour son âge : elle était aimable et gentille, et jouait à onze ans d'une petite harpe, de manière à surprendre et à charmer; Paméla, belle comme le jour, dont l'existence était un point de curiosité (2), mais à qui sa figure pouvait tenir lieu de rang; Mlle de Sercey, nièce de Mme de Genlis, bonne et excellente personne; la vieille baronne d'Andlau, mère de Mme de Genlis, qui ne se montrait que par moments et qu'on disait pleine d'esprit.

Tous les matins arrivaient les trois princes avec César Ducrest, neveu de Mme de Genlis. M. le duc de Chartres (3) était bon, assez appliqué, avait peu de goût pour

(1) Eugène (*sic*) Adélaïde-Louise d'Orléans, née le 23 août 1777, appelée plus tard *Madame Adélaïde*.

(2) Elle passait pour être la fille du duc d'Orléans et de Mme de Genlis.

(3) Louis-Philippe d'Orléans, devenu roi des Français, né le 6 octobre 1773.

les arts d'agrément, et peut-être eût été timide sans le soin que prenait sa gouvernante de le stimuler sans cesse, d'exiger qu'il se mît en avant, comme un prince, qu'il parlât, qu'il se tirât de lui-même, qu'il fît effort pour plaire et pour paraître affable et obligeant. Le duc de Montpensier annonçait plus de grâce et de ce qu'on est convenu d'appeler chevalerie dans les manières; le comte de Beaujolais était le plus joli enfant (1). Tout cela était fort simplement élevé, et tenu assez étroitement. *Bonne amie* avait de l'humeur, elle grondait avec sévérité, mais aussi, par compensation, on ne pouvait se montrer plus aimable, plus gaie, plus *amie* dans certains moments enchanteurs. Ses élèves étaient subjugués par l'idée de sa supériorité incomparable, et s'ils craignaient son mécontentement ils attachaient un prix inexprimable à son sourire.

Les maîtres en tout genre étaient de second ordre. Mme de Genlis, dans sa position étrange, redoutait peut-être les talents trop distingués, et, malgré tous ceux qu'elle a eus, j'ai toujours pensé qu'en fait d'art son goût était assez médiocre. L'étude des langues, si utile depuis à ses élèves tant éprouvés, était familière à Bellechasse; on y parlait l'anglais comme le français, et aussi l'italien, et même un peu l'allemand.

Plus je grandissais, et moins je m'inquiétais de mon avenir. J'étais un jeune philosophe à qui la parure, les plaisirs légers, les vains amusements importaient peu, et j'avais des succès suffisants pour me flatter, tandis que ma passion ardente pour mes parents et le besoin de

---

(1) Le duc de Montpensier, né le 3 juillet 1775, et le comte de Beaujolais, né le 7 octobre 1779, sont morts, sans avoir été mariés, le premier à trente-deux ans, en 1807, et le second à vingt-neuf ans, en 1808.

leur tout sacrifier étaient le mobile de toutes mes vues à venir. L'étude, d'ailleurs, dont le goût était en moi si vif, me permettait peu d'égarer ma pensée, et dès ce temps-là je vivais au jour le jour. J'étais une simple enfant, mais enfant à grands principes ; je croyais qu'il y allait de la gloire d'une femme accomplie de subjuguer toujours et de ne céder jamais ; l'un me semblait naturel et l'autre fort aisé.

Maman avait un cousin appelé le chevalier de Murinais. Il avait bien douze ou treize ans de plus que moi ; mais, absolument étranger aux formes du monde, franc, impétueux, sans autre politesse que l'obligeance du cœur, il se trouvait plus facilement qu'un autre au niveau de mon âge et de mes idées simples. Il était cadet de Dauphiné, mais son frère aîné, devenu impotent, par l'effet d'une cruelle maladie, lui avait fait don après lui, et sans partage, d'une fortune considérable, et m'avait demandé aussitôt comme belle-sœur, comme belle-fille en quelque sorte, pour le temps où mon âge me permettrait d'être mariée.

Je savais à peu près ce projet, et mes parents avaient accueilli la demande sans m'engager d'aucune manière ; l'établissement était solide, convenable, et promettait peut-être plus de bonheur positif que d'accessoires brillants. Maman, élevée dans un monde agréable, avait renoncé pour moi, avec regret, à ce qu'il pouvait avoir d'éclat et d'élégance. Pour moi, à qui le monde ne semblait que frivole, et qui n'avais jamais été au bal des petites personnes à la mode, je pensais sans chagrin, comme aussi sans plaisir, à épouser un jour un homme jeune encore, plus jeune par ses manières, mon serviteur très dévoué, plein d'adoration pour maman dont il avait été amoureux à l'excès, plein d'attachement pour mon père. Je le voyais sans cesse; il ne m'effrayait ni ne m'occupait. Jamais il ne m'a dit un mot de son vœu ou de son espérance, et de fait il voyait en moi une compagne qui pouvait devenir désirable; mais il n'avait encore que de l'intérêt pour moi; il m'avait vue enfant, me croyait toujours un peu telle, et il n'a jamais éprouvé un seul mouvement d'inclination. Je crois, d'ailleurs, que j'avais à peine quinze ans quand son régiment et ses affaires l'éloignèrent tout à fait de Paris. Deux ans après, son frère infirme se maria; le chevalier de Murinais, noble dans tous ses procédés, lui rendit sa donation. Député à l'Assemblée constituante, émigré ensuite, puis rentré et marié dans sa province, il habite son château, sur un pic des Alpes, et j'avoue qu'en l'estimant toujours il m'a été impossible de le regretter jamais. Je n'aurais pas parlé de cet excellent homme, si je n'avais voulu prouver que mes parents songeaient à tout et ouvraient à ma destinée toutes espèces de carrières.

On arrangeait, dans le monde, un autre mariage pour moi; c'était celui de mon oncle même. Il était plus jeune que maman; il avait cent mille livres de rente; il avait refusé les partis les plus désirables. La Reine avait fait proposer Mlle de Polastron, sœur de Mme de Polignac; toutes les faveurs étaient attachées à cet établissement. Les filles riches avaient été mises en avant; les filles raisonnables et façonnées avec apparat aux vertus domestiques n'avaient pas eû plus de succès. Mon oncle avait de l'esprit et le goût des arts; il avait été nourri par intervalles des notions philosophiques de son siècle. L'état militaire en temps de paix lui paraissait un enchaînement de puérilités; le monde, une vaine parade; la cour lui faisait presque pitié. Sauvage, il s'était concentré dans l'intime société d'une femme déjà sur le retour, où, généralement entouré de sous-ordres, il n'avait pas à se contraindre, et se croyait indépendant en pliant sous un joug étroit. Les assemblées provinciales établies en Normandie le tirèrent de cet assoupissement; il devint procureur-syndic de celle de Rouen, avec le célèbre Thouret, et ne conçut plus de bonheur au monde que celui de vivre dans sa province et d'y être considéré.

Il faut avoir vu ce que je vis alors, l'enthousiasme des grands seigneurs pour cette création nouvelle. Elle tenait à la philosophie dont leurs esprits étaient passionnément épris. La corruption morale du règne de Louis XV, l'épicurisme sans but qui avait quelque temps bercé les gens du monde, tout était usé maintenant. On voulait une sorte de religion à la place de celle que l'on croyait jugée, ou qu'on voulait discuter encore; on voulait au moins du déisme, on voulait des principes, on voulait du mérite et de la considération. M. de Conflans, dont la vie fut trop courte, espèce d'Alcibiade durant toute sa jeunesse, fit preuve à l'assemblée de Rouen d'un patriotisme aussi généreux qu'éclairé. Les évêques semblaient s'efforcer de se faire pardonner leurs dignités et leur fortune, en prouvant que l'État trouverait en eux des vertus et des trésors dans leurs richesses. Ce n'était pas le cultivateur qui était flatté de se rencontrer au niveau du plus grand seigneur, c'était le seigneur qui s'en faisait gloire. Les circonstances de la Révolution ont fait un torrent d'un beau fleuve, dont le courant était décidé; on peut dire que c'est malheureux.

A peine mon oncle se trouva-t-il en possession de sa nouvelle fonction, de ses nouveaux projets, de son nouveau système, qu'il eut une maladie terrible, et maman, la meilleure des sœurs, oublia ses longues négligences, courut à Rouen pour le soigner. Dès qu'il put supporter le voyage, elle le ramena à Paris, chez elle, dans sa propre maison, et nous passâmes l'hiver ensemble.

De grands événements se passaient à cette époque et en préparaient de plus grands. Le Roi avait assemblé les notables au commencement de 1787, afin d'exposer à la France la situation des finances de l'État et de confesser un déficit annuel de cinquante millions. La refonte du système de l'impôt, de grandes améliorations dans cette importante partie pouvaient à la fois balancer la recette et la dépense et soulager effectivement le peuple. Tous les plans en étaient dressés ; plût au ciel que de vrais États généraux eussent alors été convoqués ! Dans l'état où était alors l'opinion, dans le courant philosophique où tous les esprits nageaient alors, on eût assuré de belles destinées ; mais les notables, choisis parmi les hommes revêtus de places marquantes, plutôt que parmi des hommes faits pour marquer, et généralement composés de vieillards, n'apportèrent que des passions de haine ou de corps, des passions de préjugés et pas une seule notion de création ou d'enthousiasme. M. de Calonne, contrôleur général et faisant la fonction de principal ministre, proposa l'impôt territorial à la place des vingtièmes, enfin à peu près les bases de contribution sur lesquelles, en dépit de leur imperfection, l'État s'est soutenu depuis plus de vingt-cinq ans.

Le haut clergé, réuni aux notables, crut de l'honneur de l'ordre qu'il représentait de maintenir ou du moins de défendre la prérogative dont il jouissait, de s'imposer lui-même et à titre gratuit, dans ses assemblées libres, dernier vestige de la liberté républicaine, dont en effet l'Europe avait joui sous des rois, pendant une suite de siècles.

Les parlements, qui s'attribuaient la représentation nationale, crurent les libertés et l'État en péril, sous un ministre qui voulait bouleverser les antiques habitudes par un mot seul du souverain. Les grands seigneurs frémirent d'un appel qui allait dévoiler tous les secrets de la cour. Il leur fallait, pour prévenir le danger, se rallier aux cris de liberté des évêques et des parlementaires. La morgue des seigneurs venus de leurs provinces adoptait les expressions assez fines d'un système qui leur était d'ailleurs totalement étranger. Même les philosophes, attachés dans le grand monde au char de M. Necker, se plaisaient à contredire les calculs d'un ministre son ennemi; enfin, ce qui fut le plus dangereux, les ambitions personnelles, aidées de puissantes inimitiés, attaquèrent de front le ministre et le Roi, qui prit cette tempête pour la grande voix de l'opinion, le sacrifia, après plusieurs semaines d'une lutte plus dangereuse que tous les mouvements partiels qu'on a vus s'élever plus tard.

Je me souviens du maréchal d'Aubeterre. Cet homme respectable avait jadis fait la guerre et vu les Français dans les camps; il avait commandé en Bretagne; il y avait vu sa noblesse aux États, c'est-à-dire cette petite noblesse si respectable à sa vraie place, si incapable et si redoutable ailleurs. Il était vraiment citoyen. Membre de l'Assemblée des notables, mais étranger à la cabale du cardinal de Loménie, alors archevêque de Toulouse et bientôt archevêque de Sens; peu favorable à l'esprit factieux des parlementaires, il vit clairement que l'unique pensée de ses collègues était d'exclure le ministre, et il lui arriva de leur dire : « Renvoyez-le donc promptement, afin de vous occuper ensuite de l'État et du Roi. » Il prévit, en fermant les yeux, les maux affreux qui devaient sitôt écraser l'antique monarchie; il avait vu quels seraient ceux qui se croiraient chargés de la défendre, et qui l'entraîneraient dans leur chute. Ses amis ont toujours pensé que le chagrin qu'il en conçut précipita ses derniers jours.

La victoire des parlementaires sur le ministre haï d'eux fut suivie d'une lutte plus violente avec le nouveau ministère. L'archevêque fut forcé de fouiller les portefeuilles de son prédécesseur; les notables furent congédiés. Les parlements, redoublant d'audace, se déclarèrent insuffisants et appelèrent les États généraux. Des remontrances, plus incendiaires dans la forme que dans le fond, exercèrent sur toute la France la plume des moindres conseillers et des avocats leurs faiseurs. Le nouveau ministère, arrêté dès le début, ne trouva que des ennemis dans ceux qu'il aurait pu croire ses fauteurs.

La fièvre était partout, surtout à la surface, car c'est toujours au-dessus d'elle que les bouillonnements se manifestent. L'obéissance au Roi fut un objet de mépris où elle ne devint pas une occasion de danger. L'armée de l'*ancien* régime refusa à peu près partout de fournir des satellites à la tyrannie. Les tentatives de grands bailliages et de cour plénière ne purent avoir un jour, un seul jour de succès. Certes, si cette opposition généralement inerte et calme, hors parmi les meneurs des cours parlementaires, si cette opposition eût été fondée en principes, eût supposé des vues unanimes, un amour vrai de la liberté dans ses moteurs, et quelque vérité dans la profession des maximes dont les partis se faisaient un ralliement, rien de funeste ne pouvait en résulter. Mais tout était mensonge, et tout fut bientôt confondu.

J'ai vu l'abbé Le Coigneux, conseiller de grand'-chambre, ardent provocateur des mesures audacieuses, fêté comme un héros dans les plus grandes maisons. Il était bossu comme Ésope; les courtisans du ministère l'appelaient le général Jacquot, du nom d'un singe alors célèbre : il n'en était que plus glorieux. Étrange état que celui de la société alors! Si tous ces professeurs de liberté l'eussent en effet voulue et chérie, tout le mal pouvait se réparer; l'amour est le feu qui purifie toutes choses. Mais ils se faisaient un moyen de ce qui ne pouvait être qu'un résultat; ils devaient tomber dans l'abîme.

Jamais le ministère Loménie n'avait eu de popularité; celle des parlements, d'abord excellente, fut courte. L'archevêque promit les États généraux, il invita tous les savants à chercher dans l'histoire de France les vraies bases de leur convocation; le parlement de Paris demanda celle de 1614, et l'opinion, maintenant éclairée, vit ce qu'elle devait proscrire.

Rien de plus dangereux, pour une masse qui commence à s'ébranler, que d'apprendre l'ingratitude en apprenant la défiance. Les bouteseux des parlements ne pouvaient pas prétendre à jouer une opinion dont la presque unanimité faisait la force; ils la désertèrent, et le pan de la digue, qu'ils avaient renversé, laissa déborder toutes les vagues.

Il y eut des mouvements dans Paris dès le commencement de 1788, et vers l'automne surtout; mais c'étaient encore les résistances calculées qui s'efforçaient de les produire. Je me souviens qu'un faux système de hiérarchie et de discipline militaires, nouvellement tenté par de vieux faiseurs, avait mis un mécontentement effrayant parmi les officiers des régiments; la désorganisation morale y était, et dès lors l'insurrection de la vanité des simples nobles contre les gens de qualité préparait l'explosion tout antinobiliaire qui allait éclater.

Le cardinal quitta le ministère au mois d'octobre. M. Necker fut rappelé; il prit à son tour des demi-mesures, il convoqua une réunion de notables pour délibérer sur la forme des futurs États généraux.

On avait en peu de mois imprimé de nombreux volumes sur cette importante matière; les recherches ordonnées par le gouvernement, l'indication des formes de 1614 données par le parlement de Paris, prouvaient assez qu'il ne se présentait rien de fixe et de constant dans les usages. C'était donc l'entraînement des choses et leur état réel qu'il convenait de consulter. Un seul bureau le sentit, et ce fut celui que présidait *Monsieur* (Louis XVIII aujourd'hui), prince destiné à une gloire sans modèle pour avoir allié avec tant de bonheur les lumières et la bonté.

Ce bureau seul vota la représentation double. M. Necker la fit adopter par le Roi, après un élégant rapport fait au conseil; il n'osa dans ce moment faire statuer sur le mode du vote, qui ne souffrait plus de doute raisonnable, et jamais audace fougueuse ne fit plus de mal que cette réserve.

Demandera-t-on ce qu'étaient mes jeunes opinions? Ce qu'elles avaient été quant je me passionnais pour les Gracques, Cinq-Mars et Charles Ier; ce qu'elles sont aujourd'hui que j'ai une longue expérience, mais cependant avec les modifications de l'âge et de la réflexion. Je lisais évidemment à cette époque Montesquieu, et Locke, et Mably, et aussi mille productions du moment; j'aimais la liberté avec une rare candeur, mais sans renoncer à l'empire que le sentiment peut exercer, en abusât-il mille fois! J'étais, dans toute l'étendue du terme, une jeune personne très exaltée, mais je n'ai jamais senti s'altérer aucun sentiment dans mon âme. Mes principes tout neufs étaient en moi le résultat mathématique de combinaisons régulières, et cependant mon esprit ne s'est jamais mécanisé; mais, je l'avoue, j'éprouvais une sorte d'horreur pour le joug aveugle qui veut comprimer l'essor intellectuel et moral. Le reste ne m'eût été rien, et l'aristocratie de la sottise pédante me cause encore plus d'aversion qu'il n'est raisonnable de le dire.

Cependant, mes parents, poursuivant les idées qu'ils s'étaient formées sur la préparation de mon avenir, voulurent, quoique j'eusse à peine atteint l'âge de dix-sept ans, me faire abbesse d'Épinal, à la place de ma tante mariée.

On eut du Pape, ainsi que du Roi, bref et diplôme d'éligibilité; il m'eût fallu trente ans, et j'en étais bien loin encore (1). M. le comte d'Artois voulut bien charger le chevalier de Puységur, colonel du régiment d'Angoulême à Épinal, de solliciter en ma faveur; Monsieur accorda une recommandation à Mme de Montesquiou, sœur de l'abbé, depuis ministre. La plus redoutable concurrente était une Mme Du Han, déjà rivale de ma tante et fort aimée de ses compagnes.

Nous nous rendîmes à Épinal. Je devais y paraître avec assez d'éclat et y inspirer de l'intérêt. Je n'étais pas sortie des habitudes de l'enfance, j'avais des talents remarquables, assez d'esprit et de fonds dans la conversation; j'avais l'air plus jeune même que mon âge, car

---

(1) Le brevet du Roi est du 22 mai 1788.

j'étais encore assez petite et j'ai beaucoup grandi plus tard. Je puis dire que j'eus pour moi tout ce qui ne tenait pas étroitement à Mme Du Han. Maman, avec ses grâces, sa figure, son esprit, ses démarches bien calculées, me faisait beaucoup de conquêtes; l'intérêt du chapitre m'appelait réellement à sa tête, et entre mes compagnes, presque toutes Alsaciennes, ou pauvres et provinciales, j'étais presque la seule en état de lui devenir utile. L'élection manqua, faute d'accord entre nos dames.

Le Roi nomma, un mois après, Mme de Gourcy, doyenne d'âge et de dignité, et je reçus la parole, déjà donnée par elle, de devenir sa coadjutrice aussitôt qu'elle aurait ses bulles; le torrent a tout entraîné.

Je n'oublierai jamais ce voyage. D'abord à Brie-Comte-Robert, où nous passâmes au point du jour, en quittant Paris, je vis, je crois, pour la première fois le lever du soleil, et aucune impression n'a jamais effacé celle que je ressentis alors. Je vois encore ce spectacle enchanteur, je me reporte à cet instant unique où je crus assister la première à l'éveil de la création. Nous étions descendus de voiture; le jour humide s'échauffait par degrés, l'aube bleuâtre se teignait de pourpre, l'atmosphère étincelait de moment en moment. Un jardin qui bordait la route était rempli de chèvrefeuille en fleur, dont le parfum me ravit encore; les oiseaux gazouillaient, les maisonnettes s'ouvraient, tout commençait à vivre, et le ciel souriait à son ouvrage.

Arrivée au chapitre, je ne me trouvai point enorgueillie de toucher à une dignité principale dans l'ordre dont je faisais partie. J'ai toujours eu plus d'attrait pour le succès personnel que pour celui de la position; l'ambition ne m'a jamais tourmentée, je n'en puis dire autant de la passion de la gloire. J'allais au chœur chanter l'office, avec une joie d'enfant; je partageais souvent le livre d'hymnes et d'antiennes de ma rivale; nous y chantâmes ensemble le *Veni creator* le jour choisi pour l'élection, et nous nous embrassâmes après. J'avoue que je fis toutes les avances avec la bonne grâce d'un bon cœur. Ma compagne, d'ailleurs, ne pouvait ignorer d'abord que ma situation était préférable à la sienne, et ensuite que ce n'était pas moi qui vraiment lui disputais rien.

J'ai trop peu vu ce qu'était la vie de chapitre pour me permettre d'en parler. Je ne crois pas que ce fût amusant, mais l'institution était belle, et l'on peut dire en toute sûreté de conscience qu'elle ne nuisait à aucun intérêt. On élève dans tout pays, aux frais de l'État, les enfants pauvres de ceux qui l'ont servi; l'Église nourrissait au pied de ses autels un petit nombre de filles des maisons les plus distinguées dont le sang avait coulé pour la patrie. Sans chercher plus loin un exemple, mon grand-père et mes deux oncles maternels n'ont-ils pas péri à l'armée?

Mon oncle paternel, l'aîné de sa maison, est mort près de Plombières dans la saison des eaux. Nous y passâmes plus de temps qu'à Épinal. Il y avait, pour le faire, une puissante raison : Mme de Montesson, veuve non reconnue, mais veuve en effet de M. le duc d'Orléans le père, était aux eaux pour sa santé. Elle avait d'étroites liaisons avec tous ceux qui jouaient un rôle politique, et spécialement alors avec le cardinal de Loménie. Je ne dois rappeler qu'avec l'expression de la plus vive reconnaissance les services que cette aimable et excellente femme voulut me rendre; elle n'y épargna rien, et c'était, vu mon âge, un assez grand succès que de m'avoir faite coadjutrice.

Je m'amusai à Plombières autant que mon âge le comportait; en effet, dix-sept ans, quand on n'est pas mariée, n'est pas dans le grand monde l'âge heureux d'une jeune personne; tout est à cet âge désir et contrainte, on est tenue comme un enfant, on a l'impétuosité, le ressort, disons le mot, les charmes de la jeunesse; on éprouve cent fois plus de contrariétés que de plaisirs; le genre de toilettes fait question chaque jour, la gaieté au bal est contenue, on vous mène, l'on vous emmène, vous ne pouvez lier une partie. Pourtant je dansai beaucoup. Mon frère eut de grands succès auprès des dames à la mode, quoiqu'il eût tout au plus seize ans; mais c'est qu'il dansait à merveille, et que ses manières, malgré sa timide modestie, ont toujours eu la plus parfaite distinction. Je faisais de la musique tous les soirs chez Mme de Montesson; on applaudissait mes sonates, où je ne manquais pas une note; j'accompagnais tout ce qui voulait chanter; enfin je faisais des promenades dans les montagnes qui environnent Plombières, les plus hautes, les plus pittoresques que j'aie vues dans toute ma vie, et j'essayais des descriptions, tantôt en prose, tantôt en vers, mais dans le secret de mon papier et de ma plume.

Quelquefois Mme de Montesson nous lisait des tragédies, des comédies qu'elle avait composées. Cette femme, sans supériorité dans aucun genre, avait pourtant de véritables talents : elle peignait les fleurs d'une façon pleine d'agrément; elle avait joué de la harpe et chanté avec succès; elle avait joué beaucoup la comédie. Un peu gourmée dans ses manières et même, si l'on veut, affectée, à cause de l'incertitude de son attitude dans le monde, elle maintenait autour d'elle une sorte de cérémonial et d'apprêt. Parlant bas et assez lentement, le son de sa voix devenait comme le diapason au ton duquel restaient les conversations autour d'elle. Jamais Mme de Montesson n'avait dû briller par la taille et par l'élégance des formes, mais toute sa personne était gracieuse; la douceur de son esprit, la bonté parfaite de son cœur, la complaisance, l'aménité que l'on trouvait toujours en elle, en faisaient la personne la meilleure à connaître et la plus sûre à aimer.

Nous revînmes à Paris pour achever toute l'affaire de l'élection. On se flattait encore d'obtenir ma nomination pure et simple, mais, après tout ce qui s'est passé, je dois bien rendre grâces au ciel de ne pas l'avoir obtenue. On me mena chez le cardinal, qui sûrement songeait bien plus aux parlements qu'à mon chapitre; il eut l'air de me trouver enfant, mais cette enfant de son côté avait une peine inexprimable à retenir l'indignation que lui causait la vue d'un despote, qui prétendait anéantir de force toutes les cours de justice, indépendantes en France et en effet dépositaires des droits écrits de la nation. Cet homme avait recouru, avec une rare malhabileté, à des moyens violents, presque tombés en désuétude, et les avait inutilement prodigués avec éclat. Enfin, il mettait le comble à son insuffisance en réduisant les rentes de deux cinquièmes, qui seraient payables en papier.

Je me souviens du dégoût violent et presque de l'irritation que me causa ce ministre, chez lequel j'allai et chez lequel même je dînai plusieurs fois. J'ai repassé depuis souvent dans ma mémoire tout ce que j'avais vu et entendu de lui; j'en suis restée au plus médiocre, j'en suis restée au plus mesquin. Le cardinal avait été porté par quelques coteries de femmes; on en a vu autant de l'abbé de Montesquiou : tous ces hommes se sont trouvés courts, pauvres, superficiels. Je ne prétends rien insinuer de désobligeant pour les femmes, mais le grand monde est déjà un cadre resserré, dans lequel une coterie marque un cercle plus étroit. Je crois que l'amitié d'une ou de plusieurs femmes peut être utile à l'homme qui se lance dans la carrière. En lui donnant, par l'effet de la confiance qu'il accorde, le moyen de revenir sur lui-même et de se rendre compte de ses motifs secrets, plus encore que de ses actions, cette amitié le sert, en le tirant, quelques moments par jour, du tourbillon où les affaires l'entraînent, et en lui conservant ainsi le moyen de retrouver son indépendance, et de rapprocher quelques idées de celles qui tournent autour de lui. Ainsi l'homme en place doit trouver, près de l'amie digne de ce nom, un point de vue hors de la scène du monde, il doit retrouver la nature dans son cœur, la raison dans sa tête, et ne doit pas quitter cette véritable amie avec des directions toutes faites, mais avec des forces nouvelles pour se diriger plus sûrement.

Au nombre des actes arbitraires et dangereux que le cardinal s'était permis, on comptait l'arrestation de douze gentilshommes bretons, députés à la cour par leur ordre, pour soutenir les droits de la nation, de la noblesse, des parlements, de leur province. Un chevalier de guerre s'était signalé dans leur nombre par son exaltation et par son énergie. Ces hommes, naturellement droits et doués d'un caractère ferme, aigri et non plié par la hauteur des hommes de qualité à leur égard; irrités et non assouplis par le contact habituel des bourgeois, plus instruits et plus riches qu'eux, il leur était arrivé d'épouser une noble idée, qui leur donnait pour chanceliers les beaux esprits de leur province, pour camarades les grands seigneurs qui les avaient jusqu'alors dédaignés; ils devenaient des héros, ils eussent été facilement des martyrs. Je rencontrai l'un de ces douze chez Mme d'Albert; il sortait de la bataille. J'aurais, je crois, touché avec transport, avec respect le bord du pan de son habit. Je hasardai quelques mots d'admiration, presque d'attendrissement; ils eurent tout leur effet. M. de la Ferronnière (je ne l'ai jamais vu que cette fois) s'écria : « Vous étiez digne, madame, d'être Bretonne; mais tout au moins épousez un Breton ! »

Tous les pays de parlement eurent des mouvements populaires, dont le peuple de lui-même ne se fût pas rendu coupable; on l'entraînait. A Dijon, à l'époque de la Cour plénière, le tocsin fut sonné sur le commandant, M. de la Tour du Pin, par les mains d'un parlementaire; M. Viardot et deux ou trois autres jeunes légistes empêchèrent seuls le représentant du Roi d'être jeté dans un puits; ses domestiques furent accablés de coups; Mlle de Courbeton, riche héritière, fille d'un président à mortier, promise au fils aîné de M. de Lamoignon, garde des sceaux, rompit avec éclat le mariage annoncé, et on la porta en triomphe par toutes les rues de Dijon. Il est remarquable que M. Ferrand (1) à cette époque était l'un des plus actifs rédacteurs des remontrances du parlement de Paris, et que le malheureux M. de Lamoignon, accablé de la haine que la magistrature déversait sur lui sans mesure, ne put supporter une plus longue vie et mit fin à son existence au commencement de 1789.

(1) Antoine, comte Ferrand, d'abord conseiller au parlement de Paris, devenu pair de France (1751-1825).

CHAPITRE IV

Séjour en Bourgogne (1788-1789). — Essarois et Châtillon-sur-Seine. — Navier : le Franc Bourguignon. — Élections des députés aux États généraux. — M. de Chastenay, libéral, député de la noblesse du bailliage de Châtillon ou de la Montagne.

Un mariage venait de se proposer pour moi ; mes parents en furent bien séduits ; l'abbé Mary le méditait depuis longtemps. Le futur était M. de Serent, second fils du gouverneur des enfants de M. le comte d'Artois ; il avait vingt-trois ans, une figure distinguée ; il apportait en dot la place de dame d'atour qu'avait sa mère chez Madame Élisabeth ; elle m'eût été cédée. Mon frère était placé, on en convenait chez les princes ; mais il fallait quinze mille livres de rente net, et mes parents, au vrai, ne pouvaient s'engager à me faire une pareille dotation. Nos affaires n'étaient pas dans un état brillant ; le désordre des rentes nous faisait un tort affreux. Nous venions de perdre beaucoup dans les payements de la terre de Fleury et la liquidation du long procès soutenu sur cette terre ; il fallait payer les dots exigées par mes tantes, en remboursant aux héritiers de l'obligeant et généreux M. d'Harvelay ; enfin, nous éprouvions sur la terre d'Essarois une banqueroute qui, tout calcul fait, s'est montée à soixante mille livres environ. Il fallait bien savoir sa position avant que de prendre un engagement.

Un désir exprimé de ma part eût fait illusion sur les difficultés ; l'engagement eût été pris, j'eusse été Mme de

Serent, brillante et établie au milieu de la cour. Peut-être ai-je à remercier le ciel de ne m'avoir alors permis que de suivre les dictées de mon cœur. Ce mariage, où mes parents entrevoyaient tant d'avantages, même pour mon frère, les eût ruinés, et mon frère avec eux, car le premier contrat de mariage exerce tous les droits qui y sont stipulés, et l'édifice de la cour, qui croulait, ne nous eût laissé que des débris, si les flammes nous eussent épargnés. Mon amour pour mon frère, ainsi que pour mes parents, éclaira puissamment ma raison; mon exaltation presque républicaine la soutint. Je ne pus supporter l'idée de m'enchaîner au service des princes, dans la nécessité d'y vivre de mes gages. Fonder son pot-au-feu enfin sur un regard de faveur me paraissait une chose ignoble, et j'en étais à croire qu'une place de cour n'avait rien d'honorable si on ne la tenait que pour l'honneur.

Je m'opposai avec une extrême fermeté à la condition des quinze mille livres de rente, M. de Serent père marchanda; son fils ne m'avait vue qu'une fois, je lui convenais, mais c'était tout. On ajourna, sans accéder, sans rompre, et nous partîmes pour la Bourgogne, le 20 octobre 1788.

Ce départ, alors annoncé, donnait peut-être quelque prix à la résolution que j'avais prononcée. Essarois était à peu près inhabitable à cette époque. Nous avions un appartement dans une maison à Châtillon-sur-Seine; j'y avais passé deux ou trois jours dans notre voyage d'Épinal, et cette petite ville m'avait paru si laide, je m'y étais vue avec un tel désespoir, que j'y avais versé bien des larmes. J'y revenais cependant; il fallait tirer de la banqueroute ce qu'on pouvait en retenir; il fallait renouveler le bail, songer à économiser et, par suite des événements, se trouver aux assemblées et aux élections des bailliages.

On voit le début de ma jeunesse, et certes il ne fut pas bien gai.

L'hiver de 1788 à 1789 fut l'un des plus terribles que l'on eût depuis longtemps éprouvés. La neige couvrait la terre de plusieurs couches glacées depuis le commencement de décembre jusqu'à la fin du mois de janvier ; les eaux étaient très basses au moment des grands froids, les moulins ne purent fournir, et ce fut une sorte de disette, car alors l'ébranlement n'était pas donné aux inventions utiles et aux applications industrielles des formules savantes. Un froid prodigieux et l'interruption des communications, à force de neige, dans les montagnes, firent ressortir dans le jour le plus avantageux la charité des moines de la Trappe dont le monastère existait au Val-Saint-Lieu ou Val-des-Choux, à un quart de lieue d'Essarois ; ces bons religieux s'attelèrent eux-mêmes à des charrettes et portèrent du pain tout cuit dans les villages, dans les hameaux les plus exposés à manquer.

Mon père ne fit que suivre avec plus de générosité ses habitudes bienfaisantes envers les pauvres d'Essarois. Depuis longtemps un chirurgien était chargé d'une visite chaque quinzaine et du traitement gratuit des maladies ; un bureau de charité, tenu par les notables, faisait aux dépens de mon père les distributions nécessaires. Une grande pièce fut ouverte au château, quand le froid rigoureux se fit sentir ; elle devint le salon du village. Le curé y fit le catéchisme et de bonnes lectures ; on y travaillait près du feu, on y recevait une ample distribution de soupes, non encore à la Rumfort, mais à la manière introduite par le curé de Sainte-Marguerite, et où rien n'était épargné ; on habilla ceux qui se trouvaient nus. Le Seigneur bénira mon père et le rappellera au dernier jour.

Nous étions pendant ce temps revenus à Châtillon, où les charités furent immenses. Mes parents ne laissèrent pas d'y prendre part encore. Je me souviens qu'une pauvre femme mourut sur les chemins, par l'excès de la gelée ; mon père l'apprit ; cette malheureuse laissait un petit enfant encore à la mamelle. Mon père le fit chercher, le mit en nourrice et paya sa pension durant quatre ou cinq ans, et jusqu'à l'âge où cet enfant, qu'on appelait « le petit comte » (1), put être admis à l'hôpital ; encore fut-ce dans la Terreur. L'enfant est mort à treize ou quatorze ans.

Dès que les rues de Châtillon furent un peu praticables, les visites affluèrent chez nous. Maman fit beaucoup de frais ; on la trouva charmante, et toute cette société lui parut agréable. On me regarda, moi, comme une vraie merveille, et je m'accoutumai peu à peu à tous ces gens, qui me parurent de bon goût. Je commençai alors une sorte d'amitié avec une personne plus âgée que moi, mais non mariée encore, Mlle Alexandrine de Guenichon, et je l'ai éprouvée la meilleure et la plus franche amie, à l'époque de nos malheurs.

Les opinions fermentaient dans les têtes ; notre noblesse était dans le système *libéral*, et bientôt mon père en fut le chef. Son parent, le marquis d'Argenteuil, habitant du château très voisin de Courcelles, fut le chef du parti contraire. Il avait de la hauteur, jusque dans ses plus simples politesses ; mon père, au contraire, avait de la cordialité, je dirai de la popularité jusque dans les occasions où il savait, et aussi bien et

---

(1) Sans doute parce qu'il avait été adopté par le comte de Chastenay.

mieux qu'un autre, maintenir sa vraie dignité. Un avocat dijonnais, M. Navier, composa alors plusieurs écrits, entre autres le *Franc Bourguignon*, ouvrage qui pouvait passer pour l'expression du vœu ou des idées de son ordre. C'était la charte, avec la nuance printanière que vingt-sept ans de froissements ont flétrie ; c'était plutôt une préparation à la charte que la charte même. Mon père entra en relations épistolaires avec un homme dont les vues étaient droites et le talent des plus distingués ; ils se jurèrent amitié au nom de la patrie ; heureuse concorde, heureuse union, qui eût prévenu tant de maux ! M. Navier fut député depuis à l'Assemblée législative, qui fit suite à la Constituante. Déjà pénétré de douleur, à la vue des déchirements de la France, le spectacle terrible qu'il avait sous les yeux lui fit une impression mortelle, et M. Navier mourut en peu de mois, victime de son patriotisme et de ses sincères vertus (1).

A l'époque dont je parle, on était loin de songer à un si funeste avenir. Le parent que j'ai nommé au commencement de cet écrit, le vicomte de Chastenay, le défenseur intrépide aux États des privilèges de la province et le prôneur perpétuel d'Hincmar et des Capitulaires, le vicomte de Chastenay, dis-je, crut la monarchie menacée par la double représentation ordonnée, la noblesse perdue par le vote par tête, en question. Il fut de ces inconsidérés dangereux qui, dès le premier jour, rendirent courantes des idées qui ne se fussent avouées qu'après un long espace de temps. Il entra en lice avec M. Navier, dans un journal de la province. Un bon gentilhomme de notre société, M. de Fresne, me dit en

---

(1) C.-B. Navier est mort en 1794.

riant de répondre à mon cousin, et je fis, en effet, une lettre dont les copies se multiplièrent. Elle fut envoyée à Dijon, où elle obtint un succès singulier. Je ne me souviens plus de cette lettre, sinon de cette phrase que j'y avais placée : « En général, MM. les nobles ne distinguent pas assez la justice de la bienfaisance. » Cette vérité, qui m'échappait d'instinct sur le compte de la noblesse, mille fois j'en ai depuis trouvé l'application parmi ceux qui peuvent exercer une suprématie quelconque.

Les convocations tant attendues eurent lieu à peu près dans le mois de mars. Les trois ordres furent convoqués à part, mais parmi le clergé, chose inouïe, tous les curés furent appelés ; parmi la noblesse, tous les nobles, et non pas seulement les possesseurs de fiefs ; dans le tiers état, qui comprenait tout le reste, il n'y eut guère d'homme tenant une plume et revêtu d'un état ou d'une propriété qui ne fût dans le cas d'émettre un vœu.

La convocation, faite comme autrefois par bailliages, c'est-à-dire par arrondissement de tribunaux, avait pour premier objet de rédiger des cahiers appelés autrefois doléances, et qui devaient cette fois contenir l'expression des vœux formés pour le rétablissement de la France ; la liberté, à cet égard, était et devait être illimitée. Le second objet était de nommer des députés aux États généraux qui allaient se réunir.

On vit donc arriver dans les chefs-lieux des différents bailliages une nuée de curés, la plupart bruyants, peu capables, et que les chefs du tiers état accueillirent partout comme les pasteurs utiles, comme les bienfaiteurs du peuple, comme les apôtres d'un évangile où l'on trouve des principes d'égalité si purs et des maximes si sages de respect à l'autorité. On y vit venir de misérables nobles, réduits à subsister du travail de leurs mains, à peine parés d'une vieille épée d'emprunt, et qui furent accueillis presque comme leurs égaux par de grands seigneurs venus en poste, et par les gentilshommes les plus riches du canton.

En effet, en dépit du mécontentement excité par le mode de convocation, la noblesse bretonne fut la seule qui refusa d'élire des députés. Tout ce qui jouissait en France de quelque existence honorable ambitionna l'honneur de venir siéger à l'Assemblée des États généraux. Les évêques, malgré le déplaisir que leur causait la dépendance où le mode de convocation les mettait devant leurs curés, n'hésitèrent point à venir affronter leur cohue dans les chefs-lieux de leur diocèse. Il y eut des scènes peu décentes dans plusieurs réunions de ce genre ; l'orgueil, la morgue de plusieurs évêques, et surtout la hauteur des personnes de leur suite, l'effervescence vraiment populaire des curés, occasionnèrent bien des orages ; mais, enfin, le respect pour l'épiscopat l'emporta presque partout, et peu d'évêques, après s'être rendus à l'assemblée de leur clergé, eurent la déception de manquer le succès.

Les abbés commendataires n'y parurent guère que pour y éprouver de véritables impertinences. Les abbés réguliers, humainement parlant, ne les voyaient guère sans envie recueillir la meilleure part des revenus des abbayes. On soufflait aux curés que ces parasites de l'Église en dévoraient toute la substance, et qu'en réformant le luxe déplacé de ces hommes inutiles, le clergé aurait le moyen d'améliorer leur sort et de les mettre tous dans l'aisance.

La noblesse, quelle que fût l'extension donnée à sa convocation, ne parut jamais moins nombreuse que dans les assemblées de bailliages, où elle vint ou dut venir individuellement. Divisée en elle-même, ainsi que je l'ai dit, jamais ses divisions ne se prononcèrent plus fortement. Les gentilshommes, les nobles de province, y formaient un parti contre ce qu'ils nommaient les gens de la cour, et parurent leur porter une haine plus forte que celle même des curés pour les abbés commendataires. Les opinions, d'ailleurs, faisaient une scission nouvelle. Une partie de la noblesse favorisait les opinions du jour ; plus de philosophie, plus de lumières avaient surtout rangé de ce bord une partie des gens de qualité, qui, presque honteux de se voir traités de pair par des nobles si loin d'eux et de leur existence, songeaient à mettre entre eux une nuance de plus en s'écartant de leurs préjugés. Mais tous les gens de qualité n'adoptèrent pas ce système ; les gentilshommes vaniteux qui redoutaient, en partageant leurs opinions, de les reconnaître pour chefs, se tenaient à leur égard dans une disposition que l'on pourrait dire séditieuse. Enfin, même parmi les hommes d'anciennes maisons, on voyait la passion se prononcer contre les hommes de cour, et cette passion était une haine jalouse qui se couvrait d'une sorte de mépris. Les présidents de la noblesse des bailliages tenaient ce droit de leur charge de grand bailli, qui s'achetait ou se transmettait ; une grande partie de ces charges appartenaient à des hommes qui tenaient à la robe, et ce fut un principe de désunion de plus. Enfin, sur deux cent quatre-vingts députés environ qu'eut effectivement la noblesse, — on peut en consulter la liste, — il ne se trouvait pas, je crois, cent cinquante hommes de qualité.

Les assemblées du tiers état, généralement présidées par le lieutenant général du bailliage, c'est-à-dire par le président de son tribunal, furent calmes presque partout.

On remarquait dans cet *ordre*, pour parler le style du temps, un attachement plus filial pour la personne du roi de France que dans l'ordre de la noblesse, chez qui la loyauté était un devoir sans doute, mais chez qui la dignité personnelle avait des droits qui l'emportaient sur tout, et qui, enfin, gardait au moins par tradition quelques notions d'indépendance.

C'est une chose aujourd'hui qui peut passer pour surprenante : les cahiers des trois ordres, presque sans exception, furent calqués les uns sur les autres. Ni la ruine du clergé, ni l'abolition de la noblesse ne furent insinuées dans aucun. On voulait que l'impôt ne pût être établi sans le consentement des Etats généraux ; on voulait l'admission égale aux emplois et l'abolition des privilèges pécuniaires, et la noblesse, presque partout, avait voté elle-même ces deux points. On voulait enfin l'abolition des lettres de cachet et la liberté de la presse; on demandait des assemblées provinciales pour les provinces qui n'avaient point d'États. Mais, au milieu de ce concours admirable, le tiers état donnait à ses députés le mandat impératif de ne voter que par tête ; la noblesse et une grande partie du clergé, malgré l'influence des curés, le mandat impératif de ne voter que par ordre. On avait en ces temps si peu l'idée de l'action qu'on ne comprit vraiment nulle part le danger d'une restriction si absolue. Il semblait qu'on agît d'accord ; les membres des différents ordres, à moins de querelles particulières, se rencontraient comme des frères, animés au fond des mêmes sentiments : l'amour de la patrie et de la liberté. Chargés de mandats sur lesquels aucune transaction ne paraissait possible, les députés des trois ordres quittaient ensemble leur province, faisaient le voyage de compagnie et prenaient à Versailles une même maison. On n'a jamais vu tant de candeur, on n'a jamais vu tant d'inconséquence ; on s'est bien perdu à plaisir.

On rirait aujourd'hui de l'importance mise alors au choix de tel député d'un des ordres, dont on élevait au ciel, dans son bailliage, ou dont on redoutait les talents et les opinions. Ces aigles de province ont fait, pour la plupart, une bien petite impression. Je me souviens de l'effroi et du chagrin des avocats patriotes de Dijon, quand la brigue de M. Arnoult, avocat des états de Bourgogne, l'emporta, et qu'on le vit enfin député. Le salut de la liberté en était compromis ! On croyait voir en sa personne M. le prince de Condé (1) avec ses opinions, et la cour venait d'acquérir un grand moyen pour triompher !

Au reste, comme on ne reverra jamais des circonstances du même genre, on pourra me savoir gré de rapporter ici quelques détails relatifs à l'assemblée bailliagère de Châtillon-sur-Seine, dont j'ai été moi-même le témoin.

Je commencerai par le *clergé*. Les curés vinrent en foule ; hommes honnêtes en général, mais un peu grossiers de formes, et dont l'esprit, habituellement resserré dans un petit cercle, ne renfermait que peu d'idées. Leur sort était surtout ce qui les intéressait, dans un pays où les portions congrues n'allaient guère au delà de cinq cents livres. Sachant d'ailleurs, par quelques feuilles de journal, qu'il s'agissait de liberté, les notions principales dont j'ai exposé les bases, en parlant de l'unanimité des cahiers, ne pouvaient manquer d'être accueillies par eux dès qu'elles leur seraient proposées.

(1) Gouverneur de Bourgogne.

M. l'abbé de Luzine, abbé commendataire de Saint-Seine, se présenta et voulut présider. C'était un homme d'esprit, mais il était hautain ; ses manières, et ce qu'on répandait de ses mœurs, à tort ou à raison, ne commandaient ni l'amour ni l'estime. Il voulut présider, par le droit de son titre : tous les curés s'y opposèrent. Le prieur des chanoines réguliers de la ville (1) fut chargé de plaider leur cause en présence des trois ordres réunis ; il le fit avec un savoir et une érudition dont l'abbé demeura confondu. Le prieur gagna, et je crois que l'abbé fit retraite. Il ne faut pas, d'ailleurs, s'imaginer que le prieur, dans la cause des curés, cédât à l'influence de quelque projet ambitieux ou à celle d'un fanatisme incendiaire. C'était le temps de la candeur, et jamais aussi plus de vertus et de science ne furent réunies que dans le défenseur des curés. Ce fut lui qui rédigea les cahiers de l'assemblée ; pourtant il ne fut point élu. Un bon et vertueux curé, qui passait pour assez savant parmi ses confrères, eut leurs suffrages (2) ; mais, en les lui donnant, ils exprimèrent au prieur le regret de ce qu'il n'était pas curé : ils se croyaient strictement obligés de porter leur choix sur un d'entre eux.

L'*assemblée de la noblesse* eut un peu plus de mouvement, et, quoique fort peu nombreuse, on y vit deux partis ; le vote par tête, le vote par ordre y déterminaient les couleurs, car, on ne saurait assez s'en étonner, on ne disputait pas fortement sur le reste. L'établissement de la liberté paraissait une suite nécessaire des circonstances ; le Roi semblait y concourir, et l'on suivait cette impulsion. Les discussions n'étaient pas, d'ailleurs, très faciles ; les bases qu'il s'agissait de fixer

---

(1) Abbaye de Notre-Dame de Châtillon.
(2) Couturier, curé de Salives, canton de Grancey.

reposaient sur des idées simples ou simplement exprimées en peu de mots. On en avait presque fait des adages ; c'était comme une nécessité que de les admettre, mais on voulait voter par ordre, parce que le vote par ordre était le gage unique de la tranquillité publique et de la conservation de la monarchie. Tout le reste était abstraction, tout le reste était métaphysique ; mais la séparation des ordres était une chose positive, et c'était là qu'on résistait.

Le marquis d'Argenteuil, ancien officier supérieur des gardes du corps, était le rival de mon père quant à la députation, et son antagoniste quant aux opinions ; il était son parent et bien plus âgé que lui, et je dois dire qu'il offrit de renoncer à toute prétention personnelle si mon père voulait renoncer à ses idées sur la convenance du vote. Mon père refusa, et ce fut une petite guerre. C'était à qui aurait des partisans ! On comptait parmi ceux de mon père les hommes les plus marquants de la ville, entre autres MM. de Fresne, gentilshommes respectables, que l'émigration a ruinés, et qui, à cette époque, multipliaient de tout leur cœur les partisans du vote par tête. Du côté de M. d'Argenteuil on voyait le grand bailli de la noblesse, M. de Saint-Mesmin, dont toute la famille était dans le parlement de Bourgogne et qui n'avait aucune relation dans le pays ; M. Richard de Vesvrotte, conseiller au parlement, également étranger au pays, homme d'esprit, vif et gai, qui traitait cette intrigue avec une légèreté qui scandalisait nos braves amis. On fit des nobles, afin de grossir les listes, c'est-à-dire que l'on fit grâce de quelques années à ceux que la possession des charges n'avait point encore anoblis, ou qu'on admit le titre plus que douteux de familles vraiment bourgeoises qui vivaient *noblement* dans la ville. Dans le canton il y avait un vieillard, homme d'un nom très ancien, M. de Saint-Blin ; il était fort peu riche, il vivait infirme et retiré, mais jouissant à toute heure de sa haute naissance. Il avait lu dans une histoire de France que Geoffroy de Saint-Blin, homme de nom (1), avait péri à la bataille de Montlhéry ; il regardait le titre d'homme de nom comme une prérogative de sa famille. Son estime pour le nom de mon père, plus que celle qu'il avait pour lui, le rangea à son opinion. M. de Vesvrotte vint le menacer de lui faire enlever ce titre d'homme de nom, dont il était si fier. Le vieux seigneur ne répondit qu'en lui proposant le combat, mais, à cause de son grand âge, dans sa chambre et à bout portant. Il y avait plusieurs gentilshommes venus de leur village, où la plupart travaillaient de leurs mains ; ils avaient si peu l'idée des usages qui naissent de l'aisance que l'un d'eux, en dînant chez nous, voulait absolument faire mettre à table avant lui un grand domestique en livrée, qui lui présentait une chaise.

C'était peut-être une assez belle chose, au point de vue spéculatif, que ce concours individuel d'hommes dont les familles avaient dû se consacrer au service de l'État ; en réalité, la plupart paraissaient fort au-dessous de toute dignité. J'en excepterai un, qui s'attacha à nous : père de dix enfants, sans fortune, M. du Potet, pour héritage, leur a laissé son âme, son caractère et l'amitié de mon père. L'aîné de ses fils est déjà un héros, et les autres, par leur conduite, pourraient nous disposer à croire que le préjugé de la noblesse n'est pas toujours une chimère.

(1) On appelait hommes de nom, ou mieux gentilshommes de nom et d'armes, ceux dont la noblesse était immémoriale, par opposition à ceux qui étaient de familles anoblies.

M. de Las Cases vint, porteur de la procuration de M. le duc de Penthièvre; car les princes, dans ces assemblées, n'avaient jamais paru que dans leur qualité de gentilshommes français. Sa conduite modérée et pleine de politesse lui concilia la bienveillance de tous.

Mon père fut élu, à la joie générale; il était fort aimé, et le tiers état avait paru dans l'intention de le choisir si son ordre ne le choisissait. Le mandat du vote par ordre avait toutefois passé à la majorité, mais mon père avait obtenu qu'il ne serait point impératif, et l'on y joignit l'injonction de se réunir à la majorité.

L'*assemblée du tiers état* ne fut guère agitée que par quelques prétentions à l'élection, et les trois ordres demeurèrent tout le temps dans la meilleure intelligence.

CHAPITRE V

Portraits du Roi, de la Reine et des principaux membres de la famille royale.

Les nouveaux élus quittèrent leurs provinces pour se rendre à Versailles, où étaient convoqués les États généraux ; ils allaient se trouver en face d'une cour de mœurs faciles, qui ne partageait ni leurs sentiments ni leurs aspirations.

Le roi Louis XVI était, de tous les hommes, le moins fait pour le rôle dont le sort l'avait chargé. Son extérieur prévenait contre lui : nulle noblesse, un gros rire sans esprit, une physionomie sans expression, des yeux qui ne voyaient presque point, une taille épaisse, nulle grâce dans la démarche ou les mouvements, nul à-propos dans les moindres discours ni galanterie dans les manières, et, ce qui surprendra peut-être dans un prince élevé pour le trône, une excessive timidité.

Peu susceptible d'ornements, l'esprit de Louis XVI avait reçu toute l'instruction que son éducation lui avait pu donner. Il avait appris passablement, dit-on, le latin, et lisait fort bien l'anglais ; il savait de l'histoire ce qu'on apprenait alors, des dates, quelques détails militaires, la suite des rois de France ; tous ces faits, mal présentés, soutenus de réflexions communes, formaient alors ce qu'on nommait l'histoire.

Le Roi avait appris avec soin la géographie. On dit qu'il cultiva ses connaissances dans ce genre avec un extrême intérêt, et que les instructions données à l'infortuné La Pérouse furent presque rédigées par lui.

Le goût des arts fut étranger au Roi ; mais, du moins, dégagé de toute prétention en ce genre, si son suffrage ne put les encourager, ses systèmes ne purent en retarder les progrès.

Ce qui distingua le roi Louis XVI, ce fut une bonté personnelle dont nous avons presque perdu le type ; un amour pour le bien, qu'on n'a pas assez apprécié. La philosophie du siècle avait influé sur ce prince jusqu'à lui faire placer toute sa gloire dans le bonheur du peuple, à lui faire dédaigner le vain appareil de la grandeur ; enfin, jusqu'à lui rendre doux les sacrifices de tout genre, dont le bien public serait l'objet. Accessible à toutes les représentations, trop pénétré de son insuffisance, il avait besoin d'un concert d'opinions pour assurer la sienne. Son incertitude, sa candeur l'ont rendu à la fin le jouet des conseils, plus encore que des événements. Livré à lui-même, sans doute il aurait suivi le torrent, mais, du moins, en ce sens conséquent avec lui-même, il eût soutenu un caractère, et le détail des événements n'aurait pas été ce qu'on l'a vu.

Jusqu'à cette époque son règne avait été comblé de prospérités. Nul prince plus âgé, nul prince plus habile n'eût peut-être conduit avec plus de succès le vaisseau de l'État. Il avait rétabli la marine française avec éclat, acquis des colonies nouvelles, annulé les clauses honteuses du traité de 1763, replacé la France à sa hauteur parmi les puissances, acquis enfin un allié éternel et chaque jour plus important dans la République américaine dont il avait habilement secondé la consolidation, après une guerre conforme aux opinions dominantes dans le siècle et dans la nation.

Enfin, Louis XVI avait diminué de lui-même tous ces attirails de grandeur dont, quoi que l'on puisse dire, la pompe ne pouvait plus imposer. Il avait répandu parmi le peuple l'idée que de tous les hommes il était celui qui désirait davantage le bien et qui était le plus disposé à le faire.

On ne saurait pourtant dire que, malgré toutes ces considérations, le règne de Louis XVI ait été glorieux ; car les opérations du Roi avaient trop été celles de ses ministres. On ne supposait presque pas, autour de lui, qu'il y fût pour quelque chose. M. de Vergennes avait conduit les affaires politiques, M. de Maurepas, puis MM. de Malesherbes, Turgot ou Necker, avaient tour à tour présidé aux conseils. On avait vu constamment qu'une influence distincte de celle du Roi avait déterminé le gouvernement, et, quoique avec le désir constant du bien, on avait vu sous le même roi se succéder des règnes divers : jamais cet homme n'avait régné.

Ce n'est pas tout. Le peuple seul avait assez de franchise pour apprécier les intentions du Roi et rendre hommage à ses vertus ; mais Louis XVI, au milieu de sa cour, n'attirait par lui-même ni amour, ni respect. L'esprit de conversation lui manquait plus que tous les autres ; il sortait du conseil pour chasser. Il avait craint les favoris, et n'avait pas une liaison ; il est bien vrai que peu de gens en eussent été dignes. Ses goûts, à force d'être simples, ne passaient pas pour être nobles : il s'amusait tout seul à forger des serrures. On a prétendu qu'il buvait à l'excès : insigne calomnie, dont on a reconnu tout l'odieux, pendant les orages de la Révolution.

Il faut dire toute la vérité : Louis XVI, époux d'une belle et jeune reine trop souvent gouvernée par les impressions dont on l'entourait elle-même, passait à la fois pour son esclave et sa victime. La conduite de la Reine était jugée avec une sévérité exagérée, sans doute jusqu'à l'excès. La Reine a, sans doute, eu des torts ; mais son âge, sa situation, son entourage auraient servi d'excuse à quelques légèretés dans un autre temps que celui où elle eut le malheur de vivre.

La reine Marie-Antoinette était venue en France à peine âgée de ~~dix-sept ans~~. Jeune Dauphine, pleine de grâces et de charmes, dans un temps où le vieux Louis XV était livré à Mme du Barry, les cœurs, les espérances avaient volé vers elle. On avait vu en elle le retour des mœurs et de la décence ; on y voyait la nouveauté, et l'espérance n'aurait pu se montrer sous une apparence plus faite pour séduire. Elle inspira de l'adoration : j'ai entendu conter à mes parents qu'étant venue à l'Opéra pour une représentation d'*Iphigénie*, au moment où Achille prononce : « Chantez, célébrez votre reine », et où le chœur reprend : « Chantons », le public tout entier, les loges et le parterre, se tournant à la fois vers elle, fit retentir la salle d'applaudissements. Elle salua, tout attendrie : ce fut certainement un beau jour.

Hélas ! ce ne fut pas long. Un oncle de la Reine, un archiduc d'Autriche, vint à Paris. On dit qu'il avait peu d'esprit, mais, par contre de la morgue et de hautes prétentions ; les princes le repoussèrent. La Reine prit parti, et le signal du refroidissement fut donné à la cour contre elle. Ce prince allemand devint bientôt un objet de ridicule pour tout le monde ; on le surnomma *l'archibête*. On raconta que M. de Buffon lui avait offert son ouvrage, et qu'il lui avait répondu : « Je ne voudrais pas vous en priver. »

L'étiquette sévère dont on entoura la Reine dès le début s'accordait mal avec ses goûts jeunes et faciles.

Peut-être cette étiquette étonnait-elle la simplicité allemande qui, même à la cour de Vienne, s'allie, dans les habitudes de la famille impériale, à l'apparat des jours de représentation. La Reine était jeune et jolie, douée surtout de ces agréments qui font plaisir, de cet esprit qui réussit dans le monde, de ces talents qui ne supposent que du goût, de cette espèce de bonté qui tient plus de la grâce d'une jeune femme que du bon cœur à tous les âges. Il était naturel que la Reine sentît le besoin de l'intimité et des plaisirs que donne la société; elle en désirait les succès, elle méritait de les obtenir. Fière, d'ailleurs, comme une princesse, jalouse comme une simple bourgeoise, elle voulait les connaître.

Le Roi était jeune et facile; il aimait sa brillante compagne, et, ne pouvant la rendre heureuse en lui inspirant de l'amour, il n'eût pas voulu contrarier sa volonté ou ses désirs. La Reine ne fut pas insensible à l'effet de sa beauté sur quelques jeunes hommes de la cour; c'en fut assez pour que ces messieurs élevassent leurs prétentions et leur orgueil.

Marie-Antoinette voulut jouir de cette amitié familière que l'on assure être interdite aux rois; elle abusa de cette faiblesse pour faire mille folies; elle se lia avec quelques femmes, Mme Dillon, Mme de Lamballe, Mmes de Fitz-James et d'Ossun, quelques autres peut-être encore; mais la liaison qui décida de sa vie fut celle qu'elle contracta avec Mme de Polignac. Cette société frivole accapara la Reine; elle ne vécut plus que dans son sein.

La Reine s'échappait à Trianon et s'y faisait conduire parfois dans un phaéton élégant, que menait Mme la princesse de Tarente. On murmurait de ces courses dérobées; on murmurait de tout. On haïssait jusqu'aux grands lévriers qui couraient devant ses chevaux.

Elle aimait jouer gros jeu, et ce jeu, que l'étiquette consacrait le dimanche, était, de fondation, rempli par des hommes que leur naissance n'appelait pas à s'y trouver. C'étaient des joueurs de profession, masqués à peine par un titre usurpé : le marquis de La Vaupalière, le marquis du Dreneux, le marquis de Travanet et autres. Le cordon rouge de M. du Dreneux semblait gagné autour du tapis vert, et la Reine en était encore moins ménagée.

La Reine n'avait pas montré pour la noblesse française beaucoup de considération. Elle disait, en véritable Allemande, qu'il n'y avait pas de noblesse en France. Si cela était était vrai, en ce sens que la noblesse ne faisait point corps dans l'État, et que la plupart des grandes familles avaient contracté des mésalliances, il est pourtant également vrai que les plus grands noms de France se trouvaient également à la cour, et qu'il était inconvenant à la Reine d'affecter de confondre les nuances.

Elle sut bien qu'on ne l'aimait pas, et elle-même aliéna son cœur. Le mécontentement fut affiché dans la haute classe. Les prudes blâmaient hautement les légèretés de la Reine ; on prenait des airs de dévot pour se donner le droit d'accuser ses torts. Enfin, tout ce qui ne voyait pas satisfaire son ambition devenait l'ennemi de la Reine, car c'était elle qui nommait à tout, ou du moins on le faisait croire.

Monsieur, frère du Roi (1), se piquait d'esprit et d'instruction ; il n'avait point d'enfants, on ne croyait pas qu'il tînt à lui d'en avoir. Cependant Mme de Balby, dame d'atour de Madame, était dans son intimité et

---

(1) Stanislas-Xavier, comte de Provence, devenu roi sous le nom de Louis XVIII.

passait pour sa maîtresse ; elle avait un esprit piquant, que la Révolution n'a point émoussé. Son mari était fou, c'est-à-dire enfermé comme tel ; on croyait dans le monde qu'il n'était que bizarre, et que sa femme avait employé son crédit pour prévenir par sa reclusion la divulgation des galanteries multipliées dont il avait surpris le mystère. Ce qu'il y a de certain, c'est qu'il fut arrêté un jour à midi sur le pont Royal, dans sa voiture ; on lui signifia qu'il était fou, on le saigna comme tel, on l'enferma, et sans doute il le devint. Cet esclandre révolta l'opinion.

Monsieur eût, je crois, aimé à jouir des succès de la popularité, mais rien en lui ne paraissait populaire. L'acquisition de Brunoy ne fut pas exempte de censures. M. de Brunoy avait été interdit comme fou à cette époque. Je n'instruis pas un procès ; je rappelle les on dit dont les esprits étaient complètement préoccupés. Les amis de Monsieur n'étaient point aimés dans le monde : Mme de Balby y passait pour méchante ; M. de La Châtre, pour un homme dur, avec un peu d'esprit ; M. de Montesquiou, le favori par excellence, pour un homme immoral et avide, pétri d'orgueil et d'insolence.

Monsieur, comme tous les princes, vivait dans la retraite, mais ne s'y croyait point enseveli ; il écrivait, dit-on, dans les journaux. Il s'amusa à duper l'opinion par un conte sur la Harpie, monstre que l'on crut réel et dont je me souviens d'avoir vu la gravure ; il fit aussi l'histoire d'un homme qui marchait sur l'eau. On le vit bientôt témoigner, dans différentes occasions, qu'il ne voudrait point mettre obstacle à la marche philosophique des événements ; il crut allier dans sa conduite la prudence, l'esprit, la sagesse, — ce qu'il aurait pu faire si les circonstances qui se pressaient en eussent mieux servi le développement.

M. le comte d'Artois (1), mieux partagé sous le rapport des grâces, avait ce naturel qui résulte des agréments. On voulait voir en lui un nouvel Henri IV ; on voulait qu'il eût de l'élan (et je pense qu'il pouvait bien ne pas manquer de générosité) ; mais l'espèce de tutelle dans laquelle on tenait les princes ne leur laissait guère de route libre que celle qui les menait au vice.

Assez aimable dans l'occasion, ou plutôt considéré comme tel parce qu'il était prince, il avait assez peu d'esprit. La société de Mme de Polignac lui fut commune avec la Reine, et il parut toujours assez lié avec elle. Ses prodigalités firent pousser des cris contre lui. Rien en effet ne pouvait lui donner un titre quelconque à l'estime ; la paix, conclue presque avant sa naissance, ne lui avait permis aucune manœuvre militaire, et c'est à l'armée qu'un jeune prince se fait vite une réputation, s'il n'en est pas absolument indigne.

Le duel de M. le comte d'Artois et de M. le duc de Bourbon ne fut vraiment pas une action, mais une ridicule comédie. M. le comte d'Artois avait manqué de mesure au point de donner un soufflet, au bal de l'Opéra, à Mme la duchesse de Bourbon, qui lui faisait, il est vrai, une scène assez déplacée à l'occasion d'une dame bien jolie dont son mari l'avait rendue jalouse. Elle se démasqua : M. le duc de Bourbon ne pouvait pas hésiter ; mais l'on se doute facilement jusqu'où pouvaient aller des jeux de cette espèce. Les acteurs pouvaient bien s'y livrer franchement, le public voyait tous les fils et riait de l'émoi et de l'agitation ridicule des courtisans.

Dans une occasion d'un autre genre, M. le comte d'Artois se fit encore moins d'honneur. Il avait accordé une

---

(1) Devenu plus tard le roi Charles X.

confiance intime au surintendant de ses finances, M. de Sainte-Foix, si connu par ses aventures, par son goût, par ses intrigues, sa fortune diverse, son esprit et sa rare amabilité. Le Roi, mécontent des dépenses de son frère, s'en prit à celui qui devait en régler le compte, et M. le comte d'Artois eut la faiblesse de laisser mettre sur la sellette et poursuivre criminellement, sans oser l'avouer et le défendre, le compagnon de ses plaisirs.

Les princesses ne répandaient point d'agrément sur la vie de la cour. Madame, ainsi que Mme la comtesse d'Artois, étaient peu aimables et peu jolies. Froidement traitées par la Reine, peu considérées de leurs maris, elles vivaient dans la retraite, presque dans l'abandon, et ne se consolaient point de ce genre d'existence dans les douceurs d'une amitié réciproque; elles étaient seules. Mme la comtesse d'Artois avait des enfants, mais ses deux fils étaient élevés sans qu'elle eût de part à leur éducation. On troubla son repos en divulguant ou en supposant qu'un simple officier de la garde avait réussi à lui plaire, et il me semble que la Reine ne lui marqua point de ménagement.

Mesdames, tantes du Roi, avaient plus de moyens que ces deux pauvres Piémontaises. Elles avaient été quatre. Madame Sophie mourut plusieurs années avant la Révolution. Madame Louise, dès sa jeunesse, était Carmélite à Saint-Denis; elle y avait sans retour sacrifié les grandeurs et conquis le repos; elle a persévéré dans ces sentiments jusqu'à son dernier jour, sans un regret, sans une peine.

Madame Victoire avait moins d'esprit que sa sœur, mais elle était conduite par elle. Celle-ci avait de la dignité. On ne peut douter qu'elle n'eût été charmante; Mme Guiard en fit un beau portrait, quand elle n'était plus jeune, et l'exagération naturelle aux courtisans fit alors mettre l'artiste et l'ouvrage au-dessus de Mme Lebrun et du portrait de la Reine. On disait, ou l'on répétait, que le comte Louis de Narbonne était son fils, et que la duchesse de Narbonne avait avoué sa naissance pour sauver la réputation de son amie. Je connais une dame qui passe encore pour fille de cette princesse; on en croira ce que l'on en voudra croire.

Mesdames avaient une société plutôt qu'une cour : la conduite de la Reine n'y était pas tenue en recommandation, quoique le silence y fût gardé. On jouait au loto chez Mesdames. On y tenait aux principes, aux manières d'autrefois; mais ce cercle de vieilles femmes avait peu d'importance.

Les princes du sang avaient une existence très inférieure à celle de la famille royale; ils étaient les premiers courtisans, et la maison de Condé, en particulier, était dans une attitude peu noble, sollicitant sans cesse de petites grâces et des secours.

M. le duc d'Orléans, trop célèbre dans le cours de la Révolution, était chef d'une maison dont l'existence, à l'égard de la cour, était bien plus considérable. Elle avait, depuis le commencement du siècle, touché au trône plus d'une fois; elle procurait aux grands seigneurs qu'elle avait su s'attacher en tout temps des faveurs et de l'agrément : elle faisait considérer ses amis et ses serviteurs. M. le duc d'Orléans, « montagne de bonté », comme disait le chevalier de Boufflers, avait mené une existence qu'on pouvait considérer comme le chef-d'œuvre des jouissances sociales. Époux légitime d'une femme qui n'était point princesse, et qui réunissait les talents, le bon goût, la douceur et les grâces, et vraiment toutes les qualités, M. le duc d'Orléans avait, grâce à Mme de

Montesson, une maison où les arts et la société embellissaient tous les jours de l'existence. Son fils, encore duc de Chartres, avait senti le besoin de sortir de la classe commune. Cette oisiveté de prince, cette nullité d'occupation, lui avaient paru ennuyeuses plus encore peut-être que déplacées; il avait secoué le joug des mœurs avec une énergie qu'il trouvait assez mâle. Il avait voyagé en Angleterre; l'intimité du prince de Galles lui avait donné le goût des manières et de la simplicité anglaises.

Le système de la cour n'était pas, depuis longtemps, favorable à l'activité des princes, et pour avoir trop craint de les voir en état d'attaquer, on les avait mis hors d'état de se défendre. M. le duc d'Orléans fit preuve de zèle au combat d'Ouessant. Il y était avec un commandement, et un mentor, lui qui de sa vie n'avait jamais vu une frégate. La malveillance l'accusa d'avoir empêché M. d'Orvilliers de faire de ce combat une victoire. La cour le reçut avec peu d'encouragement, et M. le duc d'Orléans se borna à cette expérience.

Il avait le goût de l'extraordinaire et l'amour du gain et de l'argent. Il confia l'éducation de ses fils à Mme de Genlis. Elle était jeune encore, elle avait été belle, et remplie de talents. Son existence première avait, dans l'opinion, quelque chose d'incertain; son mariage avec M. de Genlis avait été décidé par l'amour. On soupçonnait les sentiments de M. le duc d'Orléans pour elle d'avoir passé les bornes de l'amitié, et beaucoup de personnes croient encore que la belle Paméla est leur fille.

Le Palais-Royal fut alors bâti tel que nous le voyons à présent. Ce fut dans Paris comme un soulèvement; les propriétaires des maisons qui donnaient sur ce beau jardin intentèrent un procès au prince; il le gagna : le terrain était à lui. La grande allée, asile des nouvellistes, tomba sous la hache destructive; le premier prince du sang loua des boutiques, presque dans sa maison, et cet édifice singulier devint au milieu de Paris le centre des jouissances d'une capitale et le réceptacle de tout ce qu'elle a d'impur.

Les douces vertus de Mme la duchesse d'Orléans, les vertus religieuses et charitables de M. le duc de Penthièvre, son père, honorèrent, quoi qu'il en soit, l'existence de M. le duc d'Orléans. Les désordres de sa vie ne l'empêchèrent point de se montrer assez bon époux et bon père. Sa société trop débauchée appartenait aux premières classes : il suffira de nommer MM. de Lauzun, de Fitz-James, sans compter beaucoup d'autres, en qui toutes les qualités n'étaient certainement pas éteintes, et qui joignaient à de belles figures de belles manières.

M. le prince de Condé était à la cour, je l'ai déjà dit, dans l'attitude d'un courtisan. Son extérieur était peu agréable comme celui de tous ces princes; il avait eu de la bonne volonté, et comme tous les princes aussi il avait pris l'habitude d'être retenu par la lisière, de se bien conduire comme un enfant, de se contenter de soi-même, et de s'entendre louer pour un si mince mérite. Il avait fait une campagne, et, à cause du nom qu'il portait, on le disait brave de sa personne. Sans doute, il avait mis l'épée à la main contre M. d'Agout, officier de sa maison, pour une dame qu'ils aimaient tous deux; c'était fort noble en intention, mais bien peu en réalité.

M. le duc de Bourbon, son fils, avait comme lui fait preuve de zèle, à Gibraltar; mais le défaut de succès de l'entreprise avait rejailli sur ceux qu'on y avait envoyés. Ce jeune prince, d'une figure charmante, consumait sa jeunesse auprès des danseuses de l'Opéra; rival, préféré le plus souvent, de M. le comte d'Artois, il mangeait avec ses maîtresses l'argent qu'elles recevaient du frère de Louis XVI. Mme la duchesse de Bourbon, qui l'avait d'abord adoré, s'était séparée de lui par jalousie, après des scènes affreuses dans l'intimité. En général, la maison de Condé passait pour un antre de tracasseries et n'offrait que peu d'avantages à ceux qui voulaient s'y dévouer. M. le prince de Condé vivait retiré auprès de Mme de Monaco; ni les princes ni les princesses n'avaient plus de représentation : le Palais-Royal, le palais Bourbon, étaient habituellement fermés. Le rôle du vieux prince de Conti était nul; enfin, sa femme, séparée de lui, Mme la princesse Louise de Condé, et les princesses dont je viens de parler, vivaient à peu de nuances près comme de simples bourgeoises.

J'ai rappelé tous ces souvenirs pour montrer quelles étaient les idées, les habitudes, les mœurs de la famille royale et de cette cour frivole au moment de l'ouverture des États généraux. Qui alors eût pu prévoir les événements qui se préparaient? Mais je reviens à mon père et à notre retour à Paris.

CHAPITRE VI

Retour à Paris; installation à Versailles (1789). — Ouverture des États généraux (5 mai). — Portraits de constituants. — Mme de Chastenay, enthousiaste des idées nouvelles. — Son portrait physique et moral. — Prise de la Bastille; une députation de l'Assemblée nationale se rend à Paris. — Le Roi s'y rend deux jours après. — Journées des 5 et 6 octobre.

Nous partîmes pour Paris, avec ce sentiment de confiante gaieté qui attend d'heureuses nouveautés, mais qui les attend comme le résultat du bien et du mieux connus, et ne prévoit que des discussions sereines, comme celles qui précèdent quelquefois une transaction de famille.

Grande fut ma surprise, je l'avoue, de trouver tous les gens que j'avais laissés peu de mois auparavant déchaînés contre le ministère et proclamant ses principes, appelant les réformes, maintenant aigris dans l'autre sens, déjà en deuil de l'avenir, accusant tout, corrompant tout et découvrant dans leurs maximes d'État une sorte d'immoralité cruelle qui m'a, peut-être plus que tout le reste, à jamais éloignée de cette ligne. Assurément j'ai rencontré depuis bien des gens sans aucun principe, ou à principes qui me semblaient odieux, mais je pouvais les juger tels; je n'étais pas obligée par un arrêt d'opinion à les partager.

L'un des premiers qui me firent cette fatale impression fut un conseiller d'État, à ce que je crois. Il pensait être un Richelieu, car, s'il eût dépendu de lui, les plus violents partis eussent été adoptés, et il déclara devant moi que la banqueroute était l'unique salut de l'État, et que, sans s'inquiéter de criailleries, il fallait faire courageusement cette opération décisive qui dégageait l'État et tirait le gouvernement de l'influence des *démocrates*. Ce mot indéfini était reçu alors. Partout, à ma grande surprise, je reconnus le mensonge ou l'ignorance; on oubliait la part que les ministères successifs, et surtout les parlements, les gentilshommes, toute l'armée, avaient eue au mouvement des choses : la convocation des notables, l'abolition des privilèges, l'appel des États généraux, le refus d'obéissance au Roi, la représentation double enfin et l'invitation solennelle à tout ce qui savait écrire de publier ses opinions sur la tenue des États généraux! L'écrit de M. d'Antraigues (1) avait été plus incendiaire que celui même de l'abbé Sieyès, intitulé : *Qu'est-ce que le tiers état?* et ce ne sont pas, quoi qu'on ait voulu dire, les avocats qui ont le plus influé sur la première impulsion.

Tant d'inconséquences eurent des suites qu'on ne peut assez déplorer. Il se forma deux partis à la cour, et le ministère devint peu à peu autre chose que le gouvernement, qui ne se trouva plus nulle part et qu'on put croire rencontrer dans le moindre propos d'un mécontent. Le bon roi Louis XVI, pourtant, jouit encore une fois de l'enthousiasme populaire à la procession d'ouverture. Les députés des communes presque tous arrivaient pleins d'amour pour lui; s'il eût été seul, tout aurait pu s'arranger, et plût au ciel que toute la noblesse opposante eût imité celle de Bretagne et n'eût point alors envoyé de députés!

(1) E.-L.-H. DELAUNAY, comte D'ANTRAIGUES (vers 1755-1812), *Mémoire sur les États généraux, leurs droits et la manière de les convoquer*, 1788, in-8°.

Le 5 mai, on fit l'ouverture de l'assemblée des États généraux. La salle était celle des *Menus* (1), dans la grande avenue de Versailles. Cette salle avait d'assez belles proportions; elle était décorée noblement, mais avec une simplicité qui aujourd'hui nous semblerait singulière : pas une dorure, et des ornements gris. Le trône était à une extrémité, les députés des deux premiers ordres sur les côtés, ceux du tiers état au fond. Les galeries latérales et les travées ou tribunes étaient encore remplies de spectateurs.

Le Roi entra, se plaça, et pendant quelques instants il garda le silence. On a dit qu'il avait oublié le papier sur lequel son discours était écrit, et qu'il avait été forcé de l'attendre. Le Roi mettait son chapeau sans grâce, et son attitude sur le trône en était totalement dépourvue. Il parla, à la fin, et dit des choses tout à fait paternelles; le garde des sceaux fit ensuite un discours dont l'effet fut médiocre. M. Necker eut son tour, et, comme les finances étaient surtout de son ministère, il crut devoir, dès ce premier instant, entamer des détails qu'une assemblée ne pouvait guère saisir dans un jour de représentation. Les députés, après cette séance, furent convoqués pour le lendemain, les deux premiers ordres dans deux chambres étroites qui tenaient à la grande salle où l'ouverture avait eu lieu; ceux du tiers état furent appelés dans cette salle même, qui, s'ils eussent dû l'occuper seuls, aurait été trop grande pour eux.

L'ordre du clergé était surtout composé de curés. La plupart d'entre eux, turbulents dans leurs bailliages, étaient devenus modérés et s'étaient montrés pleins de bonnes intentions dans le cours de l'assemblée. Dès le

(1) Menus-Plaisirs.

premier jour, ils suivirent, les uns la direction prononcée des prélats qui prétendaient soutenir les droits des premiers ordres et assurer ainsi le salut de la monarchie; les autres s'attachèrent aux opinions de quelques abbés, même de quelques évêques, qui désiraient la conciliation et qui y voyaient le seul moyen d'opérer d'utiles réformes et de consolider les droits essentiels de tous; enfin, il en était de plus effervescents qui, sans vouloir la destruction de leur ordre, se laissaient entraîner au mouvement, à l'attrait de tant de choses nouvelles, et qui, fêtés à tout hasard par les membres du tiers état, se sentaient disposés à soutenir leur cause.

Les évêques députés, la plupart d'une haute noblesse, avaient à cette époque les préjugés de leur ordre et se croyaient de plus obligés d'y tenir par les bienséances de leur état. Le clergé avait des privilèges, des exemptions dont on était jaloux, des biens immenses qui faisaient envie. Une sorte de pressentiment avertissait au fond des cœurs que le trône même allait s'ébranler; les évêques se croyaient obligés en conscience de ne point séparer leur vote de celui de la noblesse où devaient se trouver les défenseurs du trône et des autels, et, comme d'ailleurs le caractère épiscopal exigeait des mesures lentes et une conduite paternelle, le rôle du clergé dut être un peu passif. Ministres d'un Dieu de paix, comme ils s'intitulèrent et comme ils furent appelés tant de fois par les députations qui vinrent du tiers état, ils se portèrent conciliateurs et ne firent rien pour le devenir. Quel résultat dès lors apportaient de vaines formes?

L'ordre de la noblesse se divisa promptement. Ceux qui dès ce premier moment furent appelés *aristocrates* eurent la majorité réelle, mais la minorité se montra relativement assez nombreuse. Cette minorité comptait non les gentilshommes de province, non les moins qualifiés de l'ordre, mais la jeunesse la plus brillante et les hommes dont les familles avaient été comblées de grâces et d'honneurs à la cour. On y pouvait nommer MM. de Noailles, c'est-à-dire le prince de Poix et le vicomte de Noailles, son frère, le premier, homme à prétentions qui, toute sa vie, avait joué le grand seigneur, le seigneur magnifique, comme l'aurait fait un parvenu, et avec plus de vanité qu'il ne paraissait convenable. Je crois qu'avec une tournure un peu ronde il avait visé aux bonnes fortunes, et on l'avait appelé, en ridicule, la *fleur des poix*, dans sa jeunesse. Un peu brouillon, d'ailleurs, et sans moyens d'esprit; au fond, bon homme. Son frère était plus distingué; son extérieur était celui d'un chevalier français, dans toute la grâce du roman. Il avait d'ailleurs la réputation d'une bravoure personnelle et franche; il s'était fait honneur dans la guerre d'Amérique, et la noblesse de ses manières, la franche aménité de son caractère l'y avaient fait réellement aimer. On croit toutefois que le rôle qu'avait joué sur ce théâtre, neuf encore, M. de La Fayette, son beau-frère, lui avait inspiré de la jalousie, et qu'il brûlait de faire parler de lui. Il est malheureux qu'un tel désir passât à cette époque pour un élan de gloire.

M. de Clermont-Tonnerre s'annonça des premiers avec la majesté d'un talent véritable; il se trouva formé pour la véritable éloquence avant que d'avoir pu en acquérir l'usage. Une taille assez haute, une figure pleine de feu, sans être belle; une grande dignité dans le maintien, une heureuse facilité d'expression, tels furent les avantages qui firent distinguer le nouvel orateur. Cet homme, que j'ai connu, avait une tête ardente. Peu riche et confié de bonne heure à M. le baron de Breteuil, quand il était ambassadeur à Vienne, il n'avait jamais pu s'assujettir aux exigences de société et d'étiquette. Enflammé de notions philosophiques, il allait seul dans les montagnes de la Hongrie lire des livres et se sentir sans frein. La hauteur naturelle reprochée aux Clermont était en lui; avec cela beaucoup d'esprit et la passion de l'indépendance. Il était devenu amoureux, à Vienne même, dans une famille vertueuse, mais d'une naissance inférieure; il avait voulu épouser. L'autorité y avait mis ordre, son mentor avait empêché l'accomplissement de ses vœux imprudents, et j'ai su que les menaces amères qu'il en avait reçues à cette époque de sa vie, quoique employées dans de bonnes intentions, l'avaient exaspéré, et l'irritaient encore quand, à l'âge de vingt-sept ans à peu près, il vint aux États généraux.

Nous verrons Stanislas de Clermont parcourir une carrière trop courte, mais, comme Achille, avec éclat. On l'a accusé d'être faux, précisément parce qu'il a toujours cédé à ses impressions actuelles. Sa femme, jeune et charmante alors, avait été comme élevée à la cour; elle était attachée à Madame Élisabeth. Elle retint trop souvent son mari dans la limite des opinions de société, elle ne le laissa point assez suivre les siennes; il s'engoua en certains moments du plaisir de se compromettre en faveur d'une cour malheureuse, et par fierté peut-être autant que par enthousiasme. Au reste, n'anticipons point, et représentons-nous ce jeune homme débutant avec héroïsme à l'entrée d'une noble carrière.

Le comte de Lally-Tollendal avait exercé ses talents naturels dans la défense de son père, ou plutôt de la mémoire de son malheureux père, qu'il fit enfin réhabiliter, plus sûrement par l'intérêt que ses sentiments et ses talents inspirèrent, que par la justice de la cause, quelque juste qu'elle fût sans doute. Son éloquence était douce, sa diction harmonieuse. C'était l'ange de l'éloquence que ce jeune orateur, encore considéré avec tout l'intérêt qu'on porte à une victime. Il n'a pu supporter au delà de quelques mois la tourmente révolutionnaire; le cœur flétri, il a renoncé à tout. On a peine à le penser, mais toute la jeunesse de ce temps, qui attendait des événements, ne les supposait sans doute que comme des coups de théâtre, de simples joutes où il est glorieux de lutter et de vaincre. Pauvres enfants, qui jouaient avec du feu à côté d'un amas de poudre!

Adrien Duport, jeune conseiller au Parlement, qui déjà avait marqué dans les agitations du parlement de Paris, avec de la facilité pour parler et une véritable instruction, réunissait assez d'habileté, c'est-à-dire de talent d'intrigue. Je ne veux point dire par là que ses intentions fussent mauvaises, mais je crois qu'il n'avait pas peur des secousses et des moyens qui les produisent. Il était de ceux qui entretenaient des arrière-pensées, qui prétendaient mener les circonstances et conduire les choses un peu au delà des opinions de ceux qu'animait le pur amour de la liberté et du bien public.

Je puis nommer après lui, et comme ayant alors nourri les mêmes dispositions, MM. d'Aiguillon et de Menou, MM. de Lameth (Charles et Alexandre). Le duc d'Aiguillon, fils du ministre de ce nom, se croyait des motifs de ressentiment et de vengeance contre la Reine, qui avait desservi son père. Sa fortune et son nom lui tenaient lieu de talent. Le baron de Menou, sans fortune et avec plus d'esprit, le suivait pas à pas, était son ami inséparable, et, je crois, trouvait son compte à cette intimité. MM. de Lameth, neveux du maréchal de Broglie, étaient de ces jeunes seigneurs français qui avaient été goûter en Amérique l'austérité républicaine. Colonels tous deux au retour, au grand mécontentement de ceux qui ne l'étaient pas, et par faveur, au mépris de l'ordonnance qui interdisait à deux frères d'avoir ensemble un régiment, ils n'en étaient pas moins ardents à s'élever contre la cour. Charles a toujours paru comme un énergumène, sans mesure, et, d'ailleurs, ce qu'on nomme un bon enfant; éloge trop souvent accordé à une insouciance peu morale, mais qui suppose néanmoins des mœurs faciles et une disposition habituellement bienveillante. Alexandre a montré plus d'esprit et de conduite. Quelques personnes l'ont cru méchant; je ne crois pas qu'il le fût. Mais tous ces Spartiates modernes croyaient aux bons effets de quelques actes de violence et d'injustice; ils n'ont pas reculé devant ce dangereux système, ils l'ont caressé, ils lui ont souri; ils ont cru y voir de la profondeur, de l'énergie, et ils l'ont dans le début enjolivé, si je puis dire, de cette légèreté élégante, si séduisante dans les manières de cour. Ils ont été contraints de fuir devant ses redoutables applications, ils l'ont maudit, ou plutôt, au lieu de le maudire, ils ont calomnié les principes généreux que leur machiavélisme prétendu avait sitôt dénaturés. Leur société, dans les commencements dont je parle, a été des plus dangereuses, et surtout pour quelques jeunes gens distingués, dans le tiers état; ils ont dès le début corrompu leurs notions natives. Je citerai entre tous Barnave, ce jeune homme appelé à briller du plus beau talent, et dont le spectacle d'un grand malheur épura depuis si noblement les idées! Comment de jeunes avocats arrivés de province auraient-ils résisté à cette séduction de se trouver liés avec des hommes de cour, des hommes à la mode, des sociétés charmantes et où l'exaltation, l'audace même, devaient avoir tant de succès?

La maison de Mme de Tessé était alors une de celles où régnait cet esprit nouveau. Son mari, digne homme, dans toute la force et la valeur de ce mot, était alors un de ceux que l'amour du bien public, l'attrait de la liberté, le désir des réformes utiles, avaient placé dans la minorité. Mme de Tessé, exagérée par caractère, recevait avec applaudissement ces députés qu'elle regardait comme favorables à la bonne cause. M. de La Fayette, les Noailles, dominaient dans cette maison, dont en effet ils étaient les neveux.

La maison de M. Necker, aussi, était un centre où se rencontraient généralement les députés, mais surtout ceux qui partageaient les opinions que ses discours avaient manifestées; pour plusieurs il était un dieu. Mme de Staël, sa fille, jeune, brillante, inconsidérée, éblouissait tous ces hommes enchantés, en exprimant en traits de feu les idées qu'ils croyaient avoir.

Le duc de la Rochefoucauld avait transporté sa maison à Versailles, ou plutôt celle de sa mère, la duchesse d'Anville; c'était encore un foyer d'exaltation. Qu'on ne s'y trompe pourtant point; je ne crois pas qu'à cette époque un seul de tous les gens que l'importance des circonstances réunissait dans ces maisons eût la moindre pensée de bouleversements réels et de crimes. Je n'affirmerai peut-être pas que leur désintéressement fût complet, mais quelques places pour les uns, de vains applaudissements pour d'autres, étaient tout ce que la personnalité pouvait alors y convoiter.

Le duc de la Rochefoucauld, élève des philosophes de son temps, avait pris de leur doctrine tout ce qui s'accordait réellement avec les vertus de son cœur. Il n'avait pas d'ailleurs de grands moyens d'esprit; l'acquit même chez lui avait étouffé le naturel, et les idées qu'il émettait passaient assez pour être fausses. Il n'avait point d'extérieur et s'exprimait avec difficulté.

Le duc de Liancourt, grand maître de la garde-robe du Roi, portait dans la minorité plus de zèle que de lumières. Le Roi, en quelques circonstances, lui a montré de la confiance; les conseils prudents qu'il a donnés ont été taxés de trahison. Je crois, pour moi, du fond de mon âme, que son dévouement fut sincère; que la plupart de ses avis furent sages, du moins relativement aux circonstances et aux embarras effroyables dans lesquels on a si souvent entraîné le Roi.

Le duc d'Orléans était dans la minorité. Il n'a jamais dit un seul mot à la tribune, et, pour avoir une fois prononcé quelques phrases, dans la chambre de la noblesse, il fut près de se trouver mal. MM. de Biron et de Sillery étaient ses intimes amis. On a dit du premier qu'il avait marché dans la boue sans se crotter. Il avait, dans le caractère, de cette chevalerie errante et romanesque qui subjugue les femmes et plaît aux hommes. Sa politesse, sa grâce, sa douceur lui conciliaient tous les suffrages. Il avait montré de la bonne volonté à la guerre. Il avait triomphé, jusque dans la Pologne, des plus grandes et des plus belles dames de ce pays.

M. de Sillery, ou de Genlis, époux de la gouvernante que M. le duc d'Orléans avait donnée à ses fils, avait beaucoup d'esprit, des manières emmiellées, des mœurs fort corrompues, mais encore de l'âme et des qualités. Son attachement à son prince ne s'est pas démenti un jour; il en a été la victime, et s'il a pu se mêler de quelque intrigue, on ne l'a jamais cru complice d'aucune horreur.

Le prince Victor de Broglie, fils du maréchal de ce

nom; le comte de Croix, l'un des plus riches seigneurs de Flandre (1); le duc de Lévis, MM. de Castellane, MM. de Crillon, mon père, le jeune Mathieu de Montmorency, le respectable et bon La Tour du Pin (Paulin), qu'on a vu ministre de la guerre; M. de La Tour-Maubourg, le marquis de La Cotte, le marquis de Montesquiou, le jeune et spirituel Alexandre de Beauharnais, le marquis de Bonnay-Beaumetz, étaient alors dans la minorité. Tous ces hommes assurément ne portaient pas, en général, les moindres noms dont l'ordre de la noblesse eût à se prévaloir; c'était un peu l'orgueil de cette minorité. Au reste, tous pensaient et ont toujours pensé que les tentatives de résistance étaient mal calculées, pour l'intérêt même de l'ordre; qu'elles ne pouvaient qu'être funestes, et que la noblesse entière, dupe de vaines chimères, allait se précipiter sans retour dans l'abîme qu'elle redoutait. Tous le pensaient, même ceux dont la mode entraînait alors les opinions. Tous ces jeunes gens agréables suivaient, plus qu'on ne l'a cru, un bon sens naturel dégagé de préjugés. Légers d'ailleurs, du moins en apparence, il leur semblait que tous les gens éclairés ne pouvaient avoir qu'une opinion; les jeunes femmes de leur société le croyaient aussi, et, comme en effet le parti contraire semblait vouloir proscrire toute idée libérale, l'entêtement y faisait tout et l'esprit y devenait nul.

De simples gentilshommes se rangèrent aussi dans la minorité, mais ils y furent en petit nombre. Je nommerai seulement M. de Champagny, alors officier de marine. Il s'annonça avec beaucoup d'esprit, avec une modestie qui lui en fit supposer davantage. Une espèce d'originalité et de négligence, qui ne nuit pas quand elle

(1) Inexact; le comte de Croix était député de la noblesse du bailliage d'Artois.

est naturelle, et, en deux occasions, les talents qu'il montra, lui firent une réputation qu'aucun parti n'a jamais contestée.

La majorité comprenait presque tous les parlementaires. On y vit dès le début M. d'Espréménil, si vif contre la cour et naguère sa victime. C'était un homme d'esprit, entraîné d'ordinaire, presque sans conséquence et en quelque sorte au hasard, par son imagination. On l'avait vu professer publiquement la doctrine du magnétisme et en donner pendant plusieurs jours un cours public. Il s'était mis presque follement en avant dans les querelles du ministère et de la grand'chambre; il se jeta à corps perdu dans le parti que la cour fomentait à cette époque; mais, quoique souvent on ait cité son nom, on n'a pu citer un mot de lui.

M. de Saint-Fargeau, président à mortier, homme assez sec, peu capable, se prononça aussi dans la majorité. Il possédait une fortune énorme, et le désir de la conserver est, dit-on, la seule cause du rôle odieux qu'on lui a vu jouer depuis.

Le comte d'Antraigues, cet homme dont le livre avait incendié toute la France, avait été tourné en un instant, et se présenta à la Chambre comme le champion de la cour. Les désertions de ce genre ont produit alors un grand mal; elles ont semé la défiance et l'ingratitude dans les esprits. Cet ardent écrivain, au reste, n'a jamais été orateur.

Le duc de Luxembourg, nommé assez promptement président de la noblesse, et repoussé depuis, avec la députation des États généraux, pour défaut de forme, n'a pas eu le temps de s'y montrer. Il passait pour un homme d'esprit; il avait peu de moralité. Je ne fais mention de lui que pour sa présidence.

Il y avait de vieux seigneurs, dans cette majorité, qui, fiers surtout de se considérer comme d'anciens et braves militaires, proclamaient d'avance le danger du Roi, pour le défendre. Ils se croyaient de bonne foi des Nestors ; ils se regardaient comme l'âme des armées et l'exemple des jeunes gens. C'étaient MM. de Saint-Simon, de Culant, de Montrevel, de Levis de Mirepoix, de Beauchamp, d'Ambly, de Lautrec, de La Queuille ; ce dernier s'est cru appelé depuis à jouer un rôle politique, et toute sa conduite en ce genre n'a pu inspirer plus d'estime que sa figure affreuse ne pouvait inspirer d'attrait. Dans le nombre, au reste, des braves gens dont je viens de citer quelques noms, il s'en est rencontré plusieurs, comme d'Ambly, comme Lautrec, pour qui les députés du tiers état n'ont cessé de conserver un respect véritable. Ils leur croyaient de la franchise, ils excusaient leurs préjugés ; il a fallu bien de la malveillance pour en faire naître. Les cheveux blancs et le cordon rouge de l'un, la jambe boiteuse de l'autre, qu'on croyait blessé à la guerre, faisaient sur l'assemblée une constante impression. Le vicomte de Mirabeau lui-même, avec toutes ses folies, n'était pas vu sans intérêt ; c'était un brave militaire, et on s'en ressouvint toujours.

Le marquis de Bouthillier devint l'orateur des premières conférences qui eurent lieu entre les commissaires de la noblesse, et crut y remplir sa mission en s'y présentant avec morgue, en s'en tenant toujours à l'écorce des choses et en se refusant, avec une opiniâtreté pédantesque, à voir au vrai leur position.

Les simples gentilshommes de ce bord peuvent se vanter du nom de Cazalès. Cet homme, devenu si éloquent, n'était remarquable alors que par des poumons infatigables.

On ne saurait dire jusqu'à quel point la plupart de ces

provinciaux furent gâtés et fêtés dans les grandes maisons qui faisaient profession d'aristocratie. On les traitait en ce moment à l'égal des plus grands seigneurs, et l'on m'a assuré que Mme de Polignac elle-même avait dessiné deux livrées pour M. de Richier, gentilhomme de Marennes.

Peut-être on me demandera quelle nuance avait pu dès le premier moment séparer, comme il arriva, les deux fractions de la noblesse. Cette nuance était dans le fond des opinions, dont l'application se présentait à chaque mot qui se pût prononcer. La majorité, aigrie par avance, oubliant même déjà le fond de ses cahiers, qui tous, ou à peu près, demandaient des réformes, et posaient tous les bases d'une liberté politique, la majorité, dis-je, voulait maintenir dans leur intégrité les privilèges de la noblesse, tant ceux dont elle jouissait de fait, que ceux qu'elle se figurait et auxquels elle avait réfléchi. Elle annonçait la disposition de renoncer à ses privilèges pécuniaires, mais elle était prête à la restreindre, et plusieurs de ses membres même espéraient bien s'en garantir. Irrités, enfin, eux-mêmes de la puissance, de la fortune du tiers état ; pressentant ses intentions ou les suites des circonstances, presque tous prétendaient se presser en hâte autour du trône, préserver le Roi et se défendre avec lui. Il est certain qu'ils vinrent avec des cris de guerre, avec des dispositions hostiles, et qu'ils s'encouragèrent l'un l'autre à les montrer. La jalousie d'ailleurs des plus grands seigneurs, comme des moindres nobles, contre les familles de la cour, leur fit traiter d'ingrats et envisager avec haine ceux qu'ils ne trouvèrent pas tournés selon leur sens. La plupart en effet des membres de la minorité étaient ce qu'on nommait alors les gens de la cour.

Cette minorité, je l'ai dit, croyait que dans l'état de crise, mais de crise salutaire, où se trouvait la France, il convenait à la noblesse, dont la faiblesse comme ordre était frappante, de ne point tenir tête à toute la nation. Ceux que l'on y comptait croyaient honorer tout leur ordre en ne résistant point au torrent des lumières, en ne séparant point leur cause de celle de la liberté, qu'ils étaient appelés à fonder; en se montrant généreux et désintéressés pendant qu'il en était temps encore. Ils étaient convaincus enfin que le salut, que l'existence de la noblesse, la sûreté du trône et la paix de la nation tenaient à se concilier promptement, à faire tous les sacrifices de bonne foi; les faits l'ont prouvé pour eux.

Les députés du tiers état étaient plus étrangers entre eux. On y connaissait pourtant l'abbé Sieyès, mais il ne s'évapora point en vaines paroles dès le premier mois; on pouvait dire qu'on l'ignorait encore. On connaissait un peu mieux le comte de Mirabeau, autour duquel planaient une mésestime universelle et une défiance assez générale. Plusieurs étaient presque humiliés d'avoir recueilli dans leur sein un homme banni de son ordre. Les plus sages le redoutaient; on supposait qu'il ne garderait point de mesure, et que ses propositions seraient toutes dangereuses : grand exemple pour les jeunes gens qui ne craignent pas de perdre l'estime en se flattant de la reconquérir. Il a fallu à Mirabeau des talents supérieurs pour retrouver, à quelque égard, une partie de la considération qui lui devait appartenir et qu'il a toujours regrettée. Il eût fait beaucoup plus de bien s'il n'avait pas eu à vaincre ceux qui ne l'estimaient point, et à flatter, par une triste nécessité, ceux qu'il n'estimait pas lui-même. La sagesse de ses opinions principales, la haute raison qu'il a su montrer en quelques circonstances du premier ordre, j'allais presque dire l'honnêteté de ses principes politiques, c'est le respect humain qui le retint. Voilà ce qui l'a relevé enfin. Sa mort et le vide qu'il a laissé l'ont fait mieux apprécier encore ; mais qu'il eût été grand, s'il avait pris son essor du rang que lui marquait son génie !

Les avocats de Paris apportèrent à l'Assemblée une renommée qui s'y éclipsa bientôt : l'honnête Martineau y dut garder le silence ; Treilhard n'y fit que des rapports ; Target prit une part plus active aux discussions constitutionnelles, mais il fut lourd et jamais éloquent ; Tronchet ne se livra qu'à des travaux utiles ; Bergasse, homme bizarre, qui se réservait, disait-il, pour l'article du Parlement, et qui s'est presque retiré, par humeur autant au moins que par opinion, Bergasse a constamment vécu sur une réputation acquise par ses énergiques mémoires, son ardeur pour le magnétisme et son goût dominant pour la métaphysique, à laquelle il a voué, ce me semble, innocemment, beaucoup de talent et d'esprit.

Tous ces hommes que je viens de nommer n'étaient vraiment pas chefs de file. Mounier était le plus remarquable alors de ceux qui semblaient destinés à servir d'organe à leur ordre ; il fut le premier en avant et celui qui porta la parole dans les conférences formées pour tenter la conciliation.

On demeure ébloui, si l'on veut observer combien d'esprit, d'ailleurs, était réuni dans cette Chambre : Thomas, Chapelier, Barnave, Pétion, Buzot, Regnault, Garat, Brevet de Beaujour, etc. ; je nommerais presque tout plutôt que de choisir. Citerai-je Bailly, Dupont ? Citerai-je Rabaut de Saint-Étienne, ministre protestant et tout rempli de la plus douce éloquence ? Combien, dont le mérite, moins éclatant peut-être, n'était pas moins réel et fait pour se manifester ! Cette étonnante Assemblée constituante, dont un jour, j'ose l'espérer, j'écrirai l'histoire en détail (1), cette étonnante Assemblée, dis-je, a présenté une réunion qu'aucun âge n'offrira plus, et dont les débris jusqu'ici ont orné, sans exception, tous les régimes qui lui ont succédé. Mais que d'illustres victimes, dévouées si promptement à une mort cruelle ! Que d'hommes alors innocents, et depuis devenus criminels, on pourrait dire par circonstances ! Alors Barrère de Vieusac, lieutenant général du tribunal de son bailliage, était un jeune homme doux et aimable, porté au moins à la modération, enfin en tout pour la bonne compagnie ; alors Robespierre même, cet homme atroce, alors jeune, ardent, mais malhabile, ne paraissait à ses collègues qu'un homme dont la tête n'était pas bien organisée, un être farouche, un énergumène en un mot. Mais sous aucun rapport on ne l'eût redouté, car on ne le calculait pas.

Les jeunes avocats de province formaient la grande majorité de l'Assemblée. Ils apportaient sans doute bien des matières combustibles, car tout à coup saisis d'idées d'égalité et de liberté, munis d'adages et de systèmes, et ne redoutant rien, parce qu'ils n'avaient guère ni vu, ni réfléchi, ils étaient enivrés de leurs rôles ; ils posaient sans hésitation des principes qui leur paraissaient devoir être éternels comme la vérité même. Ils pouvaient envisager sans effroi des mouvements et des secousses ; mais je ne crains pas de dire que si cette masse intéressante eût été bien dirigée, si on ne l'eût point forcée en quelque sorte de se constituer comme un

---

(1) Mme de Chastenay ne paraît pas avoir réalisé ce projet.

camp, si on ne lui eût ouvert un champ illimité de combat, elle n'aurait suivi que des entraînements patriotiques, et, même en s'égarant parfois, elle n'aurait pas causé des maux irréparables.

Je reviens à ce qui nous concerne. Maman s'établit à Versailles, dans une maison où logeaient déjà trois députés, entre autres M. Regnaud de Saint-Jean d'Angely, bien jeune alors, mais tout plein de talents et de bonnes intentions ; nous n'avons jamais eu qu'à nous louer de la connaissance que nous en fîmes. S'il apporta à l'Assemblée toutes les prétentions de l'amour-propre et d'arrière-pensées d'ambition, je puis bien dire qu'il était loin de rêver destruction et bouleversements.

J'ai dit que maman se livrait peu au monde. Elle ne vit à Versailles que les gens qui vinrent la chercher, et fit à peine une visite. Les disparates d'opinions lui rendaient le monde peu aimable ; les habitudes de sa vie la rapprochaient de ceux dont les opinions étaient maintenant montées à l'engouement de la tristesse, à la fureur de la résistance. La justesse de son esprit, la raison naturelle aux femmes lui faisaient redouter les innovations, et peut-être, au moment d'établir ses enfants, entrevoyait-elle avec autant de chagrin que de crainte la chute du régime existant.

Mon père s'était jeté dans la ligne démocratique avec tout le désintéressement du citoyen et avec l'intime conviction qu'on ne pouvait suivre une autre route, sans précipiter le trône, la noblesse, l'ordre social enfin. Je crois qu'il avait raison. Cette conscience, qui l'oppressait, lui faisait considérer ceux du parti contraire comme des aveugles qui se précipitaient et entraînaient tout avec eux. Mais comme il eût fallu un prophète pour débrouiller l'avenir, et non pas seulement des exclamations de pythonisse écumante des fureurs du dieu, ceux qui voyaient comme mon père passaient pour des enragés et des fous. Au contraire, ceux qui voulaient soutenir une digue chancelante, en opposant des barrières au torrent, passaient pour des hommes sages. On divaguait, je crois, des deux côtés, mais les injures se prodiguaient de la façon la plus positive, et maman, assez modérée dans ses jugements des deux partis, ne pouvait plus trouver le monde dans une arène et évitait de s'y rencontrer.

Moi, je l'avoue, j'étais dans le délire. L'essor jeune, qui se prenait alors, donnait de l'orgueil à mon âge; je voyais le triomphe de l'esprit et je croyais y trouver le mien. J'avais déjà eu à souffrir de l'aristocratie des vieilles douairières et du fardeau dont m'avait accablée la médiocrité, qui s'appelait bon sens et détestait le savoir dans la nation et les talents dans une jeune fille. Tout s'exaltait en moi. La première impression produite par le bel art de la parole m'avait fait croire que j'eusse cueilli des palmes, s'il m'eût été permis d'approcher de l'enceinte où elles devaient se décerner. L'idée de n'être rien, quand le mérite allait être tout, ne me laissait pas fermer les yeux; je lisais au lieu de dormir. Quelquefois je me levais agitée, j'écrivais un journal de faits et de réflexions; mais au moins qu'on ne s'y trompe pas, c'était la gloire qui me passionnait, c'était la gloire elle seule, et je n'étais pas seule aussi naïvement ravie! Malheureusement les tempêtes soulevées des deux bouts de l'horizon ont fait rouler en tourbillons de fumée ce qui n'eût été qu'une vapeur de parfums.

On aura peine à croire qu'une personne aussi jeune que j'étais, tenue comme une enfant, allant à peine me promener en famille dans les jolis bois de Satory, et ne faisant aucune visite, fût dès lors l'objet de méchancetés assez réelles. Nous ne voyions guère à cette époque qu'un petit nombre de députés, et par un hasard fort heureux pas un de ceux dont le nom s'est trouvé taché ensuite par la Terreur. Il perçait que j'avais de l'esprit et que j'avais une opinion, et je fus prise en aversion par des gens qui ne m'avaient jamais vue. Plusieurs me l'ont avoué depuis.

Tout sert quand on a l'âme pure et quand on a l'esprit droit. Je confesse que mes affections se sont constamment ressenties de l'injustice tyrannique qui s'est assez souvent réveillée contre moi ; par mes actions j'ai mérité de la vaincre ; j'y ai quelquefois réussi, mais mon expérience m'a appris que la jeunesse doit être ménagée jusque dans ses écarts, réels ou apparents, et que l'amour-propre offensé grièvement excite plus que toute autre cause ces bouillonnantes effervescences qui font des suicides moraux.

La vie que nous menions à Versailles me semblait assez agréable ; je n'étais pas encore blasée sur les plaisirs. Je travaillais quelquefois dès le point du jour ; je faisais de la musique plusieurs heures, et M. Kreutzer, alors musicien de la chapelle, venait m'accompagner régulièrement. Nous dînions le plus souvent seuls ; le soir nous allions nous promener. Quelques députés venaient ensuite, et j'exerçais mon éloquence à leur extrême satisfaction. Je me souviens de M. Dionis du Séjour, aussi aimable que s'il n'eût pas été savant ; de M. d'Aguesseau, dont la douceur et la modération étaient extrêmes ; de M. de Champagny, que j'ai depuis retrouvé, et qui, doué de beaucoup d'esprit, en augmentait l'effet piquant par toute l'originalité d'un marin étranger au monde ; de M. Bureaux de Pusy, homme d'une rare distinction, dont l'air assez sévère m'épouvanta d'abord, et qui ensuite obtint de moi une véritable affection. Cette société, que mon père avait choisie, mêlée de quelques anciennes connaissances et de quelques visites de Paris, n'avait rien de factieux ni de fougueux.

J'ai rappelé que j'étais d'âge à ce que l'on pût songer à m'épouser; c'est, je crois, ce qui arma contre moi. Il se trouvait dans l'Assemblée des hommes qui par eux-mêmes étaient de bons partis, d'autres dont les enfants pouvaient se présenter, et beaucoup de mères avaient des filles dont elles voyaient en moi l'heureuse rivale depuis l'enfance. Je crois, toute politique à part, que si je n'eusse pas été à marier dans mon plus jeune âge, et demandée par des veufs, dans un âge plus avancé, on n'eût peut-être jamais assez pensé à moi pour inventer d'en dire du mal. Et quel mal en a-t-on pu dire?

Ferai-je mon portrait? Je crois que j'aurais tort, car j'ai gagné pour la figure depuis le temps que j'ai passé à Versailles, et depuis que j'ai acquis toute mon indépendance. Blanche et assez bien faite (1), les cheveux bruns, les dents belles, les yeux bleus, le regard assez doux, l'expression de la physionomie a fait, plus que les traits, le mérite de ma figure; je crois qu'elle annonce plus de bonté que d'esprit, et j'avoue que je m'en applaudis.

J'ai très bon cœur, et jamais opinion n'a donné le change à ma sensibilité; celui qui était affligé m'a toujours trouvée son amie, et le bonheur de mes amis m'a toujours causé du bonheur. Les sentiments de la nature ont toujours tenu le premier rang dans mon âme, et si

---

(1) Elle avait alors dix-huit ans.

mon âme est expansive, ses attachements ne sont pas excentriques.

L'esprit, je ne crois pas en manquer, et je l'ai nourri par l'étude; peut-être est-il plus solide qu'agréable : toute ma vie a été sérieuse. Quand j'étais jeune, je tranchais, et vraiment par excès de candeur.

Mes mouvements sont impétueux, mais un moment, et tout est dit; si j'ai quelque caractère, c'est uniquement dans la tenue que j'ai toujours mise à ce qui me paraît un devoir.

Je crois que je pouvais faire une épouse désirable. Je n'étais pas un excellent parti, du moins je n'étais pas de ceux dont le mariage peut être arrangé dans l'étude de quelque notaire, papiers sur table, argent comptant. Mes parents, toutefois, ont toujours aspiré pour moi à un établissement brillant et opulent. Maman n'avait souffert que mécomptes de fortune; elle les eût redoutés pour moi : un peu de clinquant autour de l'existence lui avait paru de quelque prix, elle voulait me le faire trouver. Mes talents, mon instruction, lui paraissaient dignes d'un grand théâtre; elle ne voyait qu'avec dédain un genre d'établissement terne. Au vrai, je crois que mes parents avaient surtout la bonté de craindre tout ce qui m'éloignerait d'eux; à force de vouloir tout réunir, ils n'ont pu fixer aucun choix. Je le dis ici avec plus de reconnaissance que de regret.

M. de Croix quelque temps attira l'attention (1) : vingt-sept ans, une belle figure, un beau nom, une fortune qu'on croyait énorme, une parfaite indépendance; c'était de quoi exciter des vœux. Mon père, dont il était collègue, le fit venir à la maison. J'eus cependant avec

---

(1) Le comte de Croix, député de la noblesse d'Artois.

lui peu de rapports; je n'ai jamais pu prendre sur moi de faire des frais pour un héritier. Une société politique très active lui présenta plus d'agréments qu'une maison beaucoup plus sérieuse que n'eussent dû le comporter l'âge et la figure de maman, une jeune chanoinesse au moins prude, et l'absence de tout amusement. Le 6 octobre d'ailleurs détourna toutes les relations.

Un jeune homme, fils d'un Dauphinois, venait à ce même temps nous visiter quelquefois; c'était M. de Langon. Il avait une figure aimable, vingt-deux ou vingt-trois ans, de la douceur, de la complaisance; je ne sais s'il avait des projets. Le 6 octobre nous sépara, et je n'ai jamais depuis entendu prononcer son nom.

Je suis étonnée, quand j'y pense, de l'excessive retraite où l'on me tint. M. Necker avait une maison, maman le connaissait; Mme de Tessé, la duchesse d'Anville, également connues de mes parents, m'eussent accueillie avec transports; mais ces maisons étaient toutes exaltées dans les opinions nouvelles; maman ne les goûtait qu'en partie. Elle craignit pour moi, à l'excès, ce qu'on appelle le ridicule; le succès d'une thèse démocratique l'eût mise pour moi au désespoir. Mme d'Anville eût assez désiré, sur ce qu'on lui disait de moi, préparer au moins mon mariage avec M. Charles de Chabot, son petit-fils; mais je ne vis même pas Mme d'Anville, et son petit-fils, qui pensait, je crois, alors à toute autre chose qu'au mariage, a péri depuis, le 2 septembre.

Je n'ai été que deux fois, dans tout l'été, aux séances de l'Assemblée. Il ne faut pas croire néanmoins que cette privation me fût très pénible; maman n'en faisait pas plus que moi. Sa santé, alors délicate, souffrait de l'apparence d'un dérangement, et, quant à moi, les conversations du soir, l'importance des événements, la hauteur des opinions, suffisaient bien à occuper toute mon imagination. J'étais plus ébranlée qu'effrayée de la secousse, et le spectacle de l'éruption absorbait quelquefois en moi l'idée des ravages du volcan. J'étais d'ailleurs bien convaincue qu'une pente insensible suffisait pour détourner un fleuve de lave, mais qu'on lui ferait tout dévorer en lui opposant de vains obstacles. Je n'ai pourtant jamais été une héroïne de théâtre ; les événements m'ont affligée, les crises m'ont fait frémir : je n'en étais seulement que plus désolée de l'aveuglement volontaire qui ne servait qu'à les précipiter.

L'effervescence des esprits augmentait : la prise de la Bastille vint démontrer la gravité de la situation. Le 14 juillet, au soir, dans ce mouvement que nul jamais ne pourra décrire, et que nul sûrement n'a conduit, le nom de la Bastille fut proféré. On y courut sans avoir réfléchi. Le gouverneur, incertain, sans garnison et sans secours, s'efforça de gagner du temps et d'informer ses chefs du danger de la forteresse. Le baron de Besenval, major général de l'armée, lui fit dire, à ce que l'on croit, de tenir quelques heures. On assure qu'il baissa le pont, qu'il fit entrer les plénipotentiaires que le peuple voulut députer, et qu'ayant ensuite levé le pont, il fit en trahison une décharge meurtrière. Cet étrange événement ne fut jamais bien connu, mais il est sûr qu'une escalade, d'une intrépidité qui ressemblait à de l'ivresse, mit la Bastille et ses épaisses murailles au pouvoir de la multitude. M. de Launay, le gouverneur, arrêté, accusé, traîné horriblement jusqu'à l'Hôtel de ville, fut accroché au réverbère, ou avant, ou après avoir cessé de vivre. M. de Flesselles, traité comme son complice, voulut en vain se justifier ; on lui cria que sa conduite serait jugée dans le Palais-Royal. On assure qu'il dit, en se levant :

« Marchons-y. » A peine sur l'escalier de la place fatale, il reçut dans la tête un coup de pistolet et expira au moment même !

Quelle journée ! Quelle nuit ! Versailles était dans la stupeur et les députés dans l'effroi ; mais on ne savait rien encore. Je me représente la grande avenue où, dans la soirée du 14, nous vîmes arriver les petites voitures publiques, dont les cochers, ainsi que les voyageurs, avaient à leurs chapeaux des rubans rose et blanc ; ils ne les portaient pas avec l'air du triomphe. Les troubles de Paris, dont on ne savait point le détail, dont on ne pouvait prévoir l'issue, n'annonçaient rien que de sinistre ; les visages étaient consternés, et tous ceux qu'un intérêt profond, mais vague pourtant dans son objet, avait conduits sur cette avenue, portaient leurs regards vers Paris machinalement, comme si un grand spectacle avait dû s'offrir tout à coup. Les députés étaient la plupart dans la salle, les bancs étaient encore remplis ; quelques bougies n'y jetaient qu'une faible clarté. A minuit, à peu près, quelques électeurs épuisés vinrent faire le sombre récit de la terrible catastrophe dont ils venaient d'être témoins. L'Assemblée garda la contenance que celle de chacun de ses membres exigeait ; elle resta calme et parut affligée : le peuple venait de verser le sang, tous les freins venaient d'être rompus, la force militaire était anéantie ; un ministère aveugle avait, dans un moment, fait éclater une explosion au-dessus de la résistance humaine, et le Roi, que bénissait le peuple à peine trois mois auparavant, était maintenant en guerre avec ce peuple et désarmé dès le premier jour.

Les ministres étaient tranquilles, ou tout au moins dans l'ignorance. J'ai entendu raconter, comme un fait certain, que le baron de Wimpfen, député et membre de la minorité dans la Chambre de la noblesse, était venu les trouver au milieu de cette nuit et leur avait appris ces événements étranges, qu'ils ne pouvaient croire possibles.

La journée du 15 fut encore une longue journée d'alarmes, mais un certain nombre d'électeurs, conduits par Moreau de Saint-Merry, parcoururent la ville de Paris afin de former promptement une milice capable d'assurer la sécurité des biens et des personnes, sous la garde des citoyens. Le travail des élections avait préparé la division des districts; par un mouvement magique les comités s'y trouvèrent formés : chacun, avec une arme comme il put se la procurer, se crut soldat de la patrie. Les hommes éclairés, les patriotes honnêtes, furent à leur place en un instant et sentirent le besoin de prévenir le mal, plus que l'espoir de faire tout de suite le bien. La volonté, d'ailleurs, était ferme dans tous les cœurs. On voulait la liberté; on voulait soutenir l'Assemblée, les principes qu'elle annonçait, et le seul étonnement des choses gigantesques opérées en si peu de minutes, déterminant à jamais le succès, ne laissa plus d'incertitude. Les opinions furent fixées, les esprits se crurent agrandis, et quiconque pourra sentir l'énergique vigueur d'un élan spontané, quiconque pourra concevoir la sagesse politique autrement qu'à genoux sur les degrés d'un trône, admirera en frémissant les grandes circonstances de cette révolution.

Oui, la *Révolution*. Le mot en fut consacré de ce jour, et ce mot qui supposait un ordre tout nouveau, une refonte entière, une création totale, accéléra le mouvement des choses et ne laissa plus de points d'appui. M. de Liancourt, serviteur affectionné du Roi, je ne puis en faire aucun doute, osa, dans cette journée du 15, ou peut-être le 16, au matin, tenter de lui ouvrir les yeux. Nous devons reconnaître que le malheureux Louis XVI, pilote plus zélé qu'habile, croyait sauver le vaisseau qu'il était forcé de conduire, en dirigeant sa voile au vent. Il y revenait toujours quand, en dépit de ses notions, quelque timonier imprudent avait voulu fendre la vague et tourner le gouvernail, au milieu des tempêtes. Le Roi, désespéré de tant de malheurs nouveaux, vint à l'Assemblée nationale, à pied, sans appareil, et, parlant simplement, selon son bon cœur, annonça qu'il ne voulait que la paix, que le bien, que l'amour de son peuple, qu'il allait éloigner les troupes, qu'il rappelait M. Necker; il priait l'Assemblée d'inviter ce ministre à se rendre à son vœu et d'envoyer à Paris même une députation de ses membres pour annoncer ses volontés.

On peut juger des acclamations qui suivirent un pareil discours; il sauvait d'un péril pressant le trône et la nation même. L'assemblée tout entière reconduisit le Roi jusque dans son château; une joie sans bornes succéda à des inquiétudes sans expression. La députation fut nommée, et se rendit en peu d'heures aux portes de la capitale, où elle s'était fait annoncer.

Mon père faisait partie de cette députation; ainsi, j'ai pu en savoir tous les détails. Les députés descendirent de voiture au bout du Cours-la-Reine, ou même auparavant, et, depuis cet endroit jusqu'à la place de l'Hôtel de ville, une foule armée s'offrit à leurs regards. Déjà organisée pourtant, dans une certaine mesure, une haie de bourgeois, disposés d'une façon plus militaire que les autres, bordait le chemin des deux côtés; c'était le calme de la mer quelques heures après la tourmente et quand le temps menace encore. C'était un spectacle inconcevable, et bien neuf pour tous ceux qui en étaient témoins. Les députés furent accueillis avec transport, mais avec le plus d'ordre et de dignité que l'on put y mettre. Sans doute, quiconque pouvait se croire la moindre considération essayait en ce jour d'en user pour l'avantage commun. On arriva enfin dans cet Hôtel de ville, au milieu de ces électeurs si étonnés d'eux-mêmes et de tant d'événements. Deux bruyantes trompettes, derrière le président, avaient peine à se faire entendre pour commander un peu de silence. M. de Lally essaya de parler, et son langage harmonieux, relevé par l'émotion d'une pareille circonstance, fit une heureuse impression sur ceux qui étaient près de lui, et les acclamations se répétèrent de toute part. Les gardes françaises tout troublés, presque honteux, comme soldats, de leurs exploits illégitimes, parurent apportant leurs drapeaux. M. de Liancourt crut devoir leur adresser quelques mots imprudents, qui peut-être eussent provoqué ces hommes enivrés et hors d'eux-mêmes; M. de Clermont, plus éloquent et plus habile, sut concilier dans son noble discours les convenances militaires et celles d'un tel instant. L'enthousiasme accueillait toutes ces condescendances. On se rendit à Notre-Dame. Les électeurs suivaient, accompagnés par les députés, qu'ils auraient aux dépens de leurs vies garantis des risques de tout genre, inséparables d'un pareil jour. Le nommé Arnay, garde française, qui, dit-on, avait arrêté le gouverneur de la Bastille et qui s'était paré de sa croix de Saint-Louis, voulut s'offrir aux regards des députés. On l'écarta autant qu'il fut possible; l'idée du meurtre et du sang révoltait encore tous les cœurs. L'archevêque de Paris entonna le *Te Deum*, puis tout à coup on entendit des cris qui proclamèrent M. de La Fayette commandant de l'armée parisienne et M. Bailly maire de Paris. Après tant de fatigues, on songea à la retraite, et les députés s'éclipsèrent et retournèrent enfin chez eux.

Ce ne fut pas tout. Deux jours après, on apprit que le Roi s'était déterminé à se rendre lui-même à Paris. On avait murmuré quelque chose, dans la capitale, du désir qu'on avait de l'y voir. Je crois que certains hommes ne regardaient pas comme inutile de lui montrer l'immense puissance du peuple, et cette démarche pouvait d'ailleurs paraître une réconciliation. Le 18 au matin, le Roi partit, presque sans suite, et seulement accompagné de deux ou trois seigneurs qu'on ne croyait pas mal vus du parti dominant. L'Assemblée nationale, sur son invitation, y joignit une députation assez nombreuse de ses membres. Le moment était imposant. La Reine seule et les princes demeurèrent à Versailles, et, pour la Reine surtout, la journée dut être bien longue.

M. Bailly reçut le Roi à la barrière et lui offrit les clefs de la ville : « Ce sont les mêmes, lui dit-il, qui furent présentées jadis à Henri IV ; mais le Roi avait alors reconquis son peuple ; aujourd'hui le peuple a reconquis son Roi. » Ces mots, qui eurent alors l'applaudissement d'une foule immense, ces mots qui annonçaient au Roi un accueil de joie et de fête, ont été depuis cités comme un véritable attentat. Mais que les esprits exagérés daignent juger, d'après leur propre exigence, de ce que demandait en un tel jour l'effervescence de tout un peuple, et qu'ils admirent l'art et le bonheur d'un compliment qui suffisait à la satisfaction des têtes les plus vives, qui les engageait en quelque sorte à montrer dans toute leur conduite l'aménité et le sentiment que le magistrat de leur choix avait exprimés en leur nom.

Les députés, à pied, escortèrent la voiture ; la garde

était demeurée dehors. M. de La Fayette, à cheval, précédait la marche du Roi; la multitude armée couvrait tout le chemin; la place de l'Hôtel de ville était comble! Pourtant le Roi y pénétra; arrivé dans la grande salle, il y prononça quelques mots de bonté. M. Bailly lui offrit la cocarde; le Roi la mit à son chapeau et se montra à la fenêtre : une acclamation universelle et unanime retentit alors de toute part. Le cortège reprit sa route, et les cris de : « Vive le Roi! » le couvrirent jusqu'aux portes. Le Roi revint à Versailles, l'esprit et le cœur pleins sans doute d'une scène si extraordinaire; non seulement il retrouva sa garde, mais tous les gardes en quartier l'attendaient à pied au delà de Sèvres. Il revint, et les cœurs honnêtes, délivrés d'inquiétudes cruelles, bénirent la fin d'un pareil jour.

Hélas! ce jour ne devait pas avoir de lendemain, et la cour devait épuiser bientôt toutes les fautes. Quelques mois après, à l'occasion du repas d'usage dans toutes les garnisons où arrivent des régiments, les gardes du corps voulurent donner une fête aux officiers du régiment de Flandre, et le 1ᵉʳ octobre fut le jour destiné à cette fatale réunion. On y mit un appareil ridiculement déplacé, en des conjonctures orageuses et à une époque de disette. Le festin fut dressé dans la salle de spectacle; les officiers de la garde nationale y furent, je crois, invités, mais ce fut sans doute pour irriter leurs dispositions mécontentes.

Les gardes du corps en ce moment avaient complètement oublié qu'il y avait trois mois à peine que leur exaspération, révolutionnaire plus que patriotique, leur avait fait offrir leur démission. Les temps étaient changés, et aussi les esprits; personne ne voyait plus les choses de la même situation. Les fortunes déjà ébranlées, les existences renversées, la certitude imminente et dangereuse d'événements dont on ne pouvait soupçonner même l'extravagante portée, voilà ce qui montait les esprits, et pour tant d'hommes honnêtes, mais peu faits pour juger de pareilles circonstances, c'était en se ralliant promptement autour du Roi qu'on était digne de quelque estime et qu'on pouvait réparer tous les maux.

La cour — je ne sais plus vraiment où elle prenait ses inspirations — avait déjà adopté ce système, si funeste par résultat, d'essayer d'inspirer la pitié aux Français. La Reine, son jeune fils, — car l'aîné était mort dans le courant du mois de juin, — le Roi lui-même, à ce qu'il paraît, se présentèrent au repas militaire de leurs gardes. Le vin avait animé toutes les têtes; les cris, les transports royalistes furent exhalés avec une exagération qui fut bientôt offerte au peuple comme la preuve d'un complot. L'orgie, — c'est le nom qu'on donna à la fête, — fut dénoncée comme une scène indécente et le signal des plus hardis desseins. La Reine en devint plus odieuse. Aussi jamais, on peut bien le dire, une démarche plus imprudente et en elle-même plus inutile n'avait sûrement été risquée.

Je ne puis accorder de confiance au bruit qui se répandit alors que le projet de la famille royale avait été de s'éloigner de Versailles, et qu'un régiment affidé, deux compagnies de guides et les bataillons suisses avaient paru suffire pour lui servir d'escorte. Le résultat des événements du 5 fut de conduire le Roi à Paris. Quelque parti avait-il, en effet, éventé le secret dont je parle, et s'était-il proposé d'en prévenir les inconvénients? Tout ce qui fut mystère alors est depuis resté mystérieux. Tant de gens ont péri! Tant d'autres ont pensé avoir une importance que réellement ils n'ont point eue ! Il ne faut croire qu'avec réserve ceux qui prétendent avoir tout su, et quelquefois tout conseillé; ils ne mentent pas, mais ils s'abusent.

Le 5 octobre au matin, par un temps triste et froid, on vit l'avenue de Versailles se remplir de femmes du peuple. La foule se grossit peu à peu; des hommes à piques parurent avec ces femmes horribles, et l'Assemblée elle-même fut bientôt inondée. On était si peu informé que le Roi était à la chasse, et la Reine presque seule au château; l'Assemblée étonnée, intimidée non par cette populace, mais par l'incertitude et par la crainte d'augmenter le mal en écoutant l'indignation. On peut juger de l'état des esprits. Les factieux, ou du moins ceux qu'on pouvait croire tels, paraissaient étrangers à un mouvement qu'eux-mêmes ne comprenaient pas bien. On entendit le matin l'abbé Sieyès, dans l'avenue, dire à l'approche des premières femmes : « Tout ceci marche en sens contraire. » Mirabeau ne parut pas disposé à flatter cette populace détestable. L'effroi se répandit dans une partie de la ville; on battit la générale, on mit le régiment de Flandre en bataille, on rangea les gardes du corps derrière les grilles des cours. Il ne se fit point d'autres préparatifs. Le peuple obstrua, en peu d'heures, la place d'Armes et les avenues. J'étais à Versailles en ce moment; je partageais l'inquiétude commune, mais je n'ai point vu ce spectacle effroyable, dont les témoins frémissent encore. M. Mounier présidait l'Assemblée; il ne savait quel parti prendre, et il se sentait à la fois désolé et révolté. Ces femmes, ivres et fatiguées, avaient d'abord occupé les tribunes, puis enfin les bancs de l'Assemblée, et au dedans et au dehors elles tenaient des propos affreux; les évêques députés n'étaient pas à l'abri de leurs injurieuses menaces. Au dehors, les gardes du corps étaient hautement outragés; c'était leur vie que l'on voulait. La Reine était traitée avec indignité. Au travers de ces cris sanguinaires et atroces, cette foule demandait du pain.

L'Assemblée, ou plutôt quelques-uns de ses membres voulurent se persuader que l'opposition du Roi aux derniers décrets, que son silence prolongé sur son acceptation des bases constitutionnelles, était ce qui irritait le peuple, et une députation se porta au château dans la soirée pour obtenir l'acceptation et la sanction que l'on croyait dans les vœux au moins des moteurs. La réponse se fit attendre. J'ai entendu reprocher à Mounier la ténacité avec laquelle il était resté au château jusqu'à ce qu'il eût été pleinement satisfait. Mais je crois ce reproche injuste. Il fallait un prétexte pour congédier ce peuple qui s'échauffait de plus en plus. Les soldats du régiment de Flandre, sous les armes depuis le matin, et par conséquent en contact avec cette foule effrénée, étaient déjà débandés en partie, et s'étaient engagés à ne pas obéir s'il s'agissait de repousser des frères. Il y avait eu des tentatives hostiles contre les gardes du corps, à cheval et exposés toute cette journée à des insultes de tout genre ; quelques coups de pistolet avaient atteint et blessé déjà un ou deux de leurs officiers, qui n'osaient se défendre et n'avaient aucun ordre. Il fallait mettre un terme à ces redoutables scènes. Le Roi fit entrer quelques femmes ; il leur parla avec bonté. On fit valoir la levée du *veto;* elles se retirèrent en criant : « Vive le Roi ! » et parurent disposées à retourner à Paris. Plusieurs partirent en effet, toutes les voitures furent prises par elles, et, bien tard enfin, l'Assemblée se déclarant en permanence et laissant quelques-uns de ses membres pour veiller dans la salle et agir au besoin, la séance fut suspendue, et on alla prendre quelque repos.

Le repos ! A ce moment il était impossible. Les âmes étaient dans l'amertume ; un sentiment de consternation les avait jetées dans l'abattement. Volfius, député des communes de Dijon, homme ardent et de ceux qu'alors on appelait les enragés, mais honnête, et incapable de tremper dans aucune horreur, s'écriait, pénétré de chagrin, que l'Assemblée était souillée. Les propos dégoûtants lancés à ces évêques dont l'attitude calme, le costume religieux, les cheveux blanchis par l'âge, rendaient le cruel danger plus touchant et plus terrible, avaient bouleversé des âmes encore sensibles aux mouvements de l'humanité ; le Roi, cette Reine, si promptement déchus et outragés dans leur demeure ; l'Assemblée elle-même envahie par des furies qui ne respectaient rien ; ceux des gardes du corps qui n'étaient plus de service, cachés et déguisés en diverses maisons pour se dérober aux assassins, et privés de toute défense par leur respect pour le souverain ! c'était de quoi ébranler les esprits et les cœurs.

Une foule immense était restée sur la place d'Armes pour y passer la nuit et attendre le jour. A minuit à peu près le tambour retentit et une voix presque funèbre fit entendre dans toutes les rues que MM. les députés se rendissent à l'Assemblée, et les citoyens armés sur la place d'Armes. On apprit, au bout de peu d'instants, que M. de La Fayette arrivait, et avec lui la garde nationale. Il monta au château, et l'on crut tout sauvé. Le Roi fit demander une députation ; l'Assemblée presque entière se rendit aussitôt. Quel spectacle étrange ! Ce peuple bivouaqué avait pris un cheval tué, et, groupés tous autour du feu, ils préparaient de sa chair un repas de barbares. Des cris sanguinaires s'échappaient au milieu du silence de la nuit la plus noire. Les bataillons qui arrivaient étaient rangés et sous les armes. Le Roi remercia l'Assemblée ; il dit que tout reposait maintenant sous la garde de la milice parisienne et de son général alors présent, et que désormais tout devait être tranquille. M. de La Fayette écrivit à Mounier qu'il pouvait lever l'Assemblée ; les forces de l'homme ont un terme, on saisit avidement le moyen de les réparer. M. de La Fayette lui-même entra dans une maison et céda au sommeil ! Sommeil coupable ou plutôt malheureux, dont les suites irréparables ont taché la vie tout entière de celui qu'il a accablé.

Le Roi, la Reine, étaient dans leurs appartements, et ils étaient couchés encore quand une troupe furieuse, poignardant le noble garde qui veillait seul à l'escalier, et fit tout pour le défendre, pénétra jusqu'à l'antichambre qui tenait à la chambre de la Reine. Le garde courageux qui s'y trouvait sans secours paya de sa généreuse vie les efforts qu'il osa tenter. Les instants qu'il gagna pourtant firent le salut de la Reine ; à peine vêtue, elle put fuir chez le Roi. Mais à différentes grilles on attaquait les gardes ; M. de La Fayette accourut, et tous les forfaits projetés ne purent pas alors s'accomplir. On suggéra au Roi, dans ce moment terrible, qu'il devait se rendre à Paris, et que le salut de la Reine et de sa famille pouvait dépendre de ce parti. Il céda, et on le fit savoir au peuple, à la milice, à l'Assemblée elle-même appelée par le Roi au sein de la capitale. Le Roi parut au balcon du palais, ce peuple féroce l'applaudit ; la Reine fut appelée et vint avec courage, accompagnée de ses enfants. « Point d'enfants ! » crièrent des voix, et elle les fit retirer. Cette fermeté imposa, et l'on cria : « Vive la Reine ! » Mais quel moment, pour de tels cris !

Tout se prépara au plus prochain départ. Les gardes du corps furent contraints de se livrer quelques instants aux féroces embrassements des assassins de leurs camarades, et il se fit devant leur hôtel des décharges en signe de joie. Cette odieuse multitude enfin se mit en route vers Paris. Quelques-uns portaient plusieurs pains enfilés dans leurs piques ou dans leurs baïonnettes ; mais ce qu'on aura peine à croire, c'est que les têtes des gardes du corps les précédèrent, portées triomphalement, et que par un raffinement horrible, on fit friser à Sèvres leurs cheveux tout ensanglantés. M. de La Fayette souffrit ce cruel trophée ! La garde nationale marcha derrière ces odieuses bannières ! Je sais toutefois combien alors on redoutait le moindre tumulte et combien une seule étincelle pouvait exciter d'incendies. Dans ces événements qui passent de si fort les facultés humaines, on doit juger les intentions. Mais alors qu'est-ce que l'homme ? D'où lui vient son orgueil ? Il est sans forces, sans lumières, et sa gloire naît du hasard.

Le cortège défila. La garde nationale, devenue désormais la seule garde du Roi, servit d'escorte à sa voiture. Les femmes étaient montées sur des affûts de canon. On arriva bien tard à l'Hôtel de ville même. Le Roi dit en peu de mots qu'il venait établir sa résidence dans sa bonne ville ; M. Bailly fit quelques phrases pour célébrer ce qu'il appelait ce beau jour, et la famille sans doute la plus infortunée alla reposer aux Tuileries.

Je n'ai pu expliquer le soulèvement du peuple et son arrivée à Versailles. Je n'expliquerai pas mieux quels résultats inconnus y firent également arriver la garde nationale entière ! J'ai su que le 5 au matin l'Hôtel de ville avait été livré à des désordres imprévus, et que ceux qui s'y trouvaient alors avaient couru quelque danger. On sut que les femmes, que le peuple, comme on parlait alors, se rendait en foule à Versailles, et une inquiétante incertitude ajoutait ses nuages à tous les embarras. Les bataillons de la garde, rassemblés par la générale qui battit, et par la préoccupation dont les esprits étaient remplis, se dirigèrent vers l'Hôtel de ville, et des voix prononcèrent qu'il était nécessaire de se rendre à Versailles sur l'heure. M. de La Fayette, au milieu de sa troupe et frémissant du parti proposé, employa les plus grands efforts pour en détourner les esprits, mais de minute en minute cette résolution devenait plus pressante ; quelques menaces se mêlaient à l'expression d'un vœu formel. « Versailles ! » fut le cri irréfléchi, mais unanime, de toute la troupe, et M. de La Fayette enfin, pâle et presque écumant d'une colère concentrée, tourna son cheval vers Versailles.

J'ai entendu dire à plusieurs des bourgeois, alors soldats de cette armée, que durant le chemin ils avaient commencé à s'inquiéter de leur démarche imprudente. Ils ne pouvaient se persuader que le Roi, averti de leur conduite hostile, — car en apparence elle l'était, — n'eût fait braquer les canons de sa garde en face de l'avenue du château ; ils calculaient ses forces et se demandaient enfin pour quel motif ils couraient ce danger et ce qu'ils allaient faire à Versailles.

Ils avançaient, quoi qu'il en soit, et les femmes qu'ils rencontrèrent et qui revenaient de Versailles, ainsi que je l'ai dit, contribuèrent à les rassurer. On ne peut douter qu'arrivée à Versailles, cette troupe n'ait désiré y maintenir le bon ordre et y prévenir le crime ; mais tous ceux qui pouvaient espérer d'être reçus chez un ami ou dans les auberges de la ville se hâtèrent d'y chercher du repos et des aliments. Prêts à l'appel du général, ils s'empressèrent d'arrêter des excès que réprouvaient tous les principes; mais en révolution j'ai toujours remarqué que le vœu des gens honnêtes est pour la fin de la crise dans laquelle ils sont engagés. Peu leur importe, dans l'instant, quelle est ou sera cette fin, ou si un feu mal étouffé ne se rallumera pas d'une façon plus dangereuse! Une sorte d'instinct, sans doute, leur apprend que c'est beaucoup d'avoir changé les termes, et que des causes inaperçues en modifient peu à peu les rapports; l'intérêt du moment absorbe tout le reste, et après les agitations d'un jour il faut une trêve à tout prix.

CHAPITRE VII

Séjour en Bourgogne pendant l'hiver de 1789-1790. — Retour à Paris au printemps. — L'émigration. — M. et Mme Stanislas de Clermont-Tonnerre. — Projets de mariage. — Quelques salons arriérés. — Soirées et spectacles. — La jeune garde royale.

Maman reçut le 6 octobre une si terrible impression, qu'elle ne voulut pas même passer par Paris, et qu'elle s'en alla en Bourgogne. Elle et mon père avaient été frappés au cœur par les horreurs de cette journée. Mon père nous conduisit ; mais tous ses commettants ne partageaient pas sa vertueuse et civique émotion ; on trouva de la faiblesse, à lui, à la sentir, à la montrer ; on le pria très poliment de ne pas quitter la partie (il n'en avait pas le projet), et on lui témoigna le désir de le voir bientôt à Paris. Il est assez bizarre que ces merveilleux stoïciens soient de ceux qui depuis ont donné dans toutes les exagérations contraires. MM. de Pusy, de Marnésia (1) et quelques autres reçurent à peu près le même accueil dans leur pays, et n'y trouvèrent point l'effroi qu'ils s'étaient proposé d'exciter ou de calmer, selon le tour que prendraient les choses.

Mon père passa tout l'hiver à Paris, avec mon frère dont les lettres étaient déjà d'une sagacité remarquable. Il n'avait pas cessé de suivre l'Assemblée ; il écrivait les séances. Rien ne dut plus contribuer à mûrir son esprit.

(1) Marquis de Lezay-Marnésia, député de la noblesse du bailliage d'Aval, en Franche-Comté.

La mode et les belles dames le jetèrent peu à peu dans la haute aristocratie ; mais alors il n'en avait guère que le bon ton et ce que les sentiments, ce que les habitudes peuvent lui devoir de juste mesure.

Je passai tout mon hiver à Châtillon-sur-Seine, avec maman, souffrante et agitée de la secousse qu'elle avait éprouvée. M. Turlot, qui avait habité à Versailles avec nous la plus grande partie de l'été, nous suivit en Bourgogne, et sa douce et aimable société me fit comprendre mieux que jamais combien l'amitié avait de charmes. L'abbé Joly, prieur de l'abbaye Sainte-Geneviève, venait continuellement nous voir ; jeune encore, il avait déjà réuni une érudition prodigieuse ; théologien incomparable, il savait par cœur ce que les plus habiles ont lu une fois. Sa volubilité nuisait à l'agrément de sa conversation ; mais, d'ailleurs, bon, simple, vertueux, et réellement plein d'esprit et de lecture, il était d'une ressource précieuse, et nos sérieux entretiens n'étaient jamais étrangers à la gaieté. Nous étions tous plus ou moins jeunes. Éprouvé de mille manières depuis cette époque, l'abbé Joly a gagné en vertus et n'a pas perdu une seule des qualités intéressantes qui le distinguaient au temps dont je parle.

Je ne m'ennuyais pas. Je travaillais beaucoup; mon journal allait son train : j'écrivais sur toutes les questions, je lisais avec ardeur. Nous nous livrions peu à la société de la ville, que les événements de l'été avaient déjà un peu désunie. Je me souviens que j'avais pris le parti de me faire couper les cheveux en vergette par devant, afin d'être moins de temps à ma toilette, et que mon père nous ayant envoyé de jolis bonnets pour nos étrennes, j'eus mille peines à pouvoir mettre des papillotes et à me friser convenablement.

Dès ce temps, dès l'année précédente, j'avais usé de la facilité que je trouvais à tenir une plume pour être utile à mon prochain, et j'imitais à ma manière, dans mes plaidoyers et mes suppliques, ce que je trouvais de plus beau dans les anciens. Je n'en parlerais peut-être pas, si une certaine malveillance politique n'avait été chercher dans ces premières et louables actions de ma jeunesse de quoi me tracasser jusqu'à aujourd'hui même. Un homme, pour qui j'avais obtenu en 1789 la décharge de quelques années de galères, fut condamné à mort dix ou douze ans après, pour une accusation plus grave. J'ai trouvé, le mois dernier (1817) à Dijon, cette histoire citée comme un fait tout récent. Peu s'en fallait qu'on ne voulût me rendre responsable du crime de ce malheureux, que je n'ai jamais aperçu, mais dont la femme, mourante de douleur, avait imploré mon secours. Mes lettres, bien écrites, faisaient quelque impression ; elles touchaient quelquefois, elles surprenaient toujours. Je me suis trouvée ainsi avoir eu pour pupilles des jeunes gens presque de mon âge, l'un admis boursier à Sainte-Barbe, l'autre reçu dans l'école du chevalier Paulet, et j'ai été en relation, pour des actes de pure bonté, avec des hommes qui ont marqué peu après en des sens divers, et à qui le souvenir de mes anciennes démarches, pour cette cause même, a inspiré quelque intérêt. Je citerai M. Berlier (1).

Dans un moment où mon père vint nous voir, après avoir obtenu un congé, nous nous transportâmes ici (2). Les travaux du jardin qui fait maintenant nos délices avaient été commencés l'hiver précédent ; à ce printemps

---

(1) Théophile, comte Berlier, jurisconsulte (1761-vers 1840), né à Dijon ; député de la Côte-d'Or à la Convention nationale.
(2) Au château d'Essarois.

de 1790, maman fit planter sous ses yeux les allées de tilleuls de la cour. M. Turlot planta de ses mains cette jolie allée où j'écris et qui gardera son nom.

Maman eut au mois de juillet une fâcheuse esquinancie, qui fit revenir très brusquement mon père. Il assista pourtant à la Fédération, et peu de jours après nous revînmes tous à Paris. Je laisse à l'histoire la description de ce spectacle immense et vain. Une fête magnifique et alors toute nouvelle fut donnée aux Champs-Élysées ; je ne m'y trouvai pas, mais je vis qu'elle avait causé tant de plaisir, que les haines et les partis en avaient été suspendus durant l'espace de quelques heures. On avait célébré la fraternité au Champ de Mars, on avait formé une famille sous les arcades illuminées de la plus belle promenade de Paris.

On reprocha à quelques bataillons fédérés d'avoir renversé sur les chemins les fourches patibulaires, triste et dernier monument d'un droit de justice seigneuriale qui même alors n'existait plus ; j'avoue que je ne pus regretter la destruction de ces piliers, odieux s'ils étaient quelque chose, et hideux quand ils n'étaient rien.

Paris n'était pas en gaieté, du moins la société dans laquelle je me trouvais destinée à vivre ; les événements y avaient répandu les plus funestes pronostics. L'amertume, l'injure, une tristesse systématique et de lamentables refrains étaient dans toutes les attitudes, les opinions et les discours. La fatale conception de l'émigration commençait à se réaliser ; l'impératrice Catherine cherchait à l'exalter. Elle envoya un ambassadeur à Coblentz et jamais un général ; elle donna en cérémonie une épée à M. le comte d'Artois et ne lui donna pas une armée. On aurait pu croire qu'avec toutes les représentations chevaleresques des cours étrangères, qui troublaient la marche et la raison de nos princes, leurs ministères eussent pris à tâche de leur ôter tout appui dans l'opinion, en rendant leur position fausse. Je suivrai, en traçant l'histoire, les progrès de ce mal terrible, dont la France souffre plus encore que de toutes ses autres blessures. Un calcul de réputation, une sorte de respect humain, une passion de haine enfin, entraînèrent plus d'émigrés que le véritable enthousiasme. Ceux qui avaient une fortune à risquer ne cédèrent qu'à regret et le plus tard possible à l'ouragan de l'opinion. Les révolutionnaires, qui voyaient toutes les places remises dans leurs mains par l'effet de ces subits départs, fomentèrent des insurrections dans les différents régiments afin de faire plus vite émigrer les officiers qui hésitaient encore. La pente de ce faux esprit rendit les assemblées électorales désertes; l'acceptation d'une place parut presque un excès de honte pour un honnête homme connu; et ce fut un grand acte de courage pour ceux qui le firent non de peur, mais par opinion.

« Le Roi était captif, et tous ses actes étaient forcés », tel fut le principe fondamental des personnes qui se firent tant de mal en même temps qu'à lui. Cette opinion pouvait se soutenir, et je me reprocherais de flétrir le dévouement d'émigrés que l'honneur entraîna, en dépit de leurs regrets et de leurs pressentiments; je ne m'occupe ici que des phases de l'opinion dans les rangs élevés, à Paris. Je voyais des hommes dont les gilets étaient couverts de fleurs de lis, les poches pleines de pistolets, les mains chargées de bâtons plombés. Ils furent assidus aux Tuileries durant l'hiver de 1791. Ils affectaient d'y préparer des projets de défense, qui eussent pu devenir des attaques. M. de La Fayette s'en plaignit, le Roi pria ses bénévoles champions de se désarmer;

ces victimes d'un faux zèle, et aussi d'une fausse tolérance, qui fut pour elles une trahison, gardèrent sans fruit le titre funeste, et assurément peu glorieux, de chevaliers du poignard.

Les jeunes élégants de Paris allaient et venaient à Coblentz; ils y menèrent un tailleur alors fort à la mode, et le chargèrent à son retour de leurs uniformes brillants : imprudence qui fut depuis bien fatale. Les matadores mandaient qu'ils seraient à Paris de retour, et triomphants, à tel ou tel quantième d'un mois positivement fixé. Bientôt on sut quel jour entreraient les puissances; mais le vieux marquis d'Hautefort, en dépit de ces annonces, ne cessait pas d'aller en répétant partout : « Vous passerez par la République pour arriver au despotisme. »

On sent bien que je presse ici en quelques lignes tout ce qui arriva en deux ans; mais c'est que plus de dix fois les mêmes espérances, les mêmes imprudences furent trompées et renouvelées. L'histoire nous apprendra les fluctuations de la cour et l'inquiétude que lui causa souvent la pétulante insubordination de ceux qui prétendaient la servir.

J'ai dit que l'affectation du mécontentement et de la haine couvrait la haute société d'une sorte de crêpe funèbre; il faut avouer que les événements réels ne pouvaient y porter de gaieté. Ceux de Nancy, et le discrédit où tomba aussitôt M. de La Fayette, dans la ligne dite patriotique, furent assurément de ce nombre; mais ce discrédit fatal fit la joie de ceux qu'alors il eût dû effrayer. Il arriva quelquefois des tumultes; les subsistances furent souvent difficiles, et le Club monarchique, accusé d'offrir au peuple un pain empoisonné, fut assailli comme s'il en avait eu vraiment le projet. Stanislas de

Clermont-Tonnerre, victime si prochaine des plus odieux forfaits, avait été le chef maladroit de cette dangereuse tentative. En butte à un parti, mis en avant par l'autre, mais sans en être soutenu, sa maison fut deux fois assaillie par le peuple.

Je voyais quelquefois M. Stanislas de Clermont-Tonnerre. La dignité de son air et de ses discours, la vivacité brillante de son esprit, me faisaient une vive impression ; je trouvais que sa femme, alors toute rayonnante de grâces et de séduction, le compromettait sans cesse, bien moins à mon avis dans l'intérêt de la cour que dans le seul but d'un accueil plus aimable chez Madame Élisabeth, à laquelle elle était attachée; je croyais voir une miniature à côté d'un très grand tableau. Je commençais alors des mémoires historiques du temps, qui ont été détruits comme le reste; M. de Clermont m'entendit lire quelques morceaux de cet essai, il en parut content et me pria de lui confier le cahier tout entier. Je m'y refusai, car j'y disais à peu près ce que je rappelle ici.

Cette femme, au reste, cette Delphine, exerçait sur moi son empire tout aussi bien que si j'avais eu l'honneur d'être son serviteur; elle balança l'effet que produisait son mari sur une âme vive, mais pure, et jamais je ne le vis sans elle. Quoi qu'il en soit, tout me parut nouveau dans le spectacle que ce couple m'offrit; c'était l'amour aussi tendre qu'heureux. Mme de Clermont, au piano, chantait les romances gracieuses que son mari lui avait adressées. Debout ou assis derrière elle, il lui soufflait les vers qu'elle semblait oublier; c'étaient presque toujours ceux dont l'application pouvait être la plus flatteuse. Je n'avais presque jamais quitté mes parents ; leur ménage m'avait jusqu'à ce moment offert l'image de la plus douce union, mais jamais je n'avais pensé qu'on était amants dans le mariage. On m'avait inculqué, comme à toutes les jeunes filles élevées dans le monde, qu'un mari est un maître auquel on obéit, quand on n'élude pas ses ordres; on désenchantait le mieux possible le grand but du destin des femmes. J'ai entendu des demoiselles bien nées me dire que leur chimère était l'état de veuve; cette idée m'a toujours déplu, mais, d'après le système d'une fausse éducation, elle résultait seulement de la nécessité de changer de nom et de s'appeler madame, pour avoir de l'indépendance et sortir de l'état d'enfant. Quelle fut donc la surprise qui pénétra mon cœur, quand j'appris que M. de Clermont, que cet orateur, cet homme déjà célèbre, aidait à garnir de guirlandes les habits de bal de sa Delphine, qu'il présidait à sa coiffure, qu'il avait envers elle de ces galanteries délicates que je ne savais même pas que l'on eût! Mon système d'idées se bouleversa. Je me souviens de l'espèce de combat qui se passa alors en moi; l'amour me parut le bonheur et le charme unique de l'existence. Mes parents rêvaient pour moi des établissements brillants; un désert et un mari bien épris me semblaient le comble de la félicité. Je lus alors la *Chaumière indienne*, je versai bien des larmes aux amours du paria; je composai un drame, des romances, des élégies sur cet intéressant sujet, où je répandais toute mon âme. Cependant, fidèle à tout ce qui me semblait un devoir, peut-être même alors d'autant plus exaltée, je me promis de tout sacrifier à l'intérêt de mes parents. Que m'eût fait un époux jeune et élégant dans le monde, s'il ne m'apportait point d'amour! L'éclat ne m'était presque plus rien, et je me promis mieux que jamais, ou de rester à mes parents, ou de ne me marier que pour eux, mais alors de tout surmonter si leur intérêt l'exigeait. Assurément j'ai tenu parole.

Le duc d'Aiguillon me demanda, pour M. Fortuné de Chabrillan, son neveu. Je savais que nous étions du même âge, et nous nous étions vus enfants; je résistai, suivant mon plan. Il était question d'habiter avec Mme la duchesse d'Aiguillon, douairière, et d'acheter la fortune assez considérable assurée au futur, par une dot de quinze mille livres de rente, au-dessus des moyens réels de mes parents. Les d'Aiguillon auraient baissé de prix, ils marchandaient; je ne vis dans cet arrangement aucun des avantages que je voulais, en me donnant, donner à ma famille : je refusai.

Il s'offrit de moins belles propositions, et cependant assez sortables; mes parents, qui les trouvèrent ternes, quoiqu'elles fussent assez solides, ne daignèrent pas s'en occuper. Enfin, M. de Souza, ambassadeur de Portugal, homme de soixante-six ans, triste et sûrement fort laid, devint veuf d'une belle Française qui ne l'avait pas rendu heureux; quelques personnes me destinèrent à dédommager sa vieillesse. Il avait une très grande fortune, la France était devenue sa vraie patrie; je crus toucher au but de mes désirs, et je fis les vœux les plus sincères pour le succès de cet arrangement. Peut-être eût-il réussi. Nous commencions à nous rencontrer; il était venu dîner chez nous, et nous avions dîné chez lui : un mal subit l'emporta en deux jours. J'en ai eu le plus vif regret.

Maman avait depuis quelque temps renoué avec une amie de couvent, Mlle de Montcalm, devenue la vicomtesse de Damas. Cette femme, contrefaite à l'excès, mais vivante d'esprit, avait deux enfants : une fille encore fort jeune, un fils de l'âge de mon frère. Auguste de Damas était charmant ; il avait les cheveux blonds, une figure blanche et rose ; sans être bien grand, il était d'une tournure fort agréable. Je crois qu'il avait peu de savoir. Je n'ai jamais réfléchi aux moyens de son esprit, mais on ne pouvait avoir plus de sensibilité, de naturel, d'élan, de bonté, de candeur ; il avait de l'enthousiasme et une extrême douceur. Une fois nous l'ajustâmes en vielleuse, pour une petite fête de famille : je n'ai rien vu de plus joli. Une autre fois nous allâmes ensemble visiter un monument public ; l'épée de Henri IV, ayant frappé ses regards, se trouva bientôt dans sa main : « Avec cette arme, disait-il, si je n'étais pas invincible ni invulnérable, je serais, du moins, toujours sûr de la gloire. »

Auguste devint l'ami intime de mon frère Henri, et sa mère échauffa pour moi le sentiment tout fraternel que d'abord il m'avait montré. Que risquait-elle ? J'étais un peu plus âgée que lui, ma raison semblait supérieure, mon genre de vie était austère ; si nous devions prendre l'un pour l'autre des sentiments capables de décider de notre avenir, la naissance rendait tout possible, et le bonheur d'une passion partagée eût compensé le défaut de fortune. Mais si, comme on devait le croire, je ne procurais à son fils qu'une amitié dont mon caractère, déjà connu, pouvait permettre d'apprécier l'avantage et l'agrément, le premier amour qu'il m'offrirait amuserait son imagination, élèverait ses idées, le perfectionnerait en tout, et ne lui laisserait que de doux souvenirs.

Je ne sais ce que fût devenu ce plan conçu d'une manière romanesque. J'aimais beaucoup Auguste, mais comme un jeune frère ; il avait trop de jeunesse, peut-être trop d'enfance, pour occuper une imagination pure, sans doute, mais vive et pleine de feu. J'avais sur mon mariage futur des idées opposées à celles du mariage avec Auguste, ou d'une inclination poursuivie dans l'avenir avec lui. Sa mère, la seule personne peut-être avec laquelle j'avais eu jusque-là des entretiens particuliers, sa mère me disait que j'étais faite pour inspirer une grande passion ; qu'une passion, si je ne me mariais pas, pourrait faire le destin de ma vie ; que j'exalterais un héros, que je ferais éclore de grandes choses. Il me semble, en y pensant bien, qu'elle n'aurait pas dû me dire tout cela ; mais sa chimère l'aveuglait, et au fond elle me faisait honneur.

Je n'ai guère su que par Mme de Damas les tendres sentiments de son fils ; une fois seulement, que nous fûmes tous au spectacle, on donnait *L'amoureux de quinze ans* (1). Cette pièce pouvait bien nous faire quelque impression ; au retour, et chez maman, en passant dans une porte, le pauvre enfant me baisa la main avec ardeur et furtivement. J'en fus touchée, il faut que je l'avoue. Ce fut la seule fois de sa vie.

Le monde où maman me menait, d'ailleurs, ne me présentait assurément ni tant de douceur, ni tant d'amour. Je n'ai rien trouvé de si ennuyeux que ces soirées qu'on me faisait passer au milieu de bégueules respectables, chez qui je ne trouvais rien pour l'esprit, pour la raison ou pour le cœur ; mes yeux mêmes n'étaient pas contents. J'ai pris à cette époque le monde en aversion, et j'ai peut-être dû à ma seule position de ne m'être pas jetée dans des sociétés équivoques, où j'aurais pu regretter de m'être fait du tort.

En effet, où me menait-on ? Chez Mme la comtesse d'Albert, sœur du duc de Luynes, chanoinesse de Remi-

(1) *L'amoureux de quinze ans, ou La double fête*, comédie mêlée d'ariettes, par Laujon, musique de Martini, 1771, in-8°.

remont. Elle était laide et bossue ; on lui trouvait de l'esprit. Cet esprit était court, et son affectation de gaieté, qu'elle appelait de la coquetterie pour le bon Dieu, achevait de me la faire paraître insupportable. Maman m'en éloignait cent mille fois plus encore en paraissant désirer que son genre d'existence me tentât. Mme d'Albert menait, en fait de piété, presque la vie d'une religieuse ; elle allait dans le monde *par devoir*, phrase que je n'ai jamais conçue, car on va dans le monde par plaisir ou bien l'on n'y va pas, quand on n'y a rien à faire. Cette vie isolée et contrainte me paraissait, — même avec quatre-vingt mille livres de rente, que je ne devais jamais avoir, — ce qu'il y a de plus insipide au monde.

J'allais chez la duchesse de Maillé, femme d'esprit encore, mais droite, sévère, absolue dans toutes ses opinions. J'allais chez Mme de Coislin, et la distinction d'esprit de cette femme extraordinaire me faisait mieux passer du moins sur l'ennui excessif de son salon ; j'y apercevais des lueurs. Il faut en convenir : l'aigreur des opinions et des sujets de conversation contribuait au désagrément que me présentaient de toutes parts ces échantillons du grand monde. Dans ces maisons, dans quelques autres du même genre, j'étais, à cause de mes principes surtout, un objet de pitié haineuse, et je me sentais mériter autre chose. Je me souviens qu'un M. Dubut, créole et renommé pour son esprit, me dit un jour qu'une jeune fille avec des notions d'indépendance ne pouvait se comparer qu'à un âne sauvage. Voilà la galanterie la plus remarquable que j'aie reçue dans ce monde, où maman se croyait obligée de me faire paraître à peu près tous les jours. J'aurais pu y pervertir pour longtemps mes sentiments et mes idées. J'avoue que j'avais eu jusque-là une opinion différente des dangers que présente le monde, et je demandais presque avec larmes qu'on me fît voir le monde où l'on se perd.

Il y avait une maison où je m'ennuyais moins, celle d'une parente de mon père, la vieille marquise d'Argenteuil de Moulins; on l'appelait *petite tante* : elle était bonne par excellence. Elle m'avait prise en amitié et me comblait de complaisances. La société y était peut-être assez terne, mais très étendue, et quelquefois il s'y trouvait de ces gens qu'on n'est pas fâché d'avoir rencontrés quelque part. On me goûtait mieux dans cette maison, où je me trouvais aussi plus à mon aise, où j'avais plus de liberté, où j'étais moins clouée au fauteuil de maman, chose que je n'ai jamais pu souffrir. Dans les maisons que je viens de citer, on m'exaspérait en me prenant sérieusement à partie, comme si j'avais été Barnave ou Brissot, et en me traitant tout de même comme une petite fille insignifiante. Chez la bonne petite tante on me laissait causer avec quelques braves gens, qui avaient le courage de me trouver vraiment aimable et douce. M. Doigny du Ponceau(1) me récitait des vers, composés par lui ou par d'autres, et maman frémissait, comme d'un ridicule sans ressource, qu'il ne voulût m'en adresser; mais, ce qui pouvait m'intéresser bien mieux, je paraissais plaire également à MM. d'Altier, père et fils. J'ai peu vu d'union plus touchante que celle de ces deux hommes; ils ont péri ensemble, et peut-être l'un pour l'autre. Ils semblaient faire partie de ma société intime, dans le salon de Mme de Moulins.

Ce temps ne comportait ni propositions, ni projets; on se voyait sur le cratère d'un volcan prêt à l'explosion.

---

(1) Doigny du Ponceau (1758-1830), poète et littérateur.

L'émigration allait et venait chaque jour; les gens sages voyaient en noir, les énergumènes voyaient le présent plus noir, et croyaient seulement éclairer l'avenir en jetant devant eux des torches.

Je ne me souviens que d'une seule soirée passée dans le monde élégant ; ce fut chez un baron de Grandcour, Suisse de naissance, très riche, très répandu, ridicule sans doute, mais bien excellent homme, aimant tout le monde, et le prouvant en donnant de brillants soupers à la plus brillante compagnie, dans la plus somptueuse maison. Là je pus entrevoir ce monde dont on m'avait offert l'appât, en prétendant me prémunir contre ses risques et ses écueils. Nous l'avions quelquefois rencontré. L'ami commun qui voulait me faire valoir me fit apporter de la musique ; le concert eût manqué sans cela : Pradhère seul se trouva exact. Il m'accompagna avec soin, j'eus un succès inexprimable. Mme de Lostanges, plus prétentieuse que moi, fut loin d'en obtenir autant. Je feuilletai son livre de musique, et sur la prière qu'on m'en fit je risquai un second morceau, que je n'avais pu préparer. Cette soirée eut assez d'éclat, mais les fougueux *ultras* du temps en prirent prétexte pour mieux médire des talents.

M. de Richelieu était à cette soirée, et, plus que tout le reste, il attira mon attention, car il avait une teinte d'héroïsme et me rappelait à quelque égard le chevalier de la Verte Epée. Il se trouvait en France pour quelques jours seulement; une belle dame, russe à ce que je crois, paraissait l'objet de ses soins. Il eut cependant de ma part un compliment que j'eus du plaisir à lui faire. Je vis à cette soirée des jeunes dames bruyantes ; on m'assura qu'elles n'avaient pas bon ton : je pensai qu'elles s'étaient amusées. On me demanda des contredanses, on dansa follement au son de mon piano ; je trouvai tout cela assez joli.

Les bals étaient nuls pour moi ; il s'en donnait fort peu. Je ne croyais pas aimer la danse ; je connaissais peu de jeunes gens. Maman, délicate et souffrante, se tenait presque toujours dans les arrière-salons, à cause de la chaleur; cet éternel *chaperonnage*, et, il faut le dire, le peu de succès qui m'était alors permis, me firent presque renoncer aux bals. Mon frère pensait différemment; il y avait ses jeunes amis, ses coquetteries, ses amours; il dansait à merveille, il était recherché ; enfin, il allait seul.

Le spectacle me causait un tout autre plaisir. Je n'y avais presque point été dans le temps de ma première jeunesse ; dans cet âge des passions, où je me trouvais entrée, j'y éprouvais des émotions qui me laissaient ébranlée, jusqu'au moment où un nouveau spectacle me donnait une nouvelle émotion et neutralisait la première. Mme de Moulins me menait souvent dans ses loges ; les pièces en musique, plus que toutes les autres, subjuguaient tellement mon imagination, que je restais après comme dans le vague d'un rêve. *Sargines* fut peut-être, de toutes les pièces (1), celle qui me causa le plus d'impression ; je m'étais vue supérieure aux bons et aimables jeunes gens qui avaient bien voulu faire, à leurs premiers pas, quelque attention à moi; je me comparais en quelque chose à l'ami du jeune Sargines, qui l'instruit, devient son guide et le voit devenir un héros.

Rien, au reste, n'était si simple que tout mon arrangement de vie, et je ne voudrais pas que mon lecteur,

---

(1) *Sargines, ou l'Élève de l'Amour*, comédie lyrique en quatre actes, paroles de Monvel, musique de Dalayrac. Lyon, 1789; Paris, an V (1797).

si j'en ai jamais, prît le change. Durant mon séjour en Bourgogne et les longues indispositions de maman, j'avais pris l'habitude de coucher dans sa chambre; arrivée à Paris, maman s'installa tout à fait dans la chambre qui avait été la mienne; j'y dormais sur un lit qui disparaissait dans le jour. Quelquefois je me couchais très tard, car maman avait mal aux nerfs, et il fallait lire ou causer jusqu'à ce que le sommeil se fût emparé d'elle. L'ancienne chambre de maman était devenue un petit salon, qui dans les circonstances était plus convenable; je m'y habillais le matin, j'y étudiais dans une partie du jour; un paravent y cachait mon bureau : dès que maman recevait du monde, je transportais dans sa chambre à coucher mes livres et mes cahiers. Je ne puis dire que cela fût commode; peu de femmes de l'âge que j'avais alors envièrent ma manière de vivre à cette époque, et vraiment c'est un des temps de ma vie que je me rappelle avec le moins de plaisir.

Je travaillais, quoi qu'il en soit. Je rappris l'anglais, à moi seule, et connus la plupart des meilleurs auteurs en cette langue; je lus beaucoup, j'écrivis sur beaucoup de sujets et je ne quittais point mon journal. Mon piano était dans le salon ; je m'y exerçais avec une sorte de passion. J'allais quelquefois le matin déjeuner avec M. Turlot, qui logeait dans notre maison et faisait ménage avec nous ; c'était un de mes bons moments. Le plus souvent nous avions le soir une petite société, qui ne manquait presque jamais de me demander des sonates et de les écouter avec transport. Nos habitués n'étaient pas fort nombreux ; je citerai, entre autres, le chevalier Yriarte, chargé d'affaires d'Espagne, qui aimait la musique et s'y connaissait bien. Le soin journalier qu'il prenait de me faire jouer du piano m'a, je crois, été fort utile. Il m'a donné aussi des leçons d'espagnol, mais je n'en profitai pas beaucoup. C'était un homme d'un vrai mérite, bien instruit sur les intérêts les plus réels de son pays ; il avait de l'honneur et de la probité, beaucoup d'esprit et de savoir. Une taille trop au-dessous de la moyenne, des gestes trop vifs, nuisaient peut-être à son importance, car l'extérieur est de quelque chose dans l'homme.

M. de Laffon de Ladébat, frère cadet de l'homme intéressant qui a depuis été à Cayenne (1), était de nos soirées ordinaires. Doux, honnête, poli, il avait un œil bandé de noir, et cependant sa figure était encore fort agréable et noble. Nous avions M. de Pusy (2), dont je ne puis rappeler le nom sans intérêt et sans reconnaissance pour tout celui qu'il me témoignait ; il se maria dans l'intervalle, et peu à peu nous cessâmes de le voir.

Les événements, prenaient chaque jour une couleur plus sinistre. Mon frère, trop jeune pour suivre le torrent et pour émigrer seul, était entré dans la garde du Roi, et l'on avait pris le même parti pour un certain nombre de jeunes gens, dont ce service conciliait toutes les idées de royalisme pur et d'éloignement pour la Révolution, avec l'espèce de nécessité qui les retenait près du trône. Auguste de Damas fut fait aide de camp du respectable duc de Brissac, qui s'efforçait de persuader qu'en servant le Roi on devait croire servir le trône. Henri fut sous-lieutenant dans le corps d'infanterie, Albert de Brancas, cavalier ; MM. d'Autichamp

(1) André-Daniel Laffon de Ladébat, qui présida un moment l'Assemblée législative, et fit ensuite partie du conseil des Cinq-Cents, fut après le 18 fructidor condamné à la déportation et transporté à Sinnamari.

(2) Jean-Xavier Bureaux de Pusy (1750-1805), constituant, préfet à Moulins, Lyon et Gênes.

et de La Rochejacquelein furent officiers comme mon frère. Il ne manqua que des chefs à un corps sans doute mal amalgamé, mais susceptible d'une complète fusion, car le dévouement sans calcul des jeunes seigneurs ne pouvait manquer de séduire la demi-constitutionnalité des bourgeois leurs camarades, et la loyauté militaire des officiers sans fortune qu'on leur avait adjoints. M. de Pont-l'Abbé, par sa droiture seule, se fût prêté à tout ce qui eût amené ce bon esprit ; M. d'Hervilly, et comme lui tous les demi-seigneurs dont la Révolution faisait alors des grands, ne manquèrent pas de tout gâter : la garde nationale, si facile à gagner, fut mécontentée dès le début, et les destructeurs satisfaits ne tardèrent pas à conjurer le renversement d'une barrière qui leur fût devenue redoutable si elle avait eu des points d'appui.

Il faut avoir vécu à cette époque pour en supposer le ridicule ; les mémoires les plus véridiques seront taxés toujours d'une folle exagération. On se croyait obligé de justifier devant je ne sais quel tribunal, qu'on appelait le monde, toutes les démarches que l'intérêt du Roi et que son ordre même avaient déterminées le plus impérieusement. Tout devenait profit pour les conspirateurs et tout méprise dans les résistances. Mme de Maillé la jeune, dame du palais, eut peine à s'excuser auprès de sa famille d'avoir suivi la Reine à l'Assemblée, le jour où le Roi accepta la Constitution proposée ; ce fait peut faire juger du reste. Quoi qu'il en soit, rien ne peut se comparer au dévouement de la jeune garde ; licenciée au bout de quelques mois, le Roi fit dire à ceux qui l'avaient composée qu'il les verrait toujours comme ses vrais défenseurs. Cette honorable confiance prévint plusieurs émigrations. Le 10 août en eut plus de victimes. La crise devenait chaque jour plus alarmante; la guerre déclarée, un début de massacre, une désolante incertitude sur la direction de cette guerre, qui s'annonçait au nom de la cause royale et contre laquelle le Roi armait; un ministère dévoué, que le monde avait flétri et que les jacobins proscrivirent; un ministère jacobin, dont on eût pu tirer un parti prodigieux, et dont, en prétendant le jouer par une intrigue, on augmenta tout à la fois l'inimitié et la puissance. Ce fatal *tant mieux*, refrain de tous les récits où les imprudents exclusifs annonçaient des excès commis; enfin l'empiétement délirant des gens à bonnet rouge sur les révolutionnaires à discours et à prétention de vanité; tourmente affreuse, où l'abîme s'ouvrait partout, et où des ténèbres profondes n'étaient sillonnées que par la foudre.

La scène terrible du 20 juin 1792 (1) décida maman, languissante et succombant à tant de tristesse, à s'éloigner enfin de Paris; c'était là que les explosions devaient finalement éclater; elle ne pouvait plus les soutenir.

(1) Insurrection des faubourgs Saint-Antoine et Saint-Marceau, qui envahirent les Tuileries.

CHAPITRE VIII

Séjour à Rouen (1792-1794). — État des esprits à Rouen et aux environs, en 1792. — M. de Liancourt commandant militaire, et M. d'Herbouville procureur-syndic. — Calme de la ville. — Musiciens : Garat, Rode, Punto. — Mme Du Bourg. — Le fabuliste Boisard. — M. Begouen, du Havre.

Mon oncle (1), commandant de la garde nationale et ensuite président du département de la Seine-Inférieure, avait fait de Rouen une sorte d'oasis. Dans un moment où c'était tout braver que d'accepter une place, il avait bien fallu que l'opinion lui fît grâce, car son pays semblait un port à l'abri de tous les orages, et au nom de la Constitution, dont on ne paraissait y faire qu'un prétexte de tranquillité, on repoussait fortement l'influence des jacobins. Maman, sur son invitation, se rendit auprès de mon oncle; notre médecin Larue la conduisit. Mon frère ne crut pas devoir nous suivre; l'honneur parlait, sa voix fut écoutée, mais nous étions loin de prévoir à quels dangers il se dévouait.

Mon oncle n'était pas encore établi dans la ville de Rouen, où il avait une belle maison, bien meublée; il était encore à Saint-Jean (2), avec ma tante et sa famille. Il venait seulement certains jours aux séances du département; cette circonstance donna lieu, dès le moment

(1) Charles-Joseph-Fortuné, marquis d'Herbouville, né en 1756.
(2) Saint-Jean du Cardonnay, canton de Maromme, arrondissement de Rouen.

de notre arrivée, à une scène qui peut servir à caractériser cette époque.

Maman avait très peur en voiture; malade et fatiguée d'une route de trente lieues, ses nerfs étaient fortement ébranlés quand nous relayâmes le soir, à la poste de Rouen, pour nous rendre au château de Saint-Jean. On voulut atteler un cheval que maman vit sauter, et qu'elle crut rétif; elle fit des cris affreux, descendit de voiture, et en dépit de tous les raisonnements du maître de poste et des postillons, s'appuyant de la qualité de sœur de M. d'Herbouville, elle fit changer l'attelage.

En une minute deux cents personnes s'étaient attroupées autour de nous. Le 4 juillet 1792, tout était un grand événement, car le lendemain n'était dans aucune tête : état terrible, et cependant supportable plus longtemps qu'on ne le croirait, à cause de la mobilité et de l'action qu'il donna aux créations de l'imagination. Il vola de bouche en bouche, dans la même soirée, que la sœur de M. d'Herbouville quittait Paris en toute hâte, qu'elle était arrivée à Saint-Jean, et que cette sœur était Mme de La Fayette.

Si les chimères amusent l'esprit, le positif, même dans les plus grossières erreurs, satisfait toujours la raison. M. de Bouillé, à Nancy, avait réduit à peu près par la force deux régiments qui se révoltaient; M. de La Fayette avait soutenu le parti de la discipline militaire : les jacobins, qui voulaient le perdre, avaient dit qu'il était cousin de M. de Bouillé, et ce mot l'avait discrédité bien plus vite qu'aucune opinion. Mon oncle, à Rouen, n'avait pas pour ami le parti qui préludait à de grands renversements; on le fit, *impromptu*, beau-frère de La Fayette. Cette idée se répandit d'abord par malveillance, ensuite par conviction, et plus de trois mois après, un commissaire envoyé de Paris, pour enlever tous les chevaux de carrosse, disait à maman en me voyant que je ressemblais beaucoup à M. de La Fayette, et que cela ne le surprenait pas, puisqu'il était mon proche parent.

A peine arrivés à Saint-Jean, il nous fallut revenir à la ville; on avait proclamé le danger de la patrie, tous les corps constitués étaient en permanence; on était à la veille d'une grande secousse, et chacun se flattait de la victoire.

Je ne sais s'il appartient au sujet que je traite de donner ici quelque idée de l'esprit qui régnait à Rouen, mais il me semble que cet esprit a influé sur nos directions, et je dois pour cette raison en rappeler quelques nuances.

Le peuple de l'arrondissement, composé de fermiers riches et de cultivateurs aisés, était en général modéré et paisible; il goûtait la Révolution, ou bien plutôt son idée primitive, c'est-à-dire l'égalité civile devenue légale, le partage des charges pécuniaires, le choix libre de plusieurs agents secondaires de l'autorité. Les secousses, les bouleversements, le triomphe du bonnet rouge, ne rentraient point dans les idées de ces hommes réfléchis; à leur avis, la Constitution était en pleine activité, la Révolution était faite, et les hommes de la campagne que nous avions rencontrés non loin de la ville, et qui se rendaient à cheval à la halle des toiles, ne portaient déjà plus de cocardes.

Le peuple de Rouen, c'est-à-dire la multitude des employés du port et des manufactures, désignés sous le nom de *carabots*, était honnête et doux, et généralement ami de l'ordre : les séductions ont été essayées à des époques bien dangereuses, pour le porter à des excès; elles n'ont jamais pu réussir.

Rouen était ville de parlement, et les parlementaires avaient de grandes fortunes. La morgue et le mécontentement de leurs familles étaient sans mesure. La plupart des titulaires de charges avaient pris le parti d'émigrer; on commençait à séquestrer. L'aversion, ancienne et réciproque, de la robe et de la noblesse d'épée avait mis entre ces familles et mon oncle une division que les circonstances d'opinion ne faisaient seulement qu'exaspérer; mais si elle servit quelquefois à populariser mon oncle, elle fit toujours le grand mal de discréditer sa cause dans l'opinion honnête et peu éclairée de certaines gens.

La bourgeoisie de Rouen se partageait entre les gens de loi et les chefs de maisons de commerce et de fabrique; à Dijon, les premiers priment tout; à Rouen, c'étaient les seconds. Les principaux de ces deux classes administraient le département. Les plumes et les rubans des femmes, leurs loges aux secondes ou aux premières, avaient, plus que la différence et l'orgueil réel des professions, rendu ennemis le commerce et la magistrature; mais il est bien juste de dire que, la part faite aux vanités, le commerce de Rouen pouvait se vanter des maisons les plus respectables, et son barreau, d'hommes vraiment sages et ornés de lumières précieuses.

Mon oncle paraissait fort bien avec les principaux d'entre eux, notamment avec ses collègues et ceux qui remplissaient des places; et, si dans ce temps quelque bien n'eût pas été impossible, le département de la Seine-Inférieure aurait ressemblé à l'âge d'or.

La garde nationale, après celle de Paris, était ce que l'on pouvait voir de plus beau et de mieux tenu; très constitutionnelle, elle paraissait vouloir et pouvoir maintenir l'ordre; elle y avait un grand intérêt : les richesses de la ville étaient toute sa richesse, et cette ville était construite en bois.

Deux régiments formaient la garnison : le régiment suisse de Salis, dont on disait des choses merveilleuses; le régiment de Bourgogne-cavalerie, dont le corps d'officiers était, je crois, renouvelé en partie depuis les déplacements de l'émigration. Je n'oserais pourtant l'assurer.

M. de Liancourt (1) commandait la division militaire. C'était un excellent homme; son nom, son titre et son ancienne fortune lui permettaient de se rendre aussi bourgeois qu'il pouvait lui convenir de l'être, et, assez insolent jadis envers les autres courtisans, il n'avait pas attendu le moment fixé par la révolution pour sympathiser dans ses terres avec les agriculteurs, qu'il éclairait et imitait, dans les villes avec les bourgeois, qu'il excitait aux inventions nouvelles, aux utiles spéculations et au mécanisme administratif mis en vogue par les assemblées provinciales. Personne mieux que M. de Liancourt n'eut l'instinct et, si l'on veut, la vanité d'un vrai patriotisme. Ses manières avaient le naturel, non l'élégance, de celles d'un grand seigneur. Je ne lui crois pas toute l'étendue d'esprit qui eût si bien accompagné des vues aussi larges que les siennes; quelques idées intermédiaires, quelques notions accessoires lui manquaient. Quoi qu'il en soit, il n'est, depuis et avant le temps dont je parle, aucune utile institution à laquelle M. de Liancourt n'ait consacré son zèle et ses travaux, et nous lui devons entre autres la propagation merveilleuse de la vaccine.

M. de Liancourt et mon oncle étaient alors étroitement

(1) François-Alexandre-Frédéric de La Rochefoucauld, duc de Liancourt, député aux États généraux (1747-1827).

unis ; malheureusement ils se flattèrent d'exercer une grande influence sur la direction des événements du jour : ils échouèrent, et devaient échouer.

Le Roi passait pour prisonnier dans son château et dans sa capitale. On ne pourrait dire qu'il y fût libre : il y avait une trop violente et trop dangereuse fermentation ; mais je regarde aussi comme certain que l'affectation de captivité rivait ses fers de plus en plus et privait de vie toutes ses démarches, en quelque sens qu'il les voulût tourner. On eut l'idée de le faire venir à Rouen ; il y serait en France, mais libre, et, en cas de danger imminent, la mer offrait une retraite sûre.

Mon oncle et le général concertèrent le plan, mais d'une manière si peu discrète que tous leurs gens, que toute la ville, étaient plus qu'eux dans leur secret, et, témoin de ces fautes inouïes, je regrettai bien des fois de voir ainsi perdre follement des moyens et du dévouement.

Ces messieurs conféraient sans cesse les fenêtres ouvertes, et parlant assez haut pour être entendus de toutes parts ; ils voulaient, je crois, préparer l'opinion, et le moyen était mal choisi. Sans prévoyance, sans précaution, ils allaient devant eux en aveugles, annonçant le Roi avant de savoir s'il viendrait réellement à eux, s'il y viendrait en fugitif ou en prince qui visite et parcourt ses États. On ne pensait même pas à tout cela ; le cas d'une défense, d'une résistance, rien n'était mis en question ; et l'on faisait publiquement, après le whist, un certain nombre de patiences afin de savoir, tout en riant, si les jacobins seraient vaincus.

La tranquillité de Rouen, le bruit des destinées royalistes de cette ville, y attirèrent en peu de semaines toute une colonie de Paris ; cette circonstance ne servait pas le grand dessein qu'on se proposait et rendait le pays plus suspect à ceux qui pouvaient le troubler.

On aura peine à croire qu'au milieu de tant d'indiscrétions fatales, le commandant en second après M. de Liancourt, un certain M. de Grimoard, ne recevait aucune confidence, n'était lié d'aucun engagement, et savait comme chacun le projet et l'espérance. Offensé d'un mystère qui, dans la circonstance, était une véritable injure, maître de ses découvertes, irrité contre les deux chefs, peut-être effrayé d'une tentative plus imprudente qu'audacieuse, il fit un rapport très exact au ministre de la guerre du temps. Les deux chefs le haïrent mieux, mais ils ne purent cesser de se voir, et ils continuèrent de bâtir des projets et des illusions.

Je savais tout, comme tout le monde, mais on ne m'avait rien confié. Ce qu'on disait me paraissait fou, et je ne croyais pas que le Roi dût jamais chercher un refuge dans une ville sans défense, où se trouvait une population de cent trente mille âmes, souvent sans pain, et dont le travail paisible des fabriques était le seul moyen d'existence. En attendant, je trouvais assez de plaisir dans ma nouvelle situation ; mon oncle avait une bonne maison, il y venait un monde énorme, je paraissais un vrai phénix à la plupart de nos convives. Mes parures de fleurs naturelles, que j'entrelaçais dans mes cheveux, avaient toujours un grand succès ; mais j'avais tant de simplicité que le commandant du régiment de Salis ayant fait faire pour moi un exercice à feu, je ne me doutai pas que j'en pusse être l'objet, et je n'y suivis pas ma tante.

Je cultivais mon piano, je me promenais avec mon père dans le plus charmant pays du monde, et le soir, chez mon oncle, je faisais de grands frais pour plaire.

La grande catastrophe arriva. Ce n'est pas ici le lieu de raconter le 10 août (1). De sombres inquiétudes occupaient les esprits; le courrier, qui devait arriver dès quatre ou cinq heures du matin, n'arriva le 11 qu'à midi. M. de Liancourt avait été au-devant, à cheval; il rapporta ce qu'on sut bientôt avec détail dans toute la ville, mais point de lettres de mon frère. Je laisse à juger de notre situation. Nous en cachâmes pourtant les plus terribles angoisses à maman; elle était dans un état de faiblesse qui nous fournit le prétexte de l'engager à garder sa chambre. Nous lui dîmes qu'on répandait des bruits vagues, moins alarmants qu'on ne voulait le faire croire, et qu'il fallait pour elle en éviter la tristesse, et surtout l'exagération. M. de Liancourt crut, ainsi que mon oncle, pouvoir dissimuler non à une femme malade, couchée dans son fauteuil, mais à des partis en présence, les grands événements de Paris. Il assembla la garnison et toute la garde nationale, et demanda de nouveau le serment à la Nation, à la Loi et au Roi. Les régiments jurèrent sans conséquence; la garde nationale commençait à jurer : un grenadier sortit des rangs, il s'appelait Le Fèvre-Signol; il interpella le commandant sur les événements de Paris, lui dit qu'avant de s'engager par un nouveau serment la garde nationale avait besoin de savoir si le Roi régnait encore, et il démontra, avec une concision sévère et une froide audace, que les anciens serments étaient annulés. M. de Liancourt, irrité et surpris, ne répondit qu'avec emportement; la garde se sépara, et l'état de la ville en devint plus fâcheux.

Heureusement pour les chefs de la ville, M. de La

(1) 10 août 1792. Les Tuileries envahies après un combat contre les Suisses; le Roi suspendu de ses fonctions; convocation d'une Convention nationale.

Rochefoucauld, aujourd'hui duc d'Estissac, comprit dans les horreurs qui se passaient à Paris le danger que courait son père; il eut la présence d'esprit de prévenir de quelques secondes la fermeture des barrières. A pied, à cheval, de toutes façons, il arriva à Rouen dans la soirée du 11, ivre de douleur, d'émotion et de fatigue. Je le vois encore, j'entends ses effrayants récits, mais il nous dit que mon frère vivait, et le lendemain dès le matin nous reçûmes une lettre de cette écriture si chère. Je vois encore mon père se jeter à genoux et élever cette lettre vers le ciel; alors maman sut tout. La correspondance s'établit, mais l'état des choses était tel que Henri ne put nous joindre avant le mois d'octobre et la retraite du roi de Prusse à Châlons.

Il est pénible de se rappeler, il est désolant de se peindre l'état de la ville de Rouen, et d'après cet état celui de presque toute la France; cet état était l'effroi et le désespoir. M. de Liancourt partit et fut assez heureux pour s'embarquer dans un petit port; mon oncle, dont les fonctions civiles n'étaient point alors révoquées, céda aux circonstances, et entouré des mêmes collègues essaya de maintenir un peu d'ordre et d'assurer son existence. Le plus âgé de ses trois enfants n'avait pas alors plus de trois ans. Sa fortune était considérable, ses terres autour de la ville; M. Turlot, notre fidèle ami, eut le courage d'aller à Saint-Jean et de s'y enfermer tout un jour pour brûler les papiers suspects, non sans risque d'y être pris. L'imprudence du moment n'avait pas permis à ma tante, non plus qu'à mon oncle lui-même, de l'appeler autrement que l'*abbé*; il est vrai, les craintes étaient telles que peu de jours après son voyage à Saint-Jean ils l'invitèrent à quitter Rouen, quoiqu'il ne logeât pas chez eux, ne pouvant, disaient-ils, répondre de sa sûreté.

On annonçait les Marseillais, on prétendait les avoir vus débusquer au-dessus de Sainte-Catherine; maman, pressée de fuir, s'en sentit incapable : elle a d'ailleurs un courage calme quand les circonstances sont graves. Sa décision était la nôtre, nous ne pensâmes plus à nous sauver; les Marseillais ne se montrèrent pas, mon oncle et ma tante revinrent, et il ne fut plus question de cette espèce d'alarmes fausses. Le régiment de Bourgogne était parti déjà tout révolutionné; le régiment de Salis était, dit-on, à demi débandé avant d'avoir fait quelques lieues.

La garde nationale aurait fait vingt serments qu'elle n'aurait pas eu plus de pouvoir; elle ne fut pas plus factieuse après les avoir évités. Son service maintint l'ordre, et une ville de bois, habitée par cent mille ouvriers, ne vit ni incendies, ni pillages. Une grande ville et des gens aisés ne peuvent pas supporter longtemps un état qui n'a que des doutes. On a cru que les multitudes voulaient être menées rudement, on s'est trompé; un coup hardi peut les plier, mais sans les soumettre. La fermeté que les multitudes applaudissent est celle de l'aplomb dans le gouvernement, quand il dit nettement ce qu'il veut, ou ce qu'il veut paraître vouloir, et qu'il donne un but positif aux efforts des individus. Le roi de Prusse avançait en France. L'insolente proclamation lancée par le duc de Brunswick avait perdu la cause royale, son texte constituait toute la France coupable et le Roi complice, ou prisonnier; la noblesse et tout ce qui lui tenait étaient censés hors de France et sous le drapeau de l'émigration. La bourgeoisie, irritée de l'insulte, ne pouvait supporter maintenant l'idée de l'entrée de l'étranger et de son espèce d'alliance, si ce n'est par l'effroi plus immédiat que lui causaient les jacobins et un peuple remué jusqu'au fond. Une secousse rapide et rassurante pour elle l'eût sans doute laissée résignée, mais le temps, qui toutes les vingt-quatre heures commande des transactions de fait, amène, avec le désir plus violent pour chacun de se fixer d'une façon quelconque, une sorte d'habitude d'idées et un déplacement d'horizon. Tant qu'on put croire à de rapides succès de la part de la coalition, tout ce qui ne s'enflamma pas du besoin de résister appela le dénouement par ses intimes vœux, et ne céda qu'en apparence, je dirais provisoirement, aux violences d'une force éphémère; quand ce dénouement fut devenu incertain, lorsque surtout il eut été manqué, chacun ne songea qu'à se dérober aux plus grands maux qu'il eût pu craindre. Celui qui crut s'être le plus compromis se déroba, ou força la mesure, afin de se remettre en crédit, et les mesures despotiques appelées révolutionnaires eurent promptement fait un code impérieux et donné une base aux pensées.

M. Turlot avait été à Forges; le prétexte d'y prendre les eaux pouvait faire considérer ce lieu comme un asile hors de soupçon, et comme la ville où nous étions n'était pas encore délivrée de toute espèce d'inquiétude, les lettres de M. Turlot nous décidèrent à aller le joindre.

Forges (1) n'est guère qu'un village, médiocrement bâti; nous y fûmes logés chez le pâtissier du lieu, dont les *mirlitons* étaient merveilleux, mais dont l'auberge était affreuse; l'eau, la plus exempte de vertus médicinales, était tellement ferrugineuse qu'il fallait du courage pour la boire. Nous y entendîmes battre la générale au moment de notre arrivée, mais il ne s'agissait que d'une proclamation.

(1) Forges-les-Eaux, chef-lieu de canton, arrondissement de Neufchâtel.

Lorsqu'on est dévoré par de profondes et cuisantes inquiétudes, on s'attache plus aisément aux illusions qui soulagent ; après quelques jours d'habitude nous nous trouvâmes très bien à Forges. Le temps était d'une sérénité admirable, et nous nous promenions avec délices dans une belle et majestueuse futaie qui sert de parc à ce séjour. Un matin nous y rencontrâmes un jeune homme d'un extérieur aimable et doux, qui finissait un tableau exécuté avec un vrai talent ; nous causâmes. Ce petit incident nous avait remis quelque charme dans la pensée. Le peintre, nous l'apprîmes quelques moments après, était M. de Trudaine de la Sablière, qui avait cru ainsi que nous faire oublier son existence à Forges ; il y était avec sa famille. Mme de La Rochefoucauld, Mme la duchesse d'Anville sa belle-mère, s'y trouvaient aussi réunies ; M. de La Rochefoucauld venait de les y joindre. Mais l'honnête médecin était, entre tous les habitants de Forges, le seul intermédiaire de communication ; chacun s'isolait de son mieux.

Ce jour, à jamais déplorable, était le dimanche 2 septembre ; dans la soirée, de farouches commissaires arrivèrent tout à coup de Paris pour s'emparer de M. de La Rochefoucauld ; dès le point du jour il était en voiture avec son épouse et sa mère ; on le fit descendre à Gournay. La multitude y était rassemblée, et tout à coup, dans un tumulte horrible, l'infortuné fut massacré. Cette nouvelle désespérante ne nous laissa plus voir le lieu que nous habitions que comme une scène de carnage ; les crimes de Paris, que nous apprîmes à la fois, achevèrent de nous jeter dans cette situation où l'on ne veut plus que rester immobile, pour subir les décrets du sort. Nous repartîmes tous pour Rouen, préparés à tout avenir.

Cependant les bataillons s'organisèrent chaque jour, et par le fait les villes furent dégagées d'une partie considérable des têtes les plus effervescentes ; l'histoire, en regrettant leurs excès, exaltera avec justice leur décision et leur courage; les noms de leurs chefs seront mieux appréciés par la postérité que par les contemporains. Nous ne pouvons parler de cette gloire que comme les habitants d'un village incendié peuvent parler d'une victoire remportée au milieu de leurs débris fumants.

La longue incertitude du roi de Prusse à Châlons, quels qu'en aient été les motifs, rendit de plus en plus sa retraite nécessaire; toute idée de puissance s'évanouit quand on eut vu de près qu'une armée de Frédéric était un composé de paysans d'Allemagne, non une phalange bardée de fer et toujours invulnérable. Cette retraite se fit le 31 septembre ; l'incertitude de l'opinion cessa. Ce fut presque un soulagement pour toutes les situations ; la cause de l'Europe parut tellement jugée que beaucoup d'émigrés songèrent à revenir en France, pour sauver leurs fortunes en péril, et chacun s'efforça de s'arranger pour passer le plus sûrement possible les jours trop longs qui allaient s'écouler.

Les barrières de Paris s'ouvrirent peu à peu, et un soir, à jamais béni, mon frère enfin nous arriva, et ma bonne Chenard avec lui. Nous n'avions qu'une faible idée des risques qu'il avait courus. Réunis chaque jour aux Tuileries, jusqu'au 10 août au matin, ces jeunes gens de la garde dont il faisait partie étaient réduits le plus souvent à s'y glisser en frac et à prendre dans quelque recoin leurs habits noirs et leurs épées, qu'ils y laissaient ordinairement. Sans autres armes ils paraissaient dans les galeries ou dans les salles du château. Troupe dévouée, troupe héroïque, mais privée de toute utilité;

sans armes, sans chefs, sans autorisation, et enfin remerciée par le Roi et abandonnée à elle-même quand ce prince eut pris le parti de se rendre et crut épargner tant de maux !

J'écarte le tableau funeste des scènes sanglantes de ce jour; mon frère et quelques autres trouvèrent un refuge dans quelques maisons, de rue en rue. La Providence veilla sur lui; ma pauvre bonne le revit, elle cacha soigneusement son retour. Des commissaires firent des visites, mais, comme alors il arrive toujours, tous ceux qui se prêtent à de mauvaises actions ne sont pas en tout corrompus; l'erreur, la peur, l'entraînement jettent bien des gens dans de mauvaises routes, aux époques de révolutions, et ceux-là font rarement du mal, quand ils n'y sont pas obligés. On nous aimait dans le quartier, c'est-à-dire mon père et ma mère, et aussi les gens de leur maison. Je crois qu'on fut bien aise de ne pas trouver mon frère, mais sans doute on l'eût arrêté s'il se fût lui-même trahi.

M. Gilbert, son ancien gouverneur, lui donna un asile dans le quartier Saint-Jacques où il demeurait; Auguste de Damas partagea cette retraite durant le massacre des prisons; il fallut enfin la quitter. Les deux jeunes gens se dirent adieu au pont Royal; ils ne se sont jamais revus!

Après mille traverses et de vives alarmes, mais grâce aux soins de ma pauvre bonne, à ceux de M. Després, ancien maître d'hôtel et notre ami, notre secours dans nos dangers les plus cruels, Henri enfin put se mettre en route, et tour à tour à pied, en charrette, en bateau, sa compagne et lui arrivèrent à Rouen.

Notre genre de vie devint plus régulier, et nous trouvâmes encore des moments assez doux, dans une situation où, n'attendant plus rien d'heureux, nous tenions compte à la Destinée des maux que nous n'éprouvions pas.

Maman passait sa matinée, plus courte que ne sont celles d'à présent, livrée aux soins de sa santé, et distraite par nos entrées successives et multipliées dans sa chambre.

Nous dînions chez mon oncle ou, vers la fin de l'hiver, dans une chambre haute où nous fîmes notre ménage particulier. M. Turlot venait soit dîner avec nous, soit du moins peu de moments après; il restait avec maman jusqu'à l'heure où régulièrement nous allions souper chez mon oncle. Cette réunion était sombre, comme la vie intérieure de mon oncle à cette époque. Quand le souper était fini, maman jouait au whist avec lui, avec ma tante, avec la gouvernante de leurs enfants, et tout encore eût paru à peu près supportable si, après avoir quitté le département (1), mon oncle ne se fût pas trouvé, en qualité de notable, membre de la municipalité et employé aux subsistances. Presque chaque soir nous apprenions que la journée du lendemain se passerait sans pain, et cette perspective n'était pas ce qu'on peut imaginer de plus gai.

Mon frère, raisonnable comme un homme éprouvé, grandi par le dévouement vrai et périlleux qu'il avait montré, mon frère, couvert d'une redingote commune, que mon père, je crois, garde encore, allait se promener en sabots, vers le point du jour, travaillait en rentrant chez lui, et allait le soir à l'Académie, où il dessinait le modèle.

Mon père trouvait comme lui ses ressources dans

(1) C'est-à-dire l'administration du département, car il avait été procureur-syndic de Rouen.

l'étude, et chaque jour nous faisions ensemble des promenades énormes, par tous les temps.

Moi, je lisais beaucoup; mais écritures, journal, tout de ma part était interrompu, et bientôt même ces papiers, qui m'étaient si précieux, furent livrés aux flammes, par prudence; j'avoue que j'en ai pleuré très amèrement.

J'avais un piano placé dans la salle à manger de mon oncle, et j'y passais tout le temps qu'on n'était pas à table. Un demi-amateur, qui accompagnait à Rouen Mme d'Albert, obscurément réfugiée, venait tous les soirs travailler avec moi; il jouait de la flûte, composait fort bien, et je lui dois d'avoir mis en pratique, en écrivant des partitions, les longues leçons de Rodolphe.

J'avais encore une autre société. Dès le temps de notre arrivée, j'avais distingué chez mon oncle un jeune officier d'artillerie qui revenait de l'île de France. Son père, homme respectable, appelé M. Le Vavasseur, avait été dans le commerce et était, ou avait été collègue de mon oncle dans l'administration. Son fils, M. Benjamin Le Vavasseur, avait de l'esprit, de l'instruction et plus encore d'originalité. Il avait pris aux colonies une pitié pour les pauvres noirs, qui était devenue une passion; je me souviens qu'il m'aida alors à placer un jeune homme dans la marine marchande, et qu'il me fit presque jurer au nom de mon protégé que celui-ci ne se prêterait jamais à la traite des nègres. M. Benjamin avait eu un nègre esclave à son service, mais il l'avait fait libre; il l'aimait comme son frère. Sa naïveté, son attachement, ses vertus, son courage ont fait le sujet de mille entretiens entre M. Le Vavasseur et moi; il m'aimait de l'intérêt que je paraissais y prendre. On attendait chaque jour ce nègre tant chéri : il s'était trouvé fort malade au moment où son maître avait été forcé de s'embarquer avec sa troupe ; on reçut la nouvelle de sa mort. Le pauvre Benjamin versa d'abondantes larmes, et sûrement j'en ai répandu.

J'aimais dès ce temps la botanique. M. Benjamin l'avait étudiée, et tant que la saison le permit il m'apporta des plantes du jardin public cultivé par Varin, qui me favorisait aussi. Il venait quelquefois passer les soirées avec moi, et quelquefois avec mon frère en tiers : nous faisions des mathématiques ; il soupait ensuite chez mon oncle et jouait après souper au trictrac ou aux échecs, avec mon père et moi.

J'achèverai tout de suite ce qui peut le concerner. M. Benjamin devint bientôt amoureux d'une jeune personne fort aimable, dont les frères étaient émigrés, et me mit dans sa confidence, un jour où je lui demandais avec simplicité laquelle il aimait le mieux de nous deux. Il trouva le moyen de me faire voir sa belle, même de nous faire écrire réciproquement quelques lettres ; il resta au service, afin de lui être utile, et quand enfin sa mère et elle eurent été mises en prison, il eut le crédit, avec son épaulette, de les délivrer toutes deux, et fut marié aussitôt.

En attendant, son genre de service le fit, avant le printemps, envoyer sur les côtes ; il eut un commandement au Havre. Mon frère alla passer des semaines entières près de lui. Ces absences étaient utiles et n'avaient rien qui fût suspect. Je dois de la reconnaissance au nom de M. Benjamin. Il a continué sa carrière avec les avantages qu'elle pouvait lui offrir.

Quelques personnes passaient à Rouen, et les habitudes paisibles de cette ville leur permettaient ordinairement de s'y reposer quelques jours. J'y ai vu Mme de

Lévis, supérieure des religieuses de Montargis ; elle transporta en Angleterre sa communauté tout entière : c'était la reine des abeilles qui entraîne tout son essaim. Je vis M. des Faucherets (1), je vis M. de Vaublanc (2) ; ces voyageurs voulurent bien trouver que la nièce de la maison ne la déparait pas.

Le gouvernement s'efforçait de se donner une direction, mais il y avait dans son sein une guerre intestine plus terrible que celle qui s'était encore faite entre les différents partis; celui qu'on appelait les girondins recevait chaque jour des secousses, contre lesquelles ni éloquence, ni efforts, ni crimes même ne purent lui donner le moyen de résister. Les administrateurs étaient en général, ou des énergumènes, qui suivaient le torrent sans soupçonner qu'ils eussent cessé d'être immobiles, ou des gens plus ou moins honnêtes, politiquement parlant, et ceux-là n'estimaient aucun des deux partis dont le 10 août était l'ouvrage ; en place pour être utiles, plus encore par un effet de circonstances non calculées, plus encore pour l'intérêt de leur sûreté personnelle, ils étaient résolus à ne se point compromettre pour tels ou tels hommes éphémères. Des mots sonores à la tribune des Jacobins, un surcroît de grossièreté dans les formes ou le costume, devaient, semblait-il, leur permettre toujours de se maintenir, en dépit des débats de quelques ambitieux. Ils le croyaient ainsi et se réglaient en conséquence. Ces hommes, dans un sens abstrait, ont pu coopérer au mal, mais les services qu'ils ont effectivement

---

(1) Jean-Louis Brousse des Faucherets, auteur dramatique, administrateur du département de Paris, né en 1742.

(2) Vincent-Marie Viennot de Vaublanc, comte, président du département de Seine-et-Marne, député à l'Assemblée législative, membre du conseil des Cinq-Cents, ministre de l'intérieur, etc., né en 1756.

rendus à une infinité de personnes ont influé bien plus puissamment sur l'ensemble ; ils ont toujours adouci, modifié, quelquefois ils ont empêché, et l'expérience nous a appris à apprécier les demi-vertus, à bénir les demi-bienfaits, et à concéder aux hommes les qualités qui leur échappent, par la considération de celles qu'ils ont conservées.

La mort du Roi (1) frappa un coup terrible ; notre douleur, notre effroi, notre horreur ne pourraient pas être exprimés, mais je puis en toute vérité absoudre le pays que j'habitais de la moindre part à ce forfait odieux. Cependant la nature, par sa seule énergie, rend de la vie aux âmes que le malheur a frappées, comme aux plantes que l'orage a versées et flétries ; les jours s'écoulèrent, et le besoin d'impressions et de distractions douces se fit sentir impérieusement.

Trois musiciens d'un ordre supérieur vinrent chercher à Rouen le calme dont on ne cessait pas d'y jouir, et ils y apportèrent une source de plaisirs qui ne furent peut-être jamais mieux appréciés. C'était Garat, Rode et Punto (2). Leurs talents me dispensent de toute explication aussi bien que de tout éloge, et je dirai seulement que l'opinion qu'ils ont laissée, dans la société où ils ont vécu, de leur bon esprit et de leur caractère ne dépare point celle qu'ils ont donnée de leurs talents. Ils étaient adressés à une vieille demoiselle appelée Mlle du Hamel, qui habitait l'abbatiale de Saint-Ouen. Cette vieille fille, pleine d'esprit et de qualités aimables, avait pris en pension un vieil original fort riche, qu'on nommait M. de Lampulet. Il était bienfai-

---

(1) 21 janvier 1793.
(2) Jean-Pierre Garat, célèbre ténor (1764-1823) ; Pierre Rode, violoniste (1774-1830) ; Punto, cor.

sant en réalité et musicien en illusion. On le voyait, m'a-t-on dit, tenir pendant trois heures un archet à deux pouces d'un violon ; sa figure annonçait l'extase, il disait : « Je joue mentalement. » Mlle du Hamel avait deux nièces, peu jolies ; mais l'une d'elles, Mlle de Flavigny, jouait très bien du piano et pouvait passer pour excellente musicienne.

Nous avions eu avec ces dames quelques relations de circonstance ; elles nous prièrent au concert dont l'arrivée des virtuoses fut l'occasion. En vérité, j'en devins folle de plaisir ; j'ai toujours aimé la musique avec passion. Le contraste de la vie que nous menions et des émotions douloureuses que nous éprouvions depuis si longtemps, avec la douce harmonie dont il nous était donné de jouir, nous transportait vraiment dans les Champs Élysées. Maman partageait mon plaisir. Bientôt je brillai moi-même à ces fréquents concerts ; Rode vint, ainsi que Punto, m'accompagner chez moi, c'est-à-dire dans la salle à manger de mon oncle, et je puis dire qu'avec les premiers jours du printemps s'ouvrit pour nous, pour moi surtout, une vie nouvelle.

Mme du Bourg était à Rouen. Elle était encore très jolie, gaie, spirituelle, légère dans ses manières ; elle était devenue très dévote, et dans la circonstance c'était un agrément comme une douceur de plus. Je puis déclarer ici, et avant que d'avoir détaillé les relations que j'eus avec elle, que dans les conversations les plus intimes et les plus dégagées de toute affectation de prudence, je ne lui ai pas entendu dire un mot qui ait pu porter la moindre atteinte à la candeur parfaite de mes idées ou de mes sentiments. Jamais je n'ai rien retiré que de moral ou d'amusant de ses entretiens ; c'est une justice que je dois lui rendre.

J'ai vu, d'ailleurs, Mme du Bourg, à Rouen, employer tout le crédit que lui donnaient en effet ses grâces et son esprit à rendre de signalés, d'immenses et souvent de très obscurs services, avec une bonté et un courage véritablement méritoires.

Elle occupait alors un mauvais petit logement qu'elle trouvait le moyen de faire paraître un peu arrangé. La maison était celle de M. et Mme de la Pallu, ses cousins, ménage respectable et parfait. Mme de la Pallu, modeste, timide même, n'avait pas de charmes bien frappants ; Mme du Bourg la faisait valoir, sans la protéger, sans la placer dans une fausse évidence. M. de la Pallu, bon, loyal, instruit et doué d'un esprit distingué, était excellent en toutes choses.

Cette intime société comptait un homme remarquable à mille égards, M. Boisard, poète, auteur des *Mille et une Fables*, dont cent au moins méritent de passer à la postérité (1). Il vivait près de la vieille Mme de Fontette, dont il avait toujours été l'ami dévoué. Il passait d'ailleurs tout son temps chez M. de la Pallu et chez Mme du Bourg, faisant des vers piquants sur les circonstances et les débitant d'une manière plus piquante encore. Depuis cette époque, M. Boisard, fidèle soutien des infirmités de sa vieille amie, a maintenu autour d'elle jusqu'à son dernier jour une société spirituelle, une conversation animée. Cette pauvre femme avait la langue paralysée; il interprétait le mouvement de ses lèvres, parlait pour elle, lui répondait, attirait toujours du monde dans son salon. Depuis qu'il l'a perdue, il a renoncé presque entièrement au plaisir et à l'habitude de faire des vers. Vieux depuis long-

---

(1) J.-J.-F.-M. Boisard (1743-1831), né à Caen.

temps, il songe à son salut et le prépare par de bonnes œuvres.

Je rencontrai Mme du Bourg; elle voulut bien me faire mille avances. M. et Mme de la Pallu les secondèrent, et il me fut permis de déjeuner ou de passer quelques soirées dans leur maison, sans chaperon et sur ma bonne foi; on m'y menait, on venait me reprendre. J'ai joui de mille agréments dans cette société aimable, presque la première aimable où je me fusse jamais trouvée.

Rouen était alors comme Venise à l'époque du carnaval; on y venait de tous les coins du monde; les passants de Paris venaient voir Mme du Bourg, les Normands M. de la Pallu : il y avait donc une variété qui me paraissait ravissante. Je me souviens d'un M. de G..., cousin germain de Mme du Bourg; sa tête, fort mal organisée, était celle d'un franc jacobin. Mais je lui dois la justice qu'il n'a jamais agi, que tout de sa part était en vains propos et que peut-être il s'amusait à les exagérer. Il est le premier homme que j'aie vu dans le monde sans poudre, et je puis dire combien je fus honteuse la première fois que nous allâmes tous nous promener dans sa compagnie. M. de G... avait les cheveux blonds, bouclés naturellement, et, je crois, une très jolie figure; mais je ne pensais qu'à son extérieur jacobin.

Ce jeune homme avait, ce me semble, les idées assez mal en ordre; l'agitation produite par les événements pouvait bien en avoir brisé beaucoup de fils. Nous disputâmes quelquefois, mais son attrait pour la musique nous raccommodait promptement. Il est certain que ce fut comme pour achever une discussion que j'improvisai en sa présence; c'était la première fois de ma vie, et depuis j'ai bien usé de ce talent ; il m'a valu souvent des succès plus réels que sûrement mérités.

Ce jeune énergumène ne me fit pas la cour, mais le plus éloigné des hommages, dans ce temps-là, me préoccupait toujours un peu ; peut-être que mon amour-propre reçut alors une utile leçon. M. de G... quitta Rouen, il écrivit à sa cousine ; sa lettre d'adieu était pleine de folies ; le mot qui s'y trouvait pour moi n'était rien en comparaison de ce qui s'adressait à une dame de Rouen, assez jolie et assez élégante, qui chantait agréablement. Je ne sais comment il arriva que je me sentis un peu désappointée.

Il n'y a pas plus de cinq ou six ans (1) que j'ai rencontré deux ou trois fois chez Mme de Genlis ce même personnage. Les cheveux n'étaient plus bouclés, la jeunesse ne donnait plus de grâces à une physionomie un peu extravagante ; je ne sais comment lui et moi ne pûmes nous empêcher de rire en nous voyant. Quelques moments de conversation me prouvèrent que je n'avais rien perdu à ne pas continuer une relation qui n'avait duré que peu de jours.

Une nouvelle société me menait quelquefois promener entre les bords charmants de la Seine, dans un de ces grands bateaux couverts, si nombreux dans le port de Rouen. Quelquefois nous passions le temps à remplir des bouts rimés, ou à jouer au secrétaire, mais tout en vers et en chansons. Je traduisais aussi quelquefois des odes d'Horace en vers, comme exercice: *Altera jam teritur bellis civilibus*, ou bien *Quo, quo, scelesti, ruitis?* étaient des morceaux de circonstance. Ma verve encourageait celle de MM. de la Pallu et Boisard ; les traduc-

(1) Vers 1812.

tions, les imitations rivalisaient chaque jour, et enfin M. Boisard me faisait des chansons que je mettais en musique : la *Petite Radegonde* a eu et a encore un assez grand succès.

La musique faisait en ce moment le grand agrément de notre vie; je m'en occupais presque uniquement. Mon frère, dont la voix était assez jolie, mais qui n'était que peu musicien, faisait venir un jeune homme, sorti depuis peu des enfants de chœur et franchement compositeur; ils répétaient ensemble, et Henri venait ensuite chanter, avec autant de goût que d'intelligence, tous les duos des opéras de Grétry avec Mme de la Pallu. Il copiait Garat dans la romance, au point d'amuser Garat lui-même. Ce dernier avait pris à Rouen trois écolières, qui chantaient souvent avec lui, et Mme de Grécourt, l'une d'elles, nous donnait aussi des concerts. J'ai vu chez elle Cherubini, qui eut la bonté de m'applaudir. J'arrangeais les compositions de Punto, pour les exécuter avec mon seul piano et son cor. Ces amusements m'entraînaient et me faisaient oublier souvent le malheur imminent des temps. Ce malheur se mêlait à tout, mais la philosophie alors consistait à ne pas lever les yeux sur l'avenir et à se livrer en tout à son destin et à la Providence. Il n'y avait aucun de nous qui ne sentît que le torrent l'emportait, mais il est des saisons de la vie où des fleurs odorantes croissent entre les ruines et les décombres, et les feux électriques de la foudre ne servent qu'à accélérer leur rapide épanouissement.

La Vendée avait commencé à faire éclater ses prodiges. On n'en avait à Rouen que des nouvelles incertaines, mais on fit des levées tant pour résister de ce côté que pour combattre au nord de la France. On faisait alors assembler tous les hommes sur les places ; quelques commissaires populaires, ou censés tels, appelaient à leur choix ceux qu'ils voulaient inscrire, et le départ suivait aussitôt. Mon père, mon frère, se trouvèrent une ou deux fois à ces convocations, et l'on m'a dit que par un mouvement involontaire, mais subit, mon père se trouvait toujours devenu son fils, quand le commissaire tournait les yeux de son côté.

J'ai dit que mon frère allait souvent au Havre ; cette circonstance l'y fit rechercher et l'y fixa durant quelques semaines ; MM. Millot et Begouen l'y traitèrent comme leur enfant, et pour éviter tout soupçon, en même temps que pour s'instruire, il travaillait dans leurs bureaux.

Son goût pour le dessin faillit lui être fatal. M. Begouen (1) avait, dans les faubourgs du Havre, une superbe maison de campagne ; de la côte d'Ingouville, où elle était située, on découvrait le port, la rive, la mer enfin, et les vaisseaux anglais qui y croisaient sans cesse. Henri voulut dessiner cette vue. Son ouvrage était avancé ; le jardinier ne l'avait point vu entrer, tous les maîtres étaient absents, et en ouvrant aux commissaires qui vinrent subitement faire une visite domiciliaire, le jardinier déclara qu'il ne se trouvait personne dans la maison. Le dessinateur et le dessin furent saisis avec appareil ; on soutint qu'il y avait une conspiration et que la vue du port du Havre était destinée aux Anglais. MM. Millot et Begouen, prévenus, se portèrent caution pour mon frère ; M. Le Vavasseur était alors absent et en tournée. M. Begouen trouva comme justification dans les boutiques des vues, des plans du port gravés depuis longues années, et que l'on vendait publiquement. Enfin.

---

(1) Jacques-François, comte Begouen, né en 1743, négociant au Havre, député aux États généraux, conseiller d'État.

nous fûmes avertis ; peu d'heures nous suffirent pour nous faire délivrer tous les certificats utiles : mes parents ont toujours inspiré une universelle bienveillance. Mon père et moi partîmes en poste le soir même ; nous étions au Havre au point du jour. La délivrance de mon frère fut signée ; il demeura encore quelques jours chez ses protecteurs, pour éviter de paraître fuir, mais il nous rejoignit bientôt. L'incident aurait pu avoir des suites infiniment plus graves ; officier de la garde du Roi, échappé du 10 août, on comprend que de risques se trouvaient attachés à ces titres ! Moins de deux semaines plus tard, un homme affreux, appelé Musquinot de la Pagne, maire de ce faubourg d'Ingouville, revint de Paris où il avait été chercher de sanguinaires instructions ; son retour fut signalé par l'arrestation d'un jeune Saint-Pré, camarade de mon frère, et caché depuis quelque temps dans une espèce de retraite. L'infortuné jeune homme périt peu de mois après, et Musquinot lui-même a été moissonné par la faux révolutionnaire.

Je passai deux journées au Havre ; je vis la mer, elle fut assez calme, et le soir du premier jour un effet de couchant fit paraître le ciel tout entier d'un rouge de feu, et la mer absolument verte. Je vis chez M. Sganzin, ingénieur, les modèles des grands travaux si savamment exécutés dans le port. Ce port alors était fort triste ; les vaisseaux, prisonniers et sans nulle cargaison, élevaient leurs mâts tout dégarnis, comme une forêt dépouillée en hiver. Cependant la rue principale me présentait le mouvement d'une foire. La maison de M. Millot était paisible, honorable, mais extrêmement modeste ; celle de M. Begouen m'a bien donné l'idée de la noble magnificence d'un grand commerce maritime. Trente de ces vaisseaux qui languissaient dans le port appartenaient à cette maison. M. Begouen avait autour de lui une épouse aimable et charmante, qu'il a perdue trop tôt, mais dont il avait huit enfants ; Mme Begouen nourrissait elle-même le huitième. Mlle Henriette, sa fille aînée, alors âgée d'environ quatorze ans, paraissait déjà un prodige de grâce et de raison. Un musicien habile autant qu'honnête, qui est devenu le beau-père de Cherubini, habitait alors cette maison et y donnait des leçons à toute la jeunesse. Je me souviens qu'il avait fait toute la musique d'un *Te Deum* pour le rétablissement de la monarchie.

L'abondance, l'aisance régnaient dans cette grande et belle maison ; les manières les plus nobles étaient celles de ses maîtres. L'existence d'un riche négociant du Havre me parut bien heureuse et bien considérable ; j'en suis restée vivement frappée, et si le voyage que je fis alors n'avait pas eu un motif inquiétant, je m'applaudirais de l'avoir fait.

CHAPITRE IX

La Terreur à Rouen (1793). — Loi des suspects. — Lambert, président du Comité de surveillance. — Fausse alerte. — Mme de Coislin. — L'abbaye de Saint-Ouen et ses habitants. — Le conventionnel Lacroix, d'Eure-et-Loir. — M. et Mme d'Aubusson, la maréchale d'Aubeterre ; M. de La Borde, ancien valet de chambre du Roi. — La famine. — Printemps de 1794. — Arrestations arbitraires. — Le conventionnel Alquier. — Le teinturier Godebin, membre du Comité de surveillance. — Sagesse du peuple de Rouen. — Le conventionnel Guimberteau. — Farouches révolutionnaires.

Les jours d'agrément étaient passés, nous allions tomber tout à fait dans les plus horribles ténèbres. Tout prit un aspect sinistre, toute élégance fut bannie dans les formes et l'extérieur, toute urbanité dans les relations sociales, ou plutôt toutes les relations sociales furent rompues. Nous vîmes passer à Rouen de nombreux bataillons de prétendus volontaires ; quand on annonçait les Bretons, tout tremblait. Je ne sais si ce fut précisément alors que le commandant d'un bataillon de Nantes ou de Rennes parut vouloir chasser ma tante de son appartement, épouvanta toute la maison, et quand il fut avec nous sans témoins parut ce qu'il était, le meilleur homme du monde, bien plus effrayé que nous ne l'étions, et ne concevant rien à l'entraînement de sa destinée. Cet homme, déjà âgé et gentilhomme, devait l'éducation d'un de ses fils à la maison de La Rochefoucauld, et nous apprîmes que cette maison consacrait par année plus de quarante mille livres à pensionner et à soutenir de pauvres gentilshommes.

Il fallut redoubler de prudence ; mon frère ne se montrait presque plus ; mon père, inscrit, je crois, dans la garde nationale, sut toujours se faire remplacer, par la faveur d'un bon serrurier, notre voisin. Il serait difficile de se former l'idée de ce qu'a été pour nous et notre monde cette classe laborieuse et honnête, à part quelques énergumènes excités. Voilà peut-être ce qui me touche si vivement, quand des personnes, à qui ces temps sont heureusement inconnus, prétendent confondre tout dans cette classe et s'en isoler entièrement.

Rode fut obligé de partir, en qualité de clarinette, et n'obtint que difficilement son congé par les soins de quelque représentant du peuple ; Punto, garde national, était sans cesse de patrouille ; M. Turlot fut canonnier, et il m'est impossible de me rappeler maintenant sans rire l'état d'effroi où nous fûmes tous en répétant ces étranges paroles : « M. Turlot est canonnier ! » Il lui fallut passer au jury militaire ; il avait la vue mauvaise ; maman l'avait fait employer à la bibliothèque de la ville : il fut tiré de la bricole et des rangs, et en fut quitte pour monter quelques gardes, avec le chapeau de travers et une longue pique à la main.

La loi sur les suspects était rendue ; mon oncle en fut une des premières victimes, en qualité de beau-frère d'émigrés. Ce triste événement nous consterna d'abord, et nous causa ensuite une inquiétude extrême. Les arrestations se pressaient : hommes, femmes, tout était pris ; les prisons, fermées à tout accès, eussent été seules assez redoutables, mais le tribunal révolutionnaire en redoublait l'affreux danger. Cependant, le président du comité de surveillance, appelé M. Lambert, n'était point sans ressources ; il avait été avocat ; patriote déterminé, il croyait que les conspirations menaçaient, en effet, son pays, et qu'il fallait ôter le moyen de nuire, d'abord aux vrais conspirateurs, ensuite à leurs bénévoles auxiliaires. Cependant, comme au fond il n'était pas méchant, il se rendait fort accessible. On allait le voir, soit par simple précaution, soit pour obtenir par son entremise quelque adoucissement à une captivité sur laquelle ceux qui l'ordonnaient n'avaient plus ensuite le moyen de prononcer. Sa vieille mère, âgée de quatre-vingt-quatorze ans, navrée du spectacle douloureux que ces audiences lui donnaient chaque jour, avait pris le parti de ne plus quitter son lit afin de n'en être pas témoin, et elle cessa bientôt de vivre. Mlle Lambert, fille de quarante-cinq ans, pleine de caractère et d'esprit, était devenue l'avocat, la confidente de tous les malheureux. Elle n'affectait pas d'opinions qui ne fussent pas au fond les siennes, mais l'injustice et la persécution lui faisaient horreur. Un jour, son frère lui dit : « Tu me feras guillotiner. — Je le serai avec toi », dit-elle, et elle ne changea rien à sa généreuse conduite. Peu de jours après, le 9 thermidor, M. Lambert fut arrêté, en qualité de terroriste ; ce n'était pas la récompense du bien que lui et sa sœur avaient fait, du mal qu'ils avaient empêché. La prison de M. Lambert fut courte, mais sa sœur, frappée du coup le plus sensible, y survécut à peine quelques mois.

Mes parents avaient fait connaissance avec M. et Mlle Lambert. Un soir, ils furent avertis qu'il était bruit de nous arrêter, et maman courut chez nos protecteurs. M. Lambert ne savait rien de ce qui devait causer cette alarme ; cependant, pour plus de sûreté, il donna le conseil de passer dans sa maison même la nuit menaçante qui commençait. Henri alla demander asile dans le gîte de M. Turlot ; je suivis mes parents chez Mlle Lambert.

Maman était vraiment malade et faible; on lui fit un petit lit dans un cabinet de livres, mon père passa la nuit dans le salon, près du feu, et moi dans la chambre de maman, à lire le *Virgile travesti* et de vieux *Mercure* qui se trouvèrent sous ma main. Le lendemain, Mlle Lambert voulut nous faire déjeuner avant de nous renvoyer chez nous; une grande femme, voilée d'un grand capuchon noir, se tenait alors à l'écart; quand elle s'approcha de la table et qu'elle eut levé son voile épais, nous reconnûmes — qu'on juge de la surprise! — Mme de Coislin en personne. Cette femme, poursuivie par des ennemis cruels, était venue à Rouen; mais, s'y trouvant bientôt également exposée, elle s'était confiée à Mlle Lambert. Elle était entrée à l'hospice, sous prétexte d'une opération et sous un nom supposé; elle venait quelquefois pour voir sa protectrice, mais le moment approchait où son asile cesserait d'être inconnu. Avertie à temps, elle fit retraite, et, à force de courage et d'art, elle parvint à sauver sa vie.

Nous allâmes nous établir dans le logement que nous avions loué depuis quelque temps à l'abbaye de Saint-Ouen. Nous ne pouvons nous rappeler ce lieu, où nous passâmes six mois environ, sans une sorte de charme pénible. Saint-Ouen fait, à mon imagination, l'effet d'une alcôve profonde où l'on aurait beaucoup souffert, mais où l'on aurait éprouvé quelquefois le soulagement ineffable du sommeil; le lit de douleurs est aussi celui où la douleur se repose.

Jamais union ne fut plus parfaite que la nôtre; le malheur, le danger en avaient resserré les nœuds, nous nous étions tous nécessaires; les uns très jeunes, les autres encore jeunes, nous avions tous un grand courage, mais tout à fait exempt de raideur. Ma bonne

Chenard, Mlle Gautier étaient nos constantes amies. Le bon et excellent Priez, domestique de maman presque depuis son mariage, avait dû nous quitter pour jouir en repos de sa petite fortune; il vit commencer nos malheurs et se voua de nouveau à nos destins. Un honnête homme, pris à Rouen pour soulager Priez, et une petite cuisinière, formaient, en outre, la maison. M. Turlot, qui vint demeurer à Saint-Ouen, mais comme employé des livres, avait aussi son domestique dont l'affection ne s'est pas démentie.

Nous entrâmes à Saint-Ouen la veille de Sainte-Catherine (1). Malgré la sombre couleur de notre situation, la fête de maman fut célébrée par des couplets, et Henri prit pour les chanter des déguisements qui l'amusèrent. Maman avait besoin de quelques distractions; cet ange de grâce et de résolution était dans un état de santé que les circonstances avaient brusqué et aggravé pour elle; lui épargner les inquiétudes, lui adoucir les plus vives peines, c'était toute notre occupation, et si jamais elle fut l'objet d'un culte, si jamais elle mérita toute espèce d'adoration, ce fut sûrement dans le temps du malheur.

Nous étions assez bien établis à Saint-Ouen. On pénétrait de la grande cour au bâtiment que nous occupions par un sentier entre des ruines et d'antiques voûtes entassées; le grand corridor du rez-de-chaussée, parfaitement sombre le soir, était animé par le bruit d'une fontaine. Un grand escalier double, éclairé tout en haut, avait à l'arrivée quelque chose de magique, qui s'accordait assez bien avec le romantique de la première entrée. Au premier, et entre des murs de six à sept pieds

---

(1) C'était le 24 novembre 1793.

d'épaisseur, nous avions une antichambre, qui nous servait de salle à manger; une grande chambre, autrefois le salon du prieur, où maman avait mis son lit, et où chaque soir on portait celui de mon père. J'habitais la chambre suivante; nos excellentes bonnes, mon frère ensuite, étaient logés dans le même corridor; mon père y eut un cabinet. Notre cuisine modeste était au même étage. M. Turlot, logé par la Bibliothèque, était établi sous le toit. Cette bibliothèque et son bon et savant bibliothécaire, dom Gourdin, ancien Bénédictin, nous ont été d'une grande ressource.

Cette belle maison était accompagnée d'un vaste et beau jardin; la vue s'étendait à plaisir sur les plus belles perspectives de Rouen, et dans certaines directions les arceaux gothiques de l'église produisaient le plus imposant contraste. Je ne puis dire combien nous nous trouvâmes contents dans ce séjour que le soleil égayait si bien; il est des temps où c'est un charme et un repos réels que de pouvoir sympathiser avec des objets agréables.

Outre la grande bibliothèque, qui remplissait tout le second, l'abbaye renfermait divers locataires. L'un était le lieutenant de la gendarmerie, qui ne jouissait pas d'une bonne réputation. Je ne crois pas qu'il nous ait rendu de mauvais offices; mon père se tint avec lui dans des termes de bienveillance. L'autre, nommé Berry, prenait le titre de conservateur, et je ne puis rappeler son nom sans ressentir tout de nouveau la plus sincère reconnaissance. M. Berry était de ces hommes qui sont dans leur jeunesse joueurs, spadassins, gens de plaisir un peu aventuriers; il avait de la gaieté, quelquefois un peu bruyante, mais une véritable bonté, une franche obligeance. A mesure que les circonstances aggravèrent notre position, nous le trouvâmes meilleur et plus serviable. Il venait tous les soirs chez nous, nous contait d'une façon plaisante les nouvelles, les histoires de la ville et de la Société des Jacobins, où le soin de sa sûreté et la curiosité le menaient régulièrement. Il n'est aucun service qu'il n'ait voulu nous rendre, et il en est beaucoup, aussi minutieux qu'essentiels, qu'il nous a en effet rendus.

Il avait, pendant sa jeunesse, été l'ami du célèbre Lacroix, membre de la Convention, le lieutenant de Danton tout près de la dictature (1). Ce Lacroix vint à Rouen, entouré du faste grossier d'un représentant du peuple, en bonnet rouge, mené en carrosse à six chevaux; son camarade Berry ne manqua pas d'aller le voir, et en fut très bien accueilli. « Mon ami, lui disait Lacroix, quand je me regarde dans une glace, je me dis : « Tu es un grand coquin. » — Cependant, je veux faire parler de moi ; je serai guillotiné avant quinze jours, c'est certain, mais souviens-toi bien que Lacroix fera parler de lui avant de mourir (2). »

Je rapporte textuellement ce que Berry nous racontait ; j'ajoute, pour compléter la vérité, que les missions de Lacroix et de Legendre à Rouen ne furent marquées d'aucune horreur.

Un autre habitant de la maison était un ancien Bénédictin, qu'on appelait dom de Leyris. Il avait trouvé le secret de conserver son ancienne chambre et de n'en pas payer le loyer. On n'y voyait que les quatre murs ; il prétendait y avoir une cachette. On ne savait de quoi

---

(1) J.-F. de Lacroix, dit *Lacroix d'Eure-et-Loir* (1754-1794), qu'il ne faut pas confondre avec le conventionnel Michel Lacroix, député de la Haute-Vienne.

(2) Il fut en effet guillotiné le 5 avril 1794.

il vivait, et il avait la prétention de faire cuire tout son déjeuner avec une feuille du *Journal de Paris*. Il était fort grand et fort laid; on lui reconnaissait de l'esprit et du savoir, mais il avait un fort accent, il était lourd et ennuyeux. Je prétendis un jour que cette figure n'avait pas été étrangère aux émotions de l'amour, et je pariai que dans un coin du salon je m'en ferais faire le récit. En effet, je me fis raconter comment mon vieil interlocuteur avait été élevé avec une jeune cousine, comment ils avaient eu longtemps le plus tendre attachement l'un pour l'autre. Elle s'était mariée; après quinze ans, l'ayant retrouvée par hasard, elle s'était jetée dans ses bras, en s'écriant toute baignée de larmes : « Comment te portes-tu? » Ce mot me toucha et me fit rire; je triomphais du récit que j'eus à faire. Quoi qu'il en soit, dom de Leyris fut arrêté et conduit à la prison, et, ce qui fut bien plus surprenant, deux jours après il en sortit et reprit sa vie ordinaire.

Il n'était plus question de concerts; Garat lui-même, le troubadour, avait été mis à Saint-Lô; ses talents, sa complaisance et son heureux caractère en firent les délices. M. et Mme de La Pallu étaient partis; M. Boisard avait suivi Mme de Fontette à Caen. Mme du Bourg, plus retirée, ne voyait plus guère que M. et Mme d'Ambray et leur famille. J'allais parfois chez elle, et quelquefois le matin chez Mme de Grécourt; mais tous les plaisirs avaient fui. Cependant, nous goûtions encore ceux que l'amitié et la jeunesse ne manquent jamais de faire naître : M. et Mme d'Aubusson étaient venus se réfugier à Rouen. Pierre, leur fils, était au monde. Nous nous étions un peu connus, nous devînmes intimement liés. Mme d'Aubusson était aimable, vive à l'excès, raisonnable pourtant, et quoique sa figure ne fût pas agréable, on oubliait bientôt ses traits pour ne songer qu'à sa physionomie. Elle chantait fort bien l'italien ; mon frère chantait avec elle. Nous nous battions ordinairement, quand je le faisais répéter, et j'ai passé de bien doux moments à les faire répéter ensemble et à les accompagner tous les deux.

M. d'Aubusson était, ce qu'il a toujours été de lui-même, un excellent homme, à qui la raison de sa femme seyait bien, et que l'amour passionné de cette femme intéressante parait d'un lustre singulier. On ne sait pas d'ailleurs, dans l'ordre commun de la vie, combien les grandes ombres du malheur font ressortir avec éclat les parties lumineuses des caractères.

Nous allions, mon frère et moi, dîner souvent avec ce jeune ménage; tous les deux jours il passait la soirée chez maman, qui ne sortait pas.

La maréchale d'Aubeterre, cachée dans un faubourg, venait nous voir à pied, et parfois, son pain dans sa poche, obtenait une place à dîner.

Enfin, mon père avait fait connaissance avec M. de La Borde, ancien valet de chambre du Roi ; ce malheureux lui voua une affection de père, il la lui a prouvée jusqu'à sa dernière heure. Il était vieux, mais le souvenir des arts et des goûts heureux qu'ils entraînent, charmait encore sa retraite forcée. On le mit en arrestation dans sa maison, avec un garde. Je me souviens qu'il passait son temps à ranger très soigneusement et à étiqueter un herbier assez beau. Sa femme, depuis duchesse de Rohan, était alors encore parfaitement jolie, et sa grâce insinuante et douce brillait dans tous ses avantages.

La vie que nous menions était d'une grande simplicité et d'une obscurité profonde. L'art du temps était de s'isoler. Maman ne sortait point du tout, et gardait quelquefois le lit; mon père allait le matin, de très bonne heure, visiter les personnes avec lesquelles il pouvait être utile d'entretenir des relations. Quelquefois nous nous promenions, et le reste de la matinée se passait pour lui à lire dans sa cellule, ou à s'y rendre par écrit une sorte de compte de sa vie politique, avec la mesure que le temps commandait. Peu d'hommes pouvaient fournir un exposé si honorable et si candide.

Pour moi, je lisais dès que j'ouvrais les yeux, et je me souviens entre autres d'avoir lu à cette époque l'histoire frappante du Bas-Empire. Je lus aussi, vers la fin, Grandisson en anglais, et je ne pouvais retenir un sentiment d'envie à la description du bonheur dont jouissaient ces familles Byron et Salby; je suivais les carrosses de sir Charles et de ses sœurs; j'assistais à leurs promenades, à leurs bals, à leurs festins. Je crois qu'il n'était pas jusqu'aux toilettes, si minutieusement décrites, qui, quoique un peu surannées, ne me fissent soupirer, en regardant mon *pierrot* de toile commune, et mes cheveux coupés tout à plat. Je n'écrivais point, c'était trop dangereux, mais je composais mon opéra des *Précieuses ridicules*, je faisais des romances, j'étudiais mon piano. On dînait entre trois et quatre heures, et nous passions l'après-dîner réunis autour de maman; nous lisions tout haut des romans, mon frère dessinait d'agréables compositions, M. et Mme d'Aubusson venaient nous voir. Nous soupions après leur départ, et MM. Berry et Leyris venaient achever la soirée en nous contant quelques nouvelles, et en jouant une partie de trictrac ou d'échecs.

Le beau jardin de Saint-Ouen, dès que le printemps parut, offrit à ma languissante mère une très utile distraction ; elle en loua un grand carré et le fit cultiver pour elle. Je ne mentionnerais peut-être pas cette petite circonstance si, au milieu de notre détresse, un bon vieillard de jardinier n'eût été l'objet des soins et des modestes bienfaits alors à la disposition de maman. Le fils de ce brave homme fit présent à Henri d'un joli rosier épanoui, qui lui servit d'hommage le 1ᵉʳ mai ; Henri composa, de circonstance, une sorte d'idylle élégiaque, toute remplie de la mélancolie tendre que pouvait inspirer notre situation. Je me souviens encore du plaisir que nous causa ce charmant morceau, mais la prudence bientôt en dicta le sacrifice.

Je n'ai jamais vu printemps si beau que celui de 1794 ; on eût dit que la nature voulait consoler le monde des crimes de la société. J'imitai en fleurs artificielles, avec une sorte de perfection, toutes les branches d'arbres fruitiers et des tiges de belles jacinthes ; c'était mon ouvrage du soir.

Les promenades des environs de Rouen offraient des bocages enchantés. Je me souviens du chemin des Cottes, tout ombragé de grands poiriers chargés de fleurs ; les chaumières des Cottes, celles de Saint-Agnan, réalisaient ce qu'on trouve de plus riant dans Gessner. Le bonheur me paraissait là ; combien je me fusse trouvée heureuse si tout à coup un génie bienfaisant y eût borné notre univers, en nous y promettant la paix !

Il faut avoir passé par cette inconcevable époque pour soupçonner encore ce qu'on pouvait sentir. On ne se faisait point illusion ; nous nous disions, mon frère et moi, en parcourant un soir ces délicieux vallons, qu'avant six mois nous aurions tous passé sous le fer de la Révolution. Cependant, ces fleurs nous charmaient, nous dessinions, nous faisions de la musique, nous lisions des romans, nous avions des moments de plaisir, et à de violentes émotions subites succédaient tous les jours de ces mouvements de joie qui sont presque de l'espérance. Les jours coulaient, maman avait un courage héroïque; nous lui avions interdit entièrement l'horrible lecture des journaux, et l'état des choses était tel qu'il eût été trop pénible d'en raisonner, quand une circonstance personnelle ne forçait point d'y réfléchir.

Une disette complète, un dénuement total, ajoutaient au malheur des temps; le *maximum* y avait mis le comble. Un représentant du peuple, appelé Siblot, parut dans la ville de Rouen, et comme la viande commençait à manquer chez les bouchers, il fit défense d'en vendre une seule livre; on réserva, je crois, une boutique ou deux, qui furent attribuées aux malades. Avec un billet de médecin on pouvait obtenir une once ou deux de mauvais bœuf ou mouton; mais peu de personnes coururent le risque de rappeler ainsi leurs noms.

On allait à la queue pour un quarteron de pain par personne; quelques livres de riz eussent été un accaparement. On inventa de faire marcher tous les hommes au défrichement des bruyères de Saint-Julien, qui furent plantées en pommes de terre; mais ce n'était point un secours immédiat.

Maman eut recours à un fermier de mon oncle; l'honnête Pierre Sergent devint notre nourricier. Ce digne cultivateur s'exposait toutes les semaines à passer sous son grand manteau une grosse miche de bon pain, et quelquefois un morceau de viande choisie : c'étaient nos jours de fête. Au moindre vent d'une visite domiciliaire, on coupait le pain en morceaux, et chacun de nous cachait le sien. M. Berry nous aidait quelquefois à prévenir le danger d'avoir une provision de deux ou trois livres de chandelle et quelques paniers de pommes de terre.

Les assignats étaient au pair, mais on ne trouvait rien à acheter, et nous n'étions payés d'aucun côté. Notre argenterie, vendue cinquante livres le marc, en papier; d'assez bon vin, depuis longtemps en cave, et vendu de même à Paris, nous fournirent uniquement le moyen d'exister.

On envoyait tous les trois mois au département de la Côte-d'Or des certificats de résidence à neuf témoins, ce qui renouvelait chaque fois des dangers incalculables et des difficultés inouïes. Il fallait du courage pour servir de témoin à des gens dans notre situation, et il pouvait en coûter la vie pour avoir rappelé son nom en certains moments dangereux.

Malgré notre exactitude minutieuse, les ennemis de l'homme qui était chargé de nos affaires en Bourgogne mirent maman sur la liste des émigrés, afin de le traiter en agent d'émigrés, et nous verrons plus tard le risque dans lequel une erreur de bureau précipita mon père.

Quelle vie que celle qu'on menait alors ! Un séquestre de fait, une pénurie de moyens matériels d'existence, telle que l'aliment du lendemain n'était pas toujours assuré, et à chaque minute du jour, de la nuit, la liberté menacée, et chaque jour la mort prédite par des listes d'arrêts, où l'on aurait eu trop à regretter, si l'on n'avait été certain de suivre. Les arrestations n'avaient pas besoin d'être motivées; M. de Bausset et M. Féry furent arrêtés dans la rue, sur leur mine. L'un était grand, l'autre était petit; un membre du comité les lorgna, et comme certaines protections qu'il accordait paraissaient le rendre suspect, il rétablit sa réputation par cette capture improvisée. Ces messieurs ne possédaient chez eux que deux ou trois cahiers de papier blanc et quelques assignats de cent sous.

Les arrestations à domicile étaient plus dangereuses pour les amis des personnes qu'on arrêtait; ces personnes étaient quelquefois retenues un jour ou deux chez elles sans qu'on s'en doutât au dehors, et tous ceux qui venaient les voir étaient pris. On ne s'en tirait qu'après de rigoureux examens. Une sonnette tirée à notre porte à un moment inattendu nous causait des douleurs affreuses et de pénibles sueurs froides. De pauvres *volontaires* bas bretons nous en causèrent une fois l'angoisse. Leur chef était un jeune proscrit, qui espérait par son civisme se rendre utile à ses parents; ses soldats, sans armes, vêtus de bure, en sabots et en chapeaux de paille, ne pouvaient ni comprendre, ni être en rien compris; ils avaient l'air de mourir de douleur, et ceux que nous logeâmes n'acceptèrent que du lait. Horrible dépopulation !

M. Alquier, membre de la Convention, avait fait partie de l'Assemblée constituante (1). Homme de beaucoup d'esprit, peu austère dans ses mœurs, il était cependant rempli de sentiments honnêtes; enfin, régicide par peur, mais ayant voté pour l'appel, et ayant cru ainsi mettre en sûreté sa vie et ne pas commettre un crime. Je sens ce que ce mélange d'actions et de sentiments a d'odieux aux yeux des personnes assez heureuses pour n'avoir jamais failli, peut-être pour n'avoir jamais eu occasion de le faire. Nous avons eu à M. Alquier les plus réelles obligations; il n'est point de services qu'en toutes les occasions il n'ait rendus ou voulu rendre, et le désespoir

---

(1) Charles-Jean-Marie Alquier (1752-1826), député de la Charente.

de sa vie était, dès cette époque, dans l'acte qui depuis en a fait le destin.

Je ne sais pas quelle était alors la mission de M. Alquier à Rouen ; je crois qu'il s'agissait de chevaux et de remontes : il s'en était fait un prétexte d'absence. Il accueillit mon père comme un ancien ami ; ils se voyaient presque en bonne fortune, car la relation eût pu devenir funeste à l'un autant qu'à l'autre. Un conventionnel sans fureur était le plus exposé des hommes ; quoi qu'il en soit, jusqu'au jour fatal, il avait une attitude de crédit. M. Alquier recommanda secrètement, mais très utilement, mon père.

Nous avions dans le comité même un très obligeant protecteur, M. Godebin, teinturier, qui n'était point un méchant homme, mais dont l'extérieur et le ton, sans être toujours animés de la grande colère du père Duchêne, n'étaient rien moins que doucereux. Mon père, vers cinq heures du matin, lui faisait de petites visites ; il en recevait des règles de conduite : ne marquer en aucune manière était la première des leçons. Mon père s'était fait faire une veste, que l'on appelait *carmagnole*, afin de traverser les rues à peu près vêtu comme tout le monde. M. Godebin proscrivait le pantalon, comme une chose un peu affectée. Ce qui est sûr, c'est que mon père, avec une grande franchise, mais cependant une sage réserve, a inspiré aux gens de ce temps du respect et de l'intérêt. Il ne parut à aucune société populaire, ne prit part à aucune parade, de quelque genre que ce fût, ne donna aucune signature et sortit pur comme l'hermine du marais de sang où nous étions plongés.

Je dois rendre justice au peuple de Rouen ; il fut toujours honnête et calme, quelque misère qu'il ait soufferte, quelque séduction qu'on ait tentée. Je ne veux pas dire qu'une imprudence publique n'aurait pas fait courir des dangers, mais, en sachant se maintenir dans la triste sagesse du moment, on ne devait rien craindre du peuple.

Le Comité ne comptait que deux hommes qu'on ait regardés comme méchants. Je ne les ai pas connus ; l'un s'appelait Pilon, je crois qu'il était assez bien né. J'ai la pensée confuse de quelque histoire d'enlèvement et de quelque aventure tragique mêlées avec son nom ; je ne puis m'en souvenir. L'autre s'appelait Poret. Son père était boucher ; sa stupidité était aussi complète que grossière. La plupart des autres membres avaient peu d'esprit, et surtout peu de lumières acquises. J'ai retrouvé depuis l'un d'eux, qu'on appelait Lamine, et qui alors n'était qu'un médiocre architecte ; j'étais étonnée, je l'avoue, de ce qu'il m'avait fait tant de peur. Il prétendait nous avoir obligés, et cela était bien possible. Je dirai, à la louange des habitants de Rouen qui furent alors égarés par la peur ou l'entraînement, que tous les prisonniers suspects sont restés gardés dans leurs murs, et qu'ils n'ont pas donné une seule victime à la faux révolutionnaire. M. Antoine de Lévis, qui se trouvait prisonnier à Rouen, ne voulut permettre aucune démarche en faveur de sa liberté, et il crut que le sort l'avait mis dans le lieu le moins dangereux.

La réquisition générale de dix-huit ans à vingt-cinq ans avait alors atteint mon frère. A l'époque de ce grand décret (septembre 1793), maman, dont les idées furent pour nous providentielles, avait fait donner à mon frère un certificat d'incapacité de service, sous prétexte d'une vue myope. Ce certificat important avait alors été aisément délivré par M. Blanche, qui prenait le titre d'officier de santé des côtes maritimes, etc. La loi ne fut mise en vigueur qu'au printemps de 1794 ; c'était le plus fort de la Terreur. Un nouveau représentant était alors à Rouen ; maman risqua de l'aller voir.

Cet homme se nommait Guimberteau (1). Il est encore de ceux dont la bienveillance parfaite mérite de notre part un éternel souvenir. Il avait débuté à la Société populaire par un gros jurement bien sonore, en protestant qu'il était bon enfant. Maman obtint une facile audience ; il affecta d'abord de la croire parente d'un procureur du même nom que nous, qu'il avait connu autrefois et qu'il désirait obliger ; quand après quelques jours il connut son erreur, rien ne changea dans ses procédés. Il promit de faire ce qu'on voudrait, mais il avertit mes parents qu'il y aurait pour eux du danger à une protection trop active, à une faveur trop prononcée. Il se croyait à mille égards beaucoup plus espionné que nous, et l'art perfide de Robespierre et de ses plus dignes associés était d'atteindre sans pitié les créatures de ceux qui eussent voulu s'en faire ; ils tenaient de la sorte leurs rivaux isolés et les prenaient plus aisément pour victimes.

Le jour des examens fut enfin arrêté ; une jeunesse nombreuse et de tous états fut réunie dans les cours et le jardin de l'ancien archevêché. Chacun des réclamants paraissait à son tour, devant une espèce de tribunal, composé de quatre chirurgiens ; le farouche et redouté Guillet était à la tête. Cet homme, qui se brûla la cervelle en apprenant la mort de Robespierre, commença par s'indigner, à la lecture du certificat de mon frère, des titres qu'avait pris le présomptueux docteur Blanche.

---

(1) Joseph Guimberteau, député de la Charente-Inférieure.

Ses collègues dirent peu de chose. Craignant quelque surprise, et la délivrance d'un congé dans le bureau où l'on passait en sortant de la visite, Guillet sortit en vrai furieux, pour aller intimer un ordre bien contraire. Mon père, cependant, errait dans cette foule que Guillet avait traversée; il entendit quelques jeunes gens se raconter ce qui arrivait, car les portes étaient ouvertes, et ils avaient pu entendre. Par une inspiration d'en haut, mon père eut le courage d'attendre l'énergumène à son retour. Il l'aborde, l'amour paternel répand sur ses lèvres le charme de la persuasion ; Guillet l'écoute, lui permet de lui amener son fils le lendemain, au point du jour. Henri revint passer la nuit à faire un dessin difficile et à se fatiguer les yeux. Au point du jour il se présenta chez son juge, et un certificat, bien préférable à celui de Blanche, sembla désormais une garantie définitive de sa sûreté.

Maintenant, qu'on définisse les hommes; Guillet ne fut pas autrement circonvenu, il ne reçut pas le moindre présent : l'accent du cœur atteignit le sien.

Il fallut cependant subir, peu de semaines après, une revision nouvelle; un jeune chirurgien des côtes fut commissionné à cet effet. On eut recours au bon représentant Guimberteau, mais on sut par lui que le jeune docteur et son secrétaire ou collègue affectaient de ne pas le trouver assez avancé, et ne s'étaient même pas fait inscrire chez lui. Néanmoins, il fit tout ce qu'on pouvait attendre de lui, déclara par écrit qu'il voyait et fréquentait mon frère, et que ses yeux ne distinguaient pas à dix pas. Enfin, sa rédaction fut si complète, il y mit une si grande générosité que nous n'avons jamais osé faire usage de ce certificat; mais la reconnaissance en resta.

Il fallait cependant aborder ce docteur si jeune et si

terrible; mon frère alla le trouver chez lui. Au bout de quelques instants la confiance fut entière et presque embarrassante. Ce jeune homme, à peine médecin, essayait d'échapper au risque affreux de ces temps; à force d'exagérations dans le costume et les manières, par l'élévation et le rigorisme dont il faisait parade dans les systèmes et les principes, il inspirait de la terreur aux représentants mêmes, qu'il se fût fait un jeu de dénoncer, parce qu'il ne leur accordait aucune sorte d'estime. Il évitait de les voir, en paraissant les suspecter, et gagnait du temps de la sorte. Il mit mon frère en règle, avec une grâce et une célérité inexprimables, et refusa de mettre le pied chez nous, afin de soutenir son rôle.

CHAPITRE X

Suite de la Terreur à Rouen (1794). — Décret du 27 germinal an II obligeant les nobles à quitter Paris et les villes maritimes. — Démarches de Mme de Chastenay pour obtenir une surséance; ses débuts politiques. — Cruelles alertes. — Ses parents se décident à retourner en Bourgogne. — Voyage accidenté de Rouen à Châtillon-sur-Seine (mai 1794).

Chaque jour amenait une épreuve. Le 27 germinal, c'est-à-dire le 10 ou le 20 avril (1), une loi parut, qui obligeait, sous peine d'être hors la loi, les nobles de tous degrés de sortir de Paris et des villes maritimes. On devait leur donner non des passeports, mais des lettres de passe, pour se retirer où ils le désireraient. Rouen était-il ville maritime? C'était la première question. Le délai fatal des dix jours courait-il du jour de la date du décret, ou de celui de sa publication? Maman, je l'ai dit, était malade et ne paraissait pas en état de supporter un voyage de quelque durée. Notre première pensée se porta sur les environs de Rouen; il fallut chercher une maison. Il y avait une marchande de modes qui en avait une assez simple, et qu'elle n'habitait pas; j'allai lui en offrir le prix qu'elle en voudrait, mais cette femme effrayée me répondit qu'elle ne louerait point sa maison à des nobles proscrits. On ne put jamais la fléchir.

Les heures pressaient. Il existait à Rouen un ancien commissaire des guerres, appelé M. Polonceau, dont la

(1) Décret du 27 germinal an II (16 avril 1794), contre les suspects et les nobles.

manie était d'avoir en location tous les châteaux des environs; j'inventai, sans le connaître, d'avoir recours à lui. On m'y envoya, et cet excellent homme, sans vouloir supporter l'idée d'un bail à aucun prix, m'offrit à titre de prêt, pour tout l'été, le château de La Vaupalière ou celui des Vieux, m'indiquant ce dernier de préférence, et de suite il m'en remit les principales clefs.

Notre embarras n'était pas moins extrême; le nom de mon oncle nous eût toujours fait signaler, dans un château si près de Saint-Jean. Mon père alla visiter des chaumières. Mais encore, il fallait prendre nos lettres de passe. Godebin, notre appui unique dans le comité qui les donnait, avait défendu d'y paraître et ne voulait point qu'on devançât les termes du délai, qui devait dater de la publication. L'obéissance passive était notre chance de salut. Mme du Bourg et les d'Ambray suivaient les mêmes directions. Cependant, l'avant-veille du terme du premier délai, un membre du district, homme prudent et honnête, qui avait réservé ses avis pour les moments de grande importance, vint déclarer que le plus sûr était de nous faire autoriser à prolonger notre séjour à Rouen, sur le motif de la santé de maman. Elle avait par avance pris des certificats de quelques docteurs non suspects; il fallait m'envoyer le soir même au comité et obtenir le permis de séjour qui servirait en cas d'événement.

Le doute où l'on affectait de tenir les pauvres proscrits était réellement cruel. Le comité donnait des lettres de passe aux plus pressés, ou plutôt sous le moindre prétexte faisait arrêter ceux qui se présentaient; c'était une souricière. Ce comité refusait toute décision et tout éclaircissement quant au terme fatal. Le bon Berry avait voulu sonder à cet égard le sombre

Pilon, en revenant le soir avec lui de la société des Jacobins, et celui-ci, lui mettant la main sur la poitrine, lui avait répondu d'un ton à pénétrer d'effroi : « N'essayez pas de m'interroger. »

Mon père n'était pas trop d'avis de rien tenter sans notre guide, mais il y eut un moment de peur et d'entraînement ; une pétition fut brochée, les certificats y furent joints, et en me confiant au bon Priez, on me dit seulement de passer chez le représentant Guimberteau, que je n'avais pas encore vu. C'était mon début politique.

Je n'ai pu oublier les moindres circonstances de ces moments, où nos vies étaient réellement en question. J'attendis le représentant, qui était à la promenade. Il rentra, suivi d'une dame, maigre et sèche, que l'on appelait sa parente, jeune personne assez commune. Il amenait aussi un personnage qui avait je ne sais quelles fonctions, homme d'esprit, je crois, fort jacobin d'apparence, à ce qu'on m'a dit depuis, et qui depuis aussi a rempli diverses fonctions faisant supposer, ce me semble, de la capacité et de l'audace.

Le bon Guimberteau, un peu rond, fut tout étonné de me voir ; il trouva ma démarche sage, mais il me déclara qu'il ne lui était pas permis de l'appuyer d'une recommandation. Mon âge, mon émotion, ma cause, lui en parurent une bonne ; il me dit que je réussirais. Son compagnon parut touché aux larmes ; l'impression vive qu'il éprouva, — car notre situation faisait frémir, — ne lui permit pas de soupçonner un obstacle, et il me garantit que j'allais tout obtenir.

La soirée était avancée, la chaleur était excessive ; les rues de Rouen semblaient privées d'air, les maisons encore davantage. Un petit escalier, dans la maison de ville, me conduit à un entresol dont je trouve la première pièce absolument remplie, mais point de vestiges de bureau. Je m'informais de la manière d'entrer au comité, quand j'entends un homme âgé demander à une vieille femme si elle croit que leur garde sera bientôt nommé. J'apprends que ces bonnes gens étaient venues le matin demander une lettre de passe, et que n'ayant pu produire une lettre signée de leur fils ou de leur fille, établis à la campagne, on les avait provisoirement traités de pères d'émigrés; par une haute faveur, on leur donnait un garde et on ajournait leur prison. Deux dames, alors jeunes et jolies, Mmes de Vaux et de Margaine, me dirent qu'elles étaient dans le même cas, à cause du soupçon d'émigration qu'une lettre non signée de leur mère avait donné sur elles. Elles m'avertirent de ne pas entrer, si je pouvais à cet égard courir le moindre risque. Cette situation n'était en rien la mienne; cependant, ce que je voyais ne laissait pas de m'étourdir. J'entrai cependant. Des hommes écrivaient, d'autres parlaient entre eux et recevaient des pétitionnaires. Nulle politesse, nulle fraternité. On me montra du doigt le membre du comité; il s'appelait Gaillon. Il me parut avoir les cheveux roux; il était sans cravate, sa carmagnole me parut noire. Je ne sais comment je m'enhardis, et je lui présentai la supplique de maman, en insistant sur son état de santé. Gaillon répond, sans lever la tête : « Tu me parles de justice, d'humanité; je ne connais que la loi. » Blessée, presque irritée, je reprends vivement : « Citoyen, la justice et l'humanité sont à l'ordre du jour. » Gaillon se retourne, me regarde et me dit : « Veux-tu te taire? Je vais te faire arrêter. » — Ce mot rompit le cours de ma fière éloquence. Dieu m'inspira de reprendre mes papiers, et je sortis, mais ce doux mot d'arrestation avait frappé l'oreille d'un gendarme; il courut après moi, m'assurant que j'étais arrêtée. Je soutins que je ne l'étais pas, je rentrai au bureau, criant que j'étais libre. Une voix bienfaitrice répondit : « Assurément », et n'en demandant pas davantage, je me dérobai rapidement. A peine dans la rue, je compris l'indiscrétion d'une démarche, qui, dans un moment si dangereux, pouvait si cruellement compromettre mon père. Je courus chez le représentant, il était à écrire, et j'étais si troublée que je le conjurai de nous faire passer la nuit dans sa maison, lui proposant de faire l'office du secrétaire et de copier ses dépêches, pendant qu'il dormirait. Il me rassura comme il put, me promit de s'informer le lendemain, mais avec prudence, du résultat de ma témérité, et j'ai eu lieu de savoir qu'il l'avait fait. J'allai chez Mme du Bourg. Godebin y vint. C'était la première fois aussi que je paraissais à ses yeux; il me gronda, me rassura et me renvoya enfin chez moi, avec une bonne leçon et de consolantes paroles.

Cependant, le lendemain soir allait marquer le terme fatal de la décade du décret, et Godebin avait persisté à nous défendre de paraître. Le même membre du district, l'obligeant Cabissol, vint avec Mme de la Borde, à la nuit, avertir qu'à minuit le complot était de massacrer tous les nobles comme de fait hors la loi. Henri et moi allâmes aux renseignements; Mme du Bourg et les d'Ambray n'avaient point été avertis, ils crurent pouvoir nous garantir encore deux jours de repos : c'était beaucoup, dans le temps où nous vivions. Nous rentrons, maman se met au lit; mon frère, M. Turlot se retirent. Mon père et moi achevions chez maman de scruter quelques lettres d'affaires, pour les brûler en cas d'un mot suspect : minuit sonne au beffroi de Saint-

Ouen, et le tocsin retentit aussitôt. Il faut s'être trouvé dans une pareille circonstance pour en avoir une juste idée; ce n'est pas de la peur qu'on éprouve : on est trop résigné; hors du cercle de ceux qu'on aime, le monde entier a disparu.

Nous restâmes prêts à tout. Mon frère s'était précipité dans la grande cour, le corps de garde était dehors et sous les armes; le sonneur criait dans la tour : « Je ne découvre le feu nulle part. » On ne tarda pas à le faire cesser. Trop réellement quelques méchants esprits avaient conçu le projet hideux de soulever le peuple contre nous, au signal sinistre du tocsin; mais le peuple de Rouen était tout à fait incapable de violences sanguinaires, et les membres mêmes du comité, à un ou deux près, ne l'étaient pas moins. Leur effroi fut pire que le nôtre, au retentissement du tocsin; ils ne perdirent pas un moment, et supposant le feu dans la maison d'un boulanger, ils employèrent tous ceux qu'ils trouvèrent dans les rues à enfoncer une porte et à tirer l'eau de quelques puits. On assura ensuite que le feu était éteint, et tout rentra bientôt dans un morne silence. Nous nous couchâmes et nous prîmes enfin quelque repos.

Maman cependant, après une pareille scène, ne vit plus aucune sécurité à rester aux environs de Rouen, même dans la chaumière presque retenue par mon père; elle conçut le hardi projet de transférer notre domicile en Bourgogne. Elle s'assura qu'un chirurgien, fort jacobin, mais brave homme, appelé Gamart, la conduirait à Châtillon et assurerait notre route par sa présence, sa santé par les soins qu'il pourrait donner à propos. Godebin permit bientôt d'aller chercher nos lettres, et nous crûmes que l'état de maman la dispenserait de se présenter. Mon père, Henri et moi, nous allâmes le soir à ce comité terrible, où j'avais eu une si forte scène. Je me tenais derrière le redoutable Gaillon ; il fut honnête pour mon père, et après plus d'une question, nos lettres furent écrites et signées, mais il voulut que maman vînt en personne, et sur ce qu'on lui dit de son état fâcheux, il indiqua le moyen de la chaise à porteurs.

Nous revînmes, maman se leva ; dans son costume de nuit et sans plus de parure, elle se mit en effet dans une chaise à porteurs. Mon père suivit, mais elle entra seule au bureau. Son extérieur était bien celui de la maladie et de la faiblesse ; elle craignait pourtant de prononcer son nom de fille, et, en effet, dès qu'il l'entendit : « D'Herbouville ! — Que t'importe ! reprit Gaillon, écris toujours. » Maman sortit avec sa passe, mais mon père nous a raconté que, assis dans la pièce voisine, il n'avait jamais tant souffert ; il croyait qu'on articulait un ordre d'arrestation. La Providence veille sur tout.

Le lendemain, il fallut prendre un certificat de neuf témoins. Mlle Gautier demanda son passeport ; on lui soutint qu'elle était noble et qu'elle déguisait son rang. Il fallut qu'un jeune négociant, M. Cavillier, alors de garde, attestât qu'il la connaissait ; il ne l'avait jamais vue, mais il eut pour nous cette générosité parfaite. On ne se fera jamais une idée de l'obligeance sans mesure de tous ceux qui, à cette époque, avaient le moyen de rendre service ; et ce n'était jamais sans risques.

Nos paquets furent bientôt faits. Il nous fallait voyager avec deux voitures, et nous avions devant nous quatre-vingt-dix lieues et même plus. Une heureuse précaution de mon père nous assura la sortie de Saint-Ouen, car un caporal malveillant avait donné ordre à son poste de conduire nos voitures à la maison commune, et Dieu sait ce qu'eût été le tapage d'une berline à six chevaux et d'un cabriolet amenés et déclarés suspects.

Je peindrais mal notre départ et nos adieux. Heureux de fuir, sans doute, mais pour un pays inconnu, que nous n'habitions pas depuis quatre ans, et laissant le pauvre Turlot sans savoir si nous nous reverrions autrement que dans l'éternité, à laquelle nous touchions de si près ! Assurément, dans des cas pareils, on ne réfléchit pas ; on s'élève, on se met sous la main de Dieu, et l'on avance avec résignation, sans se raidir contre l'espérance.

Nous arrivâmes à Magny (1) de bonne heure. L'auberge qui nous reçut était propre et jolie ; elle avait un jardin qui communiquait aux prairies plantées de grands et superbes arbres, dans tout le luxe et toute la fraîcheur du mois de mai. Je risquai quelques pas sous ce charmant ombrage, qui me faisait éprouver l'illusion de la paix, de la liberté, du bonheur. La soirée de Magny est un de ces moments qui resteront toujours dans mon souvenir.

Le citoyen Gamart, compagnon de notre route, était un fort bon homme, qui éprouva bien vite de l'intérêt pour nous, je crois même de l'affection. Quand, à Pontoise, on demanda nos passeports et qu'on eut vu son diplôme jacobin, la sentinelle cria : « Il a leur garde ! » et le pauvre homme fut tout honteux d'avoir été pris pour un sbire et un agent d'arrestation. Le passage par Paris nous était interdit, et il nous fallut faire le tour des murs, depuis Saint-Denis jusqu'à Charenton, pour reprendre notre route. Ce fut pour nous le plus redoutable instant. Mon père descendit chez le maître de poste, homme mille fois honnête et obligeant. Ce jour

(1) Magny en Vexin, chef-lieu de canton, arrondissement de Mantes (Seine-et-Oise).

affreux était celui où Madame Élisabeth allait périr, ou avait péri; la mort était pour nous de l'autre côté de cette enceinte, nous avions vingt corps de garde à affronter; le maître de poste ne fit atteler que quatre chevaux, plutôt de roulage que de poste; il ne donna qu'un postillon, homme sûr, et le fit revêtir d'une blaude. Certes la pitié était grande! Elle est immense, la pitié que nous avons alors obtenue. Soyons-en reconnaissants, soyons-en glorieux; elle est l'honneur de notre peuple et le nôtre.

Je crois que ce fut dans ce trajet que mon frère étant descendu pendant que le postillon raccommodait un trait, tous deux restèrent quelques minutes, tristes, silencieux l'un près de l'autre. « Vous êtes donc noble? dit enfin le postillon. — Oui, dit mon frère. — Ah! mon Dieu! » reprit le postillon, en faisant un soupir, et il remonta à cheval.

A Provins, ce fut une autre scène. Le passeport jacobin de M. Gamart épouvanta pour nous le corps de garde entier; on soutint au porteur que les passes étaient régulières, mais que son diplôme ne l'était pas. On voulut le retenir, et je ne doute pas que ce ne fût dans l'intention de nous délivrer de sa surveillance. Mon père fut obligé de prendre sa défense et d'expliquer nos relations.

Nous étions connus sur cette route, et, surtout en quelques maisons, on nous recevait avec larmes. Nous existions encore, c'était miraculeux, mais, hélas! ce ne serait pas long! Le bon Topenot et sa femme à Nogent, les Quilliard aux Granges (1), nous témoignèrent une sensibilité que nous ne devons jamais oublier, mais qui

(1) Nogent-sur-Seine (Aube). — Les Granges, commune de Maizières-la-Grande-Paroisse; il y avait une poste aux chevaux.

alors nous navrait de tristesse en voyant d'avance porter notre deuil.

Quel temps que celui de cette époque! Mme Quilliard vint dans ma chambre et y resta presque jusqu'au jour, désespérée de nous voir aller chez nous et en Bourgogne, enfin préoccupée de nos dangers imminents, plus directement peut-être que nous ne l'étions nous-mêmes.

Ce fut le jour suivant que nous arrivâmes bien tard à Châtillon. Entre Bar-sur-Seine et Mussy, il fut question de changer de chevaux avec une chaise qui s'avançait en sens contraire. Un homme en bonnet rouge et le sabre au côté, se disant commissaire du Comité de salut public, s'opposait au changement et au retard qu'il cause toujours. Je n'ai jamais entendu jurer d'une façon aussi effrayante; la nuit venait, le temps était orageux, le sabre fut tiré, le postillon prit des pierres, et toutefois, nous reconnaissant : « N'ayez pas peur, madame la comtesse », dit-il, en se tournant du côté de maman. Ce postillon, qui était de Mussy, fit le changement, en dépit du commissaire prétendu, et depuis on a constaté, je crois, que cet homme, qui voulait faire peur, était lui-même dans le cas de l'éprouver.

CHAPITRE XI

La Terreur à Châtillon-sur-Seine (1794). — État des esprits. — La vicomtesse de Damas et sa famille. — Fête de l'Être suprême. — M. de Chastenay inscrit par erreur sur la liste des émigrés. — Mme de Chastenay part aussitôt pour Dijon. — L'hôtel de la Galère, à Dijon. — Delmasse, chef du bureau d'émigration. — M. de Chastenay se dérobe aux recherches; sa fille est emprisonnée.

Le bruit de nos voitures attira le corps de garde, quand nous arrivâmes à Châtillon; une sentinelle à moitié ivre nous dit que nous venions dans un pays sans pain, et que l'on signalait à Dijon comme une petite Vendée. M. Gamart alla le jour suivant pour faire viser son passeport; frappé du ton brusque et hautain du municipal qui le reçut, il se dit, afin d'imposer, l'un des présidents de la Société populaire de Rouen. « Pourquoi as-tu quitté ton poste ? répliqua l'austère citoyen, retournes-y sans différer. » M. Gamart, déjà embarrassé de nous avoir fait voir un diplôme où on le garantissait un sans-culotte très pur, frémit de l'espèce de rudesse antisociale où menait l'exagération, sous le nom trompeur de la fraternité; il nous quitta très affligé, et je crois fort désabusé.

Nous ne tardâmes pas à découvrir que nous nous étions mis dans la situation la plus fâcheuse et la plus inquiétante que nous pussions choisir.

Quatre ans s'étaient écoulés depuis que pour la dernière fois nous avions quitté Châtillon; nous y retrouvions la disette et la terreur. Presque tous les hommes un peu marquants de la ville, presque toutes les femmes du même genre, étaient prisonniers à Dijon. La vieille marquise de Chastenay avait cependant profité d'un moment de relâche pour obtenir son retour chez elle. Mme de Maziron, sa fille, veuve et mère de trois petites filles, avait obtenu la même grâce ; tout le reste était émigré ou pris. Deux factions d'ordre inférieur combattaient entre elles, mais à mort ; les plus terribles révolutionnaires de Dijon avaient des correspondances dans notre ville et dans nos montagnes ; la scission s'était mise entre leurs agents et les commerçants ou autres, qui, trop fiers de leur crédit sur les jacobins de la dernière catégorie, crurent être enfin assez forts pour percer de leurs propres armes ceux qu'ils avaient essayé jusque-là de diriger ou de contenir.

La mort d'Hébert leur fournit un prétexte ; des dénonciations violentes, sous la couleur du franc jacobinisme, furent adressées au Comité de salut public contre un nommé Mongin et plusieurs de ses associés ; ces hommes furent arrêtés. Mongin, entre autres, fut mené au tribunal révolutionnaire même ; il partit de Châtillon sous bonne et sûre escorte, dans le temps de notre arrivée. Mais la victoire n'était rien moins que complète ; en peu de jours, MM. Carteret, Étienne, Humbert, les principaux signataires enfin de la dénonciation hardie, furent à leur tour incarcérés. Quoiqu'ils eussent encore la faveur du pays, ils n'étaient pas approuvés de ceux qui craignaient de se voir compromis par les suites indirectes de leur témérité, car on croyait y trouver plus de passion que de raison et de calcul.

Le comité de surveillance de la ville n'était réellement pas méchant, mais le symbole du temps était pour lui une sorte de foi ; il croyait nécessaire de seconder avec beaucoup de fracas les mesures qui ne devaient point mettre à l'instant même les vies en danger, sauf à servir, quand ils le pourraient, mais en secret, ceux qu'on semblerait foudroyer. Se défiant les uns des autres, raidis contre leur conscience et occupés de se conserver, on conçoit que ces hommes n'eussent pas inventé le mal et la persécution, mais ils ne devaient jamais opposer de résistance matérielle ou morale, et la peur en devait tout obtenir.

Je parle ici en général. Les gens honnêtes que les circonstances précipitèrent dans les administrations de cette époque ont eu besoin de plus d'art et de courage que n'ont pu le soupçonner ceux mêmes qu'ils ont servis; ils s'enveloppaient d'autant plus soigneusement de l'extérieur le plus grossier et le plus rude, et je ne crois pas que la *liberté* ait eu nulle part des formes plus rudes que dans la ville de Châtillon.

La vicomtesse de Damas, la mère d'Auguste, était à Châtillon; elle avait fait partir son mari, brave et loyal militaire, qui, après avoir fait la guerre d'Amérique avec le régiment qu'il commandait, était devenu commandant à la Martinique et y avait su mériter la vénération des gens de couleur, et même celle des créoles, qui tous l'avaient nommé leur père. Mais rien n'était un titre en 1794. Auguste avait été quelque temps près de sa mère; on avait fait ensuite des levées pour le siège de Lyon; il avait craint d'y être compris, et cédant peut-être à l'ennui autant qu'à de sages conseils, il était parti pour Paris. On y cherchait son père, il fut pris à sa place et se trouvait alors enfermé au Luxembourg.

Mme de Damas nous donna en peu d'heures plus de sombres idées et de pressentiments sinistres que nous n'avions encore voulu en concevoir : le danger d'un pays où nous étions en vue, d'une ville composée seulement de deux rues et située dans une grande plaine, ce danger semblait aggraver tous ceux de notre situation, et la qualité de Constituant devait devenir aussi plus fatale à mon père que celle même de noble et de comte.

Cependant le sort était jeté. Nous continuâmes à mener notre même vie, voyant avec circonspection même nos cousins et Mme de Damas, et nous montrant le moins possible. Maman ne sortait point, nous restions avec elle; un gros chirurgien, patriote, mais bon homme et notre voisin, venait jouer au reversis tous les soirs. Nous lisions, mon frère dessinait, et nous laissions couler de tristes heures. Mlle Alexandrine de Guenichon, cette amie dont j'ai eu l'occasion de parler, nous venait visiter quelquefois; elle jouissait de l'estime de tous. Ses parents étaient arrêtés; son courage pour les servir n'avait connu aucune borne, et une fois, dans l'espoir de joindre un représentant du peuple, qui pouvait lui devenir utile, elle avait fait le voyage de Dijon à cheval, à franc étrier.

On célébra à Châtillon cette fête de l'Être suprême, que Robespierre avait fait décréter, et ce jour fut un des plus doux de ceux que nous eussions encore passés dans cette ville. Les maisons étaient décorées de verdure, les jeunes filles en blanc jetaient des fleurs; nos laboureurs, une branche d'arbre à la main, marchaient comme à la procession, en chantant lentement et pieusement un cantique. Le peuple de Châtillon a toujours été bon; il semblait que les cœurs eussent pour un moment le droit de se dilater, et que l'on pût aimer ce jour-là. On nous aimait à Châtillon. Mon père avait secouru les pauvres et rendu service à tout le monde; ses opinions avaient toujours été patriotiques et sages. Nous n'avions pas habité le pays au moment où les vanités avaient été en lutte et en fermentation, nous n'avions déplu à personne ; nous n'avions pris couleur pour aucune nuance de parti. Chacun sentait que nous étions en danger, et un tendre intérêt se rattachait à nous.

Les habitants d'Essarois nous procurèrent aussi de vraies consolations ; je crois qu'il n'y en eut pas un qui ne fît le voyage pour nous voir. Ce n'était plus du respect, c'était de l'amitié, c'était du dévouement. Mlle Gautier était seule venue avec nous ; ma bonne Chenard et le bon Priez étaient restés à Rouen, pour disposer de nos effets, et ils avaient vu visiter notre logement dans ses détails, par une patrouille armée de piques. Ils devaient ensuite traverser Paris, pour leurs affaires et pour les nôtres. Nous n'avions donc à Châtillon qu'une personne d'Essarois, appelée Ursule Meligne, qui nous faisait notre mince cuisine, et une vieille femme de Châtillon, qui nous avait déjà servis, pour tous les détails du ménage. Pétry aussi, le jardinier d'Essarois, venait souvent nous témoigner son zèle, que les malheurs ont toujours augmenté et que les circonstances ont rendu si utile. C'est par les sentiments du cœur que l'on paye les sentiments ; il est précieux, après vingt ans, d'avoir à s'acquitter encore.

A part quelques moments, toujours trop fugitifs, le cœur était toujours serré, et le moindre effet imprévu causait à l'imagination les angoisses les plus douloureuses. Cependant, on avait contracté l'habitude de ne jamais proférer une plainte, même presque entre soi : les murs pouvaient écouter et trahir, et d'ailleurs il fallait avoir à tout moment toutes ses forces rassemblées.

La loi du 22 prairial (1), votée sur le rapport effroyable

---

(1) Décret du 22 prairial an II (10 juin 1794), abrégeant la procé-

de Couthon, mit le comble aux horreurs du moment. Je me souviens que j'étais dans mon lit lorsque mon père me l'apporta ; par un élan involontaire je levai devant Dieu cette feuille entre mes mains et je la dénonçai au ciel même, dans un mouvement qui saisit tout mon être. Je ne voyais plus mon bon et tendre père que comme une victime dévouée. Il s'était fait faire une redingote dans la forme de celles du pays ; la première fois qu'il la porta, une vision affreuse m'accabla. Quel temps, mon Dieu ! Que de grâces à vous rendre ! Donnez-nous donc la force de n'être point ingrats !

Ce fut, je crois, le 9 messidor que nous reçûmes l'avis terrible, mais salutaire, que le département de la Côte-d'Or avait inscrit le nom de mon père sur la liste des émigrés. Ce mal, qui entraînait tout au moins la séquestration, pouvait avoir des suites plus redoutables, et exigeait de sérieuses précautions. Nous habitions un département où MM. de Courbeton, Richard, d'autres encore, avaient péri pour de légères inadvertances dans les preuves de leur résidence à partir de l'époque légale. L'exactitude avec laquelle tous nos certificats avaient été transmis nous rendait plus inexplicable une mesure aussi désolante. On alla aux informations ; il resta constaté que, par une négligence dont je m'abstiendrai de rappeler les auteurs, le dernier certificat de mon père avait été oublié dix-sept jours dans les cartons du district ; on m'en donna le certificat. J'allais seule dans les rues, depuis que nous étions arrivés à Châtillon ; M. Rollin, chef de bureau, me prit à part, dans un passage, et me dit que sans délai il fallait partir moi-même pour Dijon et éclaircir le fait étrange de l'inscription. Cet

dure du tribunal révolutionnaire et supprimant les garanties accordées jusque-là aux accusés.

honnête homme et ceux qui lui ressemblaient ne se faisaient point illusion sur l'abîme où cette inscription allait bientôt nous entraîner, et leur peine en était profonde.

Je ne sais ce qui me suggéra l'idée de m'adresser à M. Alexandre, chef de bureau considéré au département de la Côte-d'Or, et le plus obligeant des hommes. Alexandrine le connaissait; elle se trouvait ce jour à Châtillon. Cette excellente amie me proposa de partir avec moi pour Dijon, où elle guiderait mes démarches. M. Alexandre était à la campagne, près de Montbard; elle me proposa de prendre cette route pour le voir et d'aller coucher à Fulvy, chez Mlle de Genouilly (peu après Mme Jacquinot), que j'avais vue aussi autrefois.

Nous partîmes. On m'avait munie de mille certificats, j'avais la bénédiction paternelle; tous les intérêts reposaient sur moi. J'avais le sentiment, plutôt que le raisonnement de notre situation; l'idée du plus grand mal épouvantait mon cœur, et pourtant ne le pénétrait pas. Il est vrai que je priais sans cesse; tout en moi et à chaque instant implorait la bonté de Dieu.

Nous arrivâmes à Fulvy (1). Ma compagne de voyage écrivit à M. Alexandre pour lui demander audience le lendemain, avant cinq heures, et nous passâmes notre soirée sur la belle terrasse de Fulvy ou près du piano et de la harpe de Mlle de Genouilly. De jeunes personnes réunies ne sont pas toujours sans gaieté, et la musique accompagnait d'ailleurs nos distractions et nos pensées.

Nous étions en voiture lorsque le jour parut; et quelques heures après nous nous arrêtions devant la maison d'un curé, l'oncle de M. Alexandre. La bonne physionomie

---

(1) Fulvy, canton d'Ancy-le-Franc, département de l'Yonne, mais peu éloigné de Montbard.

de l'ange de salut, que je venais chercher, me rendit d'abord quelque confiance, car mon émotion était grande en faisant seulement ce premier pas. M. Alexandre me dit qu'il fallait que je visse Delmasse, chef du bureau d'émigration. « Comment l'intéresser? lui dis-je. — Je n'en connais pas le moyen », ce fut d'abord toute sa réponse; puis M. Alexandre prit une feuille de papier et y traça en ma faveur une recommandation laconique. Il me dicta ensuite un discours en peu de mots, avec le tutoiement du jour. Alexandrine se chargea de me faire répéter la leçon, et après avoir remercié l'excellent M. Alexandre, reçu les vœux de son vieil oncle et un beau bouquet de fleurs de sa gouvernante attendrie, nous remontâmes en voiture.

Il était tard quand nous arrivâmes à Dijon. Toutes les servantes de la *Galère* (1) me prirent pour Mlle Laurette de Framery, de Châtillon, dont le père était prisonnier au château. Elles me faisaient honneur sans doute, et leur méprise me valut d'abord un accueil tout à fait joyeux. Personne alors ne mangeait dans sa chambre; l'égalité voulait une table d'hôte. Nous entrâmes aussitôt dans la salle à manger. J'étais, je puis le dire, d'une timidité que l'on comprendra aisément. Deux voyageurs se mirent à mes côtés; l'un d'eux, malgré l'usage où je suis de ne boire que de l'eau, me força de boire beaucoup de vin. Je n'osais pas lui répliquer, et je crois que, dans l'état où j'étais, ce régime momentané me fit du bien.

Le lendemain, avant six heures, j'étais avec Alexandrine à la porte du redouté Delmasse. J'avais ma lettre et je savais mon discours; surtout j'avais bien prié

(1) Nom d'un hôtel de Dijon, qui existe encore.

Dieu et invoqué le Saint-Esprit. Ma compagne me laissa, j'entrai seule, et le cœur me bat encore en retraçant cet instant. En haut de l'escalier j'aperçois un homme jeune, petit, mince, l'air très doux; je demande le citoyen Delmasse, c'est lui-même. Je le suis, et ma peur est moins grande. Je débite mon compliment; il lit le billet, il me demande mes pièces. La réponse était préparée, on m'avait prévenue de ne pas donner mes pièces, mais de les faire d'abord exactement enregistrer. Je dis, sans lever les yeux, que j'avais remis mes pièces au département. « Et à quel moment? reprit Delmasse; vous êtes arrivée hier soir. » Je répondis qu'en effet je ne devais aller au département qu'à dix heures, mais que je considérais l'enregistrement comme fait. Delmasse me dit, du ton le plus obligeant, qu'il l'eût fait faire pour moi, si je l'en avais chargé; il me promit d'examiner l'affaire le jour même, m'avoua qu'il n'avait jamais cru que mon père eût pu émigrer, et me donna rendez-vous au lendemain matin, en m'engageant d'ailleurs à ne voir personne. Je sortis; il voulut me conduire dans la rue. Ma compagne, qui m'attendait près de quelque boutique voisine, me félicita bien franchement d'un accueil si extraordinaire; elle me dit de tout espérer.

A dix heures j'allai, en effet, porter tous mes papiers au secrétariat du département. Un jeune homme (M. Bouin), je pourrais dire un enfant (il paraissait à peine âgé de quatorze ans), était assis à un bureau. Je ne puis exprimer avec quelle grâce, quel intérêt touchant, quelle bonté, il prit mes pièces l'une après l'autre et en fit l'enregistrement. « Avez-vous vu le chef du bureau des émigrés ? » me dit-il; puis, sans attendre ma réponse : « Il faut le voir, et je vais vous y mener. » J'étais embarrassée, cependant je suivis. Je saluai Delmasse, sans paraître l'avoir encore vu; il eut la même discrétion. Mon jeune protecteur lui remit mon dossier, lui fit une recommandation généreuse et pressante, et m'emmena en me disant qu'il aurait soin de veiller à tous mes intérêts. — Je n'avais pas revu ce jeune homme et j'avais oublié son nom; du reste, il avait quitté Dijon peu après. Cependant, occupée toujours de son accueil encourageant et de ma reconnaissance, je parvins, dix ou douze ans plus tard, à le retrouver auprès de M. Frochot, dont il fut longtemps secrétaire au département de la Seine. Je souhaite à M. Bouin de rencontrer dans ceux dont il aura besoin tout l'intérêt qu'il m'a montré.

La journée s'écoula dans une sorte de paix agitée; j'étais vivement émue, pourtant pleine d'espérance. Le lendemain, à six heures, j'étais chez le citoyen Delmasse. Il me reçut avec une parfaite bonté; mes pièces, me dit-il, n'étaient pas suffisantes; la liste d'inscriptions, d'ailleurs, devait être imprimée. Je demande aussitôt la permission d'aller m'en informer. Je cours chez M. Causse(1), je lui explique ma peine; le ciel ne m'a jamais fait rencontrer une aussi douce pitié; M. Causse avait imprimé, cependant il m'offre une échappatoire praticable. Je retourne chez Delmasse; l'expédient ne lui paraît pas admissible, mais, me dit-il, la loi ne l'oblige pas de traîner les affaires en longueur, et il me promet de traiter la mienne avec célérité, quand il aura reçu la pièce qu'il me demande. Nous causons, je lui peins notre situation, nos inquiétudes, toutes nos peines; en le quittant, je lui dis que, pleine de confiance dans la bonté qu'il me témoigne, je ne verrai personne à Dijon, mais que j'y resterai peut-être un jour ou deux, à cause des

---

(1) L'imprimeur.

affaires qui retiennent mon amie. Le ciel m'inspira d'ajouter : « Je suis ici sans appui, je n'y connais personne; j'y suis chargée des plus chers intérêts. Imaginez que je suis votre sœur, et si quelque idée salutaire vous arrive pour m'obliger, faites-moi demander à la *Galère*. »

Je partis, et rentrai chez moi. Vers midi on se mit à table. Jamais conversation plus révoltante n'avait pu frapper mes oreilles; on eût dit assister à quelque exécution, tant les détails étaient atroces. Ligeret, le terrible Ligeret se trouvait alors à cette table, mais heureusement loin de moi. Sa figure était assez belle; il me fixa beaucoup, me prenant, comme j'ai su depuis, pour Mlle de Framery. J'hésitais, en mon cœur, si je ne saisirais pas, pour lui parler, le moment qu'on se lèverait de table; il en sortit avant la fin du repas. Le dîner cesse, on me demande; c'est Delmasse, dans la cuisine. Alexandrine me laisse et s'en va dans la ville. Je précède mon visiteur, je le conduis vite à ma chambre, je ferme les verrous, j'attends, le cœur me bat; est-ce la radiation qu'il m'apporte?

Jamais, je crois, l'embarras d'un homme ne fut plus grand. Après quelque silence, après quelques détours, c'est la dénonciation du département contre mon père qu'il m'apporte; c'est à Fouquier-Tinville, pour plus de célérité, qu'elle a été adressée directement. Une lettre écrite par mon père en avril 1792 en est l'occasion. C'est en adressant à M. Arnoult (1), son ancien collègue, alors procureur-syndic du département, le premier des certificats de résidence exigés, qu'il s'éleva contre des mesures injustes et cruelles que ce département prenait contre les prêtres, et il accusait en même temps la vio-

(1) Arnoult, avocat au Parlement et au Conseil des états de Bourgogne, député du tiers état du bailliage de Dijon aux États généraux.

lence de lois contre l'émigration, qui allaient sans nul doute en augmenter le fléau. Cette lettre avait été cachetée avec des armoiries, du moins mal effacées. Voilà ce que je compris. Delmasse me lut à peine quelques lignes de l'écrit affreux qui vouait mon père à la proscription. Que faire? Il l'ignorait; mais je devais partir, sans une heure de délai, et selon ses calculs j'arriverais à temps. Je ne sais rien de plus de cette terrible scène. Delmasse promit de m'écrire; je lui dis de me parler de musique et d'opéra, et que je le comprendrais assez. Je le conjurai de servir mon père; il me quitta.

Je ne puis concevoir comment Dieu me prêta la force de copier la dénonciation; j'écrivis un billet à celui qui me l'avait remise, et, selon sa prière, ayant pris une servante, je portai le paquet chez Mme Delmasse, à qui je le remis. Ma copie, je l'avais sur moi. M'efforçant de dissimuler, je courus reprendre mon passeport qui avait été déposé, selon la règle du temps; il fallut le faire signer dans plusieurs cabarets par quelques membres heureusement obscurs du comité de surveillance. Fraternellement embrassée, je pus envoyer chercher des chevaux, et je montais en cabriolet quand mon Alexandrine revint; un mot suffit à sa prudence aussi bien qu'à son amitié. Elle m'eût suivie, mais son passeport nous aurait fait attendre trop longtemps.

Me voilà en route à six heures, seule sur le grand chemin, moi qui depuis quelques semaines seulement allais à peine dans les rues, sans guide. Un orage me surprend à Val-Suzon; la nuit devenait entièrement sombre. Aucun tonnerre ne m'effrayait. Les postillons me voyaient pressée, les calamités du moment leur permettaient de supposer et de plaindre toutes les angoisses, et malgré la maîtresse de poste, il y en eut un qui voulut bien partir.

Je ne puis dire ce qu'étaient mes pensées pendant cette nuit de voyage. De loin on pressent sûrement les plus grands maux, de près on ne se courbe pas aisément sous le joug effectif du malheur; un principe vital repousse la mort et son fantôme glacé. Je voulais à la fois soutenir mon courage, afin de conserver mes idées, et réunir une espèce de plan pour le présenter à côté des nouvelles désastreuses que j'allais apporter chez nous. J'étais brisée de fatigue et de douleur, j'étais dans un vague de cauchemar, et ma prière sourde en mon cœur invoquait, il me semble, un bienfaisant réveil.

L'inquiétude, quand j'approchai, me devint plus poignante encore; heureusement on changea de chevaux : je vis alors l'abbé Viesse (1), il retournait au château de Dijon, sous l'escorte de son gendarme, pour reprendre ses fers, et venait de Châtillon, où il avait signé ses certificats de résidence. Il me reconnut et vint me parler. Je lui fis du bien, en le rassurant sur les bruits alarmants qui s'étaient répandus relativement aux prisonniers de Dijon; il me mit du baume dans le cœur, en m'apprenant qu'il avait su la veille au soir que mes parents étaient tranquilles et en bonne santé.

J'arrivai vers cinq heures du matin à la petite porte du logement que nous occupions chez M. Gris, rue de Chaumont. Le mouvement que produisit ce retour dans mon quartier fut une espèce d'imprudence, et l'inquiétude, réelle ou affectée, d'une vieille tante d'Alexandrine, tout l'apparat qu'elle mit à la manifester étaient, dans notre position, autant d'incidents fort dangereux. Je ne pus réussir, après de longs efforts, qu'à faire ouvrir chez M. Gris, et ce fut de sa maison que j'entrai dans la nôtre.

---

(1) Oncle paternel du maréchal Marmont.

Quel moment que celui où j'apportais la mort dans une maison si chère, et dans un moment si calme ! Dans le salon je voyais la place que maman avait occupée la veille : son ouvrage était déplié, un livre que mon père avait lu était entr'ouvert sur la table, et les cartes du reversis y étaient encore étalées. Je pénétrai chez mon frère, nous réveillâmes mon père, et le souvenir de son courage à cette annonce terrible me sera à jamais présent à l'esprit. Il fallut prévenir maman. Pauvre mère ! Quelle cruelle épreuve ! Les moments étaient précieux ; mon frère alla prévenir Mme de Damas. Elle conseilla que mon père passât tout le jour chez elle, et cependant qu'il cherchât à obtenir un passeport. Pendant ces délibérations, mon père écrivait à Voulland (1), membre d'un des deux comités, et notre bonne et chère Mlle Gautier partit avec cette lettre le soir même, pour aller à Paris et s'entendre avec M. Després sur les moyens de sauver la victime proscrite.

Je n'ai qu'une idée assez peu distincte de l'agitation que j'éprouvai, ce jour et le suivant ; sans la prière et le recours en Haut, ma vie ou ma raison auraient pu succomber. Maman, de son lit même, lut pour moi les prières qui en des temps tranquilles sont celles du divin sacrifice ; à genoux autour d'elle, avec combien de ferveur nous les répétions ! Cette supplique fut entendue ; les vœux de nos cœurs, depuis trop ingrats peut-être, s'élevèrent droit au ciel, dans toute leur ardeur. J'aurais accepté un cloître, un voile, une barrière éternelle entre le monde et moi, pour sauver la vie de mon bien-aimé père ! Que le sacrifice m'eût été doux !

Il n'y eut pas de moyens d'obtenir un passeport ; nos

(1) Henri Voulland, conventionnel, ancien député du tiers état de la sénéchaussée de Nîmes et Beaucaire, né en 1750.

municipaux avaient vérifié, disaient-ils, que des gens arrivés avec lettre de passe ne pouvaient pas y avoir droit, et celui qu'on m'avait donné n'avait été délivré que par méprise. Ces démarches étaient de grandes fautes; elles donnaient le secret de notre peur, déjà pressenti sur mon retour, et en y pensant bien je dois avouer que si l'on eût été bien méchant, nous aurions été arrêtés.

Les nouvelles n'arrivaient point, nos conjectures allaient à l'infini. Durant la nuit du deuxième au troisième jour, nous avions fait coucher mon père; Ursule et moi, nous lui arrangions une espèce de vêtement grossier. Maman, tourmentée d'images funestes, s'était levée tout à coup, disant qu'on l'avait pris. A peine au jour, ne pouvant plus y tenir, elle exigea qu'il allât dans les bois. Mon frère, qui le suivit, devait à une certaine heure rentrer, en se promenant dans la ville, et apprendre ce qui serait arrivé.

Ce départ subit nous sauva. Maman voulut tenter de prendre un peu de sommeil, je me jetai moi-même habillée sur mon lit. Nous avions ôté la sonnette qui existait à notre porte, et nous n'avions laissé que le cordon en dehors. A peine reposions-nous, que je vis entrer dans ma chambre un homme d'un extérieur affreux : « Où est, me criait-il, le citoyen Chastenay ? Où est-il ? Je veux le voir ! » — Cet homme était Vallée, lieutenant de gendarmerie à Dijon, mais seulement depuis la Terreur. Je vois cet homme noir, trapu, en épaulettes et sans cravate, le sabre en bandoulière. Un commissaire aux subsistances, que j'avais aperçu quelquefois dans les rues, était alors toute sa suite, mais un gendarme était dans la cuisine, d'autres entouraient la maison. Oh! miracle! Cet homme affreux était venu toute la nuit en poste, de Dijon. Arrivé avant le jour, il s'était endormi dans la cuisine de la poste; il y avait dormi deux heures: sans ce sommeil nous étions perdus !

Maman poussa des cris aigus. J'ouvris la porte. « Qu'on m'ouvre les volets, s'écriait Vallée furieux; je n'entre point dans une chambre obscure. » — On ouvre, il entre, il voit cet ange de douleur, il reste comme frappé, je pourrais dire ému; il lit une lettre reçue la veille et encore sur la cheminée : elle était d'un chirurgien qui demandait le prix d'un long traitement de pauvres, et ce chirurgien était affilié aux patriotes les plus connus !

Vallée changea de ton; il ne voulait, dit-il, qu'éclaircir un seul point, que vérifier l'écriture de mon père; il était désolé, pour cette cause unique, de ne pas le rencontrer chez lui. Déjà, sur de bons renseignements, il lui paraissait démontré que l'explication lui serait utile et le délivrerait de toute crainte. Il insistait sur cet article; quant à moi, ne connaissant d'aucune manière les moyens de puissance de Delmasse, il m'arrivait quelquefois de penser que ce dénouement violent, mais salutaire, avait peut-être été conçu et disposé par lui.

Cependant, je voulais que mon frère, à son retour, pût être informé de l'état des choses. Je déclarai que maman, malade, avait besoin de calmants, je demandai à sortir, escortée d'un gendarme, pour en aller chercher chez un apothicaire.

Je sortis, en effet, tenant le bras du gendarme et sans chapeau, afin qu'on me reconnût mieux; je rapportai une fiole quelconque : j'avais rempli mon objet principal.

Vallée, certain que la maison ne contenait en tout que quatre femmes, laissa un gendarme en bas et se retira pour quelques heures. Maman et moi avons mis ce temps à profit pour brûler au hasard nos papiers, nos affaires, des jeux de cartes à cause des rois.

Vers trois heures, Vallée revint, avec toute la gendarmerie, la municipalité, le juge de paix et son greffier; on nous lut un ordre d'arrestation, et l'amertume sans doute en fut bien compensée quand nous apprîmes, par la colère même de ces hommes, que mon frère était venu, qu'on l'avait averti et qu'il avait fui à l'instant.

On m'envoyait à la prison, maman malade à l'hôpital. On la fit lever, je lui fis au hasard un petit paquet de linge et d'effets ; je pris pour moi, sans réflexion, un petit miroir encadré de carton et une paire de souliers neufs. Les scellés furent posés au même instant partout.

CHAPITRE XII

La prison de Châtillon et ceux qu'elle renfermait en 1794. — Mme de Chastenay est mandée devant la municipalité. — Son père est arrêté et conduit à Dijon, puis à Paris. — Détails sur les principaux prisonniers de Châtillon. — Leurs portraits dessinés par M. Henri de Chastenay. — Nouvelle comparution devant la municipalité. — Composition de ce tribunal ; attitude courageuse de l'accusée.

Une chaise à porteurs reçut ma mère mourante, et je suivis, avec le brigadier qui devait me conduire en prison. Le chirurgien était revenu ; Vallée, durant le trajet, lui fit tâter le pouls de ma malheureuse mère, pour savoir si vraiment elle n'expirerait pas ! Une femme, à la vue de sa pâleur, s'écria : « Elle est morte ! » Pour moi, j'étais sans larmes ; si j'avais pu en répandre un torrent, j'eusse fait une scène à la croisée des rues, pour déclarer que je ne quitterais pas ma mère. J'y réfléchissais dans la marche, mais maman n'avait pas la force de subir aucune scène, et, d'ailleurs, je ne pouvais pleurer.

Mon brigadier et moi arrivâmes au guichet. Le geôlier refusait de m'ouvrir : « Je viens, lui dis-je, pour rester. » Rien de plus affreux que ma nouvelle demeure : une première pièce, noire et sombre, où couchait la mère de la concierge, vieille femme octogénaire, qui transsudait la vermine. Je trouvai dans la seconde chambre des femmes vêtues en paysannes, des hommes de campagne, sans bas, sans cols, à peine vêtus. La chaleur était excessive, toutes les figures étaient hâves et basanées. Je pris ma place sur un banc, dans cette espèce de foule, et il me sembla qu'en prison on devait sans doute rester assis, faute d'espace pour se mouvoir.

D'autres pensées m'occupaient davantage. Mon père était prévenu, sans doute il s'éloignait; dix ans de captivité et sa vie en sûreté, qu'aurait-ce été que la misère ! A peine eut-on inscrit mon nom, que l'odieux gendarme appliqua ses lèvres sur mon front et sortit en me disant que j'étais une bonne fille. Le concierge, plus à son aise, me dit que mon père l'avait autrefois obligé, et qu'il en serait toujours reconnaissant. Je le priai d'aller à l'hôpital et d'y voir maman de ma part.

Au milieu de ceux qui remplissaient la chambre au moment où j'étais entrée, j'avais distingué l'accueil plein de pitié et d'intérêt que M. Carteret m'avait fait (1). Je ne l'avais jusqu'alors jamais vu. Il m'offrit, au bout de quelques instants, un gros bouquet d'œillets qu'on venait de lui apporter. Quand je voulus envoyer le concierge Lemoyne à maman, il m'offrit un morceau de son pain, assez beau. Je demandai du papier pour l'envoyer, et j'en gardai une partie, à tout hasard. Carteret me donna un crayon pour écrire, et je lui demandai de me le laisser, ignorant jusqu'à quel point on pourrait me priver du moyen de communiquer par l'écriture.

Maman eut mon billet, mon pain et mon miroir, que je pensai à lui envoyer, et qu'elle a toujours gardé depuis. Je sus qu'elle habitait une chambre assez grande; que l'hôpital avait pour prisonniers MM. Étienne et Humbert, sur les égards desquels il me semblait que je pouvais compter. Une jeune fille, Nicolle Dagoix, dont l'éloge retentit à l'instant près de moi, s'était trouvée à l'arrivée de maman, et avait eu la per-

---

(1) Nicolas Carteret, négociant à Châtillon.

mission de rester près d'elle pour la servir ; enfin, on avait levé les scellés sur nos portes et on lui montait un petit lit. Ces nouvelles me parurent la paix et l'abondance.

Tous mes compagnons furent en peine de mon propre établissement ; la mère Lemoyne et M. Carteret en prirent à eux seuls tout le soin. On m'apporta de chez nous un lit de sangle, on décida que je coucherais dans la chambre même où nous étions ; c'était celle du concierge. Je puis dire que je ne savais guère où j'étais.

Cependant, mon nouvel ami voulut me faire connaître tous les détails de notre habitation. Il y avait sous la fenêtre une cour étroite et profonde, occupée par vingt-deux Allemands déserteurs, et alors prisonniers pour vols ou autres fautes légères. On leur fit un signal et j'entendis un chant d'une tristesse remarquable, à quatre parties distinctes. Je ne puis exprimer l'effet que me fit éprouver cette musique ; je l'ai depuis beaucoup entendue et j'ai retenu un des chants.

La chambre du concierge donnait sur une autre cour, fort petite, mal pavée et entourée de murs très hauts. Là était une mauvaise cabane de planches, pour les besoins de la maison, un puits et quelques grandes tiges de roses de Provins, avec une petite planche d'oseille, de sorte que j'appelai cette cour le jardin. M. Carteret me fit monter dans une chambre bien plus vaste, où je trouvai quinze ou seize lits, tous occupés par des suspects ; un cabinet donnant sur cette chambre en contenait cinq autres ; enfin, le grenier au-dessus était rempli de prisonniers réduits à la paille. La grande chambre avait vue sur la ville et sur la cour du tribunal, mais la cloche qui retentissait à tout moment dans la prison me faisait trop de mal, et je préférai rester en bas, parce que je savais tout de suite ce qui donnait lieu au mouvement. Vallée vint me demander; il me parla de maman, me dit que mon père avait tort, qu'il se constituait émigré et qu'un mot eût tout prévenu. Je m'en tins à lui dire que j'ignorais sa retraite. Il reprit qu'il serait encore à Châtillon jusqu'au soir du lendemain, et nous nous séparâmes d'une façon polie. Je savais que l'état de maman l'avait intéressé et qu'il eût désiré adoucir son malheur.

Il avait tellement répété qu'il n'était question que d'éclaircir un fait non douteux, que de bonnes gens avaient voulu découvrir mon père. Ma pauvre bonne Chenard et l'excellent Priez, qui arrivèrent le lendemain, furent tout près de donner dans le piège; je laisse à juger de leur douleur. Leur arrivée, toutefois, nous fit du bien. Ils n'avaient point vu Mlle Gautier; ils arrivaient à petites journées et n'avaient rien su du tout.

Cependant, le soir, bien tard, Henri était revenu chez Mme de Damas; il avait appris notre sort. Il y avait reçu tout ce que nous avions d'assignats, que nous y avions fait porter, et l'instante prière de fuir et de gagner la Suisse à tout prix. M. Carteret, devenu en peu d'heures le confident de nos vœux à cet égard, me répétait à chaque instant que pour un noble et un Constituant la fuite était le seul moyen de salut. Lui-même, dans une situation qui comportait moins de périls, s'était assuré le moyen d'échapper, s'il était mandé à Paris. Les bois, en y errant un peu, conduisaient sûrement jusqu'en Suisse; le clair de lune était superbe : trois jours, et pour de bon marcheurs la barrière se trouvait franchie. Ces conversations me faisaient vivre, et maman se nourrissait des mêmes consolations, avec les personnes généreuses qui, durant ces deux longues journées, ne manquèrent pas de la voir souvent. Alexandrine de Guenichon était revenue, je lui avais parlé au guichet, et une jeune femme de chambre de Mme de Damas s'était rendue intermédiaire entre sa maison et nos grilles.

Dirai-je comment j'étais établie ? Je couchais en septième ou huitième dans la petite chambre du concierge ; nous étions : lui, sa femme, leur fils cadet âgé de quatorze ans, enfant rempli de sensibilité, deux prisonnières pour des causes qui n'étaient pas de révolution et quelquefois la fille (enfant) d'une de ces femmes. J'y eus aussi, une partie du temps, Mme Petit, femme d'un bon laboureur, prisonnière dix jours pour avoir dit le rosaire, et un homme qu'on a cru depuis avoir subi avant cette époque quelques années de galères.

Tout cela m'importait peu ; les insectes les plus horribles prirent, sans m'occuper davantage, entière possession de ma personne : je me crus la rougeole, après la première nuit, tant les puces m'avaient piquetée. Ce fut mon état pendant toute ma prison. Je ne vivais pas où j'étais ; que j'eusse voulu offrir à Dieu de plus violentes souffrances personnelles !

La mère Lemoyne, bonne et excellente femme, et les deux compagnes de ma chambrée, m'ont rendu dès le premier instant les soins les plus compatissants ; elles faisaient mon lit, le rangeaient dans le jardin ; elles prenaient pour moi une peine que je ne pouvais réclamer et que, sans l'indifférence où j'étais pour moi-même, je ne leur eusse sûrement pas causée.

On recevait en cérémonie chaque arrivant à la prison ; je me prêtai à cette gaieté, et l'on me demanda ma bienvenue. J'avais en tout quinze livres, en assignats ; mon prédécesseur en avait donné dix, je l'imitai. Un malheureux pailleux (1) me crut riche et vint furtivement me demander un secours ; je lui remis mes cinq livres : j'aimais autant et mieux ne rien avoir.

Une scène terrible m'est restée dans la mémoire, parce que j'en ressentis une profonde impression. J'étais au second jour, la chaleur était forte ; j'avais trouvé sur un rayon le livre de saint François de Sales, *De la conformité à la volonté de Dieu*. J'essayais de lire ce livre, j'y voyais qu'on ne pouvait prier comme on commande, et qu'il fallait d'abord au pied du crucifix une abnégation absolue, un sacrifice plein et entier. Pendant ce temps un de mes compagnons buvait avec un ou deux autres ; il avait été à Paris, et sans songer qu'il pouvait m'affliger, il leur expliquait en détail l'action de l'instrument fatal. Un chant de nos Prussiens s'élevait alors de la cour basse... On ne peut rendre de telles impressions.

Nous étions au troisième jour. M. Carteret venait de donner une certitude à mes espérances ; il avait fait un calcul d'heures, Vallée était parti, nous pouvions respirer. Une personne empressée vint me faire compliment : on avait atteint mon père, et j'allais être libre ! Angoisse des angoisses ! Il n'était que trop vrai.

Au moment de l'arrivée de Vallée, mon père, comme je l'ai dit, avait gagné les bois. Je ne sais s'il avait pensé à se munir d'un morceau de pain. Henri revint aux nouvelles, un bouquet des champs à la main, et comme au retour d'une promenade. Une femme l'avertit au moment où il arrivait à notre maison ; il se décida à passer. Il eut assez de présence d'esprit pour songer que le pont serait gardé ; il prit un grand détour, et, à plus d'une lieue,

---

(1) Un des prisonniers qui couchaient au grenier, sur la paille.

ayant passé à pied la rivière alors très basse, il monta le coteau à pic et joignit mon père dans la retraite qu'il s'était faite au plus épais des bois.

Mon pauvre père, pendant cette longue absence, avait cueilli des fleurs en daignant penser à moi. Il erra quelque temps avec mon frère déjà épuisé de fatigue; malgré les instances de son fils, il ne put se décider à s'éloigner avant que de savoir notre sort. Le soir, et nuit fermée, il revint près de la ville, se jeta trempé de sueur dans un champ de blé couvert de rosée et attendit Henri, qui se rendit par les dehors chez Mme de Damas. A peine Henri se donna-t-il le temps de prendre un moment de rafraîchissement; il prit nos assignats, sut que nous nous trouvions aussi résignées que possible et que tous nos vœux se bornaient à la fuite des deux êtres chéris sur qui reposait notre existence.

Malheureusement, en sortant de la maison, mon pauvre frère tomba sur le genou; il lui fallut un courage surhumain pour braver la douleur d'une enflure toujours croissante. Il rejoignit mon père, dont le premier mouvement fut de se rendre et de nous délivrer. Henri obtint quelques heures pour y réfléchir, et ils s'acheminèrent vers un vallon appelé Lentive, dans le voisinage du Val-Saint-Lieu, ou Val-des-Choux.

Leur course dura toute la nuit. La faim, la soif, les avaient épuisés; ils suçaient des feuilles mouillées de rosée, leur bouche en était plus desséchée. Au point du jour, les illusions d'une imagination troublée leur faisaient voir partout des embuscades et des personnes qui les cherchaient. Cachés enfin sous un rocher, le besoin décida mon frère à se glisser au Val-des-Choux, où vivaient un vieil homme d'Essarois, le père Ronot, et sa femme, beaucoup plus jeune. Ce fut elle que vit mon frère ; elle comprit le danger, et voulut que mon père se cachât dans l'enceinte presque déserte de ce monastère isolé. Elle donna du vin, un jambon à demi cuit et ce qu'elle avait alors de pain ; ses moissonneurs avaient tout emporté.

Il fallait se décider. La retraite au Val-des-Choux ne parut point sûre à mon père, dans ce moment des travaux de la campagne, quand tant de gens y étaient réunis. Fuir, nous laisser captives ! Il croyait préférer la mort. D'ailleurs, l'état de mon frère lui rendait la marche impossible ; mon père fit prier la bonne Mme Ronot de lui envoyer le vieux Bourceret, son ancien meunier, homme dévoué et à qui les bois, jusqu'à une très grande distance, étaient connus comme un jardin. C'était lui qui pourrait le guider. Bourceret vint, son âme fut navrée. Mon père voulut aller à la lisière du bois et savoir encore une fois à quoi s'en tenir sur notre position, décidé à partir ensuite. Le pauvre guide perdit la tête et se trompa de chemin ; il fit marcher durant douze heures ces malheureux exténués. A la fin de la nuit pourtant, se trouvant à portée de la ville, mon père lui dit d'y entrer, de pénétrer chez M. Gris, notre maître de forges et notre hôte, de lui demander un pain, une bouteille de vin et de nos nouvelles.

Je ne détaillerai pas ce qui se passa alors : la Providence a fait notre salut de ce qui devait être notre perte, et tout doit être pardonné. Soit méprise, soit peur, le paysan fut retenu, le comité de surveillance averti, et deux gendarmes vite déguisés suivirent les pas de Bourceret, quand celui-ci rejoignit mon père. Un seul parti restait, celui de déclarer que c'était volontairement que le prisonnier venait se rendre. Après avoir cédé au besoin impérieux de prendre quelques aliments dans une ferme sur la route, mon frère, mon père chéri, furent amenés à midi à la maison d'arrêt.

Ce que j'avais éprouvé depuis le matin ne peut s'imaginer ni se peindre.

Dès l'arrivée de mon père à la prison, je fus appelée à la municipalité, dont les membres étaient réunis. La première question qui me fut adressée fut : si je savais la musique. On me lut enfin une lettre adressée, pour tout renseignement, à la citoyenne Victorine. Cette lettre, non signée, était de Delmasse même, à qui j'avais écrit au moment de mon retour à Châtillon. J'en écoutai la lecture avec la plus sérieuse attention. A travers un imbroglio de musique et de spectacles, je compris que M. Arnoult, celui auquel avait été adressée cette fatale lettre de mon père, avait été nouvellement arrêté ; le style du tutoiement donnait une grande vivacité aux expressions de cette lettre.

L'arrestation d'Arnoult était une grande et terrible nouvelle pour moi ; je n'en témoignai rien, je déclarai ne pas connaître l'écriture, ni son auteur. On me tint deux heures. Je me sentais si supérieure à tout ce monde, et à ceux qui me harcelaient surtout, que je répondais peut-être avec trop de hauteur. Quelques-uns de mes juges étaient fort affligés ; ceux-là m'eussent attendrie si j'avais eu encore le moyen de m'attendrir.

Cependant, par une grâce du Ciel, la municipalité n'imagina rien de mieux que d'envoyer un express à Vallée pour l'informer que mon père s'était rendu ; on fit partir un homme à pied, et tous ces délais nous sauvèrent.

Ma pauvre mère, sans nouvelles depuis le matin, et réellement au désespoir, écrivit d'une main mourante à la municipalité, pour demander qu'on la remît chez elle, puisque mon père était de retour. On l'y transporta, en effet, et le soir aussi mon frère fut libre; je me trouvai heureuse d'être retenue et de rester avec mon père.

Maman demanda à voir son malheureux époux; on lui accorda un quart d'heure, par délibération municipale, et en présence du commissaire. Une chaise à porteurs la conduisit jusqu'au guichet; les prisonniers se retirèrent tous, et, précédée du commissaire, elle entra dans la chambre du concierge. Je tire tous les voiles sur ce moment terrible : le commissaire, sa montre sur la table, se tenait avec moi près de la fenêtre; à la quinzième minute il donna le signal, et il fallut se séparer.

Cependant la Providence ménage des consolations, dans les moments où la nature ne pourrait supporter l'excès de son angoisse. Després, ce bon Després, avait fait des efforts pour nous servir utilement à Paris, et ne découvrant rien de la cause de nos alarmes, il avait pris le parti de venir se mieux informer. Il arriva après cette cruelle séance; il vit maman, trouva le moyen de m'apparaître aussi en prison, et nous sembla un messager du ciel. Hélas! il ne pouvait nous donner d'espérances; mais il nous assurait que nous avions un ami, et que du moins nous serions secourus. Cet ami dévoué partit sans vouloir prendre aucun repos.

Le jour suivant, nous vîmes revenir mon frère; le comité de surveillance, effrayé du coup de foudre qui nous frappait, crut devoir quelque chose à sa propre sûreté. « Considérant, disait l'arrêté, l'union qui règne dans la famille », il paraissait démontré que les enfants étaient complices de leur père. La fille était retenue pour un fait personnel, le fils serait arrêté aussitôt, et attendu que la femme Chastenay était attaquée d'une maladie qui annonçait une fin prochaine, il lui serait donné un garde, pour l'empêcher de communiquer avec qui que ce fût.

Le commissionnaire envoyé à Dijon rapporta de Vallée l'ordre de lui conduire mon père; délai nouveau, nouveau bienfait qui rentrait dans ces voies secrètes que nous ne savions pas bien apprécier encore. Un cabriolet fut trouvé, le brigadier et un autre gendarme vinrent s'emparer de mon père. On l'enleva de nos bras; je ne me souviens plus bien de ce moment, mais cette fois mes larmes coulèrent.

Je ne pourrais, je l'avoue, me rendre un compte précis de ce qu'avaient été mes impressions pendant ces deux jours, où j'avais mon pauvre père près de moi et sous mes regards. Il est des épreuves trop fortes pour les facultés de l'esprit, l'imagination se paralyse. Sans la prière, mon âme eût été morte. Père tant chéri! J'étais près de lui, et, je crois, sans lui parler. Je me souviens qu'il ôta de son cou un ruban vert qu'il y portait, en spécifique, contre le mal de gorge; il ne voulait pas qu'on y vît un signe secret de ralliement. Je pris ce ruban, je l'ai encore.

Le courage tranquille de mon père est encore aujourd'hui ce que j'admire le plus; ce n'était pas un stoïcien qui se raidissait contre la douleur, c'était un sage sensible et résigné, et dont l'âme noble et pure appelait le regard du ciel.

Que de détails odieux et grossiers, dans l'histoire d'une arrestation! Ces gendarmes qui le conduisaient n'entretinrent mon père, ou ne s'entretinrent entre eux que du prix qu'ils mettraient à son vin, quand on en ordonnerait la vente; de la valeur des bois et de la terre d'Essarois, de ses acquéreurs, quand on viendrait l'afficher. Il fallait se mettre au-dessus de ces injures de détail.

On descendit mon père à la *Galère* (1); il y dîna. Je l'ai entendu se louer avec reconnaissance des attentions délicates de deux jeunes gens qui se trouvèrent à sa table, et qui, je l'ai su depuis, ne purent assez s'étonner que cet homme si doux, si calme, fût une victime désignée et allait être mené au tribunal de sang. Mlle de Framery se trouvait à Dijon; elle rendit à mon père les soins d'une fille tendre. Elle pénétra, pour le voir, jusque dans la Conciergerie, où il fut écroué le même soir; quand on est bien malheureux, les consolations bercent l'âme.

Mon père apprit dans cette sombre demeure qu'Arnoult l'avait récemment habitée, et qu'il était parti pour Paris depuis deux jours; il sut que ce triste auteur de nos maux avait reçu la visite de quelques avocats et disposé quelques plans de défense. Le concierge, M. Villée, dont tous les prisonniers ont répété l'éloge, engagea mon père à profiter du moment; il lui dit qu'à Paris il serait sans secours, et fit mander aussitôt M. Legoulx et un autre avocat, alors assez célèbre. M. Legoulx frémit d'être appelé, mais il vint; il entendit mon père, fut ému jusqu'au fond du cœur d'une situation comme la sienne, et sans le flatter d'aucun espoir lui dicta, à tout hasard, quelques lignes de plaidoyer. L'autre avocat répondit sèchement qu'il ne défendait pas un comte aristocrate; lâcheté insigne et maladroite.

Vallée absent ne vit mon père que le lendemain et félicita M. Legoulx, qu'il trouva près de lui, de remplir ainsi son ministère; il fut poli, presque respectueux, demanda des nouvelles de maman, fit repartir le farouche brigadier et donna à mon père, pour le mener à Paris,

(1) Hôtel de Dijon, dont il a déjà été question plus haut.

un gendarme appelé Bernard, avec l'ordre de passer à Châtillon, d'y conduire mon père chez lui et de l'y garder vingt-quatre heures.

Bernard, dans ses tristes fonctions, avait gardé un cœur sensible; il usa envers son prisonnier des plus grands ménagements : sur la route, à portée d'un bois, mon père voulut descendre; Bernard, loin de songer à le suivre, se tourna dans le cabriolet et feignit de se livrer à un sommeil profond. Mon père a toujours pensé depuis qu'il avait désiré lui fournir le moyen de s'échapper. La tentation en fut courte, mais vive; toujours plein de l'image de notre captivité, certain qu'il allait revoir maman, trop incertain aussi des moyens de salut, après un instant de réflexion mon père remonta en voiture et arriva à Châtillon.

Il était, je crois, de neuf à dix heures. Mon frère et moi demandâmes à sortir escortés, pour l'embrasser encore une fois; positivement refusés, nous ne voulûmes pas que mon père risquât d'entrer à la prison : peut-être on l'y eût gardé jusqu'au dernier départ.

Ce départ dernier et douloureux fut plus prompt qu'on ne l'avait pensé. Bernard ne put soutenir l'idée de conduire lui-même à la mort un homme qu'en peu d'instants il avait appris à vénérer et à chérir; il déclara qu'il allait remettre son ordre, afin qu'un autre fût chargé de cette déplorable commission. Maman lui dit que mon père ne jouirait pas des heures qu'on lui avait permis de passer dans sa maison, si l'odieuse brigade de Châtillon était maîtresse de son sort. Rien ne put vaincre Bernard, l'ordre fut déposé; deux heures après, comme on l'avait prévu, une odieuse persécution força mon père de se remettre en route. Un orage effroyable, qui éclatait alors, ne fut point un motif suffisant de délai; heureusement le gendarme Roy fut celui qu'on chargea de la garde et de la conduite, et cet homme fut assez honnête pour permettre à notre excellent Priez d'accompagner son maître malheureux, en s'asseyant sur le brancard du plus rude des cabriolets.

Tous ces souvenirs sont affreux ; nous avons peine à croire qu'ils nous soient personnels et que nous ayons pu tant souffrir.

J'ai dit comment était distribué le local de notre prison. L'air y était devenu infect, à cause du nombre de ses habitants et de leur extrême misère. Des jeunes filles que je ne connaissais pas m'apportaient souvent à la grille, ou par la faveur du commissaire, de gros bouquets d'aromates et de fleurs. Ce commissaire était le citoyen Rebourceau, boulanger et brasseur, homme déjà âgé et devenu jacobin sans qu'on puisse en donner pour cause la vanité, l'ambition, ou le dérèglement des mœurs. Le citoyen Rebourceau vivait bien, avec sa vieille épouse et cinq ou six enfants, tous établis ou d'âge à l'être. Aucun ne suivait de carrière politique. Je crois en vérité que la Société populaire, comme distraction et comme spectacle, était dans la plupart des petites villes ce qui attirait surtout des sectaires à l'opinion vague de la République et de la Nation. Ces honnêtes gens, instruments et dupes bien souvent, ne pouvaient cependant résister aux ambitieux de leur classe qui eussent voulu tout perdre ; et je suis convaincue que leur force d'inertie et leur fonds de probité ont eu dans la balance une très grande influence.

Qu'on se reporte au temps d'une révolution où tout était nouveau, absolu et tranché ; où le gouvernement populaire avait été mis en action dès la première secousse, par l'institution violente, mais salutaire, des comités permanents, qui partout remplacèrent toutes les autorités, et des gardes nationales qui partout maintinrent la sécurité. D'honnêtes artisans, de petits commerçants, trouvaient agréable le soir d'aller entendre lire tous les journaux, d'en raisonner, d'en pérorer avec leurs égaux en talent, et de se sentir partie de l'ordre politique. Plusieurs y attachaient une sorte de devoir, et bientôt les plus modérés crurent y attacher leur sûreté. Quelques phrases de journal devinrent des symboles, quelques mots vagues des arguments irrésistibles, et la bigarrure qu'offrit à cette époque la langue vulgaire dut influer sur l'incohérence des idées.

Le bon Rebourceau, jacobin, comme j'ai dit, mais pénétré du sentiment de la justice républicaine, était de la municipalité et visitait la prison chaque jour; il fut touché de ma position. Mes camarades me mirent sous sa protection spéciale; dès le second jour on l'appela mon tuteur, et ce titre fit un prétexte aux témoignages qu'il me donna d'une inexprimable obligeance.

La Société des Jacobins nommait deux commissaires aussi, chaque semaine, pour s'informer du sort des prisonniers. Cela était vraiment fraternel, et plût à Dieu que partout il en eût été de même! Il n'est rien de tel que de s'entendre, que de se voir, que de converser.

Mes commissaires furent tous d'une extrême bonté; un seul, plus sombre et plus ardent, s'avisa une fois de faire une harangue sur ce que je n'étais pas à table avec mes compagnes : je lui répondis doucement que je mangeais trop peu pour être comptée comme convive. Mes camarades, à peine nourris, — car tout manquait, — n'étaient guère dans le cas de partager, et ils étaient d'ailleurs trop bons pour moi, pour que l'heure du repas rompît nos relations, s'il y avait eu de réels motifs. Cette sortie n'en fut pas moins renouvelée ; elle avait été préparée, mais jusqu'au bout de la ville et dans la Société, tout s'éleva contre son auteur.

M. Carteret, dont j'ai parlé, exerçait un empire assez grand dans la prison et au dehors ; il comptait pour amis tous ces gens du second ordre qui composaient la Société. Il avait pu se familiariser, grâce au régime fraternel, jusqu'à les suivre au cabaret et leur y donner des festins. D'ailleurs, il parlait assez facilement, avait de la douceur, de la bonté dans les manières, quelque chose de simple, de rond, de rustique quand il le fallait, et au club il dominait tout. Les employés des administrations étaient ses camarades, au moins par circonstance ; les autres personnes de la ville ne le connaissaient pas, ou ne connaissaient de lui que des dispositions obligeantes, car il leur rendait service pour tout ce qui dépendait de lui. Rien ne pourra jamais m'empêcher de reconnaître ce que je dus à sa protection, à sa bonté, à sa délicatesse, durant les jours que nous passâmes ensemble. Il me montra la plus tendre pitié, l'intérêt le plus consolant, et ne m'adressa pas un seul mot qui pût effaroucher mon imagination ou me causer le moindre embarras.

Un autre de mes compagnons, M. Rouyer, receveur de l'enregistrement, était un père de famille, honnête, probe, intéressant. De même aussi M. de Fresne. Je vois encore cet homme excellent, toujours vêtu et se tenant avec propreté et décence. Deux fois seulement, je crois, l'excès de la chaleur lui fit quitter sa petite redingote et l'obligea de paraître en gilet, dans la foule que nous composions. Ancien et brave militaire, il jouissait, lors de la Révolution, de la considération que lui méritaient ses récits des campagnes d'Amérique. Il avait une jolie fortune, une belle maison, et menait une vie pleine d'aisance avec son frère, ancien marin, le chevalier de La Ronchère. L'émigration enleva ce dernier ; M. de Fresne, resté pour veiller aux intérêts communs, vit démembrer cette fortune, arrondie et réglée à force d'ordre et de soins. Il lui fallut prouver lui-même sa non-émigration ; un certificat de séjour à Luxeuil inculpait de faux un certificat de résidence non interrompue, qu'il avait obtenu à Châtillon, et le malheureux, soumis, quand je le vis, à une procédure criminelle, attendait un jury d'accusation et peut-être une condamnation aux galères.

M. de Fresne ne fut pas, comme M. Carteret, et dès le premier jour, le confident de mes chagrins et de mes vœux ; il avait attendu pour me voir jusqu'au soir de mon arrivée, et c'était M. Carteret qui m'avait reçue. Ce dernier, d'un âge plus rapproché du mien, avait un tout autre crédit dans la maison et au dehors. Cependant M. de Fresne fut toujours bon pour moi ; je n'oublierai jamais qu'il me dit une fois : « Si, le jour où je serai envoyé aux galères, j'apprends que votre père est sauvé, je bénirai le ciel de mon sort. »

Une espèce de roulier, appelé Agnus, se trouvait arrêté comme complice de Mongin. Cet homme avait une fille de six ans, qui n'avait jamais voulu le quitter. La pauvre petite est devenue sourde à l'excès ; elle est servante à Saint-Mards, et me comble toujours de joie et d'amitiés lorsque j'y passe. Le pauvre Agnus est mort à peu près fou.

Nous avions un vieux curé, tout à fait respectable, que l'on avait appelé M. Veto. C'était le curé de Villedieu, et son crime était d'avoir dit : « Il vous faudra un roi, ne fût-il pas plus grand que le petit bout du doigt. »

Le curé de Montigny était un honnête homme, qui avait fait dans sa jeunesse un congé dans un régiment; sa qualité de prêtre était son crime. Sa malle me servait de siège, quand j'avais à écrire; le reste du temps, je m'asseyais sur les lits.

Le curé de Loesme était vieux et bon homme. Mes camarades le tourmentaient un peu, à cause de sa simplicité. A tout il répondait d'un accent mécontent : « Qu'est-ce que ça vous fait ? »

Le curé de Bure ne manquait pas d'esprit; il était là comme *monginiste* (1) et non comme prêtre, car il avait pris le parti de se marier. Il était l'ennemi mortel de M. Carteret, et cependant il ne devint pas le mien. Je faisais chaque matin ma prière dans le jardin, et quand il y descendait à ce moment, jamais il ne me troublait ni me disait un mot qui eût pu me faire de la peine.

Un ancien moine, renégat et fort bête, était l'objet de la mésestime de tous; il était assez doux.

Je ne peindrai pas en détail tous mes compagnons de prison. Il s'y trouvait une cuisinière d'un vieux chevalier d'Argenteuil, et le beau-frère de cette femme, suspect comme elle. Ils ont été détenus treize mois, et la nouvelle du 9 thermidor apprit seulement à Fanchon le nom même de Robespierre. Fanchon fut excellente pour mon frère et pour moi.

Nous avions des laboureurs, plus ou moins riches, et en assez grand nombre. Ils n'avaient pas fourni leurs réquisitions aux marchés; pendant qu'on les retenait et qu'on menaçait leurs vies, leurs femmes cachaient le peu de blé qu'ils possédaient encore. Nous avions le frère Jean, ancien ermite d'Aignay, et d'autres malheu-

(1) Partisan de Mongin, farouche révolutionnaire de la Côte-d'Or.

reux réduits à la paille. Je vis passer un homme au désespoir; il avait vendu de la poudre de chasse moins cher à prix d'argent qu'au prix des assignats; dénoncé, il fallut qu'il passât en jugement. J'ai su qu'il s'en était tiré, mais il dut comparaître à Dijon; ce fut Bernard qui l'y ramena, après qu'il eut quitté mon père. Ce malheureux avait sept enfants et s'écriait à chaque instant, d'un ton que je crois entendre encore : « Serai-je donc guillotiné ? »

J'ai vu MM. Gris, perruquier, Michâteau, honnête procureur, et un autre, en prison pour un fait semblable; il s'agissait seulement de poudre à poudrer, leurs amis arrangèrent l'affaire. J'ai vu M. Huguenin, ferblantier, condamné à dix jours de prison pour avoir mis son habit des dimanches le dimanche. Il entra en prison revêtu de la pièce probante, un bel habit de drap vert-pomme, avec de beaux boutons de nacre : « Ce n'est pas moi qui suis en prison, disait-il, c'est mon habit. »

Nous eûmes un maire de village qui, dans un moment de délire, ayant voulu profaner une hostie, crut lui voir exprimer du sang. L'affaire de cet homme eût été des plus graves, il me paraît qu'on l'étouffa. Le nommé Malgras, cabaretier à Vaurois, fut prisonnier plus de quatre mois comme complice de Pitt et Cobourg; il avait lu le journal tout haut, devant sa porte, un jour que ces mots s'y trouvaient : « Un particulier a été arrêté au spectacle pour avoir crié : Vive Pitt ! vive Cobourg ! »

Je ne saurais nommer, sans me louer de tous sans réserve, un seul des nombreux et divers camarades que j'eus alors; tous, jusqu'aux Prussiens de la cour basse, étaient pleins d'intérêt pour moi. On m'appelait mademoiselle, du haut en bas de la maison ; la complaisance de tous pour la *demoiselle* était extrême. On eût dit quelquefois que j'étais seule en prison ; le ciel puisse-t-il m'acquitter envers mes bons consolateurs !

Ma bonne venait tous les jours nous voir quelques minutes et nous apporter le nécessaire le plus strict. Je fus nourrie à peu près de gaudes à l'eau (1) ; mon frère s'était habitué au régime effroyable des autres : salade à l'huile de navette et autres mets de cette recherche. Tout manquait.

Le dessin fut la ressource de mon frère. Il fit sur un livret tous nos portraits ressemblants. Cette collection me sera à jamais précieuse ; je puis dire qu'elle est historique (2) : je m'y trouve avec mon costume, c'est-à-dire mon voile d'organdi (3) sur un bonnet pareil et plat, et mon grand fichu de linon (4).

Je fis demander une guitare et j'essayai d'en tirer des accords ; M. Carteret et mon frère faisaient crier leurs flageolets. Le soir, nous chantions tous, comme dans toutes les prisons, la *Marseillaise* à grand chœur. Nous appliquions ce qu'elle a de plus énergique à l'oppression dont nous étions victimes. Ces distractions étaient bien tristes, et cependant les heures passaient ; mon frère ni moi n'en prévoyions le terme. On rapporta qu'il était question de nous transférer tous aux anciennes Carmélites ; on sut que M. Delacroix père avait dit, en faisant un soupir : « Les malheureux ! Que je les plains ! Comment feront-ils pour y passer l'hiver ? » Cette inquiétude me parut d'un bon cœur. Mes compagnons se révoltèrent à la pensée de passer leur hiver en prison.

(1) Bouillie faite avec de la farine de maïs.
(2) Ce recueil appartient à M. Auguste des Étangs, président honoraire du tribunal civil, à Châtillon.
(3) Mousseline très claire.
(4) Toile de lin, très déliée.

Madame Victorine de Chastenay
d'après un dessin fait par son frère dans la prison de Châtillon
1793

Une scène, qui m'épouvante encore, arriva dans cette prison. Un habitant des campagnes voisines vint voir M. Carteret un moment; en le quittant, il dit tout haut : « Je suis en sûreté et tranquille, j'ai fait guillotiner mes ennemis. » Ces paroles cruelles me firent mal. Deux jours après, Vallée arrive ; il me fait une visite qui ne pouvait que boulever mes sens ; il allait arrêter cet homme dont la confiance reposait sur la mort des autres. Il l'emmena de suite à Dijon ; l'épidémie des prisons s'empara de lui : huit jours après, il n'était plus.

Le départ de mon père ne m'avait plus laissé de souvenir pour mon affaire personnelle. Un soir, M. Cornillac-Lambert, libraire, membre de la municipalité, trouva moyen de se glisser en prison et me supplia, les larmes aux yeux, de lui expliquer le mystère de la lettre. Bien éloignés d'en soupçonner l'auteur, ceux qui avaient saisi cette lettre y voyaient une conspiration. Touchée, comme je le devais, d'une démarche obligeante, je crus devoir m'en tenir à mon système. Cette preuve d'intérêt est la seule que j'aie reçue, dans un moment où ma perte se préparait.

En effet, on me fit redemander à la municipalité, le our où j'y pensais le moins. Tous mes juges étaient rangés, les greffiers étaient à leur table et le procureur de la commune à la sienne. Le pauvre Faitot, marchand honnête de Châtillon, que nous avions connu de tout temps, était chargé d'interroger, comme premier officier municipal; il n'en eut ni la force ni le courage : il n'osait pas me regarder.

Un notaire de la ville, nommé maire, mais non encore admis, parce qu'on le regardait comme douteux en vrai patriotisme, fut prié de suppléer M. Faitot, ainsi qu'il l'avait fait lors de mon premier interrogatoire, et comme il le faisait toujours. On avait besoin de lui pour toutes les affaires ; il les faisait et ne signait pas. De cette manière, il se ménageait assez bien, sinon entre les partis, du moins entre toutes les personnes. Il avait gardé sa frisure, son chapeau à trois cornes, et ne portait pas même le bonnet de police ; il avait un habit, et point de carmagnole. Il servait sourdement et puissamment ses amis véritables, et laissait faire d'ailleurs ce qu'il ne pouvait empêcher. En régularisant l'opération qui me concernait, je suis sûre qu'il se dit qu'il me rendait service ; il aurait peut-être eu de la peine à me le démontrer ; de bonne foi prenons les hommes comme ils sont.

Ceux dont la sensibilité fut pour moi la plus apparente furent M. Cornillac, non désabusé aujourd'hui même, je crois, sur la conspiration que je refusai de lui avouer ; M. Rebourceau, *mon tuteur* ; M. Sauvageot, plutôt cultivateur et villageois que citadin : c'était un habitant de Chamont (1), honnête et bon, que je voyais alors pour la première fois. Les autres étaient en général des poltrons et non des méchants. Tout cet assemblage était étrange, et je me souviens d'une des moins humaines figures, coiffée d'une perruque à marteaux (car elle était vieille), et dont le vêtement était une carmagnole rayée de lilas et de blanc.

Les questions étaient préparées et composaient un gros cahier. M. Charles, greffier, en essuyant furtivement des larmes réelles, écrivait lentement mes réponses. On me fatigua de cet exercice pendant près de quatre heures ; mes réponses furent aussi nulles que les questions étaient peu spirituelles : je m'en tins à la musique, à l'opéra des *Précieuses ridicules*, que j'avais

---

(1) Chamont ou Chaumont, un des quartiers de Châtillon.

composé et que je voulais qu'on représentât. On me dit de signer ; je demandai pourquoi et ce que devait devenir cette affaire. Le procureur de la commune me dit qu'elle allait passer au District et serait envoyée de suite au tribunal compétent. « Quel est, demandai-je avec surprise, le tribunal compétent ? » On se taisait. M. Viaudey, de la table du greffe, s'écria d'un son de voix terrible : « Il convient de ne tromper personne ; le tribunal compétent, c'est le Tribunal révolutionnaire. » A ces mots, ce furent la colère, l'indignation, et non la peur, qui saisirent d'abord mon esprit. « Je vois, dis-je, le sort qui m'attend. Je ne me fais aucune illusion, mais il est odieux que douze hommes, dont pas un seul ne me connaissait il y a un mois, se soient unis pour conspirer ma mort. » Plusieurs voulurent reprocher à M. Viaudey ce qu'ils appelaient son imprudence. Je signai et parafai tout, et je rentrai dans la prison.

Le bon de Fresne était à la porte. « Eh bien ? me dit-il. — Eh bien ! lui répliquai-je, vous me verrez sur le journal dans quinze jours. — C'est bien dommage », reprit M. de Fresne. Ce mot me sera toujours présent. Pour moi, je ne songeai qu'à voir Alexandrine. Je la fis partir pour Dijon ; je la chargeai de parler à Delmasse, de lui dire que rien au monde ne me ferait trahir son secret, et d'ajouter que pour prix de mon dévouement certain je le conjurais de servir mon père. L'idée de mon avenir me préoccupa peu d'ailleurs, et je ne désirai qu'un beau jour. Hélas ! la route était trop sûrement tracée : Auguste de Damas venait de succomber ; extrait du Luxembourg, où il était détenu, sous prétexte d'une conspiration, le malheureux enfant avait péri, et sans que personne eût le temps de songer à le secourir.

CHAPITRE XIII

M. de Chastenay à la Conciergerie (1794); émouvante rencontre avec Arnoult, son accusateur. — Derniers moments des condamnés. — Genre de vie des prisonniers. — Mme de Chastenay mise en liberté. — A quel moment la révolution de Thermidor produisit réellement ses effets. — Acquittement de M. de Chastenay, défendu par Réal (22 septembre). — Causes mystérieuses du salut de M. de Chastenay. — Mort du jeune Auguste de Damas; Fouquier-Tinville.

Mon père avait fait son triste voyage. Le lendemain de son départ, maman, dans le désespoir où elle était plongée, imagina d'écrire à Robespierre. Son papier avait reçu l'empreinte de ses larmes plus que celle de sa plume tremblante. Sa lettre avait été lue tout haut à la municipalité, dont elle demanda le consentement; elle y fendit jusqu'aux cœurs les plus durs. On expédia le passeport du courrier; Toussaint partit. Maman croyait qu'il pourrait rencontrer mon père, il le manqua. La lettre devait être confiée au seul Després. Toussaint nous dit, à son retour, des choses véritablement absurdes, mais je ne sais comment elles étaient de l'espérance. Toutes les âmes pieuses de la ville étaient en prières pour nous. C'était de Dieu et de la prière que nos âmes recevaient, en effet, les seules consolations qui pussent les relever; nos facultés, absorbées tout entières, ne trouvaient de direction que vers le Ciel. Dans le calme brûlant des soirées de la saison où nous étions alors, nous croyions approcher nos cœurs de l'être tant chéri qui contemplait au même instant la même lune, le même firmament, et implorait le même ineffable secours.

On célébrait le cinquième anniversaire du fameux 14 juillet le jour même où mon père entra dans la sombre Conciergerie. Laissé tristement dans la cour et appuyé sur son paquet, un agneau qu'on y élevait vint à lui et le caressa; épuisé de soif, il ne savait à qui il pourrait s'adresser : un brave homme, appelé Gruau, vint lui apporter un verre d'eau. Puisse Celui qui doit en tenir compte récompenser ce témoignage de pitié! L'abbé Mongin, qui tout au plus connaissait mon père de figure, passa près de lui par hasard ; il le reconnut, le fêta, le conduisit à la chambre appelée la *République*. Un nommé Grignon, gentilhomme, avait laissé un lit vacant : il avait été acquitté. Les prisonniers voulurent que mon père occupât aussitôt ce lit, en lui disant que c'était pour lui un bon augure.

Dans le calme de l'heureuse vie dont il nous est donné de jouir aujourd'hui, au moment où le vingt-troisième anniversaire de la plus heureuse délivrance vient de s'écouler, à l'ombre des bosquets plantés presque tous depuis ce temps, comment trouver des couleurs capables de peindre exactement ces circonstances terribles? L'âme peut-elle rentrer dans la profondeur de ces impressions, dont le souvenir même n'a plus pour elle que l'effet d'une ombre effrayante? En se trouvant à la Conciergerie, mon père sentit une consolation à se rappeler qu'en d'autres temps il y était entré pour le salut de plusieurs pères de famille, d'un village appelé Choiseul (1), et poursuivis pour faits de douanes, par des

---

(1) Choiseul (Haute-Marne).

tribunaux d'exception, qui formaient sous l'ancien régime une institution haïssable et barbare.

Une scène cruelle succéda à cette émotion salutaire; Arnoult, ce malheureux qui avait conservé par malveillance la lettre de mon père, *à cause du cachet*, comme il était écrit sur l'enveloppe, Arnoult osa, à la vue de mon père, s'écrier qu'il était sa victime, et qu'un comte, un aristocrate, le dénonçait au tribunal. L'horreur de cette accusation, si facile à rétorquer, mais augmentée d'un péril évident par les vociférations de deux ou trois hommes grossiers ameutés par ce vieillard frénétique, ne déconcerta pas l'innocence de mon père; il retrouva toutes ses forces, pénétra dans la première chambre, exigea qu'on l'y entendît, y fit appeler les prisonniers de la *République*, où il venait d'être reçu, et fit connaître sa situation avec tant d'énergie et de vérité que la cause d'Arnoult fut perdue. On le transféra; il l'eût été, sans aucun doute, à la requête des prisonniers. L'infortuné, à ce qu'il paraît, ne conservait pas sa raison.

Une espèce de cachot, contenant sept ou huit grabats, formait ce qu'on appelait la chambre de la *République*; le prévôt, nommé Boucot, était un respectable marchand de la rue Saint-Denis. Les autres chambres, pour la plupart, étaient encore plus horribles. Chaque soir on apportait, ou plutôt on criait dans la cour ce qu'on appelait le *Journal du soir*, c'est-à-dire les actes d'accusation qui étaient, pour ceux qui les recevaient, l'arrêt de mort du lendemain. Cette prison, devenue le vestibule de la Mort et sequestrée du monde vivant, conservait toutefois le privilège d'être exempte de la gamelle, c'est-à-dire du régime cruel auquel les habitants des autres prisons étaient condamnés. On mangeait, on buvait à volonté dans les murs de la Conciergerie; les victimes pouvaient s'engraisser, et les guichetiers avaient leur part des vins et des mets recherchés. Ainsi donc, le soir on tenait table, on chantait, on s'étourdissait, et le courage devenait insouciance; la *Marseillaise* se chantait à grand chœur, ainsi que les plus beaux airs patriotiques du temps; mais une romance que tous les prisonniers ne cessaient alors de répéter était celle de M. de Mont-Jourdain (1). Cette complainte avait été depuis peu improvisée par ce jeune homme, enlevé, dans la fleur de son âge, à ses parents, à son épouse, aux espérances, au bonheur. Il l'avait composée entre les deux guichets, entre sa condamnation et le départ pour le supplice. Ce chant de mort, sur un air du vaudeville *la Soirée orageuse*, fut répandu dans tout Paris, et il y servit d'expression au sentiment universel, et jusque-là concentré, de la pitié.

Quand le moment fatal arrivait, la victime payait à la nature un tribut de larmes, que partageaient ceux qui devaient si promptement la suivre; elle faisait ensuite ses dispositions, autant que le permettait un si affreux séjour; enfin, l'un des nouveaux amis de son malheur, celui qui lui avait inspiré le plus de confiance et d'estime, aidait le mourant à jeter les yeux sur le fond de sa conscience, sur le cours passé de sa vie. On allait paraître devant Dieu, on ne voyait que sa miséricorde; mais le moins dévot désirait s'accuser à lui-même ses fautes et se présenter pur, ou seulement fragile, devant le trône de l'Éternel. Le matin, on avait soin de déjeuner à fond, pour que la nature affaiblie ne trahît point le courage de l'âme; on partait, et bientôt l'abîme était ouvert.

(1) N.-R. Mont-Jourdain, chef de bataillon de la garde nationale de Paris, né à la Rochelle, en 1737, guillotiné le 19 pluviôse an II (27 février 1794).

En quatorze jours entiers que mon père passa dans ce Tartare, avant le jour du 9 thermidor, je n'oserais nombrer les victimes qui le traversèrent sous ses yeux. Outre les prisonniers de la Conciergerie même, chaque prison envoyait les siens; les bières roulantes marchaient le soir ou quelquefois au point du jour. Là se trouvait tout confondu, vieillesse, enfance, beauté. Le jeune Fortuné de Maillé, qui n'avait pas quinze ans, fut pris, en entrant dans la cour, pour une jeune fille déguisée. MM. de Vergennes, père et fils, arrivèrent; l'un était presque mourant du traitement de sa captivité : on faisait manger aux prisonniers de la luzerne pour épinards. L'un de ces infortunés reconnut mon triste père et le pria, s'il lui survivait, de porter à sa veuve, à ses ... s affligées, son dernier sentiment et son dernier soupir. Je ne puis étendre ces détails, mon cœur frémit, mes regards se détournent.

Priez, cet ami admirable, était chaque jour à la porte de la funeste demeure de mon père. Au grand soleil, durant de longues heures, il s'efforçait de former des liaisons avec les guichetiers différents. L'inappréciable Després, sa chère et généreuse épouse, prenaient soin d'envoyer chaque jour du linge, des aliments, des vins, pour entretenir les compagnons d'infortune et leurs gardiens les plus farouches; enfin, un billet tout ouvert, dont la réponse était remise de même : tout rapport plus direct eût été impossible. La mère Richard, comme on l'appelait, femme du concierge en titre, menait seule toute la maison. Sévère et rigoureuse sans doute, elle préservait pourtant les prisonniers de toute vexation secondaire; elle contenait les guichetiers, et il n'est pas un prisonnier qui ait eu à se plaindre d'elle.

Mon affaire n'était pas finie; je sortis pourtant de

prison. La concierge tomba malade, et la décence ne souffrait pas qu'une fille de mon âge allât se réfugier dans une chambre où se trouvaient quinze hommes; on me donna ce prétexte, du moins, et la municipalité consentit à me renvoyer sous la responsabilité du garde donné à maman. Je sortis donc, après dix-neuf jours de prison, tellement défigurée par les insectes de tous genres que j'en avais presque perdu l'usage d'un œil. Je sortis, mais ce n'était pas alors pour moi une délivrance, et la dureté de mon sort en prison m'associait mieux, selon mon cœur, à la misère de celui de mon père. Je me croyais plus près de lui, dans une situation rude comme la sienne, et je croyais le soulager en partageant ses maux.

Quel état que celui de maman! Jamais l'image de la douleur ne s'offrira à moi sous des traits plus déchirants. Débile, malade, épuisée, elle ne savait plus communiquer du tout par le cœur ou par la pensée. Les premiers jours, je les passai toute seule; je regrettais presque ma prison; ma pauvre mère ne put me parler qu'après quelque temps d'habitude. Elle priait; elle avait vu le désespoir prêt à l'atteindre, elle avait ouvert le seul livre où elle pût reposer son angoisse; elle y vit ce psaume si touchant : *Dilexi,* le psaume CXIV, à tout jamais sacré; elle y retrouva la raison et des forces. Mes larmes coulent à ces souvenirs.

Je ne sais si c'est avant ou après ma sortie que Mlle Gautier revint de Paris, mais je n'oublierai jamais que cette excellente amie et ma bonne Chenard remirent entre les mains de maman le peu d'argent, le peu d'or qu'elles avaient conservé, leurs gobelets d'argent le peu de bijoux qu'elles avaient. Anges de bonté et d'amitié! Vertus sans ombres et si touchantes dans leur constânte simplicité!

Mon affaire fut arrangée. Le district nomma des commissaires ; ma partition des *Précieuses ridicules* fut extraite de nos scellés. On se contenta de mes réponses, que ce fatras de musique confirmait, et ma liberté définitive fut prononcée le 7 thermidor (1).

Je ne fus guère plus avancée. J'étais libre, je pouvais sortir, aller voir mon frère en prison ; mais pouvais-je servir mon père? Delmasse, pour qui j'avais failli me sacrifier, demeurait toute mon espérance ; je demandai un passeport pour aller à Dijon. Jamais je n'ai rien demandé avec tant de ferveur, jamais refus plus opiniâtre ne me fut plus durement opposé. « Nous ne pouvons pas nous compromettre » : telle fut l'unique réponse à un déluge de larmes. Je me souviens qu'une voix demanda ce que signifiait ma liberté ; mon frère était détenu, sans être plus coupable, et je devais au moins faire que l'on pût m'oublier. Ce n'étaient pas ces propos qui me fendaient le cœur ; des fers m'auraient bien mieux convenu qu'une liberté inutile.

Cependant, le 9 au soir, un courrier arriva ; c'était le bon Priez. Nos amis l'envoyaient ; nos amis, c'était Després, c'était Plaine-Deligny, ancien homme d'affaires de mon père, qui se trouvait employé au bureau des finances, homme grave, assez capable, et qui montra dans ces terribles circonstances une véritable affection. Priez nous apportait des modèles de suppliques ; il était

---

(1) Délibérations de la municipalité de Châtillon : Le 5 thermidor an II, elle ordonne la levée des scellés, pour vérifier l'opéra mentionné dans une lettre adressée à Paris à la citoyenne Chastenay et saisie à la poste. — 7 thermidor : « Vu les huit cahiers de musique... ; considérant que, loin que cet opéra présente rien de contraire aux bonnes mœurs ni aux intérêts de la République, il fait l'éloge de son auteur, et du goût et du talent de la citoyenne Chastenay pour la musique, etc. »

chargé de nous demander des renseignements de divers genres; ses lettres, ses discours, peu intelligibles sans doute, nous causèrent une sorte de joie douloureuse, et cependant présentaient l'effroyable danger, sous cet aspect de réalité que le sentiment repousse même alors que l'imagination en est plus vivement pénétrée. Le pauvre Priez était accablé de souffrances et de fatigue; il était malade au point de nous inquiéter, et ne voulait cependant pas différer son départ au delà du lendemain matin. Je passai la nuit à écrire; je copiai par extraits ce compte rendu que mon père avait ébauché à Rouen. Je n'oublierai jamais cette nuit mémorable. Le lendemain, 10 thermidor, on devait célébrer à Châtillon la fête des Victoires, et avant quatre heures du matin, tous les tambours, suivant l'usage, ne cessèrent d'ébranler la ville. Cette nuit était celle qui nous affranchissait de l'empire de la Mort.

Deux jours s'écoulèrent, je crois, avant que les grandes nouvelles nous fussent parvenues. Je n'en peindrai pas l'impression. Cependant, après avoir si cruellement souffert, il n'était pas en notre pouvoir de relever nos âmes tout à coup aux réalités de l'espérance : il est des circonstances si fortes qu'elles épuisent les facultés de l'âme; on vit comme on songerait.

Il fallut quelques jours avant de juger ce que serait positivement la direction des choses. Le 9 thermidor aujourd'hui semble exprimer tout en un mot, pour ceux qui n'avaient eu jusque-là que des craintes; alors il réveilla l'idée d'une délivrance possible, pour ceux qui n'étaient que détenus; mais la nécessité de subir le jugement d'un tribunal toujours organisé sous le nom de révolutionnaire, impliquait encore des chances pénibles et des dangers. Cette espérance que nous trouvions si vague, les malheureux, pour qui tout était accompli, ne la sentaient que trop certaine. Mme de Damas refusa de me voir; l'infortunée m'écrivit que nos impressions maintenant étaient trop différentes. Mon père sauvé, elle nous verrait, mais l'espérance! elle n'en pouvait supporter la pensée; toute espérance était éteinte pour elle. A cette lettre était joint le signe d'une alliance contractée par un premier sentiment, et consacrée par la Mort, qui ne change plus. Auguste avait prié sa mère de lui donner pour moi une bague talismanique, qu'elle possédait depuis longtemps; la mère désespérée m'envoyait cette bague. Je la reçus avec respect, et je l'ai toujours conservée.

Alexandrine de Guenichon retourna à Dijon; l'intérêt de ses parents y réclamait ses soins. Elle revit Delmasse; il lui fit écrire pour maman une pétition qu'il dicta. Le département rapporta la dénonciation contre mon père; l'arrêté fut signé le 19 thermidor, et un nouveau courrier le porta à Paris. De pareilles pièces ne servent guère que d'une façon négative, mais rien jamais, rien ne doit être laissé de côté dans les grands intérêts de la vie. Enfin, M. Turlot arriva à Paris, et nous crûmes presque y être revenus nous-mêmes. Nous commençâmes à nous flatter d'éviter l'éclat d'un jugement, et d'obtenir par les seuls comités la délivrance de mon père. Sa détention à Châtillon, pure et simple, jusqu'à la paix, nous eût paru sa délivrance. Je me mis à écrire, presque nuit et jour, selon les idées de maman, et selon celles de mon frère et les miennes. C'était vers Tallien surtout que tout mon cœur se dirigeait. J'écrivais d'après le journal. Nos amis recevaient mes lettres et les remettaient suivant les espérances qu'ils éprouvaient. M. Berlier, à qui je songeai à écrire, daigna me répondre un mot encourageant; de quel prix nous fut cette lettre!

M. Michaud, directeur de la poste, recevra ici l'expression de ma gratitude la plus sincère. Il ne craignit jamais de se compromettre; il reçut nos paquets à quelque heure que je les portasse, défit souvent tous les siens, et même au milieu de sa nuit, pour nous donner plus tôt des nouvelles que nous pouvions espérer. Ce fut le 15 août que nous revîmes pour la première fois la chère écriture de mon père; c'était la première fois qu'un papier qu'il avait tenu, que des lignes qu'il avait tracées parvenaient enfin jusqu'à nous. Cela semblait une résurrection. De vives inquiétudes cependant avaient succédé un moment à nos craintives espérances : Bernard de Saintes, élu président de l'Assemblée, faisait redouter un changement de système. C'était lui qui avait remplacé ses prénoms par les noms rudes et bizarres de Pioche-fer, et avait désolé le département de la Côte-d'Or, où il avait été quelque temps en mission. Robespierre trahissait, disaient de bonnes patriotes de notre voisinage! « Qui l'eût cru, et à qui se fier? disaient-elles encore. C'est à Collot-d'Herbois que je donne ma confiance. » Le coup de pistolet reçu par Tallien, l'heureuse énergie de Merlin de Thionville, qui fit fermer les Jacobins, voilà ce qui nous sauva d'un contre-coup terrible. De ce moment seulement les bienfaits de la révolution de Thermidor commencèrent à se faire sentir dans les provinces. La prison de Châtillon s'évacua en partie; les cultivateurs furent envoyés à leurs moissons, M. Carteret demanda à se rendre aux armées, et mon frère présenta une pétition pour sa liberté provisoire. A cette époque M. Michaux-Varennes, perruquier sans pratiques, homme pauvre, un peu bègue, sans aucun talent, et cependant honnête homme, était le coryphée de la Société populaire et le membre le plus influent du conseil général de la commune. Je fis demander humblement à le voir, il fit dire qu'il viendrait chez moi; la visite imprévue de M. de Choiseul ministre, et dans sa gloire, ne m'eût pas fait plus de surprise, plus de joie, et en vérité plus d'orgueil. Il vint. Mon frère fut libre, sous la caution de Gala, honnête savetier, notre voisin, qui, toujours obligeant pour nous, n'a jamais pu se consoler d'avoir aidé à transporter maman à l'hôpital. Assurément le pauvre homme ne voulait pas nous nuire, et nous n'avons jamais pensé à lui en savoir mauvais gré. Peu à peu on leva les gardes. Celui de maman était un fort bon homme, attaqué d'un rhumatisme, et qui s'en était bien doucement remis en se reposant à la maison; maman pria M. Rebourceau, municipal, et toujours commissaire, de lui donner son congé, mais elle permit qu'il demeurât chez elle pendant quelques jours nécessaires à son parfait rétablissement.

Les jours où les nouvelles, toujours trop laconiques, que nous recevions, étaient tout à fait satisfaisantes, ces adoucissements nous annonçaient le bonheur; quand elles l'étaient moins, elles nous en faisaient mieux sentir la privation.

Je ne puis dire à quel moment M. Mongin, acquitté à Paris avant le jour du 9 thermidor, passa en secret à Châtillon, et voulut bien me recevoir un moment. Il avait vu mon père, et je ne savais pas encore quels services réels il lui avait rendus. Il l'avait vu, et je n'exprimerais pas le bonheur que j'eus à le voir. La sortie par les comités n'était plus maintenant notre espoir; c'était la chambre du Conseil qui déciderait sommairement. Le tribunal était organisé de nouveau; Fouquier-Tinville était détenu, Dopsent était revêtu de la présidence, et M. Sézille, son neveu, avait été choisi pour avocat de mon père. Combien de lettres alors, à ce défenseur, à cet arbitre de notre sort, de tout notre bonheur! Mais les retards se multipliaient; c'était, entre autres, le procès des Nantais qui absorbait tous les moments et ne laissait pas une heure pour les autres affaires.

Maman se désespérait. Ne pouvant être à Paris, elle voulut se rapprocher. Je sollicitai, et j'obtins par de bienfaisantes entremises, par des gens qui n'affectaient point d'opinions antirépublicaines, mais dont le cœur avait de la franchise et cédait au cri de la douleur, j'obtins, dis-je, un passeport pour maman et pour moi, jusqu'à Troyes seulement, il est vrai; mais de cette grande ville la correspondance était journalière, et au besoin encore on pourrait se rapprocher.

Nous nous reposâmes à Bar-sur-Seine, et j'allai jusqu'aux Riceys, pour trouver M. Parisot, ancien collègue de mon père (1), président du tribunal criminel, bienfaiteur de son pays au milieu des crises terribles dont la France venait de gémir. Il me ramena et promit à maman que sous peu de jours lui-même irait à Paris, et n'en reviendrait pas sans mon père. Enfin, il exigea qu'elle prît sa maison, pendant le temps de son séjour à Troyes. Nous nous crûmes dans un autre monde. Nous allâmes, en effet, descendre dans la maison de M. Parisot, mais le lendemain nous prîmes un gîte dans la modeste maison d'un brave homme appelé M. Prin, et ce fut là qu'enfin nous retrouvâmes le bonheur. En effet, le lundi 22 septembre (1ᵉʳ vendémiaire), vers quatre heures, on me fait demander à la porte de la petite maison de M. Prin; je vois M. Rouyer, mon compagnon de prison, qui était parti pour Paris lors de sa délivrance. Il me dit qu'il

(1) Jean-Nicolas-Jacques Parisot (1757-1838), député du tiers état aux États généraux, pour le bailliage de Bar-sur-Seine.

en arrivait. Son visage rayonnait de joie. « J'ai vu votre père », me dit-il. Dieu! Je crois comprendre qu'il a été le voir en prison, et que les mesures sont adoucies. « Je l'ai vu, reprend-il, j'ai dîné avec lui. — Et comment? — Il est libre! il est libre!... Le conseil!... Un superbe acquittement! » Hors de moi, je monte quatre à quatre, je m'écrie : « Il est libre; M. Rouyer l'a vu! » — Il monte aussi; nous lui faisons répéter, nous ne pouvons le comprendre. Un jugement solennel, un accusateur public qui a pris sa cause, des témoins à décharge, dont lui Rouyer; un plaidoyer charmant, de Sézille? Non, de Réal. Toute l'éloquence, tout le sentiment! Un triomphe complet, les larmes de mille spectateurs! Oh! mon Dieu! Quel moment! Que de grâces à vous rendre!... M. Rouyer repart, en peu d'instants; à quelque heure qu'il arrive, il éveillera mon frère. Il nous laisse éperdues, mais dans l'abandon du bonheur... Deux heures après, on crie un journal dans la rue; c'est un grand acquittement. Cette feuille précieuse nous confirme que nous ne sommes point dans l'égarement d'un heureux songe. Ma chère Gautier et moi, nous cherchons les facteurs; nous avons une lettre du bon ami Turlot : mon père est en route, il revient. A huit heures, nous voyons Després; on était allé nous chercher à la maison de M. Parisot : mon père, mon père lui-même et notre bon Priez y attendaient le résultat de la recherche entreprise par Després. Gautier et moi nous courons à l'instant, et au tournant d'une rue j'entends cette voix chérie, cette voix que je trouvai si forte, si sonore, et qui retentit si vivement à mon cœur. « Ah! me dit-il, de ce moment et pour toujours toute ma philosophie sera dans le *Pater*. » Il revint avec nous.

Heureux moments! Pourquoi de si doux souvenirs

s'éloignent-ils si souvent de la pensée? Combien ils nous rendraient meilleurs!

Mon frère se trouva réuni avec nous presque dès le lendemain matin.

Peu à peu nous apprîmes tous les détails de l'événement. Nos amis se flattaient qu'au moyen de Sézille et de l'intérêt qu'il ferait partager au président Dopsent, son oncle, la chambre du Conseil du tribunal terminerait sommairement l'affaire. M. Sézille vit mon père, et lui déplut dès le premier mot. Cependant, à l'instant où on le redoutait le moins, l'acte d'accusation fut remis à mon père, acte terrible, acte qui détruisait le plus raisonnable espoir. Le pauvre Turlot resta anéanti; Després seul garda du courage. Il alla chercher Sézille, qui était absent; mais cette absence, ce malheur déplorable en apparence, décida notre salut. Després errait, ne sachant que faire; il rencontra un ancien ami, M. Baron, et lui conta son embarras. « J'ai votre affaire », reprit celui-ci, et il le conduisit chez Réal.

Plus loin je parlerai de Réal. Il était lui-même sorti tout récemment du Luxembourg, et s'était voué aux défenses. Vif, animé, brillant de talent et d'esprit; bon, naturel, sensible, il saisit avec enthousiasme la cause, la belle cause de mon père, et vint le trouver en prison, au moment où ses compagnons, entre autres le fameux Bergasse, lui dictaient, lui faisaient répéter le plaidoyer qu'ils le croyaient réduit à prononcer lui-même.

Une épreuve cruelle devait marquer encore ce moment, toujours bien terrible : un compagnon de mon père, appelé M. Bousquet, ancien boucher de Paris, et grenadier de la garde nationale à l'époque du 10 août, devait passer en jugement l'avant-veille du jour qui devait décider du sort de mon père. Réal aussi était son défenseur. L'honnête Bousquet, cher à ses compagnons et certain comme eux de sa délivrance, malgré les noirs pressentiments que sa raison voulait écarter, avait reçu avec un soin extrême les commissions de ses compagnons, et leur avait promis avec empressement son aide et ses meilleurs services. Bousquet, le jour affreux du 20 juin, avait pris le Dauphin dans ses bras, et en le remettant à la Reine, il avait baisé publiquement la main qu'elle lui avait tendue. L'affaire commence, les témoins se présentent; aucun d'eux ne vient attester le civisme de cet infortuné. Ses ennemis s'élèvent, sa cause se dénature, il est perdu, il est mort. Réal, inondé de larmes, refuse de voir le client qui lui reste; mon père, désolé du malheur imprévu qui afflige toute sa chambrée et ébranle toutes les idées, fait porter cependant des paroles encourageantes au défenseur auquel il ne cesse de se confier. On lui remet une de ces lettres que je ne cessais d'adresser au défenseur, quel qu'il fût, de mon père; le jour arrive, et l'accusé est sur les bancs du tribunal.

O jour d'effroi! Jour de salut! Trois députés paraissent comme témoins: l'un est Alquier, ami constant de mon père; l'autre est le bon Guimberteau, notre protecteur à Rouen; le troisième se nomme Roussel; il est venu de lui-même, au bruit du jugement. Gouverneur autrefois de M. de Thiard de Bissy, camarade alors de mon frère, il a connu mon père aux promenades et aux bals d'enfants; il l'a connu, il l'estime et il vient lui rendre un hommage. M. Galaud, ce chirurgien qui nous avait suivis à Fleury, M. Plaine-Deligny, M. Gilbert, ancien gouverneur de mon frère, M. Rouyer, un vieux M. Vincent qui, depuis la petite pension où il lui avait servi de maître, avait toujours aimé mon père, M. Haüy, instituteur des aveugles, d'autres encore, je crois, parurent comme témoins. Que de faits touchants, que de bienfaits, que de vertus ils se plurent à révéler! M... (1), accusateur public, prit la défense de l'accusé, et Réal, alors, abandonnant une cause éclaircie et connue, dit qu'il ne lui restait plus qu'à joindre quelques fleurs à une honorable couronne. Le certificat de la commune d'Essarois fut lu tout haut. Sa rédaction était simple; elle avait, sans doute, le caractère du sentiment, car c'était moi qui l'avais composé; mais je ne dois jamais oublier avec quel touchant intérêt les habitants de la commune s'étaient empressés de le signer.

Le défenseur réunit avec art les dépositions qu'on venait de faire; il évoqua l'ombre du père Chenard, qui planait dans l'enceinte même; il rappela les bénédictions que les pauvres avaient tant de fois prodiguées à mon père. « Ah! Chastenay, s'écria-t-il, connais-tu les bénédictions du pauvre? en connais-tu la douceur? Elles te consolaient en prison, elles te défendent au tribunal! »

Moi aussi, je fus associée à cette admirable défense. Réal cita un mot de la lettre qu'on lui avait remise, et que je ne savais pas alors lui adresser... Mon cœur n'a point été ingrat.

Ramené chez notre ami Després dans une espèce de triomphe, mon père y revit le pauvre Turlot, qui n'avait pu prendre sur lui d'assister à une séance, d'où l'effroi n'était pas banni. Bousquet avait péri deux jours auparavant, et la veille M. de La Vergne; la Providence avait choisi mon père pour l'objet de sa miséricorde.

Avant la fin du jour de notre réunion, nous avions appris à chérir tous les compagnons de mon père : Ber-

---

(1) Ce nom est resté en blanc.

gasse, Dumolard, Bedoch et Saint-Hilaire... Je pourrais bien les nommer tous! Les moindres circonstances de leur arrivée, de leur séjour, me seront à jamais présentes. M. Carteret, qui se trouvait à Paris, avait pris une part bien vive au triomphe de mon bon père; à la sortie du tribunal, il l'avait presque enlevé dans ses bras. Il m'écrivit le jour suivant. J'offris à la reconnaissance les prémices de mon bonheur : j'écrivis à Réal, j'écrivis aux témoins. Dirai-je que cet effort me fut presque pénible ? Je ne pouvais rester tranquille sans une sorte de violence; je ne pouvais contenir les battements de mon cœur; je n'étais vraiment pas sur terre.

Nous retournâmes à Châtillon; on nous témoigna de la joie, mais sans fête et sans élan. M. de Fresne, mon dernier compagnon, eut sa liberté provisoire, et j'obtins celle du bon Malgras.

Le jour qui suivit l'acquittement de mon père fut marqué à Paris par l'apothéose de Marat, c'est-à-dire par la translation processionnelle de ses cendres au Panthéon ; la révolution thermidorienne n'en avait pas moins pris et assuré son cours. Cette vaine pompe pouvait néanmoins retarder de trop actives espérances ; elle servait aussi à sonder l'opinion. Quand, après une grande secousse, le parti qui l'a dirigée donne ainsi un coup d'encensoir à l'idole qu'il a ébranlée, c'est pour achever de la jeter à terre et de la faire crouler derrière lui; toutefois la foule, qui n'en connaît pas encore tout le secret, ne laisse pas que d'être incertaine, et elle commence toujours par avoir peur, applaudir et se prosterner.

Nous n'avons connu que longtemps après quelques-unes des circonstances les plus miraculeuses de l'affaire de mon père, mais nous en eûmes la preuve écrite, et mon père l'a conservée. J'ai dit que M. Arnoult, amené à Dijon, s'y était entouré de conseils, et qu'il avait pris le parti d'écrire son malheur à son ancien collègue Merlin et aux députés du département. Chose étrange ! ces hommes qui avaient vu périr leurs amis et leurs parents, cet ancien constituant qui avait vu décimer ses collègues les plus distingués, tous jurèrent de sauver Arnoult. A l'instant de son arrivée, ils se portèrent au Comité de salut public ; ils y mandèrent Fouquier-Tinville, lui défendirent d'attenter aux jours d'Arnoult, lui ordonnèrent de le faire transférer et de laisser, au moins pour un temps, l'affaire de mon père dans l'oubli. Ainsi, par une merveille de la Providence, après que mon père n'eût été atteint que pour faire succomber Arnoult, le besoin de sauver Arnoult détermina le salut de mon père. Je ne sais si c'est à ce trop heureux incident qu'il faut attribuer ce que mon père n'a jamais pu s'expliquer. En arrivant à la Conciergerie, excédé d'une vie dont la prolongation ne pouvait donner que quelques jours de plus d'angoisses, mon père avait lui-même dicté son nom, avec ses titres d'autrefois et sa qualité de constituant. On vint peu de jours après le mander au greffe ; on y refit son inscription, et alors plus doucement inspiré, il se borna à dire son nom.

Un autre genre de service plus grand peut-être, et qui ne s'est guère mieux éclairci, nous fut rendu également à cette époque. Un employé d'un des comités, ou du tribunal peut-être, avait pour femme une personne dont la famille était de notre pays ; au nom de mon père, dont le danger, à ce qu'il paraît, lui fut confié par son mari lui-même, cette femme sensible et bonne fut pénétrée d'horreur, et par l'effet de sa prière le dossier fatal, écarté des regards, fut placé au fond d'un carton. Dans les grands événements, — et c'en est un bien grand qu'une pareille délivrance, — plusieurs moyens concourent à un même but ; rien n'est mathématique, rien n'est unique, rien n'est simple, et l'on ne saurait donner une règle fixe entre le danger réel de croiser des démarches et celui de négliger des moyens qui ne paraissent qu'accessoires.

Mmes de Boufflers parurent au tribunal après l'acquittement de mon père. Elles avaient voulu lui voir franchir d'abord un pas si décisif et si redoutable. Ces malheureuses personnes étaient depuis plus d'un an à la Conciergerie. M. Chevalier, leur ami, gouverneur du petit de Boufflers, dévoua son existence à leur salut. Il avait autrefois connu Fouquier-Tinville, procureur à Paris, et ce fut à lui qu'il eut recours. Les détails de cette liaison, qu'il fallut alors entretenir, révolteraient aujourd'hui la pensée, mais le sentiment et le devoir peuvent, en de cruels moments, exiger de grands sacrifices. M. Chevalier avait élevé le pauvre Auguste de Damas ; il voulut faire servir au salut de cet enfant le peu de crédit qu'il s'était conservé. Fouquier, enivré de la coupe de la mort, mais désespéré de son état, avoua que ses moyens à lui-même étaient presque nuls ; il conseilla de faire transférer le jeune Auguste à la Conciergerie, la seule prison dont il pût à peu près se considérer comme le maître. L'oncle d'Auguste, M. de Montcalm, était alors à Paris, et crut ne devoir pas arracher à une prison, qui était de pure sûreté générale, un jeune homme si loin de tout soupçon de conspiration, pour le placer aux portes de la mort. Fouquier alors recommanda qu'en cas de *conspirations de prison*, c'est-à-dire d'enlèvements, dont elles étaient le prétexte, on le prévînt par un billet. Les lenteurs de M. de Montcalm rendirent nul l'effet de cette ressource dernière ; il apprit la comparution d'Auguste au tribunal à l'instant même où il allait périr. O vertu des vertus! Mme de Damas a passé plusieurs mois, depuis cette époque, avec son frère !

Nous revîmes Mme de Damas, et d'abord sans parler de rien. Nous ne causâmes que longtemps après. Cette mère de douleur s'était commandé de vivre tant que sa fille aurait besoin d'elle ; elle la vit mère et nourrice ; alors elle se laissa mourir.

CHAPITRE XIV

Séjour de Mme de Chastenay à Dijon; automne de 1794. — Biographie de Delmasse. — Singulière aventure. — M. et Mme de Béthune. — Marmont, le général Bonaparte et son frère Louis à Châtillon; longue conversation du général avec Mme de Chastenay (mai 1795).

Je ne tardai pas à me rendre à Dijon; il fallait faire rayer mon père et ma mère, dont l'inscription n'était point effacée; il fallait bien revoir Delmasse; enfin, ma fidèle et bonne Alexandrine avait à renouveler ses démarches pour la liberté de ses parents.

Delmasse me reçut avec un sentiment profond. Notre liaison se trouvait devenue intime; il m'assura que si j'avais été menée au Tribunal révolutionnaire il s'y fût lui-même rendu. Je doute qu'il l'eût pu; mais s'il l'avait fait, il ne m'eût pas sauvée, et il aurait péri avec moi. Nous eûmes de longs entretiens; il m'avoua que ma franchise et la simplicité de ma conduite à son égard étaient ce qui l'avait touché, tandis que tous ceux qui avaient eu affaire à lui n'avaient jamais usé que de détours et d'artifices. Sans le blesser, j'essayai de toucher la plaie révolutionnaire de son âme. Cet homme n'avait pas trente ans. Élevé à Dijon, avec toute la jeunesse parlementaire, il avait fait des études brillantes. Sorti de classe, il n'avait pu soutenir la morgue de ses anciens amis et compagnons, qui alors ne le regardaient plus. Il avait commencé ses travaux pour le Palais, sans protection et sans appui. Devenu épris d'une jeune personne plus riche, et peut-être d'un état un peu au-dessus du sien, il avait été repoussé par la vanité. A force de temps et d'amour, il avait obtenu l'objet de son affection, mais d'elle seule, et il avait dû souffrir avec elle une véritable pauvreté. Sa tête ardente se nourrissait, dans une retraite absolue, d'amertume, de mécomptes, de jalousies peut-être ; car il entre beaucoup de petites passions dans les grands mécontentements. La Révolution le trouva prêt. Le mépris que la morgue voulut verser d'abord sur l'enthousiasme, la flétrissure que l'esprit de parti voulut attacher au seul nom de patriotisme, et à ses actes les plus innocents comme les plus désintéressés, exalta son imagination.

Tout servit de prétexte et d'excuse, même à de véritables excès. Dirai-je que l'austérité même des mœurs de ces premiers républicains leur fit à eux-mêmes illusion ? Ils se crurent vertueux en devenant égoïstes et durs. Enfermés dans leurs maisons, avec leurs femmes et leurs enfants, tout l'univers était hors et loin d'eux ; une légèreté leur paraissait un crime, et au nom de l'humanité ils en repoussaient la bienveillance. L'entraînement fit le reste, et qui n'a pas compris le malheur de l'entraînement n'a jamais subi une épreuve. J'ai remarqué alors et depuis que le plus funeste des calculs est celui qui se fait avec la mort, ce calcul d'après lequel on se familiarise avec l'idée que quelques sacrifices peuvent payer le salut de tous. C'est surtout aux âmes les moins faites pour le crime que ce sophisme vient se présenter ; elles ont besoin de ne pas se croire coupables et s'enfoncent dans l'abîme pour se dérober.

M. Delmasse vit de hautes vertus dans une famille vraiment noble ; il conçut l'odieux de l'injustice qui la rendait victime d'une vengeance, dont elle n'était même pas le véritable objet; il la vit dépouillée, par le vain subterfuge d'une inscription mensongère sur la liste des émigrés. Son esprit fut éclairé subitement, ses préjugés s'évanouirent : il risqua tout pour nous sauver; enfin, devenu étranger à toute fonction publique, jamais il n'a essayé d'en reprendre aucune.

Ce voyage à Dijon était bien différent du premier que j'y avais fait. Alexandrine me mena chez quelques personnes de sa connaissance, et la musique m'y valut des succès.

Ce premier voyage fut très court. Ma compagne et moi, nous laissâmes nos affaires en train, et nous revînmes à Châtillon; mais en apprenant peu après que Delmasse était arrêté, et que toute l'administration changeait, nous nous remîmes bientôt en route.

Je ne puis m'empêcher de rapporter une petite anecdote de ce voyage, qui caractérise assez le temps. En arrivant à la poste de Saint-Mards, on nous dit que les chevaux manquaient. Nous restâmes dans notre cabriolet; nous ne pensions pas aller plus loin que Chanceaux (1), notre parti fut bientôt pris. Au bout de quelques minutes, une espèce de tombereau s'arrêta derrière nous. Dans ce tombereau était une chaise de paille, et de cette manière voyageait en poste un homme d'une assez belle figure, qui ne parut pas impatienté quand on lui dit que les chevaux de relais étaient en course, et qu'il ne pourrait même repartir qu'après nous. Alexandrine et moi n'hésitâmes pas à croire qu'un homme si résigné devait être un prisonnier délivré récemment. Il s'approcha de notre voiture, nous lui parlâmes avec obligeance, et en quelques minutes il trouva le moyen de me désigner, comme sa

---

(1) Chanceaux, canton de Flavigny, arrondissement de Semur.

société intime, plusieurs personnes connues de l'ancien monde de Paris. Arrivés tous de bonne heure à Chanceaux, le voyageur vint nous faire une visite; il était gai et fort aimable, ne parla que d'émigration, et sur un ton fort peu civique. Le lendemain, profitant d'un moment où je me trouvais seule, il me dit sérieusement qu'il allait en Suisse, et que si je voulais lui donner une commission quelconque pour un émigré qui m'intéresserait, il s'en acquitterait fidèlement. Je le remerciai, et en reconnaissance de ses offres je l'engageai à être plus prudent dans ses discours de politique, du moins tant qu'il serait en France. A ce conseil il éclata de rire; il me dit qu'il était commissaire du gouvernement et qu'il voyageait par ses ordres, et m'assura qu'à Dijon même, où il passerait la journée, je pourrais en avoir la preuve.

On mangeait encore à table d'hôte, et en entrant dans la salle à manger de la *Galère*, je vis mon étranger le bonnet de police enfoncé jusqu'aux oreilles, dans l'attitude qu'il m'avait annoncée, et pourtant ne causant qu'avec moi. Le soir, Alexandrine voulut me mener chez un organiste qu'elle connaissait, afin de louer un piano. La domestique de l'auberge nous suivait, l'inconnu se trouva sur nos pas. L'organiste le prit tout le temps pour le frère d'Alexandrine; il entra dans le rôle, nous n'ôsâmes le démentir. Au retour, en nous séparant, je voulus renouveler mes sermons, car les plus folles imprudences avaient recommencé. « Eh! mon Dieu, me dit-il, je ne suis pas dans le cas d'attirer l'attention. Je suis marchand de fromages, je vais en Suisse pour en acheter, et je vous en rapporterai un à mon retour. » En effet, trois semaines après, j'étais à Châtillon, on m'apporta un fromage de Gruyère prodigieux. Maman fit prier celui qui l'envoyait de venir à la maison. Il voyageait cette fois en berline à six chevaux, et sans doute n'était pas seul. Il arriva, fut gai, aimable, toujours de très bon ton, parla de tout ce qu'on connaissait à Paris, et finit par nous dire qu'il s'appelait M. Stone, qu'il était Américain, et qu'il nous offrait à Paris ses services. Je n'en ai jamais su davantage. Un an après, il se fit annoncer; il me dit qu'il avait voulu savoir de mes nouvelles, à son passage à Châtillon. Toujours en brillant équipage et escorté de plusieurs compagnons, il ne s'arrêta qu'un moment, et depuis je ne l'ai jamais revu.

Cette petite aventure nous avait amusées. Nous n'étions pas alors difficiles en plaisirs; seulement, peut-être depuis si longtemps les traits mêmes de nos visages avaient pris une disposition si sérieuse que c'était presque devenu pour nous un acte pénible que de rire. Ce voyage, je l'avoue, nous en fit reprendre l'habitude.

Tout était encore fort simple, et les manières toujours essentiellement républicaines. M. et Mme de Béthune, arrêtés à Strasbourg et transférés à Dijon, venaient d'avoir leur liberté; ils occupaient une petite chambre dans la maison d'un pâtissier, et l'on passait par la boutique pour y monter. Mon frère nous avait rejoints. Nous avions réuni à notre société M. Miller, jeune clarinette, plein de talent; M. Le Sur, jeune homme très spirituel, qui servait de secrétaire au représentant Calès, et presque tous les soirs deux de ces messieurs apportaient notre piano dans le *palais* de M. et Mme de Béthune. Alexandrine s'était procuré une harpe, Miller avait son instrument, et nous dansions comme des fous une partie de la nuit, réconfortés par les petits gâteaux de la boutique. Je n'ai rien vu de plus joli que les allemandes dansées par mon frère et Mme de Béthune, qui lui montrait les passes. Elle était Strasbourgeoise, et alors jeune, svelte et remplie de grâces.

Des affaires sérieuses ne laissaient pas que de nous occuper. J'ai dit que le pauvre Delmasse avait été l'une des premières victimes de la fatale réaction de ce moment ; on conçoit combien je devais faire d'efforts en sa faveur. Je vis souvent Mme Delmasse, dont j'appréciai les qualités attachantes et estimables. Ce bon et obligeant M. Alexandre, qui m'avait adressée peu de mois auparavant à M. Delmasse, avait acquis, par sa bonté universelle dans les temps les plus dangereux, le droit de rendre service, à une époque où la vogue despotique de l'opinion ne pouvait pas être bravée sans un autre genre de courage. Je le vis, dans l'intérêt de ma reconnaissance et de celui qui m'avait à ce point de vue imposé de grands devoirs. Je vis également plusieurs fois M. Robert de Bezieux, toujours membre du département, qui s'y était aussi créé le privilège d'être l'organe des malheureux. Nos efforts eurent peu de succès ; les détenus furent appelés à passer en jugement, et il fallut attendre cette épreuve.

Nous eûmes nos radiations, et Alexandrine reçut la liberté de ses parents, qui retournèrent à Châtillon.

Ces moments me semblaient bien doux. Chaque jour était marqué par la délivrance d'un certain nombre de détenus, et je laisse à penser avec quelle joie, ayant appris de nouveau à rire, nous nous abandonnions à la musique, à la danse, aux parties de plaisir toutes bourgeoises et toutes naïves que comportaient le temps et notre jeunesse.

Il y avait à Dijon une troupe de comédiens bourgeois, qui jouait sur le théâtre et au profit des pauvres. Les plus honnêtes gens de Dijon étaient enrôlés dans cette troupe, et même quelques femmes fort estimables.

La prétention, qui s'en mêlait, faisait travailler les acteurs ; le public était indulgent, et la gaité renaissait comme le premier pas vers un ordre moral, autorisé par la vertu et par l'humanité. On joua une pièce de M. Le Sur, que lui-même trouvait fort mauvaise. Il était de règle encore que le patriote fût l'amant le plus sentencieux et le plus comblé de faveurs. L'aristocrate était nécessairement un tuteur encroûté d'avarice, ou un rival pétri d'hypocrisie ; mais c'était quelque chose qu'une pièce de théâtre et des adages d'humanité. L'égalité avait proscrit, pendant la Terreur, toutes les séparations des loges. Nous allions les jours de spectacle retenir nos places dès deux heures, mais, comme nous étions en nombre, le temps ne nous semblait pas long.

La musique m'avait fait une renommée brillante ; c'était à qui me donnerait l'occasion d'un concert. Il y en eut chez M. Bornier ; Mlle Lejeas, sa nièce, s'y trouvait nécessairement. Elle était encore très jeune, et passait déjà pour bien jolie. Nous étions loin alors de prévoir ses hautes et tristes destinées.

Je fis connaissance avec le célèbre Brenet (1). Je dois dire que dès ce temps sa façon de penser s'accordait assez bien avec le rôle politique qu'il a joué depuis ; il était original en toutes choses, très spirituel et fort aimable. Je fis également connaissance avec M. Frisell, jeune Anglais fort instruit, qui s'était trouvé détenu à Dijon en sa qualité d'étranger, et que des amitiés nouées en prison ont longtemps fixé en Bourgogne ; nos relations, sans être intimes, n'ont pas, cependant, été interrompues depuis cette époque.

Les succès que mes talents et mes dispositions bien-

---

1) Le docteur Brenet, dont il sera question encore plus loin.

veillantes me valurent à Dijon peuvent être offerts aux jeunes personnes à titre de grand encouragement. Je puis le dire, partout, dans toutes les sociétés et dans celle où l'on aurait le plus volontiers disputé quelque chose au rang, j'étais de fait toujours la première, et j'ai fondé pour moi, alors, dans un certain cercle à Dijon, une sorte d'heureux empire que je rappelle, que je retrouve encore parfois, avec plus de douceur que de fierté.

Ces moments de plaisirs furent suivis des longs ennuis d'un rigoureux hiver : celui de l'an III, c'est-à-dire de 1794 à 1795, fut plus rude peut-être que celui qu'on avait essuyé en 1788. J'ajouterai qu'on manquait de tout ; le *maximum* avait épuisé les magasins. L'argent ne circulait point, on n'avait rien avec des assignats, et effectivement tout manquait. Je passai mon hiver éclairée dans ma chambre avec une lampe à bec : j'étais noire comme Psyché en sortant des enfers ; mais on ne faisait point de visites, la toilette était nulle. Je sentais que mon esprit avait besoin de ménagements, et je m'entretenais dans ma retraite en des études faciles, comme celles d'Horace, de Virgile, et quelques lectures peu absorbantes. Après ce que nous avions souffert, ce repos absolu, ce sérieux de vie, cette pénurie de toutes choses n'empêchaient pas qu'on ne se sentît heureux ; mais tout était ébranlé et débile dans le double système de l'organisation.

Alexandrine se maria le 2 février, et fit un mariage qui lui plut. L'estime profonde qu'elle avait inspirée, l'idée qu'elle avait fait concevoir de son intelligence dans les affaires, de son courage, de son dévouement à ses devoirs, décidèrent en sa faveur M. de Bruère de Rocheprise, fils de l'ancien lieutenant général du bailliage. Je donnerai l'idée de l'état où les choses étaient encore, en disant que la bénédiction nuptiale fut donnée en secret aux époux, dans le pavillon d'un petit jardin, par dom Théotime, ancien religieux du Val-des-Choux. Cette cérémonie se fit le soir, sans autres témoins que deux anciens frères convers. Le mariage municipal se fit le 2 février, en grande cérémonie; j'y remplis le rôle de sœur. J'étais coiffée de grenades; j'avais une robe de florence brune; c'était une parure, pour le temps. Peu de jours après, mon heureuse amie alla s'établir dans sa terre, où l'amour envahit tellement son existence, qu'elle en convint même avec moi, et elle ne put longtemps garder à l'amitié que quelques lointains souvenirs. Ce mécompte me surprit, m'affligea, m'isola.

Mon père, après les premières émotions de son retour inespéré à la vie et au bonheur, se trouva obsédé des images terribles qui, pendant tant de jours, avaient frappé ses regards. Il voyait ces troupes de victimes s'avançant en ordre à la mort; il voyait ces vieillards, ces jeunes hommes pleins de vigueur, ces femmes pleines de beauté, ou dans la dignité de l'âge mûr et de la vieillesse. Il se rappelait l'espèce de cachot où la malheureuse Reine avait gémi; il voyait ces caveaux garnis de paille, où de malheureux prisonniers avaient disputé leurs membres à des rats monstrueux, avant de recevoir le coup qui trancherait leur vie épuisée. Ses oreilles retentissaient du bruit des clefs, des verrous, des aboiements funèbres des dogues, des appels de chaque soir par chambrée. Il me l'a dit tant de fois, que je crois avoir entendu les guichetiers vociférant : « La Grenade! Bombec! Les Cailloutins! La République! » et tant d'autres noms qui me glacent. Bombec était une des chambres les plus affreuses; les infortunés habitants de la Nièvre en sortirent tous pour périr; le général Hoche, qu'on y avait retenu, vit renouveler trois fois en huit jours cette malheureuse chambrée ; il demanda et obtint d'en sortir.

Ces souvenirs affreux, mille scènes déchirantes, mille incidents de détail, se retracèrent à mon père d'une manière si terrible, qu'il eut de la peine pendant quelque temps à tirer sa raison de cette espèce de Tartare, où elle semblait s'enfoncer. Un grand exercice le sauva. Ses affaires l'appelèrent à Essarois; il y allait à pied et en revenait de même. Mon frère l'accompagnait le plus ordinairement. Il entreprit le bornage général de sa terre, et cette opération, qui le fit agir deux ou trois ans, enfin les travaux exécutés dans le jardin et dans la maison, abandonnés longtemps, ses améliorations sur tout le territoire, remirent complètement sa santé.

Assurément, les choses s'amélioraient, par l'effet de la tendance thermidorienne. La tolérance rouvrit les temples, et les enfants des condamnés, rentrés dans leurs biens non vendus, durent être remboursés de ceux qui l'avaient été.

Je parlerai ailleurs avec détail de ce qu'on dut alors à l'*Orateur du peuple*, publié sous les auspices de Fréron, et aux feuilles politiques, répandues avec profusion, dirigées dans le même esprit. A ces moyens, le représentant Legendre avait joint celui de la force active. Quelques jeunes gens de Paris, de ceux qui ne craignent pas de passer pour mauvaises têtes et de se faire quelques folles affaires par hasard, s'intitulèrent la *Jeunesse* ou l'*Armée de Legendre et de Fréron;* ils jetèrent par terre en tous lieux les bustes de Marat; ils effacèrent les bonnets rouges, et le mot de *mort* dans les inscriptions. Le *Réveil du peuple*, chant de proscription contre les terroristes, était la *Marseillaise* de cette espèce de guerre. Dans les provinces, ce chant et ces violences renouvelèrent parfois les excès qu'ils tendaient à punir et à faire détester. Une réaction passionnnée semblait avoir rendu persécuteurs ceux qui avaient souffert persécution. Ce fut un grand mal; dès ce temps même j'en fus affligée, et si quelques exploits de la jeune armée de Fréron purent donner à Paris une impulsion utile, ils firent bientôt prendre le change, et la confusion fut très grande, quand chacun se vit hors de ses voies.

On était, je crois, en prairial (1), c'est-à-dire vers le mois de juin, quand le jeune M. de Marmont, officier d'artillerie (2), vint passer quelques jours chez ses parents, à Châtillon. Leur habitation, chef-lieu de la terre de Sainte-Colombe, était située dans la ville même, mais à son extrémité, et c'est ce qu'on appelle le Châtelot. Le jeune officier arrivait de l'armée de Provence, qu'on appelait armée d'Italie; il était accompagné du général Bonaparte, général d'artillerie, qui se rendait à Nantes, où il devait prendre le commandement de l'armée de l'Ouest. M. de Marmont était son ami, mais non son aide de camp. Le général, alors âgé de vingt-six ans à peine (3), avait été élevé à l'École militaire avec un cousin germain de M. de Marmont; cette circonstance les avait liés. Le cousin avait émigré, et M. de Marmont, plus jeune que le général, était resté comme lui au service de la République.

Je puis attester que si jamais M. de Marmont a rendu un culte d'admiration et de dévouement à Bonaparte, ce

---

(1) Les faits que Mme de Chastenay va raconter se sont passés vers le commencement de prairial, c'est-à-dire dans les dix derniers jours de mai 1795. L'assassinat du député Ferraud, dont elle parle un peu plus loin, eut lieu le 1ᵉʳ prairial an III (20 mai 1795), et Bonaparte est arrivé à Paris le 30.

(2) Alors capitaine.

(3) Exact; Napoléon était né le 15 août 1769.

fut à cette époque. Je n'ai jamais vu un pareil enthousiasme ; tout ce qu'il savait, il prétendait le lui devoir ; toutes ses idées, il les lui rapportait. L'opinion qu'il avait de son génie et de sa supériorité passait tout ce que la magie de la puissance a pu depuis en faire concevoir.

Le général Bonaparte était accompagné de son frère Louis, alors âgé de seize ans, dont il faisait lui-même l'éducation. Ce jeune homme paraissait fort bon enfant, et n'annonçait rien de remarquable. Je me souviens seulement que son frère lui ayant prescrit de calculer le logarithme de 44, il fallut que maman intercédât pour lui obtenir la permission d'aller se promener à la forge de Sainte-Colombe, car son sévère mentor ne lui pardonnait pas de n'avoir pas rempli sa tâche.

Tout le monde a connu Bonaparte. Alors il était maigre et pâle, et sa figure n'en était que plus caractérisée. Mme de Marmont nous l'amena en visite, dès le lendemain de son arrivée. La bonne dame ne savait que faire de son hôte, dont la parfaite et constante taciturnité la désolait. Les souvenirs récents de la Terreur avaient laissé plus d'aversion que d'attrait pour ce qui portait l'extérieur républicain. L'esprit réactionnaire du temps permettait presque de manifester l'éloignement qu'on avait pour ces officiers bleus, comme on disait, et si nous n'avions pas été au-dessus de tous les entraînements de petites villes, nous n'aurions pas reçu le petit général, que ceux qui l'avaient aperçu n'hésitaient pas d'ailleurs à traiter d'imbécile.

A sa première visite, et pour passer le temps, on me pria de jouer du piano ; le général parut content, mais ses compliments furent courts. On me demanda des chansons ; j'en chantai une en italien, dont je venais de faire la musique. Je lui demandai si je prononçais bien ; il me répondit non, tout simplement.

Sa figure m'avait frappée. Le lendemain, nous dînâmes au Châtelot, pour faire honneur au général. Alors, à Châtillon, on se réunissait vers deux heures. On fut longtemps à table, et quand on en sortit, pressée de causer avec le général, dont les monosyllabes me faisaient une autre impression qu'au reste de la société, j'allai à lui ; je lui fis une question sur la Corse, et notre entretien commença. Je crois qu'il dura plus de quatre heures.

Nous étions debout l'un et l'autre, appuyés contre une console de marbre, entre les deux fenêtres du salon. Les parties s'arrangèrent, on entra, on sortit, et ce ne fut que quand maman donna le signal du départ, que la conversation prit fin. Je suis fâchée de ne l'avoir point écrite ; il ne m'en est resté que des traits. Elle m'avait vivement intéressée et amusée. Je n'étais pas gâtée depuis longtemps sur les plaisirs de cette espèce, et je n'avais jamais rencontré personne qui me parût avoir tant d'esprit. En cherchant depuis à me rappeler quelque chose de cet entretien, il m'a semblé que j'eus bientôt découvert que le général républicain n'avait aucune maxime ni aucune foi républicaines. J'en fus surprise, mais sa franchise fut entière à cet égard. Il me parla des résistances que la marche révolutionnaire avait éprouvées, et me témoigna qu'elles étaient trop peu complètes, pour que le succès en eût été possible. Il ne concevait pas une guerre civile sans noblesse, sans haute noblesse, puissante dans l'opinion, puissante par l'appui d'une clientèle nombreuse de gentilshommes, et par l'autorité qu'un grand seigneur, tel que ceux des siècles passés, exerçait, en effet, sur une armée de vassaux. Dans nos mœurs modernes, l'héritier du plus grand nom de France était un homme de plus ou de moins dans un parti, et ses talents y donnaient seuls quelque importance à son adjonction. Ce qui s'était passé naguère dans la Vendée confirmait cette opinion. Voulait-on étudier les événements de Lyon, et même ceux de Toulon? Aucune prévoyance, aucun plan dans la résistance lyonnaise. Le courage, l'énergie des plus beaux caractères y avaient perdu leur influence par le défaut des conceptions et l'incertitude du but. A Toulon, les négociants avaient commencé par placer sur des vaisseaux une grande part de leurs richesses, prêts eux-mêmes à mettre à la voile, si la chance tournait contre eux. Ce n'était pas ainsi qu'on faisait une guerre civile.

La substance de ces opinions, alors nouvelles pour moi, me fut certainement présentée dans cet entretien, mais avec les ondulations qu'un entretien comporte, et moins de précision que n'en admet un récit. Je crois, — et Bonaparte s'inquiétait peu qu'on pût le soupçonner, — je crois que Bonaparte eût émigré, si l'émigration, en effet, eût offert des chances de succès; Toulon l'aurait eu pour défenseur peut-être, si l'intérêt commercial n'eût mis une défaite dans les éléments de ses calculs. Ce jeune militaire alors avait une fortune à fonder; aventurier encore, il ne devait jamais avancer qu'avec succès. Plus tard peut-être, il aurait dû sentir qu'une existence qui se complique multiplie les combinaisons.

Le général m'apprit, — ce qui était vrai, — que la masse des armées était totalement étrangère aux événements sanguinaires dont la malheureuse France avait été le théâtre; elle les ignorait à peu près entièrement, et il paraissait croire que l'armée, constamment dans les mains de la puissance de fait, ne mettrait pas une nuance dans les opinions des partis, et n'y prendrait aucune couleur soumise à une seule direction.

Il me voyait émue contre les terroristes, et comme de raison toute remplie d'enthousiasme en faveur des thermidoriens. Il en avait vu quelques-uns dans leurs missions, avant le 9 thermidor ; son opinion sur eux était moins favorable. Il me dit toutefois qu'on pouvait faire le mal, qu'on pouvait en causer beaucoup sans être réellement méchant : une signature donnée sans réflexion coûtait la vie à de nombreuses victimes ; la plume s'y fût refusée, si le résultat de la décision eût été bien compris. Un tableau, me disait-il, où se dérouleraient en actions, en scènes, les maux qui vont ressortir d'une détermination qui se prend sans qu'on y songe, voilà ce qu'il faudrait souvent présenter aux regards des hommes ; et ce serait en eux-mêmes que l'humanité menacée trouverait sauvegarde et refuge. Mille fois cette idée s'est présentée à ma mémoire.

Bonaparte me parla des poèmes d'Ossian, qui lui inspiraient de l'enthousiasme. Je connaissais le nom du barde calédonien, je ne connaissais pas ses chants. Bonaparte me proposa de m'en apporter le recueil ; il allait à Paris et le retrouverait aisément. J'étais encore jeune (1) et un peu prude ; l'idée de recevoir ce général et d'accepter de lui un livre me parut manquer de convenance : je remerciai. J'avoue que depuis, et plus d'une fois, j'ai regretté la visite et le livre.

Je me suis toujours souvenue que dans cette conversation le roman avait eu sa place. Bonaparte me dit que le tragique du dénouement de *Paul et Virginie* était la grande cause de l'intérêt qu'excitait leur histoire ; il

---

(1) Elle avait alors vingt-quatre ans.

n'approuvait pas que l'auteur du drame en musique eût sauvé Virginie. Quant à lui, il ne pouvait souffrir ni supporter le froissement de ses impressions mélancoliques par un retour subit à des idées gaies ; après un drame, après une tragédie, il s'empressait de quitter le théâtre ; enveloppé de son manteau, il allait se livrer à de profondes émotions, et ne voyait jamais la petite pièce.

Nous parlâmes de bonheur. Il me dit que pour l'homme il devait consister dans le plus grand développement possible de ses facultés. Je ne savais pas alors que Condillac l'eût dit, et cette idée me parut éblouissante.

A l'époque de cet entretien, pour moi réellement mémorable, j'avais l'intime conviction que celui qui présenterait un point d'appui aux opinions et aux esprits, en saisissant le gouvernail qui n'était à personne, en osant se dire chef et roi, le serait effectivement, et ne trouverait aucun obstacle, parce que rien n'était constitué, et qu'aucun homme ne fixait la confiance ou même l'attention de tous. Je crois que je le dis à Bonaparte, et il serait très singulier que j'eusse été ainsi sa prophétesse. Je sais positivement que préoccupée de mon idée, j'en parlais à tout le monde ; que je regrettais de n'être pas homme pour m'emparer d'une destinée où je ne voyais que du bien à faire, de grandes choses à accomplir, et pas un obstacle réel à surmonter. Ma mémoire ne me donne aucune certitude d'avoir frappé alors Bonaparte de cet aperçu ; cependant il s'est toujours souvenu de notre entretien (1), et je ne pense pas que ce soit pour m'y avoir parlé de Virginie et d'Ossian.

La connaissance faite se cultiva durant deux ou trois jours. On s'était fort émerveillé de ce que j'avais fait

---

(1) Et même longtemps après ; on le verra plus loin.

parler le général ; il commença à se livrer davantage. On apprit à cette époque même l'horrible catastrophe du député Ferraud ; on sut l'héroïsme, digne des temps antiques, que Boissy d'Anglas, président de la Convention, avait montré. La jeunesse de Legendre et de Fréron avait alors rendu un service remarquable ; on avait tenté d'ameuter les faubourgs dans les jours suivants. Enfin, tout s'était pacifié, nous en avions tous de la joie. Bonaparte ne craignit pas de dire que sa façon de voir était très opposée ; en pareil cas il convenait qu'une victoire complète fût à l'un des partis : dix mille par terre, d'un côté ou de l'autre, autrement il faudrait toujours recommencer.

Nous nous vîmes tous les jours, au Châtelot ou chez mes parents. Je le vois encore m'aider à faire un bouquet de bleuets. J'avais traduit de l'italien, à cette époque, un petit poème sur l'éventail, et je lui en parlai. Il me dit qu'il avait fait une étude à fond de la physionomie de l'éventail ; il voyait dans ses mouvements tous ceux qui agitaient les femmes, et il avait vérifié et confirmé ses observations au Théâtre-Français, en voyant jouer Mlle Contat.

On nous fit jouer aux petits jeux, dans le salon du Châtelot, et par suite d'un gage touché, je vis à genoux devant moi celui qui vit bientôt l'Europe aux siens. Nous dansâmes des rondes. Notre compatriote Junot (1), alors aide de camp du général, et depuis général et duc d'Abrantès, nous beugla la ronde si connue *Mon berger n'est-il pas drôle ?* et ce fut une très bruyante joie.

On devait le surlendemain en renouveler les plaisirs, quand la poste apporta la nouvelle imprévue de la des-

---

(1) Le futur duc d'Abrantès était de Montbard.

titution du général. Lanjuinais et Aubry avaient fait ce bel ouvrage. Il n'y avait pas à hésiter. Le départ subit fut résolu. Bonaparte vint faire ses adieux ; j'étais sortie. Il entretint maman et partit sans pouvoir m'attendre. Il me serait difficile de dire combien je restai surprise et affligée. M. de Marmont partit avec le général.

L'épisode que je viens de raconter n'eût jamais été nul pour moi ; la supériorité de l'homme que je venais de voir avait ébranlé mon esprit. Mais les événements subséquents lui ont donné sans doute une tout autre importance et m'ont presque inspiré de la fierté.

Je repris ma vie ordinaire. Elle n'était pas alors dépourvue d'agréments ; c'était une vive jouissance que l'espèce de dilatation à laquelle le cœur se livrait doucement. J'étudiais mes auteurs, je lisais ; je recommençais à faire quelques extraits. M. Miel, jeune homme qui, par le moyen de mon abbé Boucly, avait achevé ses études à Sainte-Barbe, et alors admis à l'École polytechnique, était à cause de sa santé en congé chez ses parents. Il venait tous les jours lire avec moi Virgile, Horace et des morceaux choisis de Juvénal et des autres poètes. Je l'aidais, de mon côté, à traduire l'anglais, dont il avait commencé l'étude. Enfin, il composait un joli opéra, dont je faisais à mesure la musique, et je donnais de plus, chaque jour, plusieurs heures à mon piano.

Un autre habitant de Châtillon, M. Lavrillat, homme instruit, venait quelquefois causer avec moi, de livres et de lectures ; il me prêta, je m'en souviens, l'*Essai sur les progrès de l'esprit humain* de Condorcet. Jamais pareille idée ne s'était offerte à moi, et tout fermenta dans ma tête ; mais je sentis, en lisant ce singulier ouvrage, que je n'en adoptais peut-être pas tous les principes et toutes les conclusions. Il me parut que pour fixer une opinion sur un si grand sujet il me fallait étudier, depuis le commencement, la marche de l'esprit humain. J'embrassai l'espace d'un coup d'œil ; rien ne me parut plus facile que de le parcourir rapidement. A compter de ce jour, mes lectures, mes extraits rentrèrent dans le plan que je conçus ; je fus auteur par la pensée, et mes *Anciens* (1) ont été le fruit des travaux que j'entrepris alors.

Cependant de grandes divisions s'étaient prononcées à Paris ; elles avaient commencé au sein de la Convention. Le feu couva parmi les gens honnêtes dans la ville de Paris ; ils ne virent que leurs intentions, leur probité, et vraiment leur patriotisme, mais ils n'attachèrent pas une seule réflexion au but, à la forme, au moyen d'une résistance qui devait être impuissante dans l'action. Je ne pourrais pas expliquer aujourd'hui précisément ce que voulaient les sections, je n'écris pas l'histoire ; je sais seulement qu'il y eut dans Paris un mouvement, que le général Bonaparte, décidé pour la cause de la Convention ou de sa majorité, et du Directoire qui allait naître, défendit les Tuileries et fit tirer le canon, et que l'idée d'une victoire décisive consolida une puissance que la force des choses imposait (2).

Je n'avais pas à cette époque beaucoup de relations actives avec Paris : M. Turlot, qui était resté attaché aux bibliothèques, ne prenait aucune part aux débats politiques ; M. Réal, à qui j'avais écrit plusieurs fois, m'avait à peine répondu une seule ; mais M. Carteret, mon compagnon de malheurs, était depuis long-

---

(1) *Du génie des peuples anciens*, ouvrage qu'elle a publié plus tard.
(2) Journée du 13 vendémiaire an IV (5 octobre 1795). — Défaite des sections royalistes par les troupes de la Convention, que commandait Bonaparte.

temps à Paris, et s'y était fait sectionnaire fougueux. Il me l'avait mandé, et mes vœux s'étaient naturellement dirigés vers cette cause. Il me donna de ses nouvelles par un mot, après l'événement et le danger, et j'ai mis du prix à conserver cette preuve de sa juste confiance dans l'attachement et la reconnaissance que je lui devais.

La journée du 13 vendémiaire, au reste, mit un terme à la réaction fatale dont je n'avais jamais cessé de gémir, car un bon cœur éclaire l'esprit. Les réactions perdent les partis qui les appliquent ; il n'est ni arguments, ni éloquence, ni phrases, que l'on puisse opposer aux faits. M. Delmasse, non encore jugé, vit enfin finir sa prison. Il a donné le nom de Victorine (1) à la fille dont il devint père à peu près vers ce même temps.

(1) Prénom de Mme de Chastenay.

CHAPITRE XV

Dépréciation des assignats. — Nouveau séjour à Dijon (1796). — Bals et concerts. — M. de Charbonnières. — Première publication de Mme de Chastenay : traduction du *Village abandonné* (1797). — MM. de Chastenay passent quelques jours à Paris ; coup d'œil rapide sur la société parisienne à cette époque ; Aubusson et Clermont-Tonnerre. — Seconde publication de Mme de Chastenay : traduction des *Mystères d'Udolphe*. — Mariage de M. Henri de Chastenay avec Mlle Henriette de Laguiche. — Paris en 1797 : la mode, divertissements. — Les émigrés. — L'ambassadeur de la Porte à Paris ; sa visite à la Bibliothèque nationale. — Les Trudaine. — Prony, M. d'Aligre, le vicomte de Ségur. — Première entrevue avec Réal.

Cependant les assignats perdaient chaque jour de leur valeur, et il n'est pas exagéré d'assurer qu'alors notre misère était grande. Nous n'avions ni or ni argent. La valeur nominale des assignats était venue à une telle baisse que l'on n'eût pas trouvé quatre louis de numéraire pour vingt-cinq mille francs d'assignats. Nous regardâmes comme un avantage d'en avoir l'alternative pour le payement d'un raccommodage de voiture indispensable. Nous manquions de pain et ne vivions que d'emprunts, dont nous ne pouvions deviner le terme. Notre fermier, jouissant de toutes nos propriétés, demandait une montre ou un bijou pour nous donner de la farine en nature ; enfin, vers la fin de l'année 1795, commencement de l'an IV, il y eut un décret pour forcer les impitoyables fermiers à nourrir leurs propriétaires. Notre fermier refusa de s'y soumettre ; il nous fallut plaider. Le tribunal était à Dijon ; je partis, avec mon frère, la veille de Noël, pour aller soutenir notre cause.

Mon avocat fut M. Morisot, celui qu'on a vu réunir plus d'une fois, sans les accepter jamais, l'unanimité des suffrages dans les corps électoraux rassemblés à diverses époques. Cet homme, d'une conduite constamment honorable, avait un caractère plein de conciliation, des manières pleines d'aménité, des lumières étendues comme jurisconsulte, et le talent de la parole comme avocat. De trois filles qu'il avait, quand je le connus d'abord, une seule bientôt lui resta, et elle est devenue l'épouse du célèbre docteur Brenet.

Je vis les juges, et je fus bien reçue. Quelque intérêt s'attachait à moi; ma cause d'ailleurs, juste de toute justice, ne pouvait être contestée que par une réelle mauvaise foi.

Je me trouvai au tribunal; je vis juger un premier procès, sans trop comprendre de quelle manière les juges avaient pu rien démêler de la cause. Mon adverse partie était en face de moi. Son avocat était celui-là même qui avait refusé de visiter mon père à la Conciergerie. Je ne l'avais pas dit, mais beaucoup de gens le savaient, et il aurait pu s'abstenir de paraître dans nos affaires. Les faits les plus fâcheux de la conduite de M. Gris à notre égard furent produits et mal réfutés. Je ne m'attendais pas même aux allégations qui, devant un tribunal, me ramenaient malgré moi à de cruelles idées. La cause fut remise au lendemain, car elle se trouvait compliquée. J'étais invitée à faire de la musique le soir chez Mme Morisot, et je n'en sortis qu'à plus de minuit. Rentrée chez moi, mon affaire me revint à l'esprit; je passai la nuit à rédiger et à recopier un mémoire que M. Morisot reçut à son réveil. Étonné de ce prodige, en lui-même si simple, il fit circuler dans le palais cette pièce, dont ma jeunesse réelle, et surtout supposée, faisait sans doute le plus grand prix. Je gagnai mon procès tout d'une voix, et par suite tous ceux qui en découlèrent rapidement.

Sans numéraire pour m'acquitter, j'offris à M. Morisot une chaîne de montre en or, que maman avait possédée et qui avait de la valeur. Notre procès gagné ne nous procurait que du pain.

J'aurais dû, après cette victoire, retourner de suite à Châtillon, mais mes parents saisirent des prétextes pour me faire profiter des amusements de l'hiver dans une ville comme Dijon. Mes aimables hôtes étaient charmés de me garder, et mon frère vint nous rejoindre. Nous avions bien quelques affaires à l'Administration du département, et je fus chargée de m'en occuper. M. Frochot (1) était depuis près d'un an président de cette administration. Il avait été prisonnier, ainsi que M. Viardot, homme vraiment aimable et alors procureur-syndic, ou agent national, près du département; j'ai oublié le titre de cette fonction, qui était celle de commissaire du gouvernement. Ces deux hommes avaient religieusement enfermé leurs ressentiments sous les verrous dont ils se trouvaient affranchis; l'obligeance parfaite, la modération inaltérable envers les uns, la bienveillance qui cherchait les moyens de diminuer le mal fait aux autres, distinguèrent leur administration. Mais de quoi conserve-t-on un souvenir?

Je dirai, au sujet de M. Viardot, parce que cela est historique, que ce fut lui qui sauva en 1788 M. de la Tour du Pin Gouvernet, commandant de la province, au moment où l'insurrection excitée par les parlements

---

(1) Devenu préfet de la Seine sous le premier Empire.

allait le faire jeter dans un puits. M. Viardot, alors jeune avocat, s'élança pour le secourir. Ses vêtements furent mis en pièces, ses cheveux arrachés. Celui qui sonnait le tocsin au beffroi était un homme d'une famille distinguée de la ville, dont je n'ai pas oublié le nom ; il a depuis émigré, et je l'ai vu à la Restauration accaparer des pensions et des places.

Je fus promptement répandue dans une société très gaie : Mme Jacquinot, dont le mari, aujourd'hui procureur général à Paris, était alors avocat distingué ; Mme Durande, femme de celui qui a été et qui, je crois, est encore maire de Dijon, et alors belle comme un ange; Mme Le Sage, belle-fille d'un respectable juge, jeune et jolie personne; Mme Seguin, dont j'ai parlé, et de plus Mme Caristie, femme vraiment aimable, et dont le mari, enrichi dans les affaires, était franchement un parvenu. C'était elle dont la maison était, sans nulle comparaison, la plus agréable. Il s'y joignait Mme Bérard, bonne et excellente femme, et son digne mari, directeur de l'enregistrement.

Les hommes de cette société en étaient les frères, les maris, et les quelques hommes d'affaires qui habitaient Dijon ; peu de gens de loi, peu de gens en place, et personne de l'ancienne société parlementaire ; cependant, les Séguin et quelques autres devaient en faire la nuance intermédiaire et se piquaient d'y tenir.

Dijon, ville de parlement, n'a jamais été exempte de morgue. L'absence, la destruction de ce grand corps n'en avait pas changé l'esprit. J'ai cru souvent que Mme Morisot, femme d'un avocat, n'approuvait pas que je visse Mme Benjamin Larché, femme d'un procureur. La société de Mme Morisot se retrouvait en moins terne chez Mme Durande. Il y avait quelques maisons où se réunissaient, avec peu d'agréments et l'affectation vertueuse de la tristesse, quelques personnes de l'ancien Parlement. Je n'en connaissais aucune, ni de près ni de loin ; je n'avais aucune raison pour les rechercher. Je crois que cela y fit scandale, mais on n'ignorait pas non plus, dans la réunion où je vivais, que les jeunes femmes de cette société y trouvaient un ennui affreux.

Le docteur Brenet était de ma société, et aussi le beau et bon docteur Bornier. On faisait sans cesse de la musique. Je me livrai avec une sorte d'ivresse à l'amusement qui si longtemps m'avait été si étranger. J'étais libre comme l'air, je recevais des hommages tellement universels que je ne croyais pas pouvoir jamais inspirer d'autres sentiments que celui de l'amour. J'étais à cet égard d'autant plus doucement gâtée que l'on savait que mon séjour serait court et que mon frère, coquetant avec toutes ces jeunes femmes, les occupait à peu près uniquement ; à cause de lui seulement elles m'auraient fêtée, et je ne pouvais leur faire ombrage.

Un concert et un bal, un bal et un concert, ainsi se passaient presque toutes mes soirées, entremêlées de petits jeux, et je riais, je l'avoue, de bien bon cœur. Je ne puis me rappeler cette époque de ma vie sans un véritable plaisir.

Un jour de bal, chez Mme Caristie, je vis entrer un agréable qui n'avait pas encore paru. La tresse poudrée et les oreilles de chien, même parfois la cravate verte, étaient encore à la mode à Dijon. M. de Charbonnières arrivait de Paris; il avait un habit carré, des cheveux bruns bouclés avec art et une jolie figure ; je vis qu'il dansait assez bien. J'attendis l'hommage de droit, et cet hommage en effet m'arriva. Je crois que j'étais devenue dans tout ce monde assez complètement ridicule ; mais au total, jeunesse, gaieté, talents réels, bonté constante et assez d'esprit, tout passait. Ma toilette était peu recherchée : une robe de linon, que l'on blanchissait sans cesse, faisait mon unique parure. J'étais sans poudre depuis longtemps, mais j'avais de beaux cheveux ; Mme Bouguet, sœur de M. Turlot, me prêtait des plumes, que j'arrangeais je ne sais comment, avec un nœud de ruban, et tout cela avait du succès, sans, je crois, en mériter beaucoup.

M. de Charbonnières était neveu de l'abbé Delille ; il croyait être poète et faisait des vers qu'il récitait avec une grâce infinie. Il débitait aussi des morceaux de l'abbé Delille, et de la manière à peu près que j'ai reconnue dans ce patriarche de nos Muses. Il était clair que M. de Charbonnières devait s'occuper de me plaire, m'adresser en toutes circonstances le premier compliment, enfin, selon l'expression anglaise, devenir en tout mon partenaire, et ce fut ce qui arriva.

Pour finir ce qui le concerne, la veille de mon départ, ou peut-être du sien, il me reconduisit le soir, avec mon frère ; à la porte de Mme Bouguet, il prit un ton sentimental et si singulièrement pleureur que je partis d'un éclat de rire, dont je me suis repentie depuis, car il était désobligeant. Il s'éloigna, avec l'air fort piqué. Beaucoup d'années se passèrent, et je me rappelais quelquefois que M. de Charbonnières m'avait fait en jolis vers une dédicace de ses petits poèmes, et que, seule de toute notre société dijonnaise, je n'en avais pas eu de copie. En 1812, vers décembre, Mme de Genlis m'invita à venir entendre une lecture ; on devait lire chez elle un poème sur le Sublime. L'auteur et le lecteur étaient M. de Charbonnières. Je ne sais si je lui fis l'effet que lui-même me fit éprouver ; son changement était prodigieux.

Ses cheveux, devenus tout plats, maigrissaient son visage, qui n'avait plus d'expression ; l'agréable dominateur d'une société de jolies jeunes femmes sollicitait humblement les suffrages. Il était petit, auprès de son sublime, qu'il n'était pas en lui d'avoir atteint. La vanité et le temps, quel texte, pour amener le récit des scènes et des leçons que le monde peut nous offrir!

Le carnaval finit, et mon père vint me chercher. Châtillon ne m'offrait aucune distraction. L'étude était ma seule ressource; mais depuis longtemps j'étudiais seule. Je traduisais Pétrarque et des poètes anglais. Je me souviens que M. Turlot vint, comme il faisait de loin en loin, passer quelques jours avec nous. Le *Village abandonné*, que j'avais traduit de Goldsmith, lui plut; il emporta ma copie à Paris. M. Réal, dont le bienfait inestimable était alors l'unique relation avec moi, eut la bonne grâce de faire imprimer cet essai, avec les presses qui lui appartenaient (1).

Les assignats étaient absolument tombés. Il faut avoir vécu de ce temps pour se faire une idée exacte des peines minutieuses attachées à une pénurie habituelle. Il y avait quelquefois de quoi serrer le cœur, et certainement de quoi amoindrir l'esprit. Nous eûmes une suite de procès qui me rappelèrent quelquefois à Dijon, mais dans une saison où je ne trouvai personne, et nous touchions presque à l'hiver quand un premier payement de trois à quatre mille francs, que nos fermiers furent obligés de nous apporter en numéraire, nous fut versé en gros sous. Nous devions au delà de cette somme. Nos créanciers se contentèrent d'acomptes, et je ne saurais trop

---

(1) *Le Village abandonné, traduit du Poëme anglais d'Olivier Goldsmith*, par la C. V... D. C......... An V de la République. (In-18 de 35 pages.) — A la fin : *De l'imprimerie de Réal, rue de Lille, n° 499.*

reconnaître l'obligeance constante et inépuisable de tous les gens que la vanité ou un parti pris ne faisaient pas nos ennemis.

Mon père, ainsi que Henri, était à Essarois, pour la plus grande partie du temps. Les travaux qu'y faisait mon père n'étaient pas de nature à amuser maman. Des couvertures de fermes, des réparations de gros murs et de charpentes, enfin le terrier et les échanges; et ces travaux, souvent à contretemps, achevaient d'user nos petites ressources. Mon père lui-même ne put tenir à la monotonie de la vie qu'il menait; il voulut voir Paris. Il en sentit le besoin, comme on prétend que l'on éprouve la maladie dite du pays. Ce voyage achevait de déconcerter les petits arrangements financiers que maman passait son temps à faire. Nous n'avions pas encore tenu entre nos mains cette richesse de cuivre et de gros sous dont tout à l'heure je peignais le trésor. Toujours complaisante cependant, maman donna deux petites bagues, et louant une place pour deux sur la charrette de Chaigneau, voiturier, qui se rendait à Paris, mon père se mit en route avec mon frère, qui en fut charmé, et pour toute redingote dut mettre sa blaude.

Les détails de ce court voyage ne rentrent pas précisément dans mon sujet; cependant, je dois dire que ces messieurs trouvèrent nos anciennes connaissances toujours aimables et bonnes pour nous. On vivait alors à Paris un peu concentré par quartier, à cause du défaut de voitures. Ce fut peut-être ce qui constitua le faubourg Saint-Germain comme un des représentants attitrés de l'ancien régime; le faubourg Saint-Honoré demeura plus sociable et finit par devenir, à quelque égard, coterie; et la chaussée d'Antin se peupla alors d'enrichis. Ce fut de là que sortirent les costumes grecs et les meubles antiques;

et cette innovation, débarrassée de quelques exagérations grotesques, a renouvelé le goût et rajeuni les arts. Là aussi se réfugièrent d'abord les talents, et les prétentions qui en faussent le caractère. Ailleurs on renaissait, on gardait un ton plus régulier, on conservait plus de distinction; les femmes, moins près, à mille égards, d'être des Aspasies, avaient une dignité personnelle plus marquée, une importance plus réelle, dans leur cercle, et plus de ce qu'on peut appeler conversation et amabilité.

Le genre de vie de nos anciennes connaissances était d'une grande simplicité. Chacun avait son petit pain de bougie pour monter l'escalier de l'amie qu'il allait voir; toilettes, réceptions, logements, tout était simple, mais on se piquait d'être simple et économe en tout, et seulement on faisait effort pour ne pas manquer d'élégance. Le temps qui s'est écoulé de la sorte a été doux généralement pour ceux qui en ont joui.

On engagea beaucoup mon père à nous ramener à Paris. M. et Mme d'Aubusson surtout n'épargnèrent rien pour nous y décider. Ils avaient éprouvé de grands maux depuis notre séparation, mais retrouvé le bonheur en se retrouvant réunis. Ils avaient un garçon de plus, dont Mme d'Aubusson était accouchée aux derniers moments de la Terreur; une fille leur était survenue depuis, et leurs vœux paraissaient comblés. Ils ont eu depuis une seconde fille.

Mon père, mon frère surtout, revirent Mme de Clermont-Tonnerre avec le sentiment le plus tendre. Le nom de Delphine, qu'elle nous avait rendu charmant, pouvait encore lui être donné et faire sourire quelque grâce. Constamment entourée des amis de son mari, qui tous étaient ses serviteurs, elle avait près d'elle M. de

La Harpe, dont la bruyante mais sincère conversion lui avait été attribuée. Quand nos voyageurs durent repartir, Henri avait persuadé à mon père que le coche d'eau jusqu'à Nogent (1) offrirait une voiture aussi commode que peu dispendieuse. C'est qu'il était alors question d'accompagner Mme de Clermont jusqu'à Corbeil et Champlâtreux, où elle allait régulièrement de cette manière. L'encombrement était prodigieux sur le coche; mon père y disputa sur quelque point d'histoire avec le très autoritaire La Harpe; mon frère y naviguait comme sur le *Sidnus*, et tous deux nous revinrent absolument ravis de leur voyage.

Les bals, qui commencèrent dès le mois de novembre à Châtillon, m'y donnèrent quelque distraction. Le goût de la danse était devenu très vif pour moi. Ces bals, plus qu'ordinaires, me mirent en relation avec toute la jeunesse de notre petite ville; j'ose dire que ma seule présence assoupit bien des méchancetés.

A cette époque aussi, je traduisis *Udolphe* (2), et l'idée de me faire un nom dans la république des lettres ranima toutes mes facultés. Une traduction de roman anglais me semblait une assez belle chose; *Udolphe*, d'ailleurs, me causait un ébranlement dans l'imagination, dont ma raison n'a jamais pu me préserver. Les terreurs d'un bruit sourd, d'une ombre prolongée, d'un effet fantastique enfin, m'atteignent encore comme un enfant, et sans que j'en puisse trouver la cause.

Mme d'Aubusson nous avait engagés à revenir vivre

---

(1) Nogent-sur-Seine (Aube).
(2) *Les Mystères d'Udolphe, traduits de l'anglais d'Anne Radcliffe.* Paris, 1797, 4 in-12; figures. — Édités la même année en 6 in-18; de nouveau en 1808, 1819 et 1827, 4 in-12.

à Paris. Nos affaires ne le permettaient pas, au moins encore à cette époque. Cette amie vraiment tendre proposa à Henri et moi de venir passer un mois ou deux chez elle. Jamais hiver n'avait été plus gai à Paris. Les bals d'abonnement réunissaient, comme en province, toute la meilleure compagnie, qui n'avait plus assez d'argent pour faire les frais de fêtes particulières. Dans toute la France, à cette même époque, la gaieté était de la folie. Une longue disette avait cessé, l'argent avait reparu ; et avec lui l'abondance. Le régime révolutionnaire était absolument fini. On n'entendait plus parler maintenant de dénonciateurs ou de gendarmes. Je n'ai jamais rien vu de plus vif ; on courait en masques sur les grandes routes, c'était un carnaval vraiment universel. Mes parents acceptèrent pour nous l'offre de nos amis d'Aubusson ; nos places furent arrêtées à une diligence prochaine, et nous allions nous mettre en route quand un incident tout nouveau changea nos destinées.

Un an auparavant, et pendant le séjour que j'avais fait dans l'hiver à Dijon, j'avais dîné dans une maison avec M. Bourdon, colonel de gendarmerie, ancien et brave militaire qui me prit assez en amitié. On causa de chasses ; il parla de celles qu'il avait faites avec M. le marquis de Laguiche, riche et grand seigneur en Charolais, et dont il osait dire qu'il avait été l'ami. M. de Laguiche avait péri ; sa fille, âgée de seize ans, demeurait chez son grand oncle, le vieux chevalier de Laguiche, et devait épouser M. Antoine de Lévis, son cousin. J'écoutai ce détail. Je connaissais M. de Lévis ; il y avait entre la jeune personne et lui quelque disproportion d'âge, mais les convenances d'ailleurs étaient dans ce mariage, et mes pensées n'allèrent pas plus loin. Vers le temps dont je parle maintenant, il fut question de différents mariages annoncés à Paris. Des jeunes gens, presque sans autre avantage que leurs noms, firent des mariages au-dessus de leurs fortunes. Les hommes, comme on disait, étaient rares alors. L'idée me vint que mon frère, si bon sujet, avec tous ses avantages personnels et la perspective d'une fortune réelle, mériterait mieux un bon mariage que les jeunes gens dont on me parlait. Mlle de Laguiche me revint à l'esprit. Antoine de Lévis ne l'avait point épousée; et d'ailleurs le mariage avait-il été réellement convenu? Sans rien dire à personne, j'écrivis à M. Volfius, ancien collègue de mon père à l'Assemblée constituante, excellent homme et de beaucoup d'esprit (1). (M. Bourdon l'avait nommé son meilleur ami dans l'entretien qu'un pressentiment de bonheur avait sans doute gravé dans ma mémoire.) Je me bornai à faire une question sur la réalité du projet de mariage. La réponse ne se fit point attendre : le mariage d'Antoine n'était pas entamé, et les deux amis me conseillaient d'y penser moi-même pour Henri. Je portai ma lettre à maman; son cœur sourit à cette idée. Mon père, mon frère revinrent le lendemain d'Essarois; ils accueillirent avec empressement cette ouverture. Il fut arrêté que j'informerais mon correspondant de l'effet que la lettre avait produit; et sous quelque frivole prétexte, nous remerciâmes Mme d'Aubusson, et le voyage de Paris fut absolument oublié. M. Bourdon, sans perdre un seul instant, écrivit au chevalier de Laguiche, et, après un échange de correspondances et des négociations qui aboutirent rapidement, le mariage fut décidé et célébré presque aussitôt (2).

(1) Jean-Baptiste Volfius (1734-1822), évêque constitutionnel de Dijon.
(2) Le mariage de M. Henri de Chastenay avec Mlle Henriette de

Peu de temps après, au mois de juin, nous nous mîmes en route, et, afin de ne rien oublier, je dirai que Mme de Mesgrigny, qui nous retint deux ou trois jours à Troyes, nous y donna une jolie fête. Il y eut d'abord un concert. Il s'y trouvait d'assez bons musiciens, entre autres un officier hollandais, prisonnier, appelé M. Abraham. Il jouait de la guitare, chantait et composait de la manière la plus agréable. J'avais une habitude si grande d'improviser que ce talent, joint au mérite de quelques chansons ou romances, dont j'avais fait les airs, et que je disais avec quelque expression, produisit un effet certain. Il y eut un bal en mon honneur, et je m'amusai singulièrement.

Je fus bien aise sans doute, après cinq ans d'absence, de me retrouver à Paris; mais la circonstance sérieuse du mariage récent de mon frère, de nos relations à établir avec toute sa nouvelle famille, excluait toute pensée frivole. A peine arrivée à Paris, ma jeune sœur, avec toute la grâce qui annonçait son cœur et parait son esprit, n'avait pas attendu mon frère et était allée voir M. Turlot, qu'elle savait notre intime ami. Elle vint chez nous dès qu'elle apprit que nous étions descendus de voiture. Elle devait le soir se trouver dans une maison avec du monde; je la priai de venir chez nous auparavant, pour faire voir sa toilette. C'était en ce genre certainement que la révolution était complète. Maintenant, d'un bout de la France à l'autre, les costumes diffèrent fort peu; alors tout était différent : les spadrilles ou cothurnes de rubans, adaptés aux souliers; les tailles courtes, les robes décolletées, les manches au-dessus du coude, les coiffures grecques, tout me semblait tellement théâtral

Laguiche eut lieu à Saillans, près Charolles (Saône-et-Loire), le 31 mars 1797.

que je ne pouvais imaginer qu'Henriette osât se montrer de la sorte. Mon frère me condamna cependant à prendre dès le lendemain un extérieur tout semblable, et j'étais tellement provinciale que j'eus une peine extrême à m'y accoutumer.

Paris offrait alors un singulier spectacle. C'était le temps du triomphe de la chaussée d'Antin; le temps où Mme Récamier, belle comme le jour, affectait de paraître partout coiffée d'un fichu de linon, toujours placé de la même manière. Les jeunes personnes qui tenaient de l'ancien régime par leur naissance suivaient de loin ce genre d'élégance et de luxe, et d'autant plus qu'il pouvait s'accorder avec de très minces dépenses. Les jeunes gens faisaient couper leurs cheveux à la Titus; les femmes les bouclaient d'après les bustes antiques. Une mousseline légère avec un nœud de ruban composait une parure exquise, et il n'y avait plus que de vieilles femmes très maussades qui regrettassent la poudre, les poches et les souliers à grands talons.

Je ne crois pas ces détails superflus. J'ai dit que les bals d'abonnement avaient fait la joie de l'hiver qui venait seulement de s'écouler. La paix semblait si vraisemblable qu'on y avait vu quelques Vendéens signalés, et, je crois, Mme de Bonchamp. Maintenant c'était à Tivoli et au pavillon de Hanovre que l'on courait se réunir. Les émigrés, à cet égard, étaient plus empressés que les autres; à peine gazés d'un faux passeport, ou réintégrés à demi par quelques faux certificats ou des nullités d'inscriptions, ils se montraient en foule, jeunes encore, charmés de revoir Paris, de se revoir au spectacle et d'entendre parler français au coin des rues. En vérité, c'était charmant. Les lampions de couleur et le feu d'artifice de Tivoli ou d'Italie réalisaient quelques féeries.

On pouvait deux fois par semaine se procurer, pour un écu, la plus brillante fête de l'Europe. On allait tous les soirs au pavillon de Hanovre; on se moquait, on dénigrait. L'émigré arrivé du jour se plaçait d'ordinaire sous le lustre. Je crois que le gouvernement souriait à cette espèce de jeu, qui faisait servir la mode à fermer la plaie de l'émigration, et qui mettait la vogue dans les retours, comme elle avait été dans les départs. La plus grande partie des biens des émigrés n'était pas encore vendue; les princes du sang venaient de rentrer dans la possession de leurs domaines : quel dommage ce fut alors qu'on prétendît aller trop vite, qu'on fît une subversion de ce qui devait être une fusion ! Et comme de petites circonstances se mêlent parfois aux grands événements, je dois ajouter que, lorsque les coteries qui se rencontraient sur la terrasse du pavillon de Hanovre furent à peu près d'égale force, il se fit quelques imprudences dont la solidarité s'étendit.

Je me souviens que vers ce temps arriva à Paris un ambassadeur turc, et il est très certain que M. de Talleyrand, ancien évêque d'Autun, ministre depuis peu des relations extérieures, présenta au Directoire, le même jour, et le sabre au côté, M. de Massini, ambassadeur du Pape et celui de la Porte Ottomane. Nous allâmes, Henriette et moi, voir cette pompe au Luxembourg (1). Les costumes espagnols et bigarrés des directeurs, l'accoutrement de Crispin que portaient leurs huissiers, formaient un ensemble étrange et peu imposant. Nous avions de petits turbans à aigrette, et quand nous arrivâmes, la foule du dehors crut que nous étions l'ambassade.

(1) Le siège du Directoire était au Luxembourg.

Les entrepreneurs de fêtes et de spectacles se firent du gros ambassadeur une machine lucrative ; ils l'invitèrent à des fêtes spéciales, dont il était la vraie représentation, et l'on s'empressait de s'y porter. Je le vis à la Bibliothèque nationale ; je doute qu'il en ait pu apprécier les trésors. Talma suivait avec curiosité chacun de ses airs ou de ses mouvements. Son interprète, le Grec Cotrica, rechercha l'abbé Barthélemy de Courcet, neveu de l'auteur d'*Anacharsis*, et demanda, dans un style véritablement oriental, en quel lieu était le tombeau de ce vénérable peintre de la Grèce, pour qu'il lui fût permis d'aller y rendre hommage.

Le succès de mes *Mystères d'Udolphe*, qui avaient paru au printemps, avait été rapide et m'avait à peine occupée ; il m'avait donné toutefois une réputation d'écrivain, et j'étais depuis peu à Paris quand M. Nicolle, frère de l'ancien préfet des études de Sainte-Barbe, vint, escorté de M. Maradan, celui qui m'avait imprimée, me proposer une entreprise assez hardie et que j'acceptai par amour-propre, à cause de sa singularité. M. Bertrand de Molleville, dernier ministre de la marine sous Louis XVI, avait écrit des mémoires historiques en Angleterre, où ils n'avaient paru que dans une version anglaise. Ils formaient trois volumes. M. Nicolle voulait qu'on les mît en français, pour les faire paraître en notre langue, non comme une traduction, mais comme originaux. Il m'apportait le troisième volume et avait mis les deux autres sur chantier. Il me parut piquant de prêter le style d'une jeune fille à un ministre, à un homme de caractère, du moins en apparence, et de ceux qui se croient hommes d'État. Je pris le volume ; il était de quatre cents pages ; en vingt jours, tout fut fini, et l'ouvrage était imprimé, car je livrais mon brouillon chaque jour. Je ne sais pas comment j'ai pu faire ; je courais, je voyais du monde, j'allais au spectacle et aux fêtes. J'ai été flattée, je l'avoue, que ma plume ne m'ait pas trahie, et que jamais M. de Molleville n'ait réclamé contre le style qu'on lui avait prêté. S'il l'a fait, je ne l'ai pas su (1).

Je revis Mme de Trudaine, que j'avais aperçue à Rouen. Elle restait seule, d'une famille qui toute s'était abîmée dans le gouffre de la Révolution. Son père, M. de Courbeton, avait péri à Dijon ; son frère, son mari, son beau-frère avaient péri à Paris même. Mme de Trudaine habitait le second de sa belle maison, avec sa mère et son jeune frère, tous malades de la poitrine. Cette femme vraiment intéressante nous conta un jour ses malheurs. Prisonnière à Provins, dans le temps où tout ce qu'elle avait chéri périssait, elle en avait su la nouvelle en même temps que celle du 9 thermidor ; tous se félicitaient, en prison, et elle, elle avait tout perdu ! Cette situation est horrible ; elle me glace en me la représentant. On sait qu'avant de périr, M. de Trudaine de la Sablière, le jeune, dessina une branche d'arbre à fruits encore en fleur, et qu'il écrivit au-dessous : *Fructus, matura, tulissent!* Cette maison avait été celle des hommes distingués du temps ; les arts surtout y étaient accueillis. David ne peut se laver du sang de ces victimes ; il n'a rien fait pour les sauver.

Cependant, Mme de Trudaine essayait de reprendre à la vie. Beaucoup d'hommes, plus distingués par leur nom que par leur fortune, la faisaient demander en ma-

---

(1) *Mémoires secrets pour faire suite à la dernière année de Louis XVI.* 1797, 3 in-8°. — Une seconde édition, en deux volumes in-8°, a paru en 1816 sous le titre de : *Mémoires particuliers pour servir à l'histoire de la fin du règne de Louis XVI.*

riage. Je crois que son cœur avait besoin d'un sentiment; elle s'agitait parfois, avec l'air du plaisir. Elle voulait retenir son frère, en lui offrant une société susceptible de l'amuser, et je dus alors à mes relations avec elle quelques connaissances agréables.

Je fis vers ce temps aussi, avec M. de Prony (1), une connaissance assez particulière. J'avais été frappée de voir chez Mme de Trudaine un cahier de romances gravées avec son nom. Il m'en donna un exemplaire et vint chez nous. Il avait dans ce temps-là de grands cheveux blonds bouclés; il jouait de tous les instruments, chantait et composait avec beaucoup de grâce. Il écrivait, d'ailleurs, de grands ouvrages de sciences, professait à la haute Académie que l'on appelait Polytechnique, et avait constamment un roman dans sa poche.

Je retournai chez Mme de Moulins ou, comme on disait, la *petite tante*. Cette excellente vieille femme avait recueilli, au fort de la Terreur, Mlle de Béthisy, sa nièce, rentrée en France à vingt ans et qui se trouvait dans le cas le plus effrayant de la loi sur les émigrés. Généreuse, douce, égale et bonne, sa seule considération obtint un amendement d'exception à la loi; le conventionnel Lasource en fut le rapporteur. Après le 9 thermidor, Mlle de Béthisy voulut épouser M. de Grabowski, Polonais, dont, je ne sais pourquoi, la naissance avait quelque chose d'incertain, comme son existence quelque chose de douteux. Honnête homme cependant, et estimable dans sa conduite, je l'ai vu en relations honorables avec tous ses compatriotes; il les amenait tous à la table de sa tante, et quand on disait à celle-ci : « Ma tante, quel est ce monsieur qui mange en face de vous ? »

---

(1) Gaspard-Clair-François-Marie Riche de Prony, ingénieur et mathématicien (1755-1839).

elle répondait doucement : « Ma petite, je ne sais pas ; je crois que c'est un Polonais. »

Ses bontés charmantes pour moi ne se sont jamais démenties ; j'étais dans cette maison comme dans la mienne propre. J'y vis M. d'Aligre, et, chose assez bizarre, je lui plus, et j'en reçus une proposition directe de mariage. Une pareille fortune, présentée par M. d'Aligre, n'était pas de ces choses qui se refusent ; ma réponse fut de celles que la convenance prescrit : je parus ne pas comprendre, et Mme de Moulins fut chargée de me parler. Je ne sais si M. d'Aligre se proposait de faire un roman ; je ne pouvais songer à lui que comme époux. Je voulus qu'on parlât à maman, et maman eut l'occasion d'entretenir M. d'Aligre, et de lui répondre avec la délicatesse qui convient, quand on ne veut pas être accusée de convoiter une grande fortune ; mais Mme du Coudray de Boissy, sœur de M. d'Aligre, avait d'autres idées : elle avait supputé une dot qui ne lui semblait pas suffisante. Cependant, toutes les fois que j'ai retrouvé M. d'Aligre, son empressement s'est renouvelé. Il m'a fait porter des paroles par plusieurs de mes connaissances ; sa sœur s'est quelquefois presque jetée à ma tête, et puis le lendemain la partie proposée par elle était rompue sous un prétexte, et les insinuations étaient évanouies. J'avoue que cet établissement ne m'a jamais inspiré de regrets ; M. d'Aligre était estimable, sa fortune superbe, mais je ne sais si nos caractères se seraient en tout convenus.

Je n'ai pas beaucoup cultivé le salon de Mme d'Avaux, quoique la société en fût vraiment distinguée. Le vicomte de Ségur joignait à l'esprit d'un auteur les prétentions d'un ancien agréable et l'immoralité d'autrefois, avec un peu de la licence de propos et de l'espèce de liberté du jour. Avec les hommes de cette espèce le tête-à-tête ne m'embarrasse pas : le naturel y reprend ses droits ; on a tout bonnement de l'esprit, et leurs prétentions se reposent. Mais dans un cercle, avec des femmes légères, plus vieilles qu'elles ne veulent l'avouer, moqueuses et familiarisées au jargon du persiflage, je ne sais souvent où j'en suis. Dans ce monde où je me trouvais, un compliment était-il bien un compliment ? Naïve, j'étais ridicule ; fine, je me créais des embarras, et ne savais où me retrouver. Je crois, d'ailleurs, qu'une trop longue solitude m'a fait contracter de la raideur. J'aime le succès, j'aime à plaire, je crois ce qu'on me dit ; ma coquetterie, — car j'en ai eu, et peut-être en ai-je encore ? — est toute en bienveillance, et je ne sais pas brusquer un homme pour l'attirer, ou blesser une femme pour l'écarter de ma route. Quoi qu'il en soit, et même de ma gaucherie, dont il faut bien que je me rende franchement le témoignage, j'ai apprécié l'esprit, la charmante et piquante gaieté et les talents rares du vicomte de Ségur. Il disait quelquefois : « Je suis un débris du trône » ; il eût dit avec plus de raison qu'il était un des ornements de la société d'autrefois ; et il prouvait que ce grand monde, non encore rétabli pour nous, n'était pas tout entier dans la pruderie de quelques femmes sans beauté, et la fausse capacité de quelques hommes sans moyens.

Mais, de toutes les connaissances de ce temps, celle à laquelle sans doute nous dûmes attacher le plus de prix, fut celle d'un ami, d'un bienfaiteur déjà cher à nos cœurs, et que nous n'avions jamais vu. Mon père, à peine arrivé à Paris, alla voir M. Réal, et le jour suivant nous le vîmes entrer lui-même, accompagné alors, je m'en souviens, de son fils âgé de treize à quatorze ans. M. Réal[1]

---

[1] Pierre-François Réal (1757-1834), dont la vie est bien connue,

me parut plein d'esprit, de vivacité, de bienveillance ; sa physionomie animée annonçait plus de franchise encore que d'impétuosité. Ses opinions indépendantes, quand elles ne font que mousser dans la conversation, lui donnent un mouvement, une légèreté, et tout ensemble une élévation d'aperçus qui lui prêtent, selon moi, le plus attrayant des charmes. J'allai voir Mme Réal et sa famille, au sein de laquelle elle menait une vie simple et sage. J'eus avec M. Réal quelques conversations. Ses opinions n'étaient pas toutes les miennes, mais les idées allaient si vite, avec un esprit tel que le sien, que ce n'était pas la peine de disputer pour quelques-unes ; nous les laissions de côté, tout simplement, et ce ne fut qu'après l'événement trop célèbre du 18 fructidor que nos relations devinrent aussi étroites qu'indispensables.

devint un ami intime de Mme de Chastenay. Il en sera souvent question dans ces *Mémoires*.

CHAPITRE XVI

Dix-huit fructidor an **V** (4 septembre 1797); les conspirateurs, Carnot et Barthélemy. — Nombreuses démarches de Mme de Chastenay pour faire rayer Casimir de Laguiche de la liste des émigrés. — Sotin, ministre de la police. — Réal et les papiers de Pichegru. — Visite chez Tallien, à la Chaumière. — Relations journalières avec Réal pour sauver la fortune des Laguiche.

La catastrophe se préparait. Il appartient à l'histoire d'en présenter les causes et les détails, mais, à cette époque, tout événement politique entrait dans la destinée des personnes les plus éloignées des places, et chaque fois nos intérêts ont été mis en jeu. Mon père avait retrouvé M. Dauchy, ancien membre de la Constituante (1), et membre alors du conseil des Cinq-Cents. C'était un fort excellent homme, lancé à corps perdu dans le parti qui disait tant de paroles et prenait si peu de mesures. Ce parti était alors vivement sollicité par quelques émigrés rentrés, qui voulaient profiter de la tendance du moment pour rétablir les substitutions. Cet acte eût fait un tort cruel à ma belle-sœur. Je me croyais habile en affaires ; je parlai à M. Dauchy. Il comprit mes raisons. Il me mit en relation avec M. Rouzet, le rapporteur du décret qui venait de rendre à Mme la duchesse d'Orléans l'héritage immense de son père, et avec M. Siméon. Ces deux hommes étaient dans l'engouement d'une sorte de conspiration, sans but comme sans liai-

(1) Dauchy, agriculteur, député du tiers état du bailliage de Clermont en Beauvaisis.

son, et toute mue par une arrière-pensée qui n'aurait pu se déclarer encore. Je me rappelle que j'osai demander à M. Siméon ce qu'il espérait de la fermentation dont le soulèvement s'accélérait chaque jour ; sa réponse fut que ceux qui pensaient comme lui sauraient bien mourir à leur poste. Huit jours après, ils étaient tous en fuite ou déportés, mais j'avoue qu'au moment même de l'entretien je ne m'expliquais pas que des hommes d'État excitassent des dispositions si imprudemment tumultueuses, uniquement pour mourir à leur poste.

La presse était entièrement libre ; les journaux en opposition à la Révolution, surtout aux révolutionnaires, et aux Directeurs plus encore qu'au gouvernement directorial, étaient sans nombre, et dans une vogue égale à leur indiscrétion. Cette fausse boussole trompa les émigrés, et les rendit, par bon ton et par vogue, bien plus exagérés qu'ils n'eussent cru devoir l'être ; elle trompa l'opinion que j'appellerai nationale et qui ne voulait alors que repos et retour, mais qui craignit un genre de réaction qu'on lui donnait lieu de redouter. Quelques jeunes gens, surtout de ceux qui, après avoir été proscrits comme *muscadins*, sous la Terreur, s'étaient fait gloire depuis d'être des *incroyables*, commencèrent à porter des collets noirs à leurs habits, et cette affectation occasionna des rixes qui en préparèrent de plus dangereuses. Ces collets noirs, malgré la détermination de quelques-uns de ceux qui les portaient, ne pouvaient rappeler la jeunesse de Fréron ; tout désordre maintenant n'était que du désordre, et le jeune homme le plus décidé à défendre son collet noir n'y voyait qu'un point d'amour-propre et rien du tout en résultat.

Pichegru, brave général, mais mauvais politique, était la cocarde du parti ; un général Willot, fanfaron imprudent, semblait chargé de sa direction, et, au vrai, si le parti nombreux que ceux qui se disaient honnêtes gens formaient dans les conseils législatifs, eût su ce qu'il prétendait faire, il avait des moyens réels pour réussir. Deux directeurs conspiraient avec eux, et ne s'entendaient pourtant, ni entre eux ni avec leur prétendu parti ; c'étaient Carnot et Barthélemy. Personne, à la Restauration, ne s'est souvenu ou n'a voulu se souvenir de la proscription de Carnot à l'époque du 18 fructidor. C'était pourtant, à cette époque, un retour vers la royauté qui était la pensée sourde de quelques meneurs inaperçus, pensée qu'ils croyaient inutile de manifester avant le temps, et au succès de laquelle ils se persuadaient si faussement que toute agitation serait bonne.

Barthélemy, signataire des traités de Bâle, avec la Prusse, avec l'Espagne, avait été appelé vers le printemps au Directoire. L'Europe avait salué cet honorable choix, qui dans l'opinion extérieure consolidait le nouveau gouvernement. Les Suisses avaient élevé des arcs de triomphe sur son passage et couronné en lui toutes les vertus ; sa route en France avait été marquée par les hommages les plus flatteurs. A Paris et au Directoire, tout le prestige disparut bientôt, et l'injustice prit sa place. Pâle, grand, sans dignité, peu accoutumé à parler, surtout à livrer ses idées, peu au fait des nouvelles manières, totalement étranger aux lois, le pauvre Barthélemy fut tout abasourdi des espérances et des haines que sa présidence paraissait exciter. Le moindre commis mieux que lui servait un émigré, réparait un tort fait dans la Révolution. Il était dans une ignorance complète des injures et des réparations ; dans l'opinion il ne pouvait distinguer même des nuances fortes. Il ne connaissait pas un seul individu. Je n'ai jamais rien vu de si nul.

On fit une caricature où Barthélemy était représenté en cage et bien tranquille. « Que fais-tu ? disait un passant. — Vous le voyez, répondait-il, j'attends qu'on me débarrasse. »

Je n'oublierai jamais un dîner chez Mme de Trudaine, où nous trouvâmes M. Barthélemy et un honnête député provincial, appelé M. Parisot, non pas celui de Troyes, dont j'ai déjà parlé. Mme de Trudaine entreprit, secondée de M. Parisot, d'endoctriner le bon Barthélemy. Il écoutait toutes les belles choses qu'on lui débitait, et paraissait retenir de son mieux les plus insipides leçons. Cette scène, en pareille circonstance, — car nous touchions au dénouement, — me parut, je l'avoue, bien étrange. Assurément ni mon cœur ni ma pensée n'étaient alors au parti jacobin, si on veut l'appeler ainsi ; j'avais béni l'aurore et sa rosée, j'attendais tout des progrès d'un beau jour. Il me semblait néanmoins que le faux enthousiasme de l'instant ne produirait que d'affreux orages, et qu'après avoir chargé le nuage on allait le livrer aux vents.

Une secousse était tellement prévue, que deux jours avant celui du 18 fructidor, un général de brigade, autrefois dragon dans le régiment de mon père, vint lui dire que les militaires présents à Paris, et en non-activité, étaient mandés au Directoire ; que des événements se préparaient, et que dans le cas où notre sûreté ne paraîtrait pas suffisante, dans l'hôtel garni que nous habitions alors, son propre appartement, dans un quartier reculé, nous serait toujours ouvert. Mon père vit M. Dauchy et lui représenta le danger d'un état de guerre sans armée ; cet homme, enivré comme on l'est quand on entre une fois dans le cercle magique de certaines opinions, lui répondit que le Directoire n'oserait bouger, et que la place de la Révolution verrait promptement tomber la tête factieuse de quiconque attenterait à l'indépendance des corps constitués.

Le 17 au soir, nous avions été, ma sœur, sa mère, nos frères et moi, à une soirée chez Mme d'Avaux, place du Corps législatif; nous en revînmes à deux heures après minuit, sans avoir rien remarqué dans les rues. Au point du jour, les carrefours étaient pleins de soldats et de baïonnettes; à neuf heures du matin, Carnot était en fuite, Barthélemy gardé, un nombre immense de députés au Temple, les journalistes poursuivis, et bien d'autres individus. Chose bizarre! Barthélemy avait été prévenu positivement la veille; il s'était promené, — je le tiens de son secrétaire, qu'on nommait M. Marandé, — autour du Luxembourg, pour reconnaître les dispositions hostiles, qui déjà y étaient visibles. Il crut de son devoir de ne point se cacher; mais ni conseil énergique ne fut tenu, ni avis salutaire ne fut transmis, ni effort ne fut fait. Pichegru, Willot furent pris, comme des enfants, et le pauvre Dauchy lui-même. J'avoue que je pensai à ce brave homme, peu fait au rôle de conspirateur. Le 19 au matin, je risquai d'aller chez M. Réal, et je parlai en sa faveur; il fut relâché. L'a-t-il dû à cette démarche? c'est ce que je n'ai jamais éclairci, et dont il ne s'est pas douté; mais ces deux hommes, alors si divisés, se sont retrouvés sans ressentiment au Conseil d'État, sous l'Empire. Alors tous deux étaient satisfaits, et c'est là le secret de l'amortissement des haines.

La journée du 18 fructidor fut désastreuse; elle brisa tout le prestige de la constitution de l'an III. Elle démontra que les lois ne protègent pas, que les constitutions ne défendent pas. Journalistes autorisés, députés librement élus, directeurs même furent déportés à Sinnamari (1). On vit parmi eux le marquis de Murinais, vieux militaire peu éclairé, à qui l'espoir dangereux d'une contre-révolution fit ambitionner le poste de député et prononcer le serment de haine à la royauté (2). Je ne préjuge rien sur ce qui constitue la moralité politique ; les circonstances peuvent la modifier ; mais, pour prendre de certains partis, il convient de sonder les talents encore plus que la conscience.

Le 18 fructidor coupa toutes les lignes droites de l'opinion ; la République, à peine essayée, ne fut plus qu'un parti vainqueur par escalade. Deux directeurs nouveaux furent introduits ; Merlin de Douai fut le plus remarquable. Tout prit un caractère de violence et de conquête. La banqueroute, ou le remboursement en papier des deux tiers de la dette publique, eut lieu. Cette mesure nous raya 12,000 livres de rente, d'un trait de plume ; jamais, après la ruine récente des assignats, qui nous avaient réduits à l'absence totale de revenus, notre fortune ne s'est remise de ce terrible échec.

L'indiscrétion des émigrés rentrants, et surtout des vains personnages qui se gonflaient de s'associer, sans nul risque, à leur cause ; des vœux extravagants, parce qu'ils ne portaient sur rien, n'avaient d'objet positif que la destruction, de moyen que le dénigrement, voilà sans doute ce qui favorisa le succès des hommes qui prétendirent régner afin de se défendre. Tous ceux qui se trouvaient inscrits sur la liste des émigrés, et qui n'avaient pas de radiations, furent obligés de sortir de

---

(1) Guyane française.
(2) Voir sur l'histoire du 18 fructidor les Souvenirs du chevalier de Larue : *La déportation des députés à la Guyane*. (Plon, éditeur.)

France. On accorda seulement des surveillances à quelques femmes, à quelques hommes favorisés, pour les faire rester chez eux.

Ce moment critique rappela notre attention sur l'acte important de la radiation du père infortuné de ma belle-sœur. Mon frère, très heureusement, avait profité du secours de quelques gens d'affaires, et surtout des dispositions du temps, pour obtenir au département de la Seine la radiation provisoire. Cet acte essentiel achevé, il avait inventé de voir M. Barthélemy et l'avait trouvé avec effroi d'une bienveillance toute stérile et d'une insuffisance absolue. Il avait légèrement prié M. Réal de donner suite à cette affaire.

La crise survenue, l'alarme fut plus grande. Mme de Laguiche, quoique non inscrite, crut prudent de quitter Paris; elle alla près de Provins, chez Mme de Clermont-Mont-Saint-Jean, sa cousine. J'osai me mettre alors plus en avant, et, ne soupçonnant presque en rien les difficultés de l'entreprise, j'allai trouver M. Réal, et je pris la conduite de tout.

Ma première démarche put bien encourager ma confiance. M. Réal devait me conduire chez le ministre de la police, alors le citoyen Sotin; j'allai le chercher chez lui, et, ne le trouvant pas, je m'aventurai au ministère. Je monte, un peu troublée; arrivée à la première pièce, un huissier m'engage à entrer, et me dit que le ministre donne audience dans la seconde. Plus troublée, j'hésitais; l'huissier insiste encore. Je vois une foule, et au milieu un homme jeune, d'une physionomie expressive, qui vient à moi tout aussitôt et me demande ce que je désire. Je tremblais à l'excès. « Citoyen ministre, lui dis-je, je vous demande un moment d'audience particulière. » Il me dit que ce n'est pas l'usage, que je peux m'expliquer à l'instant. Ma timidité me rendait hardie ; j'insiste, je n'entends rien. « Vous le voulez », dit-il ; et il ouvre sa porte, et me conduit dans un cabinet assez grand pour pouvoir causer, malgré la présence d'un secrétaire.

J'expliquai mon affaire (1). Je fus bien écoutée, je fus invitée à revenir, et je sortis comblée de la politesse et de l'obligeance d'un ministre de la police nommé depuis le 18 fructidor.

Je retournai plusieurs fois chez le ministre Sotin. J'en fus toujours bien reçue. Il m'avait promis qu'il se ferait rapporter le dossier de mon affaire, mais d'autres affaires l'occupaient. Je me familiarisais toutefois avec le local du ministère, les figures des huissiers, les heures des audiences, l'ensemble de tout ce mouvement, choses qui ne sont pas inutiles, quand soi-même on sonne la charge, quand on la dirige et quand on y prend part.

Un jour, m'ayant tirée à part, le ministre me demanda si je pouvais garder un secret. Sur ma réponse la plus positive, il me demanda brusquement : « Où est Mme de Laguiche ? » Je lui réponds qu'elle n'est pas à Paris, et il me le fait affirmer. La même question, il me la fait sur son fils. Casimir était à Paris ; j'affirme qu'il n'est pas dans le cas de rien craindre. Sotin me répond que ce n'est pas le moment d'argumenter à cet égard ; il faut que le jeune homme s'éloigne de Paris. Il ne demande pas qu'il quitte la France, mais la prudence prescrit le parti qu'il conseille, et dont il exige ma parole de ne pas déclarer l'auteur. Je fus pénétrée de cette confiance.

(1) Récit des circonstances du voyage de M. de Laguiche à l'étranger, de son retour en France, de sa condamnation et exécution, de l'adoption de Mlle Henriette, sa fille, d'abord par Mme de Grammont, puis par le chevalier de Laguiche.

M. de Laguiche devina ce qu'il voulut ; il fut prêt en quelques instants et ne dîna même pas à Paris. Le procédé du ministre m'inspira une gratitude que je conserverai toujours.

Un petit escalier, au coin du vestibule, menait, dans le ministère, à un petit entresol qui renfermait plusieurs bureaux, et où M. Réal avait établi le sien. Il n'exerçait à la police aucune fonction ministérielle, mais il avait été chargé de l'examen des papiers qui prouvaient l'accord de Pichegru avec le ministère anglais, avec M. le prince de Condé, avec une intrigue en Allemagne. Cette immense correspondance, prise dans un fourgon de M. de Glinglin, avait été livrée tardivement par Moreau, qui en avait été saisi. Je dis tardivement, et je le regrette pour la gloire du Xénophon français. Ce ne fut que sur le bruit des événements de Fructidor qu'il en fit un envoi confidentiel au directeur Barthélemy, devenu captif avant de l'avoir reçu, et l'on conçoit combien un tel envoi, et à une telle adresse, avait dû éveiller de soupçons et commander de perquisitions.

M. Réal, occupé tour à tour au barreau, comme défenseur, et aux affaires particulières qu'il n'avait point abandonnées, M. Réal, dis-je, venait pourtant passer un certain nombre d'heures par jour au cabinet de l'entresol, pour y déchiffrer ces papiers dont le volume était prodigieux. J'allais lui rendre compte de mes entrevues ministérielles.

Je faisais des connaissances tant qu'il m'était possible; sans en bien apprécier toutes les difficultés, je comprenais déjà confusément que mon affaire n'irait pas sans le secours de quelque heureuse combinaison. Notre sauveur de Thermidor, Tallien, me semblait avoir des droits à ma confiance la plus intime, et le service qu'il nous avait rendu me paraissait mériter de sa part une suite prolongée d'intérêt. Une circonstance inattendue me donna l'occasion de lui demander audience. M. Boulay de la Meurthe inventa de proposer le bannissement de tous les nobles. Chose étrange, cet incident marque à peine dans la Révolution, personne ne m'en a jamais parlé, et une foule de gens l'ignorent. Un journaliste se trouvant dans le sens le plus prononcé de la secousse qui venait d'avoir lieu, Poultier, membre du conseil des Cinq-Cents, écrivit aussitôt une feuille admirable en faveur de la classe proscrite. Cette feuille était si raisonnée qu'elle servit au même instant de consolation et de sauvegarde. La discussion toutefois allait bientôt s'ouvrir, et je risquai d'aller voir celui qui devait, selon mes idées, nous conserver à notre chère patrie. J'allai à la Chaumière, au bout des Champs-Élysées. Je trouvai un jeune homme d'une figure aimable et douce, qui m'accueillit comme s'il m'avait connue et comme si les lettres que je lui avais adressées après le 9 thermidor eussent été présentes à son souvenir. Il m'assura que la motion désastreuse n'aurait aucune suite alarmante ; il en parla avec plus de force que je n'aurais osé le risquer. Il me montra quelques parties du discours qu'il se préparait à prononcer dans cette grande cause. Je me rappelle qu'il y demandait comment le vainqueur de l'Italie, comment le général Bonaparte pourrait n'être citoyen que par exception. Qui aujourd'hui sait tout cela ?

L'obligeant thermidorien s'informa de mes intérêts ; il me dit que les radiations n'étaient en rien de son ressort, mais il m'offrit en toute rencontre ses renseignements, ses conseils, et au besoin toute l'influence qu'il lui serait permis d'exercer. Il m'a tenu en tout parole ; je l'ai revu chez lui plusieurs fois, je l'ai retrouvé au Directoire, et ses témoignages d'obligeance ne se sont jamais démentis.

Boulay lui-même retira sa motion. Quinze mois après, cet homme habile publia un écrit relatif aux révolutions d'Angleterre, où il annonçait avec art et préparait avec plus d'art encore la chute prochaine du Directoire. Il a toujours passé pour un homme de talent; jamais rien de sa part n'a renouvelé le souvenir de sa fatale motion. Le fanatisme ne l'avait point dictée : les teintes extrêmes n'ont rien de réel, tout y est relatif et composé.

Un journaliste, dont le nom m'échappe, était compris dans la déportation. Il semblait que depuis deux ans il se fût imposé la tâche de déchirer M. Réal; malheureusement pour lui, il n'avait pas borné son attaque à lui seul. Malade et retiré dans quelque asile secret, ce fut à lui qu'il eut recours. J'ai vu dix fois la femme de ce malheureux proscrit venir à l'entresol trouver M. Réal comme son unique protecteur. Il avait déclaré aux directeurs et au ministère que l'affaire de cet homme était devenue la sienne, que son honneur était attaché à le délivrer de toute persécution. Il y réussit, et, peu de mois après, ce fut entre ses bras que mourut l'infortuné, attaqué de la poitrine.

Je vis à ce cabinet, et aussi chez Mme Réal, toute la famille des Montbreton. Deux fois le courageux défenseur arracha le troisième de ces frères, celui qu'on appelle Norvins, à la commission militaire. M. Réal deux fois lui conserva la vie, il ne put lui sauver une longue captivité; M. de Norvins et M. de Lacretelle jeune furent détenus à la Force jusqu'au jour du 18 brumaire.

Je ne puis rapporter toutes les occasions que j'eus de répéter à M. Réal que son patriotisme ardent était le patrimoine de tous les malheureux. Une fois, son obligeance me procura une scène bien amusante. L'acteur Michot, homme vraiment bon et sensible, amena un jour une grande femme, qui voulait voir au Temple un aide de camp de Pichegru, brave capitaine de hussards. M. Réal alla solliciter cette grâce, et je restai avec la suppliante et celui qui l'avait introduite. Je leur donnai les renseignements que j'avais pu recueillir, et M. Réal apporta la permission que désirait cette dame. Michot, fort satisfait, songea tout aussitôt à égayer la fin de l'audience; il amena des récits plaisants, rappela une foule de scènes gaies; l'on eût invité dix personnes pour profiter d'une matinée que je dus alors au hasard.

J'ai vu le général Moreau se présenter en solliciteur. Son rôle, dans cette affaire, avait ce caractère louche que donne une si fausse attitude; il fut pourtant accueilli de manière à ne pouvoir songer qu'à sa gloire. Pour moi, qui me trouvais entourée de tant de pièces de procédure, je frémis d'abord de penser que peut-être un arrêt de mort pourrait un jour en résulter. Je le dis à M. Réal, et je reçus le serment, qu'il a tenu, de dégager dans son rapport tous les accusés arrêtés, et de ne pas compromettre une seule vie.

Le ministre me dit un jour que, pour être dans le cas de finir mon affaire, il lui fallait un ordre ou apostille de prompt rapport, de la part de quelque directeur, et je songeai au citoyen Larevellière-Lépeaux, ancien collègue de mon père. J'allai le soir au Luxembourg, je fis demander un moment d'audience à ce directeur. Introduite aussitôt, je le trouvai seul. Son genre de vie était retiré et modeste. Il m'entretint avec bonté, avec esprit, et me permit de revenir chercher l'apostille, qu'il promit. Je retournai au jour prescrit; je trouvai le directeur avec un membre assez distingué des Conseils. Je reçus la signature que j'avais désirée. La conversation s'anima, et je sortis vraiment contente. L'étrange circonstance de l'accueil fait par Larevellière à une personne de mon âge ne fut pas un secret pour tout le monde, et je n'oublierai jamais qu'un homme, assez répandu dans le cercle de l'ancienne société, vint chez nous tout exprès et me donna en règle une leçon d'intrigue.

Sotin reçut l'ordre de prompt rapport avec autant de plaisir que j'en avais en le remettant. Je revins cependant deux ou trois fois avant d'en trouver des nouvelles. J'arrivais un matin avec plus de confiance; on me fit entrer, je trouvai Sotin presque en fureur. « Vous m'avez trompé, citoyenne, s'écria-t-il en me voyant; M. de Laguiche est émigré. Son dossier est tout plein de dénonciations foudroyantes; le rapport est fait en maintenue. » Je demeurais plus morte que vive ; il criait : « Vous m'avez trompé », et il ne voulut plus m'entendre. Je redescendis en larmes à l'entresol, où je trouvai heureusement mon sincère défenseur. Désolé de mon récit, il monta chez le ministre, raisonna, supplia, et enfin se fit remettre ce dossier fatal, ne demandant que le temps d'en faire l'examen.

J'éprouvai une triste, mais vraie consolation de penser que nous étions à l'abri d'une surprise, et que nous allions avoir du moins le temps de réfléchir au danger. Les maintenues commençaient à se prononcer chaque jour et comme par spéculation. A l'époque de Fructidor, la plus grande partie des biens des émigrés était encore non vendue; un peu de prudence, et le mal se réparait. L'indiscrétion et la vaine arrogance ont produit plus de troubles au monde que la réelle méchanceté.

Alors, notre marche dut prendre une direction plus

sérieuse. Il fut question de voir Courtin, chef du bureau des émigrés. Maman en prit la peine elle-même et lui conduisit même ma sœur. M. Courtin, créole, très maltraité par la Révolution, était de ces hommes qui affectent de bien penser en confidence, et agissent avec d'autant plus de dureté que leur conduite est en opposition forcée avec ce qu'ils prétendent leur opinion.

M. Courtin était assez bien vu par trois ou quatre dames, qu'il servait utilement; mais il lui fallait des victimes, et il nous avait fait l'honneur de nous choisir. Je ne tardai pas à voir moi-même M. Courtin, et je n'eus pas à me louer de ses dispositions, qui étaient peu bienveillantes. Ces hommes à vaines paroles ne m'ont jamais aimée, car, malgré mes efforts de dissimulation, ils voient trop que je suis franche et ne suis pas leur dupe. M. Réal parla, et fut mieux écouté. Protégée comme je semblais l'être, M. Courtin, avec le temps, parut s'apprivoiser et nous devenir favorable. Je risquai de faire connaissance avec un ancien procureur au Châtelet, boiteux des deux jambes, qui était lié avec M. Courtin, et cet intermédiaire lui porta nos promesses; elles ont été tenues, et de tous ceux qui ont servi dans cette affaire, M. Courtin est le seul qui ait été payé.

Nous gardions un secret absolu sur nos tribulations diverses. J'allais presque chaque jour veiller sur mon dossier, le feuilleter, le copier, l'apprendre par cœur, et commenter les lois diverses, car le passeport, quoique légalement donné, était, dans la jurisprudence du jour, une cause de maintenue. Je rendais compte à M. Réal de mes démarches intermédiaires et de mes connaissances nouvelles ou projetées. Il n'était pas toujours à son bureau; j'allais me promener dans les rues adjacentes, je revenais et je m'asseyais assez souvent sur l'escalier, où j'attendais quelquefois bien mouillée, et souvent glacée par le froid. Je faisais pitié à un bon vieux commis, nommé M. Cornu, dont le bureau était voisin, et de temps en temps il m'engageait à venir me chauffer à son feu, sous promesse de ne rien dire et de ne pas gêner son travail. La saison cependant devenant plus rigoureuse, M. Réal trouva moyen de placer sa clef de manière que je pusse en son absence l'attendre dans son cabinet. Il avait des affaires, et jamais n'a su l'heure; j'ai passé bien du temps dans cette petite retraite. Il arrivait toutefois, et chantait en montant, pour que je pusse ouvrir sans crainte de me tromper. Si quelqu'un montait avec lui, il avait soin de causer très haut, cherchait sa clef, ne la trouvait pas, et donnait son audience dans le vestibule ou dans la cour. Mais quand son grand travail fut assez avancé, il lui fallut prendre plusieurs copistes. La porte alors resta ouverte, et nous n'eûmes plus que la ressource d'une première petite pièce où, dérangés à tout moment, ce n'était qu'avec précaution que nous causions sans être entendus.

Je serais ingrate et hypocrite si je n'avouais de quel prix était pour moi le dédommagement de ces entretiens. Je puis dire que j'en avais besoin, car ma vie était bien pénible et mon esprit bien tourmenté. Je trouvais dans M. Réal l'esprit le plus brillant et aussi le plus orné, la mémoire la mieux remplie d'anecdotes et de faits curieux. M. Réal connaissait, dans toute la franchise de son caractère, les personnes et les choses ; ses opinions donnaient à tout, pour moi, un aspect entièrement nouveau ; sans m'entraîner toujours, il me faisait voir plus juste en me faisant envisager plusieurs manières de voir. Moi aussi, je changeais une foule de ses idées. Nous avions tous deux de la jeunesse, moi d'âge, lui de tête, quoique cette tête ardente fût déjà toute blanchie (1). Son attachement pour moi augmentait chaque jour ; ma reconnaissance, ma confiance envers lui devenaient chaque jour pour moi des devoirs plus impérieux et plus doux à remplir. J'attendais tout de lui seul, et pour bien se figurer ce qu'était cette attente, il faut se représenter notre situation. C'était de la fortune *entière* de ma belle-sœur qu'il s'agissait ; la maintenue de M. de Laguiche entraînait sa ruine totale, celle de son frère, et même de Mme de Laguiche, dont la position, déjà douteuse, aurait été tout à fait décidée. Ainsi mon frère, marié à vingt-quatre ans, et presque par entraînement, nous donnait après six mois de mariage le fardeau d'une famille encore peu connue de nous, qui peut-être nous reprocherait le mauvais succès de nos soins, et l'attribuerait à la plus coupable maladresse. Une jeune personne de dix-sept ans, aimable assurément, mais encore presque étrangère, ne pouvait plus nous apporter que les regrets et les sentiments d'une héritière spoliée ; et tout cela dans un moment où notre fortune à nous-mêmes subissait par la diminution des rentes un échec effroyable, et se diminuait encore chaque jour par la liquidation, au tiers, des créances que nous devaient les émigrés. Nous étions vraiment désolés ; certes il y avait bien sujet. Nous le témoignions le moins possible.

A toutes ces considérations il s'en joignait pour moi de plus pressantes encore ; c'était l'abandon et l'entière confiance de mon frère et de ma jeune belle-sœur. Moi seule j'avais décidé l'éloignement de M. Casimir ; je for-

---

(1) Mme de Chastenay avait alors vingt-six ans, et Réal quarante.

çais en quelque manière Mme de Laguiche à ne pas quitter Hermé (1); moi seule j'agissais enfin, j'étais devenue leur tuteur, et de ce moment, en parlant d'eux, je m'accoutumai si bien à dire *mes enfants*, que j'en ai longtemps après conservé l'habitude. Quelle responsabilité pesait en ce moment sur moi seule! Et quel espoir aurais-je pu garder, sans le secours de M. Réal?

Après la crise terrible du rapport en maintenue, et l'obligeance réelle de Sotin, qui avait confié à M. Réal ce rapport et tout le dossier, je fus assez longtemps sans oser reparaître à l'audience de ce ministre. M. Réal pourtant m'y fit retourner. Qu'allais-je y faire? demandera-t-on. Entretenir cette bienveillance que le ministre m'avait montrée, entretenir son intérêt, à force de douceur, de patience et d'efforts; le toucher par l'excès de mon dévouement; préserver enfin *mes enfants* de cette ruine qui tombait sur toutes les familles dans la position de la nôtre. Grâce à Dieu, j'y réussis, et Sotin témoigna qu'il se trouverait heureux si les dénonciations pouvaient être atténuées, si le rapport pouvait être refait. M. Réal jugea qu'il fallait tout risquer pour obtenir ce précieux avantage, qu'il fallait remettre le dossier, le remettre *complet*, et obtenir un rapport favorable, justement du même rédacteur.

M. Réal avait fait avec moi un travail très bien raisonné sur le fond de l'affaire, et sur l'odieuse dénonciation, matériellement fausse sur plusieurs points. Ce travail devait aller aussi dans le bureau, mais maman redoutait l'instant qui arracherait à notre pouvoir la pièce la plus dangereuse, et livrerait de nouveau notre grande et décisive affaire au caprice de quelque commis;

---

(1) Hermé, canton de Bray (Seine-et-Marne).

elle ne voulait pas qu'on remît le dossier. Le ministre le redemandait; elle ne voulait pas, du moins, que la dénonciation y restât, et m'avait absolument recommandé de décider M. Réal à la retirer des pièces. Le jour où le grand parti fut pris ne sortira jamais de ma mémoire; je fondais en larmes, en voyant que M. Réal s'opiniâtrait à reporter le dossier tout entier. Il se mit lui-même à pleurer. Jamais il ne m'avait parlé de son attachement avec une semblable énergie; il joignit aux touchantes expressions d'un sentiment si profond et si pur la démonstration positive du danger de soustraire une pièce que l'on irait y chercher d'abord et que l'on suppléerait aisément, et dont on se passerait d'ailleurs, si on voulait, parce que les maintenues n'avaient besoin que d'un prétexte, et que tous nos moyens de considération seraient alors totalement détruits. Je fus persuadée. Le dossier fut remis, et ce que je souffris ne peut se rendre, car je venais de décider la perte ou le salut d'une cause si chère! Le ministre fut pénétré de la régularité du procédé, et M. Réal, excité cent fois plus, depuis qu'il se croyait une responsabilité plus directe, n'épargna rien pour parvenir au rédacteur en maintenue et pour obtenir de sa main même un rapport en radiation.

Je le secondai tant que je pus. Je fis je ne sais quelle connaissance d'un homme qu'on disait l'ami de ce rédacteur; il avait, je crois, été commissaire des guerres; on lui présenta mon crédit comme une chose très avantageuse. Je crois que vraiment il nous servit. Il ne m'a jamais rien demandé, et je le perdis de vue peu après. Je vis moi-même ce rédacteur, dont le nom m'échappe; c'était ce qu'on appelle un patriote austère. Il logeait à quelque cinquième, ne cherchait ni fortune, ni faveur; il était enfin de ces hommes, qu'on a vus en révolution, dont l'esprit peu flexible et peu étendu faisait à eux-mêmes une sorte d'illusion, et s'alliait avec deux ou trois principes d'autant plus faux dans leur application, que cette application devenait plus rigoureuse. Ces hommes, exempts à leurs propres yeux de toute cupidité, de toute immoralité, formaient dans l'ordre politique une sorte de secte cynique, qui fut assurément dure, mais dont les membres ont toujours pu être ramenés, quand on parvint à triompher de leurs sophismes ou à remuer fortement leurs cœurs. Je ne vis cet homme qu'une fois. J'étais prévenue à son sujet. Je pénétrai, presque par grâce, jusqu'en son modeste logement ; j'entrai avec une timidité qui certes n'était pas feinte. Il voulut bien m'encourager, me fit des questions, m'écouta, donna deux jours après un rapport favorable, et ne voulut pas me revoir.

Il faut reconnaître là, sans doute, un bienfait de la Providence, mais c'est l'ami qu'elle-même nous avait envoyé qui fut ici son instrument ; ma reconnaissance n'est que justice, et l'attachement dévoué qu'il me témoigna dès lors si hautement fut une protection spéciale, dont il couvrit toutes mes démarches dans le monde où j'étais entrée. Exempt de toute suffisance, ce n'est pas parmi ses amis, ce n'est pas parmi ceux qui l'ont vu avec moi, qui l'ont vu agir pour moi, qu'on a médit de cet attachement. Le mien pour lui était trop sacré dans sa source et dans les motifs journaliers qui m'en faisaient un vrai devoir, pour que j'eusse une raison d'en faire aucun mystère. Je sais les méchancetés que depuis on a voulu me faire, mais je doute qu'en les répétant, personne y ait jamais positivement cru.

J'ai dit que chaque jour me voyait essayer quelque connaissance nouvelle ; et je ne faisais à cet égard que suivre le mouvement de nos affaires. Au département de la Seine je m'étais mise en relation avec un secrétaire général, M. Demay, qui m'apprit une foule de détails sur la radiation provisoire, et me témoigna le plus aimable intérêt. J'avais trouvé, dans le président du département, un ancien collègue de mon père, l'un des hommes les plus obligeants qu'il m'avait été donné de rencontrer; il se nommait Joubert et avait servi au commencement de sa carrière dans un régiment de dragons. Il était ensuite entré dans les ordres sacrés, avait été curé à Angoulême ou à Poitiers (1), et fort estimé dans cet état. Membre de l'Assemblée constituante, il avait prêté le serment ecclésiastique, et avait été fait évêque. Arraché à cette dignité par les événements de la Terreur, il avait été entraîné par une assez violente passion et s'était marié; il avait deux enfants et en était idolâtre. Depuis, cet homme a été malheureux par l'effet même de ce lien, que sa situation avait rendu coupable. J'entre dans ce détail pour montrer que dans les crises où tout se bouleverse, tout n'est pas vice, tout n'est pas crime, tout n'est pas vertu, dans un même caractère, dans une même conduite. Partout le mal est exception, partout le mal pouvait être prévenu, presque partout il est un malheur. M. Joubert, prêtre, et évêque marié, n'affectait point l'irréligion; administrateur probe, éclairé, obligeant, on l'a toujours trouvé prêt à rendre lui-même un service, et à faciliter une justice ou une faveur.

Cette bienveillance que je me ménageais, ces renseignements, cette expérience dont je cherchais à m'en-

(1) Pierre-Marie Joubert, curé de Saint-Martin d'Angoulême, député du clergé de ce bailliage, devenu évêque constitutionnel d'Angoulême, mort conseiller de préfecture à Paris, en 1815.

tourer, ne m'ont point été inutiles. Mon costume, dans toutes mes courses, était sûrement des plus simples : une robe grise ou brune, un grand voile, et toujours un livre avec moi, me faisaient reconnaître partout. Je rendais, chemin faisant, plus d'un petit service, mais ma grande affaire, mais le but de mes démarches, furent bientôt généralement connus et généralement respectés. Je me rappelle que le volume de Boëce, *De consolatione*, était à cette époque le compagnon de mes courses. On le dit à Sotin, qui voulut s'en assurer, et qui en demeura surpris ; mais, sans rien affecter, je ne craignais pas de me laisser attribuer quelque distinction personnelle.

Nos trêves d'inquiétudes étaient courtes. Cet Aligre dont j'ai parlé fut envoyé en Picardie pour y vérifier l'état de l'affaire de M. de Laguiche. J'ignore encore de quelle manière il fut arrêté à Amiens, cette histoire est restée un secret total pour nous ; mais enfin Aligre écrivit. La commission dont il était chargé, le genre de nos affaires, exigeaient que tout fût employé pour le tirer vite de prison. Au nombre de ces connaissances que j'avais ébauchées partout, se trouvait heureusement le citoyen Doudot, chef de division au ministère de la Police, et justement chargé de la Picardie. Je le vis, M. Réal mena chaudement l'affaire ; elle dura trois semaines, et nous éprouvâmes alors combien il est difficile de se placer par la pensée au lendemain d'un succès. Plus l'affaire était embrouillée, plus il importait qu'elle finît. Nous ne savions rien de la vie antérieure d'Aligre. Le citoyen Doudot était de Douai et assez bien avec Merlin ; mon père avait recherché des amis de ce directeur, et il nous avait fait faire une connaissance utile avec M. Le Tellier, secrétaire intime du directeur, et M. Roemers, député de Maëstricht. L'un était un jeune homme, un peu mielleux peut-être, mais de bon cœur, aimable d'esprit, obligeant de caractère. Je commençai par ajouter une course au Luxembourg à mes courses du matin. Je trouvais M. Le Tellier dans l'un des cabinets de son directeur qui, à ces heures, était à la séance directoriale. Nous causions de littérature ; il me prêtait jusqu'à des in-quarto, que je rapportais sous mon bras. J'y menai ma belle-sœur deux ou trois fois.

M. Roemers était un homme de bien, que notre cause intéressa jusqu'à la fin. Sa fille Émerance était une belle et bonne Flamande, fraîche comme la rose, bienveillante et gentille. Je dînai, je déjeunai plusieurs fois chez ces dignes gens, qui me faisaient rencontrer le citoyen Doudot. Il me fallut accepter à dîner chez le citoyen Doudot lui-même, dans un petit appartement du ministère de la Police. Mme Doudot était jolie et simple ; mon père m'accompagna, M. Roemers, M. Le Tellier, le jeune Merlin lui-même, y vinrent. Ce dîner, je l'ose dire, fut un coup de partie. Le pauvre Doudot était un fort bon homme, mais ses gaietés étaient burlesques ; il se levait de table pour chanter un grand air de quelque opéra, avec des gestes et des éclats de prétention. Il nous fit tous embrasser, au refrain de je ne sais quelle chanson ; mais Aligre fut délivré, et ce fut un bon augure de plus.

CHAPITRE XVII

Bonaparte revient d'Italie; sa présentation solennelle au Directoire (décembre 1797). — Son appréciation sur le gouvernement. — Marmont songe à demander la main de Mme de Chastenay ; inimitié passagère. — Premières relations avec Fouché. — Salon littéraire de Mme d'Esquelbeck : Vigée, Legouvé, Palissot, Despréaux. — Suite des démarches concernant la famille de Laguiche : la société Ouen, Barras, Larevellière-Lépeaux. — Réceptions de Barras au Luxembourg; Mme de Chastenay est invitée aux dîners (1798). — Radiation de Casimir de Laguiche. — Alerte policière; intervention décisive de Réal. — Fin tragique de M. d'Ambert. — Démarches en faveur de Mme Dauvet; entrevue avec le général Marbot.

Bonaparte revint d'Italie, et je conçus une nouvelle espérance. Je croyais qu'il trouverait du plaisir à me servir, et je ne doutais pas de son crédit. Ce fut un grand mouvement que ce retour. Le triomphateur d'Italie, signataire de la paix de Campo-Formio, n'était plus pour l'opinion un général comme les autres. Malgré toutes ses adresses au 18 fructidor, les mécontents de l'ordre actuel mettaient en lui leurs espérances. Il revenait pour faire un coup, tel était le mot, telle était l'idée reçue. Le Directoire reçut Bonaparte avec ombrage ; Bonaparte traita le Directoire et le ministère avec une affectation de légèreté et de dénigrement. Il se renferma toutefois le plus possible, et disposa, afin de gagner du temps et de multiplier ses chances, la grande expédition d'Égypte. Je me souviens qu'il dit à Réal : « Ces gens ne savent pas gouverner, mais le gouvernement marche encore, et je ne veux pas être un factieux. »

Le temps était triste et froid le jour de l'espèce d'entrée que fit Bonaparte au Directoire. On illumina, mais sans luxe; il y eut de la musique aux Tuileries. M. de Talleyrand, ministre des relations extérieures, donna un bal de circonstance. Je désirais y aller, sans doute dans l'espoir de revoir le général, couvert de gloire, que j'avais paru deviner. D'un autre côté, je redoutais une invitation qui me semblait une entrée publique dans un monde où je n'avais encore paru chercher que des avocats et des juges, et où j'établirais alors une société. J'en suis arrivée là : j'ai dû le vouloir avant, m'en applaudir après; mais c'était, à l'âge que j'avais, un assez grand parti à prendre (1). Le jour du bal était arrivé, je n'avais point reçu de billet. J'étais sortie comme de coutume; je rentre vers quatre heures, et j'apprends qu'un homme à cheval vient d'arriver, presque hors d'haleine, m'apporter cette invitation qui renouvelait mes embarras. Alors il s'en joignit de plus grands à la lettre : je n'avais ni robe sortable, ni souliers blancs, ni ajustements d'aucun genre. Fort en pénurie de numéraire, je ne pouvais pas réparer ce déficit aussi vite qu'il l'aurait fallu. Nous n'avions point de voiture. J'écrivis un billet d'excuse. Mon père, prié depuis longtemps, alla faire un tour à ce bal, où Bonaparte avait paru, mais concentré, presque morose, et seulement pour une heure ou deux. M. de Talleyrand ne m'a pas pardonné mon refus de son invitation, et cette espèce de mécontentement de sa part l'a disposé à peu de bienveillance pour moi. M. de Talleyrand sentait sa position; il n'était pas au fond plus accoutumé que nous à l'idée d'un bal dans sa maison, et tout lui paraissait censure personnelle, et censure très

---

(1) Mme de Chastenay avait alors vingt-six ans et demi.

offensante de la part d'une personne citée pour avoir quelque esprit, et ne paraissant pas redouter les relations sérieuses que ses affaires lui donnaient avec le régime nouveau.

M. de Marmont, jeune encore, vint nous voir avec empressement. Je lui dis quelle idée de confiance et de succès j'attachais à l'arrivée du général, et je le priai de vouloir bien m'en obtenir une audience. La réponse rapportée fut dilatoire sans doute, mais gracieuse. La famille de M. de Marmont commençait à penser que les circonstances nous rapprochaient (1). Ce jeune militaire n'avait pour moi que des dispositions très ordinaires, mais alors, je le crois, l'alliance l'eût flatté, et j'ai eu lieu de penser que son parti était pris. Mon père s'intéressait lui-même à ce jeune homme, mais il tenait trop fortement aux idées d'autrefois, et la fortune militaire de ce jeune officier était encore trop peu brillante pour que mon père pût admettre un moment ses prétentions ou ses vœux ; il se fût refusé jusqu'à les soupçonner. Cependant, l'éclat du vainqueur de l'Italie rejaillissait sur tout ce qui l'entourait, et mon père crut l'occasion favorable pour que M. de Marmont pût faire un riche mariage de finance. Il alla le voir pour lui en suggérer l'idée. La colère intérieure du jeune homme, qui prit ce témoignage imprudent d'amitié pour un refus d'autant plus méprisant, ne tarda pas à se manifester, moins contre mon père que contre moi. Désobligeant, à un excès que moi seule ai pu sentir dans le détail, il me fit renoncer à tout espoir d'être servie par Bonaparte. Lui-même toutefois, suivant le conseil sage de mon père, fit demander et obtint Mlle Perregaux, dont la fortune

(1) Mme de Chastenay veut parler du rapprochement des classes, parce que Marmont était, à ses yeux, de petite noblesse.

passait si fort ses espérances. Depuis, le temps s'est écoulé, l'amour-propre s'est apaisé ; M. de Marmont a, je crois, oublié des idées que sa mère, plutôt que lui, avait formées à mon sujet, et nous nous sommes rendu réciproquement justice, sans ressentiment ni regrets.

Une circonstance assez bizarre commença ma connaissance avec Fouché (1). Mme de Moulins, *la bonne petite tante*, avait eu recours à Tallien, dans le temps des dangers de sa nièce, et Tallien était demeuré en relation avec Mme de Grabowska (2). Il en avait encore également entretenu avec Mme de Muy, et ces deux dames étaient liées. Il y eut un dîner chez cette dame, où Tallien devait se trouver, où Réal fut prié lui-même, et où devait se trouver aussi le général de Prisye, qui commandait la place de Paris, et près duquel une affaire toute particulière me faisait chercher des relations. Ce dîner s'était arrangé en ma présence, chez Mme de Moulins. Le lendemain je reçus, au nom de Mme de Muy, une invitation d'y venir. Je n'allais pas chez Mme de Muy, mais ce qui s'était passé, l'habitude que j'avais de la voir, ne me laissèrent pas un seul doute. J'arrivai de bonne heure, et Mme de Muy me confessa que son mari ne l'avait pas prévenue de l'invitation qu'il m'avait faite. J'avais eu cette faveur commune avec dix ou douze personnes que la maîtresse de maison ne connaissait pas le moins du monde. Elle en sut faire la différence, elle fut charmante pour moi ; je restai par égard pour elle, je le témoignai à M. de Muy, comme je le devais, et, durant le dîner et tout le jour, Mme de Muy, MM. Réal, Tallien, de

---

(1) Fouché est devenu, comme Réal, un ami intime de Mme de Chastenay ; il en sera souvent question dans ces *Mémoires*.

(2) Mlle de Béthisy, nièce de Mme de Moulins, avait épousé M. de Grabowski.

Prisye, Mme de Grabowska et moi, nous fîmes à peu près groupe à part dans un salon particulier. Quelques hommes s'y joignirent, un entre autres, pâle et maigre, taciturne, et laissant pourtant échapper quelques mots d'esprit. Ces dames le connaissaient, M. Réal me le nomma. Ma première impression fut peut-être un peu pénible, mais un personnage politique que l'on trouve dans un salon est un acteur déshabillé, et son rôle ou ses rôles sont alors hors de lui. Cette connaissance d'un moment fut bientôt assez cultivée. Le travail de M. Réal à la police était fini ; il rendit à Sotin la clef de l'entresol, et j'en eus un regret sincère. Il venait de s'associer à une compagnie de subsistances militaires, Fouché en était membre, et cette société, nommée *Compagnie Ouen*, avait pris des bureaux dans une grande maison, rue Taranne. Là seulement, désormais, je pus voir M. Réal ; là aussi, bien des fois, je rencontrai Fouché, qui me fit conter mon affaire et me donna des avis judicieux sur les personnes et sur les choses. Il me montra l'intérêt le plus obligeant et me pria de le considérer à l'avenir comme un conseiller dont, sans doute, l'expérience ne me serait pas inutile. J'ai usé de cet avantage, et j'ai eu plusieurs fois lieu de m'en applaudir.

Nous voyions souvent Mme d'Aubusson, mais son *cercle* l'absorbait un peu. Cependant elle nous mena chez Mme d'Esquelbeck, dont la maison présentait tour à tour les plaisirs d'une académie et ceux d'une salle de danse. Mme d'Esquelbeck donna de jolis bals, et me pria à plusieurs soirées. J'y voyais MM. Vigée et Legouvé ; le vieux Palissot y venait ; j'y trouvais Despréaux et toutes ses chansons, le comte Oginski et sa femme ; quelques jeunes gens complétaient à peu près le fond de la société d'*esprit*.

Dans ce cercle littéraire, je jouissais d'une haute faveur, et je trouvais beaucoup d'agrément. M. Vigée lisait ou débitait ses vers, et ceux des autres, avec un charme singulier ; M. Legouvé causait d'une façon solide ; Palissot, toujours piquant, mais calmé par l'âge (1), joignait des anecdotes à sa conversation. Il me parut un peu bizarre que l'auteur de la *Dunciade* et des *Philosophes* réclamât comme son disciple et presque comme son propre fils le jeune auteur de *Charles IX*, que je ne connaissais point encore. Il racontait de quelle manière, après avoir été fortement excité à donner sa grande comédie, la veille de la représentation M. Choiseul lui avait dit, au milieu de son salon, et en effet de sa cour : « Vous avez prétendu risquer une scène bien hasardeuse, mais cela vous regarde entièrement. » Palissot confessait son extrême surprise à ces paroles inattendues. Je n'en fais pas un reproche au ministre, mais je compris, des réflexions que faisait M. Palissot, que les organes d'une opinion peu d'accord avec l'intérêt de leur amour-propre et de leur esprit, la soutiennent plutôt d'engouement que de sentiment, et n'enflent leurs sons que comme un instrument qu'on fait résonner juste ou faux.

M. Despréaux faisait la joie et toute la gaieté de nos soirées. Je pensais qu'il avait trouvé tout l'esprit que tant d'autres cherchent. Ses chansons doublaient de prix, chantées si bien par lui. Il nous apprit que celle de *L'œuf et la poule* avait préoccupé le savant Adanson, et que cet homme singulier lui avait dit, après une longue rêverie : « Je crains qu'il ne se trouve un sophisme dans le deuxième couplet de votre chanson. » Despréaux,

---

(1) Palissot (1752-1820), botaniste, avait alors soixante-sept ans.

ravi de l'incident, sur lequel il ne comptait pas, lui remit la copie de sa chanson ; le grave savant la commenta, et le poète montrait avec joie une dissertation sérieuse sur la préexistence des germes, à côté de son jeu d'esprit.

J'allais partout, mais quelquefois j'étais prête à tomber de fatigue ; bien souvent je ne dansais pas, faute de forces et de courage ; mais je trouvais quelque prétexte, car j'aurais été désolée que mes parents, mon frère ou ma belle-sœur eussent le secret de mes corvées. Je sortais tous les jours, et pour prévenir l'inconvénient des conseils de la paresse, je m'établissais dans la rue chaque matin, avant de me demander où j'irais et ce que je pouvais avoir à faire ; car le plus difficile est de mouiller son soulier, de tendre son parapluie ou de braver la première impression du froid.

En effet, ce n'était pas assez d'avoir obtenu un rapport en radiation, délivré l'intrigant Aligre, disposé quelque bienveillance, il fallait chaque jour remplir quelque formalité nouvelle. On exigea tout à coup la vérification dans les municipalités de tous les certificats de résidence, la reconnaissance des signatures anciennes par les témoins depuis 1792. Le malheureux M. de Laguiche avait longtemps résidé en prison ; on réunissait ses écrous, mais il avait divers certificats signés en différents quartiers, car une prudence bien entendue, et malheureusement sans effet, l'avait forcé de changer d'habitation. Que de courses pour moi ! Il me fallut retrouver au moins vingt-sept témoins, les aborder, raffermir leur mémoire, montrer ma belle-sœur à quelques-uns, les ramener aux secrétariats des municipalités, disposer les secrétaires et les municipaux, et souffrir les hésitations, les incertitudes de gens qui connaissaient à peine M. de Laguiche, et qui, après avoir signé dans le temps, sans conséquence, frémissaient de se compromettre en renouvelant leurs signatures. Je retrouvai de nouveaux motifs de gratitude, presque à chaque connaissance nouvelle; mais pour moi que de courses! Que de démarches secondaires, de conseils demandés, de comptes à rendre, d'intérêts à cultiver!

Tous les jours j'allais rue Taranne. M. Réal était fort peu chez lui, et d'ailleurs des personnes qui depuis ont réussi à le circonvenir avaient trouvé le moyen d'effrayer Mme Réal à mon sujet, et pour éviter des explications déplacées j'avais cessé d'aller chez elle. Mais, je l'ai dit, M. Réal accablé de mille affaires, me faisait revenir quelquefois jusqu'à cinq jours de suite, rue Taranne, et m'y faisait attendre des heures. J'ai été façonnée à tout! Je crois qu'il a bien pu le faire exprès quelquefois. J'étais vive, j'aspirais à terminer bientôt une si inquiétante affaire. Je trouvais tous les soirs, autour de moi, une patiente et douloureuse perplexité. M. Réal ne croyait pas qu'il fût bon de précipiter; il me disait que je m'agitais en carrosse, et que les chevaux n'allaient pas plus vite. Mais c'était une consolation pour moi que de m'épuiser en efforts, c'était un repos pour ma conscience, et j'ose dire que mon affaire devenait celle de tous les gens qui voyaient mon zèle maternel. A cette Compagnie Ouen, réunion de vingt hommes, dont plusieurs ont marqué parmi ce que la Révolution a produit de plus ardent, j'avais acquis toute leur pitié et tous leurs vœux. Ils me souffraient des heures à leur secrétariat, où j'entendais le secret de leurs affaires; jamais un seul n'en a paru importuné; mais comme j'avais un grand usage de la loge de divers portiers, quand je craignais d'être trop incommode, je descendais chez celui de l'administration.

Sa jeune femme était presque une héroïne de roman,

car son père l'avait refusée, comme parti trop élevé pour lui, à l'un de ceux qui étaient maintenant membres de la société même dont je parle; il est vrai que des revers l'avaient réduite ensuite au mariage qu'elle avait fait.

Tallien, que j'allais parfois consulter à la Chaumière; Fouché, qui m'accordait quelquefois des audiences vraiment utiles, étaient tous deux de cette société. C'était d'ailleurs à qui m'annoncerait le moment où Réal devait venir, et m'encouragerait à revenir ou à l'attendre. Il venait, nous causions dans une embrasure de fenêtre. Jamais on ne cherchait à épier ou à troubler nos entretiens, qui étaient assez dérangés, je l'avoue, par le mouvement de la pièce.

Dans l'intervalle, Sotin ne tarda pas à sortir du ministère. J'étais chez lui, et il me renouvelait quelque avis de sûreté pour Mme de Laguiche, qu'on croyait encore à Paris, où elle était venue un moment; il m'ajoutait la plus expresse promesse de me faire servir dès qu'il le jugerait possible; le Directoire le demanda : c'était sa retraite et son envoi à je ne sais quelle ambassade, qu'on allait lui signifier. A peine je l'appris que je fus lui exprimer des regrets sûrement bien sincères. Il les reçut de très bonne grâce. Sotin avait été de ces quatre-vingt-quatorze Nantais échappés par miracle aux proscriptions de Nantes, traînés sur les bancs du tribunal révolutionnaire et acquittés après le 9 thermidor, à la suite d'un très long procès où M. Réal figurait au nombre des défenseurs.

M. Doudot avait succédé au ministre qu'on écartait, et il serait difficile d'exprimer combien il était peu capable. Il avait les façons d'un fou; d'ailleurs, il n'était pas méchant, et, en me prêtant à écouter ses phrases républicaines mal assemblées et ses déclamations théâtrales, je conservai sa bienveillance. Cet homme était de ceux qui professent les vertus domestiques avec une haute prétention ; l'union de notre famille, le devoir que je remplissais rentraient fort bien dans ses idées.

Mais il était indispensable de s'assurer des directeurs avant que de rapporter l'affaire, et j'y travaillais depuis longtemps. Auprès du directeur Merlin, nous avions MM. Roemers et Le Tellier. Mon père arrivait quelquefois jusque dans son salon. Le citoyen Larevellière m'avait montré de la bonté. Barras semblait le plus facile à décider ; il était le plus difficile à atteindre, et une circonstance particulière avait même augmenté cette difficulté.

Peu de jours avant l'époque du 18 fructidor, Mme Dauvet, parente de maman et autrefois sa compagne au couvent, quoique plus âgée, était rentrée en France avec son fils. Aglaé, sa fille, jeune personne charmante, était morte en pays étranger, et le jeune Dauvet lui-même s'était éteint, par la même et fatale cause, peu de semaines après son retour. Épouse d'un vieillard de près de quatre-vingts ans, Mme Dauvet était comme revenue seule auprès de ce digne homme resté toujours en France, mais se trouvant au 18 fructidor sur la liste des émigrés. Ne voulant pas, j'ignore pour quelle cause, avoir une surveillance en forme, elle espérait qu'une radiation mettrait en règle son affaire et sauverait toute sa grande fortune, dont la partie vendue avait été fort habilement rachetée pour quelques rouleaux d'assignats. Des intrigants, dont l'un avait un nom, se jetèrent dans ses affaires, lui coûtèrent pour commencer des sacrifices d'argent, exigèrent des promesses et finirent par tout perdre. Peu après l'époque de Fructidor, ils avaient paru attacher un succès, qu'on ne croyait pas si difficile, à une démarche près de Barras. Maman, avec assez de légèreté, s'était chargée de cette démarche, qui n'avait pas bien réussi parce qu'elle avait été mal présentée; mais il en résultait une difficulté de plus pour approcher du directeur : un nom qui pourrait s'associer dans son esprit avec l'idée de quelque demande inadmissible.

Barras avait un secrétaire, nommé M. Mirande, par lequel Mme la duchesse de Brancas était parvenue à rappeler au noble provençal (1) que la maison de Brancas était l'alliée de la sienne. Cette femme adroite, reçue comme parente, avait fort à propos fait revenir son fils et arrangé ses affaires politiques. Mais Mirande passait pour un épicurien, et ce n'était pas par une telle entremise que je désirais arriver.

Je songeai à M. Botot, secrétaire en titre du directeur, et dont un frère était établi dans ce pays-ci. A force de courses au Luxembourg durant l'hiver, je pus le voir deux ou trois fois; j'obtins qu'il demanderait pour moi la faveur d'être admise. Il fallut ma persévérance : le plus souvent, je ne trouvais chez le secrétaire que les jeunes employés de son bureau; le citoyen Botot faisait fermer sa porte.

Enfin, après avoir mis en jeu près de Barras mes plus éminents protecteurs, et avoir même disposé un de ses aides de camp, bon jeune homme appelé Victor, que l'on m'avait fait rencontrer, le jour fut pris avec Botot pour me trouver après dîner au Luxembourg, avec la permission expresse de le demander dans l'antichambre. On m'annonça, on me fit entrer. Barras, de grande taille et d'une figure très noble, vint à moi de l'air le plus poli. Il m'écouta, prit mon mémoire, l'apostilla avec beaucoup de bonté; mais comme je voulais re-

---

(1) Le *comte* de Barras.

venir, je restai alors dans le salon, et le directeur parla à quelque autre personne.

Ce jour-là il y avait peu de monde. Le citoyen Botot s'était presque sauvé, dès que j'avais été introduite; je ne connaissais pas une figure dans l'appartement. Une petite femme, déjà âgée, me parut propre à me donner contenance. Elle était veuve d'un ingénieur, Chevreau, et ancienne amie de Barras, avec qui elle avait souffert un naufrage terrible aux Maldives; elle paraissait avoir de l'esprit et causer avec grand plaisir. Je fis des frais, qui furent accueillis. En me retirant, je demandai la permission de cultiver la société du directeur; il y consentit, sans y mettre un grand empressement. Je parus à sa porte, à différentes reprises, sans que cette porte s'ouvrît pour moi; mais enfin je fus reçue encore, et toujours avec obligeance.

Quelques démarches auprès de François de Neufchâteau, faites par l'ancien constituant Cherrier, son ami, son sauveur, et pour nous plein de bonté, m'avaient procuré une audience qui m'avait inspiré plus de confiance qu'aucune autre, car ce directeur m'avait dit, non pas qu'il me rendrait justice, mais qu'il me servirait de son mieux. Il tint parole et nous sauva. A ce point où étaient les choses, Doudot, le ministre, excellent homme au fond, crut pouvoir présenter tout à coup son rapport; trois directeurs seulement étaient à la séance. Barras était absent, mais François de Neufchâteau heureusement était là. Sur la première observation opposée par un directeur le ministre perdit la tête; on allait fixer la maintenue, et François de Neufchâteau obtint par pure grâce qu'on se contenterait de l'ajournement.

Je n'avais pas su le danger que le citoyen Doudot nous avait fait courir, mais je me croyais au moment décisif. J'allai tenter le soir même d'être reçue chez le directeur François de Neufchâteau ; je fus admise en me présentant. Il me croyait déjà instruite ; ce fut lui qui m'apprit à regret l'événement de la journée. J'eus besoin de courage, je l'avoue. Un ajournement menait bien loin, et la situation s'aggravait de jour en jour. Je crois que plusieurs biens étaient remis en séquestre, et que d'autres en étaient menacés. Je dissimulai tout le soir ma pénible nouvelle, mais le lendemain je revis M. Réal, je revis toutes les personnes qui m'avaient montré de l'intérêt. On me dit de ne pas désespérer et de continuer mes démarches.

En effet, je me décidai à revoir, peu de jours après, le directeur Larevellière ; il me donna rendez-vous dans le salon qui précédait celui du Conseil, et me permit de l'y faire demander. Le général Bonaparte, alors occupé de préparer sa grande expédition d'Égypte, était ce jour à la séance. Un de ses aides de camp, Duroc, à ce que je crois, l'attendait dans le salon où j'attendais moi-même. Larevellière parut. Je tenais ma pétition pour être autorisée à représenter mon affaire. Le directeur m'objecta que le premier jugement serait définitif ; il me dit de réfléchir avant de courir ce risque, et me laissa libre encore de lui remettre ou de garder ma pétition. J'étais bien éperdue. Le témoin de ma conférence, quoiqu'il se tînt bien à l'écart, ne laissait pas de la gêner. Je donnai ma pétition et je la tenais encore, et mon incertitude dura même à la porte du Conseil, que le directeur et moi nous tirions en sens contraire, quand il y fut entré. J'étais si hors de moi que j'allai demander à ce jeune aide de camp si je n'avais pas eu tort de livrer mon mémoire. Je crois qu'il vit mon trouble, et sans savoir un mot de mon affaire il m'assura que j'avais pris le bon parti. En effet, tout changea de face. Le citoyen Doudot quitta le ministère, et Lecarlier, ancien constituant, le remplaça. M. Lecarlier était de ces hommes pour qui une certaine sévérité semble vertu ; quand ils arrivent aux emplois, l'expresse justice est leur règle, et ils cherchent scrupuleusement les moyens qu'une réclamation peut trouver dans le texte des lois et dans la mesure de l'équité. Après quelques mois d'habitude, ils ont une règle portative d'après laquelle tout est juste ou injuste, et, comme ils se croient sans passion, leur entêtement devient odieux.

Je ne sais où aurait pu arriver le citoyen Lecarlier, qui se piquait d'un caractère ferme, mais je le trouvai disposé à considérer mon affaire sous le jour le plus favorable ; il y vit la justice positivement intéressée. Son ancienne estime pour mon père lui fit embrasser cette opinion avec une satisfaction sincère. Il écouta une fois ou deux M. Réal, avec lequel il n'était pas lié, reçut mon père poliment et voulut bien me recevoir plus souvent ; mais la cérémonie qu'il observait à mon égard et la crainte excessive d'exciter sa défiance, modérèrent le zèle de mes visites.

Le directeur Rewbell avait élevé contre nous la première difficulté le jour où s'était produit l'ajournement ; ce fut à lui que Courtin affecta de renvoyer mon père, qui avait été aussi le voir. Depuis 1791, mon père était resté étranger à ce constituant, et durant le temps de l'Assemblée ils avaient eu peu de rapports. Une démarche auprès de ce directeur redouté fut longtemps une question dans le conseil de famille ; mon père la fit enfin, et le succès qu'elle obtint remplit son âme de joie. Il courut chez Courtin, avant de rentrer chez lui, et lui présenta l'apostille dont ce chef peu bienveillant le félicita beaucoup, quoiqu'il parût déconcerté.

En effet, à peine mon père fut-il sorti de son cabinet que, rentrant dans son petit salon, M. Courtin montra l'apostille de Rewbell à quelques dames qui l'attendaient, et cette faveur d'espérance fut aussitôt publique dans le cercle de la société. On aura peine à croire à quel excès de précaution il fallait porter le secret dans les affaires de la nature des nôtres. C'était de nos cosolliciteurs que nous avions tout à redouter, c'était de l'indiscrétion de nos amis et parents que nous avions toujours tout à craindre. Les gros bonnets du faubourg Saint-Germain disaient tout haut et en pleine table que jamais nous ne réussirions ; ces dames citaient complaisamment tout ce qu'elles savaient de circonstances contraires au succès de nos demandes. J'épargne ici des noms qui mériteraient d'y figurer. La jalousie surtout d'un succès présumé aiguisait des langues perfides ; ce n'était pas par pure indiscrétion qu'entre autres la belle-mère d'une cousine germaine de ma belle-sœur disait à M. Courtin, en voyant l'apostille de Rewbell : « Si M. de Laguiche est rayé, il faut rayer toute la liste. »

Je continuais sans doute mes visites chez Barras, mais on ne saura jamais ce que mes premières soirées exigèrent de tenue et de courage. Je ne parle pas de mon arrivée et de mon retour à pied, sous la garde du bon Priez, de la simplicité au moins de ma toilette ; c'était l'isolement profond où d'abord je me trouvai de toute cette société qui fut d'abord bien terrible pour moi. Le directeur était très honnête, mais sa soirée se passait à écouter tout le monde, à causer dans quelques groupes d'hommes que je n'avais pas encore le droit d'attirer autour de moi. Une table de bouillotte, où je me donnais l'air d'épier des brelans, me servait souvent d'occupation; toutefois, ma vue basse ne me laissait pas juger un coup ; je ne voulais annoncer de vœux pour aucun des joueurs, et ce dont je me souviens le mieux, c'est d'avoir vu des jeux de cartes où le roi de pique et le roi de carreau étaient républicanisés avec des chapeaux à trois cornes.

Je parlerai plus tard des dames, en petit nombre, qui venaient dans cette maison. Elles furent toujours polies pour moi, je le fus pour elles, mais je ne crus pas devoir chercher leur société, et je crus pouvoir me passer de leur appui ; aussi fûmes-nous toujours en bienveillance, mais, dans le commencement, peu recherchée par elles et ne les cherchant pas, j'épuisais mon esprit à me donner l'air occupé et je causais avec qui voulait bien me répondre. Au bout de quelques jours pourtant, les amis que je m'étais faits étendirent mes relations ; Tallien, Réal et quelques autres me ménagèrent l'intérêt des meilleurs amis de Barras. Fréron s'y livra entièrement ; il me demanda avec grâce le portefeuille par intérim, quand M. Réal n'y serait pas. La cause de ma belle-sœur, d'une fille de condamné, lui parut celle d'un pupille ; il en fit comme sa propre affaire. Barras lui-même s'accoutuma à moi ; il me pria de venir souvent dîner chez lui, et enfin j'y devins réellement à la mode.

Une circonstance m'y fit paraître avec encore plus de brillant. Au nombre des connaissances de l'hiver se trouvait une dame Michel, qui donnait à la place Vendôme de médiocres concerts et des bals décousus. On nous y avait fait aller. J'y rencontrai Mme Visconti, et aussi M. Permon, frère d'une jolie personne qui devint la duchesse d'Abrantès ; il jouait très bien de la harpe. Je me rapprochai de Mme Visconti et de l'amateur qu'elle semblait protéger. Je témoignai le désir de faire de la musique avec M. Permon; Mme Visconti en parla à Barras. On me proposa un concert; ce concert devint une grande fête, dont je parus être l'héroïne. Je jouai en tremblant une petite sonate que Pradhère accompagna; je passai pour une virtuose. Le directeur, et je crois le Directoire, me surent gré d'une complaisance qui formait entre nous un lien de société. Le ministre de la police était présent à ce souper, où le directeur avait senti la convenance d'inviter mon père, sans le connaître, et je crois que la Providence, qui se sert des plus petits moyens, fit de cette légère circonstance le nœud décisif du succès.

François de Neufchâteau sortit par le tirage, Treilhard fut élu à sa place, et peu après le concert je connus son arrivée. Sans hésiter j'allai chez lui. J'en fus reçue, comme on l'est toujours le premier jour, par un homme content de sa place et flatté de faire voir qu'il est meilleur en tout que sa réputation. Le citoyen Treilhard m'écouta comme un homme rompu aux affaires; il comprit toute la mienne, il parla au ministre, et le jour du rapport fut enfin arrêté.

Je ne sais si j'avais pu revoir Barras la veille, mais je revis Treilhard qui me dit : « Ayez courage. » J'avais écrit de nouveau à Larevellière, et le jour même, le 13 messidor (1), le citoyen Merlin, que mon père avait prévenu, voulut bien aussi me recevoir, et il me donna audience dans le premier salon général. Il me fit des questions, je lui fis des réponses; le canon retentit, c'était la nouvelle de la prise de Malte : j'en tirai le sujet de quelques mots qui ne déplurent pas. J'entrai, en revenant, à Saint-Thomas d'Aquin, j'y fis ma plus fervente prière et je

(1) 1ᵉʳ juillet 1798.

revins chez nous avec une confiance timide, et la pensée que mille incidents pourraient retarder le rapport. En vérité, nous le désirions. Après le dîner, mon père risqua de se rendre chez le ministre : il se présenta au moment où ce dernier traversait la pièce précédant son cabinet. Sérieux de caractère, réservé par système, le ministre aborda mon père et lui annonça la radiation, mais d'un ton si peu animé que mon pauvre père eut besoin de la lui faire dire deux fois. Ravi de bonheur, mon père courut chez Réal, sans le trouver chez lui, et revint ensuite plus vite encore. Combien nous rendîmes grâces à Dieu ! Quel événement c'était pour nous !

Nous renfermâmes entre nous le secret de cet heureux événement ; trop de gens de la société nous eussent nui par leurs indiscrétions, et sous tous les rapports il nous paraissait bon de laisser consolider la nouvelle. Il y a, en général, plus de vanité que de politique à faire parade d'un succès et d'un bonheur qui sont en opposition avec les chances du moment ; du reste, nous fûmes promptement tirés du repos de notre joie par un inconcevable événement. Le surlendemain de ce jour heureux, des commissaires étaient chez nous pour arrêter ma belle-sœur ; on saisit ses papiers, et l'on décida de la mener au ministère de la police. Un commissaire et deux espèces de recors étaient entrés à cinq heures du matin dans la chambre de cette jeune femme, qui dormait, et où son mari reposait aussi ; ces hommes, toujours terribles, malgré leur ton poli, demandèrent où était sa mère, et prétendirent que son frère était dans la maison. Ils prirent les enveloppes des soies de son métier et les moindres chiffons jetés dans la cheminée, à une époque de l'année où l'on ne fait pas de feu. Mon père, sans perdre un instant, fut réveiller M. Réal, qui promit de se rendre au ministère de la police, et tous nous partîmes en fiacre avec la jeune prisonnière, que nous ne voulûmes pas quitter. On nous fit monter au second étage du ministère. Mon père parvint, non sans peine, auprès du citoyen Lecarlier, qui ne savait trop ce qu'il avait fait. Le difficile était de trouver sur-le-champ l'interrogateur général pour motiver, sur son rapport, une prompte mise en liberté. M. Réal courut de tous côtés et réussit à nous amener celui dont on avait besoin ; il entra avec Henriette dans le cabinet, fit et dicta ses réponses. C'étaient Mme de Laguiche et son fils qu'on supposait cachés dans la maison. Ma belle-sœur, avec l'étourderie de son âge, avait laissé dans ses papiers une lettre cachetée de sa mère, avec cette seule adresse : « A Gabrielle », et Gabrielle, sans doute, n'était pas encore à Paris, puisque la lettre était encore entre les mains d'Henriette. On craignait beaucoup de cette lettre, dont on ignorait le contenu. M. Réal s'opposa fortement à ce qu'elle fût seulement décachetée, et il en résulta pour lui une scène tellement personnelle que l'homme qui lui céda alors est resté son ennemi mortel. Le ministre, sans plus de retard, renvoya Henriette chez elle, mais on garda tous ses papiers.

Nous revînmes, heureux de cette délivrance, mais encore bien émus de la scène. Durant trois heures à peu près de séjour dans ces casemates de la police, nous avions vu entrer peut-être trente agents, différents d'âge, d'habit et de tournure, les uns du genre le plus commun, d'autres véritables incroyables, d'autres bien mis et de l'air le plus décent, et ce qui nous fit le plus d'horreur, ce fut un de ces derniers, qui ne cessa pas d'avoir son mouchoir sur le visage pendant tout le temps qu'il fut devant nous. J'avoue qu'après cette séance je crus longtemps reconnaître un espion dans tous les hommes que je rencontrais.

En arrivant, je trouvai une prière de Mme d'Ambert de me rendre à l'instant chez elle. Je l'avais connue autrefois, c'est-à-dire dans mon enfance; l'accueil que je recevais depuis peu au Luxembourg lui avait fait naître l'idée que je pourrais servir son mari, dont l'effroyable destinée mérite une courte digression.

M. de Merle d'Ambert, que je n'ai jamais connu, était, je crois, un de ces hommes qu'on appelle singuliers. Il n'avait jamais émigré; inscrit sur la liste fatale, il n'avait point réclamé ni pris aucune mesure de précaution après le 18 fructidor; loin de là, ayant ignoré ou voulant toujours ignorer la circonstance de son inscription, dont aucun séquestre ne l'avait averti, il avait fait un don, à la barre du conseil des Cinq-Cents, pour l'expédition d'Angleterre. Je ne sais quel ennemi le fit traduire tout à coup devant une commission militaire. Bernadotte, alors général, et autrefois officier de fortune dans le régiment de la marine, que M. d'Ambert avait commandé, Bernadotte, alors à Paris, courut au secours de son plus ancien protecteur. Je dois justice à son bon cœur; il n'épargna aucune démarche possible. Réal, choisi pour défenseur, déploya un courage, une sensibilité dignes de ce grand rôle, qui lui allait si bien; il mena Mme d'Ambert chez tous les directeurs et resta brouillé avec eux pendant plus de quatre mois. Il m'a dit depuis qu'à cette fatale séance, quand Mlle d'Ambert vit arriver son père, elle courut se jeter dans ses bras; une gaze noire, dont elle était couverte, retomba toujours entre eux deux, et le défenseur tressaillit : le malheureux d'Ambert fut condamné. M. Réal, au nom de sa fille, courut chez le citoyen Cherrier, président du conseil des Cinq-Cents; il émut sa pitié, parla à sa raison, et Cherrier, sans bien éclaircir son droit, signa une formelle injonction au général Moulins, gouverneur de Paris, de surseoir à l'exécution. Bernadotte supplia en larmes le Directoire de lui accorder la vie de M. d'Ambert, comme unique récompense de ses services. Tout fut inutile, et ce tragique événement a fait une tache irréparable au gouvernement du Directoire, car il calomniait l'opinion nationale.

Rien n'était encore décidé, quand je me rendis chez Mme d'Ambert. Je lui dis ce qui venait de nous arriver à nous-mêmes; les papiers de ma belle-sœur étaient encore saisis : elle comprit ma situation et ne songea plus à rien exiger. Le lendemain, M. Réal sortait tout en larmes de la commission militaire, et nous déclarait, sous le vestibule de la Police, qu'il était hors d'état de s'y présenter; ma belle-sœur y revint, *par ordre*, pour prendre ses papiers. On me laissa entrer avec elle, et le commissaire, avec des yeux de fureur, en lui remettant toute cachetée la lettre de *Gabrielle*, la chargea de la faire voir de sa part à M. Réal et de le prier de la regarder comme étant à sa *seule* adresse. Nous n'avons jamais su ce qu'elle pouvait contenir, nous l'avons brûlée au retour.

Je ne crois pas que rien fasse plus de mal qu'une succession d'émotions et de scènes trop contraires : ce jour même où j'avais ramené ma belle-sœur à la Police, où j'avais vu M. Réal en pleurs et où la scène horrible, toute prête à s'accomplir, accablait nos imaginations, je devais dîner chez Barras, qui m'y avait fait inviter pour ce jour, en m'annonçant la radiation. Aussitôt après la signature définitive, j'avais à lui exprimer, pour la première fois, l'étendue de ma reconnaissance.

Il y avait beaucoup de monde, entre autres M. de

Lauraguais. J'écartai toutes les idées qui pouvaient m'être pénibles et je ne songeai qu'au bienfait; je parlai au directeur de l'arrestation de ma belle-sœur, il me dit qu'il l'avait apprise, et que le ministre avait reçu l'ordre de ne point nous causer d'inquiétudes; mais, d'ailleurs, selon le rapport qu'il avait fait, le matin même, tout avait été éclairci. Il est trop vrai que, depuis le 18 fructidor, un ennemi secret avait renouvelé sans cesse ses dénonciations. Sotin, comme on l'a vu, m'en avait averti; il m'a confessé depuis qu'il lui avait fallu réagir fortement, durant son ministère, pour nous sauver de la crise de l'arrestation, et il est très certain que Mme de Laguiche étant venue dans le cours de l'hiver à Paris, sans vouloir le dire à sa fille, Doudot, ministre alors, nous en fit une plainte, car il en fut instruit presque à son arrivée.

Une autre épreuve m'attendait. J'ai dit que maman prenait l'intérêt le plus pressant à Mme Dauvet, son amie. Cette malheureuse personne avait livré toutes ses affaires à des intrigants sans crédit; les promesses d'argent, tout le brigandage de cette affaire, avaient fini par n'être plus secrets, et j'avais même été forcée de voir un ou deux de ces agents pour la sauver du danger d'être à peu près dénoncée par l'un d'eux, faute de souscrire des engagements ruineux. On sent ce qu'il y avait de pénible, et même d'embarrassant pour moi, à solliciter tout à neuf une affaire tellement compromise, et quand je venais d'obtenir une si éclatante faveur. Mais la pauvre Mme Dauvet inondait maman de ses larmes, et il fallut faire un effort, car le ministre Lecarlier, monté contre cette malheureuse affaire, voulut en tirer un exemple, et, rejetant toutes les supplications, il jura de faire prononcer la maintenue de Mme Dauvet. J'allai chez Treilhard, et je parvins à lui faire comprendre comment les devoirs de la parenté me forçaient d'intercéder pour une mère infortunée, qui maintenant n'avait plus d'enfants. Treilhard, quelquefois assez brusque, me répondit que mon devoir et le sien étaient sans doute fort différents, et, s'emportant contre Mme Dauvet et contre ses coupables intermédiaires, il ne me laissa rien espérer. En vain je tentai de parler au directeur Barras; je demeurai jusqu'à dix heures dans son salon sans parvenir à une audience, et à dix heures tout le monde sortait, car il se retirait lui-même.

Dans le chagrin que j'éprouvais de n'avoir rencontré personne de ceux qui me montraient communément de la bienveillance, je songeais à maman qui s'affligeait beaucoup; je me rappelais la pauvre Aglaé, que j'avais aimée dans mon enfance. Je vis entrer le général Marbot (1). Il avait présidé le conseil des Cinq-Cents à l'époque du 18 fructidor. Je ne lui avais jamais parlé; je trouvai moyen de le faire, et je lui peignis mon inquiétude, en le suppliant de me servir. Le rapport du ministre était pour le lendemain; le général me dit qu'il était désolé, mais qu'à six heures du matin il s'en allait à la campagne. Je lui demandai la permission de me trouver chez lui à cinq; il fut surpris, mais il me l'accorda et me donna son adresse, rue Verte. Je me couchai habillée; vers quatre heures et demie, mon fidèle Priez me procura un fiacre, et nous nous rendîmes tous deux à la maison du citoyen Marbot; la porte était ouverte, et j'étais attendue. Le général parut dans un fort beau salon; il me fit renouveler mon récit, et me dit que tout ce qu'il pouvait faire était d'écrire au citoyen Treilhard.

(1) C'était le père de l'auteur des *Mémoires*.

Il me quitta pour rédiger cette lettre, et me l'apporta parfaite, raisonnée, touchante ; on eût dit que la cause de Mme Dauvet fût la sienne, et presque celle de la Révolution. Quand j'eus fait mes remerciements, le citoyen Marbot me demanda si je voulais de lui autre chose, et, sur ma réponse négative, il me demanda tout à coup pour quelle raison, en pareille circonstance, je m'étais adressée de préférence à lui. Le ciel et la reconnaissance m'inspirèrent une heureuse réponse ; je lui dis que j'avais toujours cru que l'indépendance des idées et la force du caractère s'alliaient aux sentiments généreux de la pitié, et assuraient un défenseur à la douleur ainsi qu'à la faiblesse. Il fut satisfait, je le quittai. Je ne sais pas si je l'ai jamais revu ; il eut différents commandements, et il est mort à la fleur de son âge.

Le directeur Treilhard n'accueillit pas mieux la supplique du général Marbot que la mienne. J'avais écrit d'une façon pressante à Barras ; la maintenue ne fut pas moins prononcée, mais du moins on me fit cette faveur, dont Barras le lendemain me donna l'assurance, ce fut d'interdire au ministre d'inquiéter Mme Dauvet sur son séjour en France et à Paris ; et en effet, tranquille depuis cette maintenue, et ses biens rachetés par un agent très sûr, elle loua un appartement et forma son établissement, qui jusque-là n'avait été que précaire.

La radiation de M. de Laguiche était une affaire décisive, mais tous nos embarras n'étaient pas terminés. M. Casimir n'était pas en effet porté sur la liste ; mais à l'époque où le Domaine s'était dessaisi, avant le mariage de mon frère, ce jeune homme se trouvait absent, et on avait nommé assez peu régulièrement un commissaire à sa tutelle. La fortune propre à Mme de Laguiche se vit entravée sur ce point, et le séquestre y resta jusqu'au moment où la qualité de mère d'émigré ne pourrait plus peser sur elle. Il fut résolu en conseil de famille que nous laisserions de l'intervalle entre la présentation d'un père mort et d'un fils vivant, et que jusqu'au moment favorable de mettre en règle M. de Laguiche le fils, je continuerais et j'étendrais les relations utiles que je m'étais créées. Cependant, plus tranquilles tous deux, Mme de Laguiche partit pour Metz, où elle avait été chanoinesse et où elle avait une parente; M. Casimir partit pour Caen, dans le voisinage d'une belle terre que son père avait possédée. Henri et Henriette se mirent en route pour le Charolais, et nous, qui avions loué un logement pour nous seuls, quand Henri en avait pris un, nous fîmes notre emménagement dans la rue de l'Université.

CHAPITRE XVIII

Portrait de Barras. — Principaux invités de ses réceptions du Luxembourg : Beurnonville, Merlin de Thionville, Tallien; Mmes Tallien, de Mailly-Château-Renaud, Bonaparte, de Staël; Benjamin Constant, Lucien et Joseph Bonaparte, Bernadotte; Talleyrand, habitué rare; Sophie Arnould, la Guimard. — Réception de Barras, en l'honneur de Mme de Chastenay, à Grosbois. — Salon du directeur Treilhard. — Les beaux-arts sous le Directoire : *Retour de Marcus Sextus,* par le peintre Guérin; Garat. — Fête du 1ᵉʳ vendémiaire an VII (22 septembre 1798).

Il se passait rarement deux jours sans que j'allasse au Luxembourg, soit chez Treilhard, soit chez Barras. Le directeur Larevellière ne voyait à peu près personne; les directeurs Rewbel et Merlin ne recevaient guère, sauf à certains jours, et seulement leurs familles et leurs intimes amis. Les deux premiers que j'ai nommés ouvraient plus fréquemment leur porte; Barras surtout recevait avec plaisir, et aussi avec dignité.

Je ne puis et je ne dois prononcer le nom de ce directeur qu'avec reconnaissance. Il avait eu une jeunesse orageuse. Un beau nom, une noble figure, des passions ardentes, peu de fortune, l'avaient mis presque dès le début de sa carrière dans le cas de passer aux Indes; de retour à Paris, je crois qu'il avait vécu dans une société peu choisie, et de celles qu'on nomme tapageuses. Ses parents avaient émigré, il était allé à la Révolution. Membre de la Convention, il avait commandé militairement et avec vigueur la grande journée de Thermidor, où les canons avaient marché. Il était arrivé peu à peu jusqu'au fauteuil directorial. Noble, et au fond content de l'être, il conservait dans ses manières la dignité, la politesse que le préjugé nous impose et nous attribue, et il était devenu si indépendant d'opinion qu'il n'avait aucun ressentiment contre l'espèce de haine que devaient lui porter ceux de son rang. Il était bien aise de servir, et ne mettait à le faire ni distinction, ni morgue, ni timidité à le tenter. Barras ne s'excusait pas de son rôle, ne cherchait pas à faire croire qu'il eût accepté le rang de directeur pour être utile aux gens de sa classe et se réhabiliter auprès d'eux ; mais, d'un autre côté, il ne se croyait nullement en situation de faire acception de personnes et de se cacher pour les servir.

L'histoire jugera le caractère de Barras, en ce qui concerne son rôle politique ; je ne m'en occupe ici que dans les rapports qui m'ont le plus intéressée. Je crois qu'il avait un peu plus de cinquante ans (1). Il était grand, brun ; sa mine était fière, son regard vif, tout son extérieur distingué et réellement imposant. Son costume consistait en une grande redingote de drap bleu et des bottes. Il avait pris le plus bel appartement du Luxembourg : une belle galerie faisait suite à son salon ; je l'ai quelquefois vue remplie, et presque entièrement, d'hommes plus ou moins remarquables. Debout entre eux, passant de groupe en groupe, il écoutait et causait de fort bon air ; ou bien assis sur quelques-uns

(1) Mme de Chastenay le vieillit beaucoup ; est-ce à dessein, étant donnée sa réputation d'immoralité ? D'ailleurs, peut-être paraissait-il plus âgé qu'il ne l'était réellement. Quoi qu'il en soit, il est certain qu'au milieu de l'année 1798 Barras n'avait que quarante-trois ans, étant né le 30 juin 1755.

des grands fauteuils de velours rouge galonnés d'or, qui meublaient tout l'appartement, il écoutait tour à tour, à droite et à gauche, à peu près comme un confesseur, les affaires dont on voulait l'entretenir, et recevait, au risque de les perdre, les pétitions qu'on lui remettait.

On avait fort bon ton chez lui, et plutôt une réserve froide qu'un abandon de mauvais goût. Je ne sais ce que pouvaient être ses parties purement de plaisir ! Il allait alors à Grosbois, et chassait de toute sa force, ou bien, s'il restait à Paris, sa porte était hermétiquement fermée. Jamais il ne m'a reçue que dans son salon, avec du monde, tant il craignait de me faire du tort. On m'appelait partout *madame Victorine*, ou *la citoyenne Victorine*; lui seul a affecté de m'appeler toujours *mademoiselle de Chastenay*, voulant, me dit-il une fois, imprimer plus de respect à ceux qui pouvaient causer avec moi.

Je ne saurais nommer tous ceux que je vis chez lui, et dont les noms se sont effacés, comme des lueurs éphémères. J'y rencontrai souvent deux députés qui ont depuis entièrement disparu. L'un s'appelait Malibrand; il était doux et aimable, et fort ami du directeur. Je l'ai vu bien occupé de rendre des services de radiation, et ne pas réussir toujours, car Barras n'était pas seul, et on ne se piquait pas dans cette région de beaucoup d'égards réciproques. L'autre député se nommait Bergœing. Il avait le plus contribué à faire adoucir, après le 9 thermidor, la captivité de Madame Royale au Temple, à lui envoyer Mme de Mackau, et enfin à hâter son départ pour l'Autriche, où l'on pensait qu'elle devait trouver le seul asile digne d'elle. Qui sait, aujourd'hui, le nom de Bergœing ?

J'avoue qu'en repassant sur tous mes souvenirs, l'espèce de triste certitude où je suis de ne jamais retrouver ces hommes qui furent témoins du courage, du mérite et, je l'ose dire, des vertus de ma jeunesse, me paraît assez douloureuse ; et celui que par hasard je pourrais rencontrer serait nécessairement aussi étranger que moi à la destinée de tous les autres.

Le général Beurnonville allait souvent chez le directeur. Il avait dans ce temps-là la plus noble figure. Ses manières ont toujours eu de la douceur et de la politesse ; il avait déjà de la fortune, et me proposa à peu près de m'épouser. Je déclinai cette offre, qui ne pouvait pas me convenir, mais sans qu'il pût s'offenser d'un refus, ni moi me prévaloir d'une demande. Je ne crois pas m'être jamais fait d'ennemis parmi ceux qui se sont expliqués de façon qu'on pût leur répondre. Je ne sais pas si Barras était dans le secret, mais il me dit une fois de bien faire mes réflexions durant les années de ma jeunesse, « car, disait-il, une folie est préférable à une sottise ».

Merlin de Thionville, l'ardent thermidorien, celui qui avait voté le premier la clôture des Jacobins, venait plus rarement au Directoire. Je l'avais vu avec tout l'intérêt que Thermidor rattachait à son nom. Il paraissait considérer mes affaires comme la tutelle d'une personne qu'il aurait autrefois sauvée ; mais il avait peu de moyens pour servir. Je me souviens que j'allai deux ou trois fois chez lui, pour quelque objet d'utilité présente. J'attendis un matin longtemps chez son portier. Là se trouvait une grosse bourgeoise de Thionville, bien huppée, âgée d'environ cinquante ans ; elle s'appelait Mme Grandmanche. Pour elle Merlin, député important, riche même, était de ces phénomènes dont il faut que le mépris console la vanité, qui en est témoin et en souffre. Je ne vis jamais, je crois, une brusquerie plus confiante, une hauteur plus grotesque. Elle entra avant moi; ma marraine n'était pas la sienne. Reçue avec moins d'appareil, je le fus, je crois, avec plus de cordialité, et je tirai plus d'une leçon de cette visite.

Tallien venait quelquefois chez Barras, et toujours avec le ton et l'extérieur de l'amitié; mais son esprit était pénétré d'amertume. Lui, presque dictateur au grand jour du 9 thermidor, lui l'auteur d'une révolution qui avait sauvé les personnes et décidé le salut des choses, se trouvait tombé dans l'infériorité de ceux qui naguère étaient tout au plus ses égaux. Détesté de Merlin, à peine protégé par Barras, vainement aux élections de l'an VI il fut nommé représentant dans deux départements et sous deux influences; le Directoire cassa les deux nominations, et Tallien se trouva sans caractère public. Il se flattait de pouvoir compter sur Bonaparte, qui venait d'arriver en Égypte (1), et sans perdre un moment il se décida à le rejoindre. Je le vis chez Barras, la veille de son départ; je lui fis avec inquiétude les adieux et les souhaits que pouvait me dicter une profonde reconnaissance. Je l'avais averti du peu d'espoir que j'attachais pour lui à son voyage dans le Midi, et je lui avais représenté que sans épaulettes, dans un camp, à moins de grandes fonctions indépendantes, tout homme devait se trouver hors d'œuvre et déplacé.

Mme Tallien venait tous les jours chez Barras. Je ne pense pas qu'on puisse être plus belle que cette femme ne l'était alors. Je la verrai toujours, comme une fée entre toutes, coiffée de ses beaux cheveux noirs, sans aucun ornement. Elle avait un collier de grosses perles en un seul rang; elle portait sur sa robe blanche, à

---

(1) 1ᵉʳ juillet 1798.

manches courtes, une tunique de crêpe rose ; elle était assise à terre, et jouait avec un petit enfant de trois ans, fils d'un ami du directeur. Aucun antique, aucun camée ne donnera l'idée d'un tel groupe. Mme Tallien avait plutôt de la sévérité que de la légèreté dans les manières, et je lui dois la justice de dire que la tenue autour d'elle était exacte et de bon ton. Fort en crédit dans cette maison, s'avouant l'amie du directeur, elle y a toujours été pour moi de la politesse la plus parfaite, sans rechercher aucune liaison. Je l'ai vue rendre avec autant de grâce que de bonté, et dans l'occasion avec persistance et courage, les services les plus importants ; M. de La Millière, entre autres, lui dut la vie, dans un moment où seule peut-être elle pouvait atteindre jusqu'à Barras et obtenir l'ordre exprès d'un sursis. Son influence, si elle en exerçait, a toujours été obligeante ; je n'y ai pas eu recours, je le répète, mais elle a vu mes succès avec bienveillance, et elle m'eût secondée certainement en tout ce que j'eusse réclamé d'elle.

Une autre femme, et son mari, venaient aussi dans l'intimité ; c'était Mme de Mailly-Château-Renaud, douce, gentille, gracieuse d'esprit et de visage. Elle causait beaucoup avec moi, quand elle se trouvait isolée ; et dans certains moments où M. de Château-Renaud, fort jeune et bon enfant, ne se trouvait pas trop satisfait, il se rapprochait de moi, et nous causions morale à perte de vue.

Ces dames étaient les plus intimes amies de Mme Bonaparte. Je ne vis cette dernière que quelque temps après mon admission au Directoire, et mon premier et éclatant succès ; elle était aux eaux, à ce que je crois. Son premier accueil, lorsque je la rencontrai, fut celui d'une ancienne connaissance. Elle m'avait vue en 1792 chez la bonne Mme de Moulins, mais, il faut que je l'avoue, je ne l'y avais pas remarquée, car elle s'y confondait dans un groupe de petites dames qui me paraissait assez terne. Au reste, son premier mari, M. de Beauharnais, avait été lié avec mon père; elle-même avait été compagne de prison de l'infortuné M. de Laguiche. Tout de sa part fut constamment aimable. Je n'ai jamais trouvé personne qui plus qu'elle eût du tact et de l'aménité; toujours obligeante, sans grimace, elle attirait la bienveillance en paraissant la ressentir. Je ne puis m'empêcher de rappeler que la première fois qu'elle me vit, elle eut la bonté de me dire : « C'est donc vous, madame, dont Bonaparte m'a tant parlé ! »

On la traitait avec une considération remarquable. Je ne crois pourtant pas que la gloire de son époux guerrier touchât beaucoup les directeurs. On répandit une fois le bruit qu'il était mort; Treilhard, peu mesuré en propos, s'écria : « Eh ! qu'importe ? Est-ce au destin d'un homme que celui de la République est attaché ? » Barras, après avoir averti secrètement celle qu'on croyait devenue veuve, garda un extérieur plus grave, mais il me dit : « A quoi tient la renommée ! Si Bonaparte est mort en effet dans les sables, son nom sera celui d'un aventurier ordinaire; s'il revient vivant, au contraire, on l'appellera un grand homme. » Cette conversation amena des réflexions sur différents sujets; je me suis toujours souvenue qu'il me dit qu'en fait de puissance, c'était tout que la possession, et que s'il eût été roi de France, comme Louis XVI, il serait sûrement roi encore. Certes, on a pu en juger !

Je vis quelquefois Mme de Staël, brillante et douce à la fois. Je l'écoutais, mais rarement j'ai causé avec elle, et surtout j'ai pris soin d'éviter toute apparence de discussion. Ce n'était point faux orgueil. Je me rendais justice, et malgré son rare talent je l'eusse moins redoutée dans une discussion écrite que dans une de ces conversations qui ont des auditeurs. Je pense aussi qu'il y avait dans mes manières et dans mon existence quelque chose de trop jeune pour elle. Elle me demandait quelquefois, en riant, et tout haut, si j'avais un amant; me faisait des plaisanteries sur quelqu'un de l'assistance, au hasard, et puis finissait par me dire que j'avais certainement un objet d'attachement, mais qu'il était nécessairement hors du cercle qu'elle parcourait. Cette gaieté, sans doute bien innocente, parvenait à m'embarrasser, et n'allait point avec l'attitude que j'avais eu le bonheur de prendre au milieu de cette espèce de quartier général.

Au reste, je le répète, Mme de Staël, dont je parlerai ailleurs encore, était incapable de se permettre même une légère malice; elle ne cherchait ni à embarrasser, ni à écraser ses interlocuteurs : une noble victoire, ou seulement une lutte honorable, était tout ce qu'elle désirait, s'ils étaient dignes d'elle. Elle ménageait et protégeait les autres. Plus vive que gaie, elle animait tout cependant, comme un feu qui brille et échauffe. Je me souviens que Bonaparte, le *héros*, comme souvent on disait alors, était souvent l'objet de ses thèses romanesques; je crois qu'elle eût trouvé beau d'aller le joindre au fond de la Thébaïde et d'y partager ses destins.

Mme de Staël avait depuis longtemps distingué l'esprit de M. Réal, et dans le temps dont je parle elle fit quelques tentatives pour l'engager à venir chez elle; il s'y refusa et lui dit qu'il redoutait en elle une enchanteresse, qui comme Circé changeait en bêtes ceux qu'elle savait attirer. Elle mit de la suite dans le dessein de vaincre cette résistance; M. de Staël fut député en personne chez M. Réal, et entre autres choses il lui dit : « Mon cher ami, je vous désapprouve; Mme de Staël est bonne par excellence. Si jamais dans sa vie elle a eu tort avec quelqu'un, c'est avec moi, et cela me regarde seul. » M. Réal, vraiment touché, répondit à M. de Staël qu'il arriverait de lui comme des bâtons flottants, et que pour conserver l'opinion flatteuse que Mme de Staël avait de lui, il était de sa prudence de n'en être pas plus connu, et de persister dans une réserve que ses avances avaient rendue piquante.

M. de Staël était parfaitement bon. Sans posséder un esprit supérieur, il savait apprécier l'esprit. Je dirai avec reconnaissance que l'ayant rencontré dans le monde depuis ma première jeunesse, j'ai toujours obtenu de lui de précieux témoignages d'intérêt. La dernière fois que je le vis, c'était sur le quai; il était déjà bien malade. L'ouvrage de Mme de Staël sur la littérature venait de paraître, il m'en parla avec un touchant enthousiasme; il fut content du mien, et voulait que j'écrivisse sur-le-champ à Mme de Staël. En vérité, il me faisait trop d'honneur, et c'était une suite de sa prédilection.

Benjamin Constant paraissait assez souvent au Directoire. Je ne puis pas dire qu'il y eût un grand succès; tout ce qui venait dans ces salons n'était pas également distingué par l'esprit. Plusieurs affectaient de s'étonner de l'assiduité d'un Genevois sans place, grand, blond, maigre et pâle, et les yeux couverts de besicles. M. Benjamin Constant était souvent très isolé, et n'en paraissait pas ému; il faisait ses observations, et ne causait guère dans l'occasion que sur un ton de demi-persiflage, qui masque toutes les opinions.

Pour moi, je causais beaucoup, et comme la galerie

de Barras n'avait point de centre, à proprement parler, j'avais le plus souvent mon cercle, dont on se rapprochait volontiers, et où le directeur ne manquait guère de prendre place quand ses audiences étaient données et que l'entretien marchait bien. Là se trouvaient sans cesse, outre les hommes dont j'ai parlé, Lucien et Joseph Bonaparte : Lucien, vif, spirituel, peu mesuré dans ses saillies; Joseph, doux et gracieux; Bernadotte, avec sa grande taille, ses cheveux noirs, ses dents d'une éclatante blancheur, mais sans beauté, sans un esprit brillant : c'était un homme qu'on ne pouvait rencontrer dans un salon sans le remarquer ou tout au moins sans s'informer de son nom; l'amiral Bruix, ministre de la guerre, fin, décidé, ambitieux, je crois, et fait pour être distingué promptement; le fameux Kosciuszko, mais si modeste, si étranger aux traits de la conversation, si simple en tout, qu'on ne trouvait en lui que le nom d'un grand homme. Il m'a témoigné quelquefois qu'il me croyait bonne, et le moindre gage de l'estime d'un homme si estimable, quoique alors si effacé, aura toujours du prix dans mes souvenirs.

M. de Talleyrand, ministre de l'intérieur, venait aussi, mais peu souvent, et rarement il causait beaucoup. J'étais pour lui un objet de surprise, et je ne crois pas que mon caractère ait jamais été bien compris par lui. Je crois l'avoir dit quelque part, je n'ai jamais été à mon aise avec les hommes de cette espèce, pour qui tout est moyen, et qui jouent la profondeur comme la peinture joue le bas-relief, avec un grand talent sans doute, mais en prestige. Je ne sais comment toutefois ce politique un jour me dévoila le secret de sa vie; il fallait toujours, disait-il, se mettre en situation de pouvoir choisir entre deux partis. Qu'avait-il fait ? Il avait désiré n'être pas exposé à l'assujettissement auquel l'aurait forcé sa résidence en France, il n'avait pas voulu s'exposer à l'émigration : il s'était fait donner en 1792 une commission extralégale pour passer le détroit. A l'expiration de cette mission, il avait pris la route moyenne de l'Amérique, puis, repassé en Europe, à une époque où son absence serait devenue décisive, il s'était fait rappeler d'une manière expresse. Ministre, il arrivait à présider aux grands événements de l'Europe, ou du moins à les pressentir, et il tiendrait toujours à lui de se retirer quand sa raison lui en donnerait le conseil.

Toutes mes conversations n'avaient pas cet intérêt, tous mes cercles ne brillaient pas de la même vivacité. Je n'ai pas parlé d'une foule de personnes qui m'abordaient avec confiance, que j'écoutais obligeamment et pour avoir l'air occupé, car on peut bien penser que certaines soirées étaient fort décousues, et que les dîners, assez fréquents, n'étaient pas toujours remarquables. La vieille douairière de Deux-Ponts, appelée longtemps la comtesse de Forbach, n'était plus qu'une ombre ambulante, et Mlle Montansier, que le directeur recevait quelquefois, à cause des obligations essentielles qu'il me dit lui devoir, n'ouvrait presque jamais la bouche, et ne paraissait alors qu'une vieille bonne personne.

La célèbre Sophie Arnould eut affaire au directeur. Barras, qui ne l'avait jamais vue, pensa me faire plaisir en m'engageant à dîner avec elle. Il avait prié beaucoup de monde, et le vieux duc de Céreste amena sa vieille amie. Elle me parut assez petite; ses yeux étaient encore beaux, mais elle n'avait plus toutes ses dents, et sa prononciation paraissait en souffrir. Elle était mise comme l'étaient alors généralement les femmes de haut rang de son âge : une robe de taffetas brun, un grand châle de mousseline, long, comme on les portait alors, un chapeau blanc, en forme de capote ajustée. Elle entra avec embarras, et ne dit pas un mot saillant, mais elle eut justement le ton, le genre, la réserve, le maintien, et à la fois l'espèce de supériorité qu'auraient eus en pareil cas Mme de Poix ou quelque autre de la même ligne. Je la revis une fois, chez Mme de Bruix ; elle était plus à son aise et fut aussi plus aimable. Elle eut la complaisance de chanter, avec Lays qui se mit à l'accompagner, quelques scènes d'*Iphigénie* (1). Sa voix chevrotait quelquefois, mais l'expression avait toujours du charme. Au reste, je dois dire que ces grandes coquettes, pour me servir d'un terme de théâtre, avaient en tout les manières des plus grandes dames de leur temps. J'ai vu une fois ou deux Mlle Guimard, devenue Mme Despréaux : le monde nouveau lui était aussi étranger qu'aux douairières du faubourg Saint-Germain, et je lui entendis raconter avec grâce l'embarras qu'elle avait ressenti la première fois qu'elle avait été obligée de marcher seule dans les rues de Paris, à pied et sans domestiques.

Vers le milieu de l'automne la société de Barras fut recrutée d'une colonie qui paraissait plus faite pour ma société, et qui me convint mille fois moins. C'étaient Mme de Montpezat, cousine du directeur, toutes ses filles, dont une seule, Mlle Clémentine, n'était pas mariée ; et avec elles Mme de Janson, nièce de Mme de Montpezat. Barras, réclamé par ces dames comme parent, les avait toutes fait rayer. Elles avaient l'accent provençal, les manières de la province, qui ont

(1) *Iphigénie en Aulide*, musique de Gluck, qui l'avait chargée du rôle même d'Iphigénie.

toujours si peu de justesse. Mme de Janson était sûrement pleine d'esprit, mais dans le salon de Barras elle croyait avoir un rôle, et ce rôle me fut bientôt insupportable. Je l'avoue, le ton de ces dames contrasta promptement avec le mien ; l'ouragan que produisait leur entrée dans le salon, le train qu'elles y faisaient, le nuage dont elles se couvraient, y dérangèrent mes habitudes. Le pauvre Barras, enchanté de me trouver parmi ses parentes une société plus digne de moi, m'avait demandé mon amitié pour elles, me les avait envoyées en visite, et enfin, pour la seule et unique fois de ma vie, il voulut me donner avec elles, et avec mon père, qu'il invita, un très grand dîner à Grosbois, où il arrangea que nous irions dans la voiture de Mme de Montpezat la mère.

La plupart de ces dames avaient beaucoup d'esprit. Mlle Clémentine chantait parfaitement bien ; Mme de Malijac, bonne, sensible et vertueuse, n'avait de ridicule marquant que celui de faire des vers ; mais Mme de Rougeville, l'aînée de toutes, me désolait par son affectation à débiter à mots couverts toute l'histoire de M. de Laguiche, celle de Mme de Laguiche, de son fils, de leurs voyages, de leur départ, de leur rentrée, etc., etc.

Ce dîner fut toutefois d'une représentation très noble. Tous les ministres s'y trouvaient, Mme de Staël y était aussi, et véritablement charmante ; Mme Visconti, belle et bonne, enfin des hommes sans nombre. On se promena avant le dîner ; plusieurs des dames allèrent aux portes d'une enceinte se faire effrayer par des daims et des cerfs qu'on y gardait, et je me souviens que M. Réal, frappé de ces caricatures des jeux de princes, me dit : « Je le vois, les princes étaient ainsi, non parce qu'ils étaient princes, mais parce qu'ils étaient là. »

La société chez Treilhard était tout à fait autre chose ; c'était le genre bourgeois, dans son sérieux et dans sa sagesse. M. Treilhard avait été un avocat célèbre et à la mode. C'était lui, chose bizarre, qui plaidait ordinairement les causes des gens de qualité obligés de défendre leur nom et leur naissance, et il m'a répété cent fois qu'il avait eu l'honneur d'être l'avocat du chapitre d'Épinal. Régnier, ministre de la justice, n'a pas perdu une occasion de me dire qu'il avait eu ce titre à Nancy.

Malgré l'usage du monde, que M. Treilhard avait nécessairement acquis, son caractère avait gardé une rusticité et un emportement qui m'ont toujours causé de la surprise. Il était rude et affectait de l'être, et je ne doute pas que cette disposition naturelle, endurcie par le système, n'ait contribué en grande partie aux reproches que sa conduite publique a pu quelquefois mériter. La dureté est le pire des écueils dans une carrière politique, et l'on manque rarement d'y tomber si l'on ne veille sans cesse pour la fuir. Treilhard, d'ailleurs, avait de la bonté, et j'ai toujours pensé que je devais à sa logique le parti, pris au Directoire, de rayer M. de Laguiche ; car, le dirai-je maintenant ? cet acte de justice, dans l'état où étaient les choses, exigeait quelque courage de la part du gouvernement.

Mme Treilhard, fille de M. Boudot, le plus riche procureur de Paris, était une femme toute parfaite. Bonne, sensible, modeste, douce comme un ange, elle m'a comblée d'intérêt, de prévenances, d'égards, et quand j'étais près d'elle, dans son salon, je me reposais de toute contrainte, car je me croyais réellement dans l'asile de la vertu. Je dois dire qu'on s'y amusait peu. Il y venait cependant assez de monde, et j'y fis connaissance entre autres avec Chénier (1), dont je parlerai un peu plus tard ; mais la présence d'une maîtresse de maison rangeait les visites en cercle, et les hommes qui voulaient causer se tenaient à part, dans quelque coin, ou se promenaient dans l'autre chambre, et dans cette maison je ne pouvais guère bouger. Je me souviens, quoi qu'il en soit, que je trouvai une fois le gros ambassadeur turc distribuant des pastilles du sérail et des flacons d'essence de roses à Mme Treilhard, à sa fille, très jeune encore, à quelques dames de leurs amies. Je déclarai que je voulais un flacon ; encouragée par Mme Treilhard, je le dis à l'interprète grec Cotrica. Il m'engagea à entrer en conversation avec M. l'ambassadeur, et je demandai aussitôt à ce diplomate en turban s'il aimait la musique française. Il me répondit en français : « Quelques-unes, pas toutes. » Cotrica reprit : « M. l'ambassadeur sait tous les airs républicains, la *Marseillaise*, le *Chant du départ*, et puis, ajouta le Turc, et puis encore : *Veillons au salut de l'Empire*. » Nous gardâmes tous notre sérieux, mais ce ne fut sûrement pas sans peine, et à la fin l'ambassadeur, passant sa main dans sa très large manche, en tira un très petit flacon, que j'emportai comme un trophée.

Il y avait un piano dans le salon de Mme Treilhard, et Martini, l'auteur de l'*Amoureux de quinze ans* et du *Droit du seigneur*, donnait des leçons de chant à Mlle Treilhard. Je passais une partie des soirées à improviser à ce piano, d'une manière assez médiocre, car il ne fallait pas sortir d'un petit cercle d'airs connus, ou de chants vulgaires, que je n'étais pas toujours en mesure de varier ; mais le son de l'instrument et ma complai-

---

(1) Marie-Joseph de Chénier (1764-1811).

sance étaient à peu près tout ce que voulait la société.

Le goût des arts était nul au Luxembourg, et même celui des sciences. Cependant, le directeur Larevellière allait presque chaque soir au Jardin des Plantes, chez M. Thouin (1). Faujas de Saint-Fond (2) était l'ami qui l'avait sauvé, à l'époque de la Terreur et de la proscription. Ce savant méritera toujours d'être cité pour son courage; il n'a cessé d'user du crédit qu'il pouvait avoir, pour obliger les malheureux. Les victimes de Fructidor trouvèrent en lui un protecteur dévoué, et le célèbre abbé Delille eut alors, quoique sorti de France après l'époque de la Terreur, un fidèle ami dans M. Faujas.

Le premier tableau de Guérin, *Marcus Sextus* (3), fit alors une prodigieuse sensation. C'était un drame, c'était un poème, c'était l'histoire, pour la pensée et pour le cœur, car le nom de Marcus Sextus n'appartient d'aucune sorte à ce chef-d'œuvre, qui assura une si belle couronne à l'artiste comme citoyen. J'entendis chez Barras préconiser l'auteur et l'ouvrage, mais l'honneur n'alla pas plus loin. Tout alors faisait des progrès, mais dans la plénitude de la liberté du moment et sans encouragement comme sans obstacle factice. Le théâtre seul était de fait enchaîné par des entraves sévères; le gouvernement laissait créer, éteindre ou développer le reste.

Je me souviendrai toujours que le métaphysicien Garat promit une fois que son neveu viendrait dîner chez

---

(1) André Thouin (1747-1824), botaniste, membre de l'Académie des sciences et professeur-administrateur du Muséum d'histoire naturelle.

(2) Barthélemy Faujas de Saint-Fond (1741-1819), géologue, professeur au Muséum.

(3) *Le retour de Marcus Sextus*, tableau de Pierre-Narcisse Guérin, exposé au Salon de 1799.

le directeur Treilhard; celui-ci ne manqua pas d'inviter Lays et Chéron (1), qui y venaient assez souvent et chantaient en perfection des morceaux choisis et arrangés pour eux par Fontenelle, auteur d'*Hécube*, sur de beaux vers imités d'Ossian. Mais tout cela n'était pas le genre de Garat. On arrive, il se réunit une compagnie très nombreuse; le directeur annonce qu'à huit heures du matin, ce même jour, je ne sais quel général a passé le Rhin. Accoutumé à ces messages magiques, à peine y fait-on attention; on attend Garat, on se lasse, enfin on se met à table, et le premier service en est presque à sa fin : le chanteur incomparable paraît. Il s'était perdu dans le quartier, en demandant partout le directeur Treilhard. Il prend sa place à table, parcourt toute l'assemblée avec l'air plus ou moins dédaigneux, me remarque et se reconnaît un peu, distingue le vieux Piccini et se trouve un peu plus à son aise; se laisse enfin traîner au piano, ravit tout le monde, s'électrise lui-même de ce naïf enthousiasme et le mérite encore davantage. On eût dit Amphion bâtissant les murailles de Thèbes, car la plus grande partie de l'auditoire était bien novice et autant que possible étrangère à l'impression qu'elle éprouvait.

Il régnait assez peu d'union, même apparente, entre tous ces ménages du Luxembourg. Il est très certain que Barras affectait et avait la supériorité, sans être celui qui avait le plus d'esprit; mais il est sûr également qu'il se trouvait en lui, autrement même que dans la représentation, une élévation d'indépendance et une sorte de grandeur propres à se réfléchir surtout, et qui manquaient absolument à ses collègues. Je l'avais vu à l'École mili-

---

(1) François Lay, dit Lays (1758-1831), baryton de l'Opéra; — Auguste-Athanase Chéron (1760-1829), première basse de l'Opéra.

taire, distingué entre tous, le jour où l'on célébrait un des anniversaires du salutaire 9 Thermidor, peu après une grande radiation. Ce fut la seule occasion où le Directoire représenta. Cette fête avait été belle par l'affluence des spectateurs, par la tenue de nos troupes victorieuses qui avaient fait un exercice à feu, enfin par l'idée de noble conquête attachée à ces chars qu'on promenait à leur suite, et qui portaient en de grandes caisses les antiques enlevés à Rome. J'avoue toutefois que cet ornement du triomphe exaltait plutôt la pensée qu'il ne pouvait frapper les regards : on ne voyait rien que les caisses.

La fête du 1ᵉʳ vendémiaire an VII (1) fut magnifique. Jamais depuis rien de pareil n'a été reproduit ; les plus belles fêtes de Bonaparte ont été des fêtes de cour ou de véritables spectacles ; celle-ci offrait le peuple en fête. Pas un soldat. De la rue de l'Université au milieu du Champ de Mars, la foule montante et descendante n'aurait pas permis à qui que ce soit de retourner en sens contraire. Un temple, illuminé et décoré du meilleur goût par l'architecte Chalgrain, occupait le centre de l'enceinte. De nombreuses boutiques, remplies de chefs-d'œuvre de l'industrie, admis au concours par les soins du ministre François de Neufchâteau, étaient encombrées par la foule. Les allées étaient toutes couvertes de tables mises par des restaurateurs, et occupées sans interruption comme sans tumulte. La place Louis XV et les Champs-Élysées étaient aussi illuminés, et l'on y avançait avec peine. Point de ces répugnantes distributions de comestibles. Une gerbe d'artifice fut tirée des tours Notre-Dame, et ce fut tout. Le temps était magni-

(1) 22 septembre 1798.

fique; la lune, dans son plein, prêtait aux lampions ses clartés presques solaires. Il ne me sembla pas qu'une pareille journée pût se revoir encore. J'avais, dans ma promenade, traversé la salle même du Conseil des Cinq-Cents; elle était fort ornée. Je dis le lendemain à Barras qu'on n'y ferait jamais un Jeu de paume, et je dois avouer que la remarque lui plut.

CHAPITRE XIX

Démarches en faveur de Mmes Dauvet et de Clermont; noire ingratitude. — Bureau central de la Police. — Le général Éblé. — L'affaire de Casimir de Laguiche remise en question; succès inespéré. — Talleyrand prévenu contre Mme de Chastenay. — L'influence de Mme de Chastenay dans les régions gouvernementales fait rechercher son appui : Mmes de Montesson et du Bourg, M. de Ségur, Mmes de Noailles, de Brézé, de Villerouet. — Liaison avec Mme d'Arenberg. — Réflexions de Mme de Chastenay sur ses rapports avec Réal. — Marie-Joseph Chénier ; sa tragédie de *Charles IX*. — Détails sur l'arrestation d'André Chénier. — M. de Sade.

Je viens de m'étendre avec quelque plaisir sur des souvenirs qui ne sont pas pour moi sans une sorte de douceur, mais le récit de ces passe-temps n'offre que l'écorce de ma vie ; ma tâche n'était point terminée, et mes charges s'étaient accrues.

J'ai dit que Mme Dauvet avait été maintenue, mais que son bien avait été racheté. On avait maintenu ses enfants, et le vieux père Dauvet, son mari, devait à la Nation le partage, c'est-à-dire les deux tiers de son bien. M. Réal et moi fîmes faire ce partage au département de la Seine. Une prairie, valant trente mille livres, fut prise pour les deux tiers d'une fortune de cent mille écus au moins. M. Réal, avec les effets de sa compagnie Ouen, fit racheter ce pré au profit de M. Dauvet, pour douze mille livres de valeur réelle à peu près. Il faut que je le dise, on eut de la peine à tirer cette somme pour l'acquit des billets. Le noble procédé de M. Réal, après de si grands services, n'a pas même eu, je crois, une visite pour reconnaissance. Le bon père Dauvet, âgé de quatre-vingts ans, n'avait pu se mettre dans la tête qu'il lui fallût racheter son bien. Je ne puis exprimer combien il me donna plus de peine de m'occuper de ses affaires, relativement à lui, qu'envers les administrations qu'il fallut faire intervenir. Ce digne et malheureux homme avait eu le bras coupé à la bataille de Minden ; il avait laissé émigrer sa femme et ses enfants, et avait évité même l'incarcération. Allant à sa section avec exactitude, il n'avait fait concevoir de doute sur son civisme qu'en n'applaudissant pas les plus chauds orateurs. Je l'ai vu s'obstiner à se faire inscrire sur la liste des émigrés, afin d'obtenir, disait-il, un certificat de non-émigration. Pour réparer ses fausses démarches à cet égard, il me fallut aller deux ou trois fois en hiver, par la glace, au bout du faubourg Saint-Laurent, où se trouvait la municipalité de son domicile. Ce qui est plus gai à se rappeler, c'est qu'un vieux chevalier du Coudray lui fit, dans un dîner, une chanson qu'il trouva charmante ; un des couplets commençait par ces vers :

> Tandis qu'on lui coupait le bras,
> Il était sans rien dire.

Je fus chargée de faire la réponse ; il me parut qu'elle était assez bien ; mais malgré toute sa politesse et toute sa bienveillance pour moi, le bon comte trouva ma chanson bien inférieure à celle de son ancien ami.

M. Dauvet avait deux neveux : l'aîné, appelé le marquis, avait une grande fortune et, avec beaucoup d'esprit et de piété, vivait dans une profonde retraite ; l'autre, appelé le vicomte, avait toujours été le favori de ses parents ; il était encore émigré. Je me souviens qu'après le 18 fructidor le marquis Dauvet fut dénoncé ; il fut assez vivement servi et la chose éclaircie. Il passa chez le citoyen La Chevardière, secrétaire général de la police, pour lui faire des remerciements. Comme il témoignait le désir de connaître le nom de son dénonciateur, le secrétaire lui répondit que la chose était impossible, « car, dit-il, si jamais vous dénonciez quelqu'un, il vous fâcherait que votre nom fût connu ». On ne s'est pas assez rappelé depuis combien cette supposition était alors plus ridicule encore qu'odieuse.

Une personne qui avait moins de droits auprès de nous, Mme de Clermont Mont-Saint-Jean, me causa cent fois plus d'ennuis, et m'en a récompensée par les procédés les plus étranges. Elle était cousine de Mme de Laguiche, et c'était chez elle, à Hermé, qu'avait été se retirer Mme de Laguiche, après le 18 fructidor; c'était là également que s'était retiré Casimir. Riche par elle-même, Mme de Clermont, dont le mari et les trois fils étaient dehors, n'avait eu d'autre parti à prendre que de faire prononcer son divorce, et je la vis pour la première fois le jour de la dernière signature. Elle était tout en larmes. M. de Laguiche avait été rayé la veille; elle se mit presque à nos pieds pour nous prier de la servir. Cette prière ne fut pas vaine; je devins la confidente de ses ennuyeuses affaires, je la mis en relation avec M. Réal, qui lui rendit tous les services que sa situation et le soin de sa fortune exigeaient journellement. Elle demandait toujours davantage. Un peu tracassière par caractère, la triste Adélaïde, la pauvre Adélaïde, comme elle s'intitulait, nous occasionna bien des petites contrariétés par ses rapports et ses caquetages. Je la trouvais souvent établie dans ma chambre, quand je rentrais excédée de fatigue et de toutes nos propres affaires; il fallait se livrer aux siennes et la garder jusqu'au moment où M. Réal arrivait, ou jusqu'à ce qu'on ne conservât plus l'espérance de sa visite. Elle se faisait dénoncer par bien des imprudences ; deux fois elle resta trois nuits de suite chez nous, couchant dans le salon parce qu'elle avait peur.

Mme Dauvet m'avait forcée de renouveler connaissance, ou plutôt de la faire, avec M. Dubosc, administrateur du bureau central de la police. Je ne sais comment, à l'époque où j'étudiais le latin, M. Dubosc s'était trouvé lié avec les professeurs du Plessis et de Sainte-Barbe qui me donnaient des leçons, et avait pris en admiration mes traductions d'écolière. On m'avait dit qu'il en gardait le souvenir. J'avais été le trouver; il avait été excellent. Mme de Clermont me fit réclamer plusieurs fois cette obligeance qu'il m'avait témoignée. Moi seule, je sais ce qu'il en coûte, non pour entretenir les gens à qui l'on demande une grâce, mais pour les joindre, se trouver à l'heure commode, passer le temps dans leur antichambre, etc. Les corvées du métier sont dures, et, à moins que d'être ministre, on ne rend pas des services multipliés, si l'on ne s'y résigne entièrement.

Il ne s'est pas trouvé une seule circonstance où je n'aie eu à me louer de la bonté de M. Dubosc, et sa conversation, enrichie de profondes connaissances littéraires, m'a toujours paru aussi nourrie qu'agréable; mais c'était là que l'attente était maussade ! Forcé une fois de me laisser pour une heure ou deux dans son cabinet, M. Dubosc craignit de me compromettre et de se compromettre lui-même si j'y étais surprise, à cause du nombre et du genre des papiers étalés sur son grand bureau ; il me demanda la permission de faire entrer un inspecteur; j'y consentis. Cet homme, je n'en doute pas, me croyait arrêtée. Je fus effrayée de la connaissance qu'il avait de notre ancien grand monde. Soldat dans un régiment à la mode, il n'avait pas quitté les grandes garnisons de Metz et de Lille; domestique dans une maison opulente de Paris, il y avait vu le monde entier. Je ne sais pas s'il n'avait pas suivi quelque temps ses maîtres dans l'émigration. La misère l'avait conduit à ce poste qu'il occupait, et il était sans doute en état de le remplir.

Pour n'avoir plus à reparler de la triste et pauvre Adélaïde, je dirai que quand Bonaparte eut accordé le retour de son mari, elle s'excusa de son divorce, qu'il eut la sottise de lui reprocher, et elle le fit en alléguant mon conseil. Ce conseil, je le lui eusse donné, c'est hors de doute, mais elle ne l'avait pas pris; je l'avais vue pour la première fois le jour où elle avait rempli la dernière formalité. D'ailleurs, elle eût été ma mère. N'importe, il ne se peut imaginer d'impertinences et de méchancetés que je n'aie reçues du ménage.

L'affaire de Casimir de Laguiche était devenue maintenant mon principal objet. Les affaires ne sont pas un point mathématique; c'est par une foule d'accessoires qu'on vient au but qu'on se propose. M. de Laguiche n'était pas sur la liste des émigrés; mais quand le bureau des Domaines s'était dessaisi des biens de son père, victime de la Révolution, on avait nommé un M. Olivier, alors commissaire aux ventes, tuteur au nom de l'héritier absent. Cette situation offrait d'étranges difficultés, et l'on tournait sans cesse dans un cercle vicieux. Je vis cet Olivier, je cherchai à lui rendre des services pour le disposer au besoin. Ma belle-sœur fut obligée à une demande en partage provisoire, par un décret applicable à sa position. Il me fallut mettre tout cela en règle, sans compromettre ce frère *prévenu* d'émigration et non inscrit. Que de peine pour tout cela! Il n'était pas question d'invoquer les puissances, pour les actes préparatoires et les difficultés secondaires. M. Guéroult, chef du bureau des émigrés, se vengea sur moi de ses mécontentements contre M. Joubert, président du département, auquel il gardait une rancune. Sa dureté fut grande; il fallut que Réal s'entremît, pour l'en faire enfin repentir. Moi qui n'avais qu'un intérêt, je m'affligeais d'un procédé d'humeur, je ne le ressentais d'aucune autre manière. Je retournai chez M. Guéroult, dès qu'il voulut bien me recevoir; son système de mauvaise volonté se brisa contre ma patience. Je n'ai plus rencontré d'obstacle de sa part.

Les séquestres du Charolais me conduisaient sans cesse aux Finances, chez MM. Cialis et Pajot. Il me fallut voir le ministre, et j'obtins de lui peu à peu des levées par moitié, des levées provisoires, et seulement pour quelques semaines, mais je les faisais renouveler; enfin je vécus au jour le jour. M. Ramel était alors ministre des finances. Il avait de l'esprit et des talents sans doute, mais on eût dit parfois qu'il avait un grain de folie dans la tête. J'y dînai avec mon père, ancien constituant comme lui; j'y vis une Mme Roch, femme d'un banquier, qui chanta tout *Œdipe* (1) avec Chéron, en s'accompagnant au piano, et je ne crois pas qu'Antigone ait jamais eu une voix plus touchante, ni plus d'expression.

A peine l'an VII commençait-il, qu'on appela la conscription; elle embrassait plusieurs années. M. de Laguiche en faisait partie, et les remplaçants n'étaient pas tolérés. Occupée de sa destinée, comme je l'eusse été de celle d'un frère, je rencontrai à un dîner de Barras le général d'artillerie Eblé. Sa belle physionomie me frappa.

---

(1) *Œdipe à Colone*, tragédie-opéra de Sacchini.

Le directeur m'en fit un éloge complet et m'assura que je pouvais lui témoigner toute confiance. Je lui parlai de Casimir, et ce brave officier pénétré de la situation d'un jeune homme forcé de servir, quand son père avait péri et que ses biens étaient séquestrés, me donna le moyen de le mettre comme conscrit à son unique disposition; il m'ajouta qu'il se rendait à Rome, et me promit de ne point exposer ce dépôt que je mettrais entre ses mains. Je dois tout dire; le général Éblé m'avait dès cet instant voué une affection dont le souvenir me sera toujours aussi honorable que précieux. Il n'est point de services qu'il n'ait rendus à ma prière; il m'a cent fois demandé de l'accepter pour époux; il ne s'est marié qu'après de nombreux refus, et il m'a conservé une amitié sincère tant que sa noble existence a concouru à l'honneur de nos armes et à celui du nom français.

Nous n'en étions encore qu'au début de nos relations, je ne l'avais vu qu'une fois, que son zèle était déjà enflammé. Il vint chez moi dès le lendemain de notre rencontre au Luxembourg. Mes parents le virent; il garantit la conservation de Casimir. Nous écrivîmes à ce jeune homme, à Caen; il s'engagea dans l'artillerie, et vint avec une feuille de route nous trouver bientôt à Paris.

Sa sœur, sans se prévaloir d'aucun avantage propre à elle, partageait avec lui son revenu personnel, et il n'était pas sans argent. Le général qu'il devait rejoindre était parti, mais il avait laissé une autorisation écrite qui permettait à son nouveau soldat de faire le voyage à loisir. M. de Laguiche n'en abusa pas un moment; soumis de bonne grâce à la nécessité, chargé de lettres de toute espèce, et pour les commissaires et pour les généraux, tant de M. Réal que de M. Petit, et de tous ceux que nous rencontrâmes, il prit la route d'Italie, et passa, je crois, à Milan. Il était recommandé au général Debelle, qui commandait alors l'artillerie à cheval, service brillant, mais périlleux. L'uniforme était élégant. Le général Debelle, aimable, jeune et, m'a-t-on dit, d'une figure vraiment héroïque, séduisit M. de Laguiche; il oublia absolument sa destination de Rome et le général Éblé, et, prenant un engagement dans le 2ᵉ régiment à cheval, il y commença son service de canonnier, sans cesser pourtant de rester avec le général Debelle, qui lui donna le titre d'ordonnance. Nous crûmes désormais plus aisé de mettre un terme aux embarras de sa situation indécise. Le ministère changea, le citoyen Duval fut appelé à la police. J'en fus reçue avec encouragement; il me promit de ne rien épargner pour le succès d'une cause si juste. Il m'engagea à venir souvent la lui rappeler, et j'avoue que j'usai de ce droit. Je redoublai, d'une autre part, mes démarches au Luxembourg. Le protecteur des enfants des victimes, Fréron, n'oublia pas de remplir son rôle habituel, si honorable; enfin, M. Réal voulut bien agir comme s'il n'avait pas d'autre affaire, et nous pensâmes toucher au port.

Un matin, c'était à la fin de décembre, M. Réal était allé à la police pour quelques renseignements dont il avait besoin; un M. Lajariette, de ceux que tout le monde aimait, mais avec qui je n'avais point de relation particulière, conta sans conséquence la maintenue précise prononcée l'avant-veille contre le jeune Laguiche. Frappé au cœur, M. Réal le lui fait répéter, expliquer; trop certain d'un malheur si grave, il accourt chez nous, demande mon père, n'ose me voir, et repart comme un égaré, incapable d'un seul conseil. Il fallut bien que cette nouvelle me fût enfin communiquée. Dieu me fit la grâce de me conserver calme; une seule idée m'occupa, celle de réparer aussitôt une faute de pure surprise. Notre pauvre ami revint, j'eus à le consoler, et après nous être promis de garder un secret absolu d'un événement si étrange, nous convînmes, M. Réal et moi, d'aller le soir chez le ministre et de l'attendre jusqu'au moment où nous pourrions le trouver seul.

Nous fûmes admis, et mon début fut un torrent de larmes. M. Duval en fut vraiment touché; il ignorait que cette maintenue existât, et il nia positivement qu'il eût porté M. de Laguiche dans son travail. M. Réal, autorisé par lui, alla visiter ses cartons et lui fit lire l'arrêté; Duval était plus confondu que nous, et il lui échappa de dire : « On l'a glissé dans une fournée. » Mais après avoir conféré aussi sagement qu'il fut possible, le ministre, plein de bienveillance, se résuma à m'assurer qu'il n'aurait de repos que quand il aurait réparé sa méprise, et il me dit que si un seul directeur lui faisait une seule question, il avouerait aussitôt son erreur. D'ailleurs, il prit le dossier sous sa garde directe, et me donna l'autorisation d'agir et de l'accuser.

Il me serait difficile de rappeler en détail mes démarches durant trois jours. Mme Bonaparte et mes plus intimes protecteurs furent tous invoqués, jusque dans leurs maisons, où je n'avais jamais été. J'allai même au Jardin des Plantes, où le bon Desfontaines (1) se chargea de parler dans la soirée, chez M. Thouin, au directeur Larevellière. Barras fut une vraie perfection; Mme Treilhard, pour la première fois, prit une part active à mes affaires. C'était Larevellière qui était président; il voulut bien me donner audience au Directoire, avant l'heure de la réu-

---

(1) René Louiche Desfontaines, célèbre naturaliste (1751-1833).

nion. J'y étais à sept heures du matin, avec la pétition convenue et dictée par Barras lui-même, qui me l'avait apostillée la veille, à son audience publique, car les heures avaient du prix. Je me souviens qu'en me voyant dans le premier salon, qu'il traversait pour se rendre au Conseil, en cette matinée décisive, Barras me dit : « Mademoiselle de Chastenay, souvenez-vous que si jamais j'ai une affaire pénible, je veux vous avoir pour avocat. » Duval passa et me vit à mon poste. A la fin, on battit aux champs, et le président parut. J'allai à lui, il m'attendait; il prit ma supplique et me dit quelques mots assez consolants, je me retirai.

Le ministre me tint parole, la maintenue fut rapportée; mais pour comprendre enfin l'affaire de Casimir, il fut réputé inscrit et admis à la preuve de non-émigration; et sans demande ultérieure, une surveillance fut expédiée à l'armée d'Italie, pour qu'il pût y être en sûreté. Ce fut un grand bonheur, un grand coup, et je ne puis assez exprimer ce que je sentis de reconnaissance pour des personnes qui me témoignaient une si parfaite bonté. On sut tout, malgré tous mes soins, et l'on me crut une puissance régnante.

Je ne puis finir cet épisode sans noter le procédé du citoyen Pajot, chef dans la partie financière des domaines. Je l'avais trouvé obligeant, mais sans l'espèce d'abandon qui commande une confiance entière. M. Pajot reçut la maintenue avant que j'en eusse connaissance; il devait l'envoyer dans les départements où le séquestre, devenu confiscation, eût entraîné de longues difficultés, même après le rapport de la maintenue. Sans prière de ma part, M. Pajot retint cet arrêté, et il me le remit entre les mains quand, après avoir ignoré ce genre de danger et le service, je crus devoir aller lui rendre compte de tout ce qui venait d'arriver.

Ce crédit que l'on me crut ne me servit dans le monde qu'à me faire des ennemis, et j'en dirai l'occasion. Mme de Montesson (1) me sonda plus d'une fois, dans l'intérêt de ses affaires et de ses protégés ; je fus forcée de me tenir sur la réserve. Les personnes de l'ancien régime ne se sont jamais fait l'idée exacte de ma situation. Je n'avais point de maison, j'allais à ce Directoire seule et sans entourage; la bienveillance qu'on m'accordait ne pouvait tenir qu'à l'opinion de devoir et de courage qui s'attachait à mes démarches, dont le but était clair, connu et totalement exempt de personnalité. L'apparence de toute tentative étrangère à ce devoir connu m'eût déconsidérée, et j'eusse perdu les seuls moyens dont il m'était permis d'espérer un succès, que je m'étais imposé d'obtenir. Mme de Montesson n'était nullement capable de me faire du mal, d'aucune manière, mais elle perdit pour moi toute affection tendre, et conserva depuis à peine quelque dehors.

Une autre femme, sans mauvaise intention, me fit un mal bien plus réel. J'ai parlé de Mme du Bourg; je l'avais retrouvée à Paris, et sa curiosité fut grande de savoir par moi et par d'autres ce que je faisais, comment j'étais, et de quelle manière je pourrais tirer parti de ma position, et pour mon intérêt et pour celui des autres. Avec beaucoup d'esprit, Mme du Bourg était inconsidérée ; elle me fit le tort de parler de moi sans cesse, de mettre à tout moment la conversation sur mon sujet, et surtout en présence de M. de Talleyrand, avec lequel

(1) Femme non reconnue de Louis-Philippe duc d'Orléans, père de Philippe-Égalité; elle était sœur utérine de la mère de Mme de Genlis.

elle était liée. Les amis de M. de Talleyrand m'ont toujours paru en possession d'être mécontents de lui, de le lui marquer, de médire de lui et de l'employer. Mme du Bourg, à force de questions sur M. de Talleyrand, m'entraîna à je ne sais quelles réponses, dont elle crut pouvoir s'autoriser pour lui dire, dans un certain moment où elle voulait piquer son amour-propre, qu'il ne devait pas être si fier et se prévaloir en toute rencontre des avantages de son esprit ; une personne, — et elle me nomma, — qui le rencontrait, ne le trouvait point du tout aimable, et l'avait trouvé inférieur au prestige de sa réputation. Ce mot perfide m'a valu de la part de M. de Talleyrand une disposition qui certainement n'a pas été de l'indifférence ; la plainte n'était pas de celles qu'on avoue, l'explication n'était nullement possible, et le mal fut fait pour toujours.

Mme du Bourg m'a fait encore un ennemi, et cet ennemi fut M. de Ségur. A l'époque dont je parle, M. de Ségur était réduit à un état de véritable indigence, et je crois qu'il devint borgne faute de pouvoir payer le traitement d'un oculiste. Ses talents et son esprit sont bien généralement connus, et quelques vaudevilles qu'il donna l'aidèrent pendant quelque temps à vivre. Mme du Bourg, son amie, jeta ses idées sur moi pour mettre à la mode M. de Ségur dans le monde où je me trouvais lancée. Elle me fit déjeuner avec lui ; il vint exprès de la campagne. Il fut parfaitement aimable et me chanta tout un recueil de chansons ; mais quand le lendemain Mme du Bourg voulut me charger de mettre en avant M. de Ségur, je lui nommai M. de Laguiche, mon frère, ma belle-sœur, et des intérêts de radiation, qui, sans m'être également directs, ne laissaient pas que de m'être chers. Et en effet, pour un inconnu même, j'aurais pu demander la vie ; pour une connaissance, la fortune et la sûreté ; mais une place ! à peine pour un proche parent. Tout cela ne fut point calculé, et j'ai bien eu lieu de penser que M. de Ségur s'était souvenu du déjeuner, de ses chansons et de son ridicule mécompte.

Une autre personne ne voulut me voir ; c'était Mme Charles de Noailles, aujourd'hui Mme de Mouchy. Ce fut encore un déjeuner ; mais ici la chose était simple : Mme de Noailles avait à obtenir la radiation de son frère. Elle devait se faire mener chez Barras par Mme Visconti ; elle savait qu'elle m'y trouverait. M'ayant connue dans mon enfance, elle voulait se rapprocher de moi ; c'était fort obligeant, et c'était naturel. Elle me le dit, et quoique je redoutasse beaucoup les mélanges de démarches et les indiscrétions d'affaires, il me fallut répondre avec convenance à la plus séduisante des femmes. Je ne vis jamais rien de si joli, de si gracieux, de si aimable. Elle me donna une soirée ; j'y allai avec Mme du Bourg, et je ne m'y amusai pas trop, car je n'étais pas au courant du ton presque récalcitrant des jeunes agréables groupés dans un coin de son petit salon. Elle chanta en s'accompagnant ; les belles nattes de ses cheveux blonds se détachèrent ; elle dansa enfin je ne sais quelle cosaque, dont on me fit jouer l'air au piano. C'était Aspasie, dans tous ses charmes. Pourtant nos relations ne furent pas longues. Barras la reçut, en défensive ; elle eut, dit-on, peu de succès, pour en avoir paru trop sûre, et pour l'avoir fait annoncer. Le pauvre Alexandre, son frère, fut maintenu, par l'excès des soins, des démarches et des bavardages de ses nombreux amis, et Mme de Noailles ne retourna point au Luxembourg.

Ce fut vers ce temps que je vis M. Hyde de Neuville,

et toujours chez Mme du Bourg. Il me parut spirituel et facile dans la conversation, mais d'une imprudence si peu mesurée que je crus devoir lui faire quelques sermons. Il voulait s'introduire chez moi ; il m'offrait un petit poëme à mettre en musique : j'éludai sa proposition. Un jour que je me rendais au conseil des Anciens, pour parler à un député, je ne fus jamais plus surprise que de rencontrer le fougueux Hyde vêtu de l'espèce de costume que tous les députés portaient habituellement et presque exclusivement, une redingote à larges brandebourgs ; il causait avec tous, aussi bien que l'un d'entre eux. Ce léger incident me fit beaucoup penser, et j'ai vérifié plus d'une fois que même quand les sentiments sont les plus vrais, les propos peuvent parfois être de parade.

Dans tout cet hiver je n'allai guère dans le monde. Ce monde était peu amusant, mes frais de toilette étaient minces, je n'avais point de carrosse ; mon bon et fidèle Priez avait assez de me mener régulièrement au Luxembourg. Quand par hasard nous prenions un fiacre, — car nous étions mal en argent, — mon bon Priez y montait avec moi, et cela eût été difficile dans un train de visites élégantes. Mes parents vivaient en sauvages ; ma belle-sœur, mon frère, étaient absents, et, plus que tout cela, je n'aurais pu souffrir la pensée qu'on me tolérât quelque part. Je me faisais solliciter dix fois, pour accepter la moindre invitation, et je n'aurais pu me résoudre d'ailleurs à entendre dire trop de mal de gens qui pouvaient bien en mériter un peu, mais qui me témoignaient toutes sortes de bontés.

Je ne laissai pas, quoi qu'il en soit, d'entretenir mes connaissances. De ce nombre était Mme d'Aubusson. Elle ne tarda pas à exiger de moi que je donnasse audience à son amie intime, Mme de Brézé, née Custine (1). Je représentai de mille manières à Mme d'Aubusson ma situation et mes devoirs ; elle ne me demanda que des conseils. Mme de Brézé me surprit chez elle, et de gré ou de force il me fallut faire l'avocat consultant.

M. de Brézé était inscrit sur la grande liste, et une très grande fortune telle que la sienne se trouvait ainsi compromise. Je savais par cœur un gros code in-quarto, que je vois encore, broché en papier bleu ; c'était le code d'émigration, toutes les lois y étaient réunies. Sur l'exposé de Mme de Brézé, je jugeai qu'il était pour elle de l'importance la plus sérieuse de ne pas présenter son affaire ; je lui conseillai précisément de gagner du temps, je lui en indiquai les moyens et je lui en démontrai les raisons, par deux fois, car elle ne se tint pas à une seule. Quelques semaines s'écoulèrent, et je fus bien malade ; un gros rhume que j'avais devint une fausse fluxion de poitrine. J'étais dans mon lit, avec une grande fièvre et une extinction de voix totale ; Mme de Brézé força la porte, au moyen d'un prétexte, elle tomba dans ma chambre en quelque sorte en larmes, et me conjura de l'entendre et de la sauver. Elle ne m'avait pas crue : quelques sous-ordres de la police, pour se donner l'air obligeant, avaient lancé le rapport de son affaire, la maintenue était prononcée. Je rassemblai mes idées, fort confuses, dans l'état où j'étais ; je lui fis signe de me donner de quoi écrire. Je traçai des conseils qu'il m'était impossible d'articuler, et je lui fis un modèle de pétition au Directoire ; enfin je lui promis de la mettre en relation avec M. Réal, ce qui fut fait le lendemain. Cette fois elle fut docile, elle suivit de point

(1) Adélaïde-Anne-Philippine de Custine, femme de Henri-Évrard, marquis de Dreux-Brézé, grand maître des cérémonies.

en point mon instruction. Mon père alla le jour suivant affronter une scène de Treilhard, et plaider avec feu la cause de la fille du général Custine. M. Réal fit le reste, et la maintenue fut rapportée. Ce jour commença mes relations avec Mme de Brézé; dans ce temps-là elle m'aimait beaucoup.

J'eus une assez vive jouissance à peu près vers le même temps. Une Bretonne, Mme de La Villerouet, vint me voir, sans que je m'y attendisse, et pour me faire des remerciements auxquels je fus singulièrement sensible. M. de La Villerouet était revenu d'émigration; sa femme et deux très jeunes enfants s'étaient rendus à Paris, pour jouir de sa présence. Il se croyait bien inconnu, et ne se présentait chez sa femme qu'en qualité de maître d'écriture des enfants. Il fut dénoncé, on l'arrêta; il voulut nier, on lui déclara qu'on allait amener son jeune fils, et qu'il en serait reconnu. L'horreur qu'éprouva ce père, d'exposer son enfant à se reprocher sa mort, arracha sa déclaration. Mais sa situation offrait quelque ressource, et il demanda aussitôt que devant la commission militaire, où il devait être jugé, sa femme fût son défenseur. Mme de La Villerouet n'était ni grande, ni jolie, mais sa figure était douce et décente. Elle prépara le succès de son rôle en l'entourant de ce genre d'intérêt simple que tout cœur d'homme sait ressentir. J'appris de M. de Prisye (1), que je voyais encore, la scène qui se préparait; je fis peu sans doute pour en seconder l'effet, mais je fis en tout ce qui me parut possible. Les administrateurs du bureau central, un surtout, encouragèrent Mme de La Villerouet. Elle parut, seulement escortée d'une demoiselle de son âge,

---

(1) Le général de Prisye.

modeste et simple, aussi bien qu'elle; elle évita de pleurer : son mari pleurait pour tous deux ; elle évita de vouloir forcer l'attendrissement, elle obtint l'acquittement complet. Autorisée à retourner en Bretagne, elle sut de M. de Prisye tout l'intérêt qu'elle m'avait inspiré ; elle vint me voir, et cette visite honore et charme mes souvenirs. Assurément j'ai servi quand je l'ai pu, et je n'ai jamais attendu qu'on m'en fît la prière expresse; il m'a toujours suffi de savoir et de pouvoir, et tous ceux qui s'en sont ressentis ont bien pu l'ignorer toujours.

Dans une classe moins importante que les affaires d'émigration je mettrai les congés et autres affaires de détail dont on m'accablait depuis Châtillon, et que mes courses continuelles me donnaient l'occasion de suivre; et, je l'avoue, quant aux congés, je n'eus aucune espèce de mérite. Dès mon arrivée à Paris j'avais connu M. Prillieux, employé aux bureaux de la guerre; l'estime et l'attachement ont prêté depuis vingt ans tout ce qu'ils ont de charme et de douceur à la reconnaissance que je lui dois, non pour quelques soldats, mais pour une légion. Il a nommé son fils Victor, à cause de moi.

J'avais trouvé Mme d'Arenberg plus d'une fois chez mes puissances. Ses affaires l'y conduisaient, et je me livrai à toute la prévenance qu'elle voulut bien avoir pour moi, avec autant de confiance que de plaisir. Bonne, prudente, mesurée, toute parfaite, jamais je n'éprouvai un moment d'embarras en me trouvant n'importe où avec elle. Mme d'Arenberg vint chez nous, elle tira maman de sa retraite, elle l'engagea à venir avec elle chez quelques étrangers qui ouvraient leurs salons, entre autres chez M. de Zeltener, ambassadeur de la république helvétique, — car une expédition vraiment incendiaire avait depuis peu donné la *liberté* aux cantons suisses. Quoi qu'il en soit, nous prîmes habitude dans cette maison, où se rassemblait un monde énorme. J'y vis plusieurs des savants réunis pour le travail des poids et mesures, et je me reproche de n'avoir pas assez recherché leur entretien. Une fois j'y vis le fameux Mesmer (1) ; j'essayai de le faire causer, mais c'était une souche allemande dont je pus à peine tirer un mot.

Ce fut chez Mme d'Arenberg que je vis l'auteur des *Lettres à Émilie.* Je le trouvai tout à fait digne d'avoir fait le conciliateur, car il était doux et aimable. Il raconta devant moi, avec une grâce parfaite, comment les auteurs dramatiques étaient tout à coup éclairés sur les défauts de leurs ouvrages. Il en avait donné un entre autres au théâtre, et après la dernière répétition générale il en était encore charmé. L'heure du lever de la toile arrive, il se place bien en face ; la première scène commence, un mouvement du parterre lui indique un défaut. Il sent, en un moment, toutes les parties faibles de sa composition, il pressent la crise de sa chute, et la chute a lieu justement à l'endroit même où il venait de la prédire.

Je ne veux pas négliger de parler d'un opéra auquel nous mena Mme d'Arenberg, dans une loge qu'on lui avait prêtée. Elle nous associa Mme de Forcalquier, avec son petit bonnet, sa coiffure en murailles, et, comme on disait encore, sa jolie figure. Elle fut douce et bonne, mais ne dit pas un mot. Le vieux d'Étampes était de la partie ; il fut assez content, mais ne put s'empêcher de faire observer que si les danseurs avaient de petits paniers, ils paraîtraient avec plus d'avantages. Notre équipage était un fiacre. A la sortie, un vieux M. de

---

(1) Antoine Mesmer (1733-1815), auteur de la doctrine du magnétisme animal (mesmérisme).

La Grange, tirant à part Mme d'Arenberg, lui dit avec vivacité : « Madame, je vois Mme de Forcalquier en fiacre ! — Eh bien ! reprit Mme d'Arenberg, et nous-mêmes, pour qui nous prenez-vous ? »

Il y eut un fort beau bal chez M. de Zeltener, qui occupait dans ce temps le premier de l'hôtel de Crillon. On était au printemps. Tous les ministres y étaient, et tout ce qu'il y avait d'étrangers. C'est sûrement un des bals où je me suis vue le plus à la mode. J'aimais assez la danse ; mais ce qui était pour moi plus amusant que le reste, c'était, il faut que je l'avoue, de me trouver entourée, dès que j'étais assise, de toutes les puissances du moment ; car au vrai je causais assez bien, et quand l'amour-propre est tranquille, il faut convenir qu'on est mille fois plus aimable.

Avec tout ce mouvement et ces occupations, je ne laissais pas de travailler. Le piano allait tant bien que mal ; je lisais constamment, en me conformant au plan de mon grand ouvrage, qui restait dans un coin de ma tête, et je faisais toujours des extraits. Je n'allais plus chercher M. Réal, depuis que je demeurais au faubourg Saint-Germain ; c'était lui qui venait chez moi. Presque toujours il y passait le matin, en se rendant à ses affaires ; c'était le moment de notre conseil, le moment où se traitaient bien à fond entre nous mes affaires d'abord, et les siennes ensuite. Quelquefois il revenait dans le courant du jour, ou pour quelque nouvelle, ou parce que le matin il n'avait pas pu venir, ou parce qu'il en avait le temps ; quelquefois alors il voyait maman. Le soir, quand par hasard je le rencontrais chez Barras, il revenait avec le bon Priez et moi, et restait avec nous presque jusqu'à minuit. Rien n'était plus avoué que son attachement pour moi, rien de plus touchant que les preuves que j'en recevais, rien de plus précieux que son dévouement, de plus entier que notre confiance, de plus sacré que notre gratitude. Il convient d'ajouter qu'on ne saurait avoir plus d'esprit, plus de conversation, plus de bonhomie et de gaieté.

M. Réal, sans me connaître, m'avait associée à la défense de mon père; sans lui, mon frère aurait vu s'échapper toute la fortune de sa femme, et, sans parler de mille autres personnes encore, toute la maison Laguiche, les Dauvet, les Brézé, lui doivent en grande partie la fortune qui fait aujourd'hui (1) leur plus grande prépondérance. Tout ce que je connaissais avait recours à lui : Mme de Mesgrigny, dont jamais je ne pourrai assez louer le courage, la tenue et l'intelligence dans les affaires de sa famille ; Mme de Clermont-Tonnerre, encore digne du nom de Delphine et, comme disait Chénier, une véritable fée; la triste Adélaïde enfin, etc.

Pour bien comprendre mes relations avec cet ami si parfait, il faudrait l'avoir connu, et peut-être m'avoir connue moi-même. Une âme pure, une imagination sage, un esprit occupé, une famille chère et toujours présente, voilà ce qui se trouvait de mon côté; de l'autre, un dévouement complet et chaque jour exalté par un service nouveau. Plus âgé que moi de beaucoup d'années (2), M. Réal m'accordait une confiance absolue. Il aimait à modifier quelques-unes de ses idées par les miennes, il croyait que mes entretiens lui étaient de quelque utilité ; enfin, nous étions l'un pour l'autre les représentants de deux mondes étrangers. Je puis assurer que bien indépendamment de toute expression romanesque, nous

---

(1) La rédaction de cette partie des *Mémoires* remonte à l'année 1817.

(2) Quatorze ans.

avions assez à causer pour bien remplir tout notre temps, et je mettais tout mon cœur à ce que celui qui se dévouait à nous fût le sauveur de tous mes parents, après avoir été celui de mon père. Je voulais qu'il consacrât notre amitié par des bienfaits multipliés, et je voulais enfin lui devenir utile en dégageant totalement ses idées de cette mousse révolutionnaire, qui fait un marais et une fange de ce qui devrait être un limpide courant, même quand il serait impétueux.

Cette partie de ma tâche n'était pas difficile, car, avec une réelle supériorité d'esprit, M. Réal portait un caractère généreux et a gardé une âme sensible. Bon enfant, dans toute l'acception la plus favorable de ce mot, fougueux, emporté, rieur tout ensemble, personne plus que lui ne s'est laissé entraîner au moment et aux circonstances. « Les événements, me disait-il quelquefois, ont été plus sages que moi. » Cette espèce d'abandon n'est pas en tout de la sagesse; elle convient mieux à la résignation qu'à l'activité, et plus, malheureusement pour lui que pour les autres, mon influence n'a pas toujours servi de guide à M. Réal.

Je ne recevais guère de visites particulières; la plupart de mes connaissances étaient celles de maman, et venaient chez elle. Cependant M. de Prony s'était à peu près donné exclusivement à moi. Ce savant, je l'ai dit, était bon musicien; il m'apportait toutes les romances nouvelles. Nous causions science, nous lisions mes extraits, nous dissertions, et j'y prenais plaisir.

Pendant quelque temps je vis Chénier; l'effet presque incendiaire de sa tragédie de *Charles IX* m'avait inspiré, je l'avoue, quelque éloignement pour cet auteur. Cette pièce, lue avec prévention, ne m'avait pas paru bien écrite, et quand je vis M. Chénier avec ses grands yeux noirs, turcs ou grecs, si l'on veut, et sa volumineuse frisure, je n'éprouvai pas, je l'avoue, un grand attrait de rapprochement. Le hasard nous plaça l'un près de l'autre, à table, à dîner chez Mme Treilhard. Il entra en conversation, et je ne sais comment j'osai lui dire que je trouvais qu'il n'écrivait pas bien ; il me crut folle, et il me le dit. Beaucoup plus amusé et surpris que mécontent, il me condamna à relire *Fénelon* (1) ; puis, avec une simplicité vraiment aimable, il m'avoua que *Charles IX* avait eu besoin de refonte, et que dès qu'il serait perfectionné et poli, il voulait que j'en devinsse le juge. Je ne sais plus trop à quelle époque Chénier fit redonner sa pièce, perfectionnée et retouchée ; tout l'artificiel du succès était passé, elle eut de froides représentations, quoiqu'on ne pût s'empêcher d'y reconnaître un ouvrage estimable. J'en ai un exemplaire que m'a donné l'auteur, et auquel pour cette raison j'attache du prix. Il me dit qu'à peine âgé de vingt ans quand il avait traité ce grand sujet, peu avant la Révolution, c'était chez Mme de Lamballe et dans les sociétés à la mode qu'il avait fait la lecture de sa pièce, et qu'elle avait eu un grand succès.

Chénier était un homme bien né, dans l'ordre hiérarchique social. Son père avait rempli avec assez d'éclat un consulat principal à Constantinople et en Afrique ; il avait composé une histoire des mœurs, généralement citée. André Chénier (2), frère du poète dramatique, avait lancé, ainsi que MM. Ramond et autres, quelques écrits politiques un peu amers, mais dans une direction raisonnable, en 1791 et 1792. Il avait la réputation d'un homme de grande capacité et de grand caractère. Les deux

---

(1) Titre d'une tragédie de M. J. de Chénier.
(2) André-Marie de Chénier (1762-1794).

frères ne se voyaient plus, mais le conventionnel, épouvanté enfin, comme son aîné, de la progression des horreurs, essaya de placer dans ses pièces quelques traits pour l'humanité. « Des lois et non du sang », disait-il dans une tirade, et quelques autres mots de ce genre. Robespierre les entendit ; il se leva du théâtre et sortit furieux. Dès ce moment, Chénier menacé cessa d'avoir une demeure fixe. André pourtant, retiré à Auteuil, n'avait point encore été atteint. Il était chez Mme de Pastoret, quand on vint de Paris arrêter cette dame. Les commissaires étaient violents : « Prenez garde, leur dit André ; le droit d'arrêter la citoyenne n'implique pas celui de l'insulter. » On se tourna contre lui, et il fut pris lui-même. Détenu à la Force, en peu de jours sa chambrée passa. Son frère, absent de chez leur mère commune, n'eut pas le temps d'être averti. Je tiens ces détails de M. Millin, alors lui-même prisonnier à la Force. Il ajoutait que Mme Chénier la mère est morte après plusieurs années, dans les bras de Marie-Joseph, sans avoir cessé de vivre sous le même toit, et André toute sa vie avait été pour elle un objet de prédilection.

Je n'avais pas eu besoin du détail de ces preuves pour ne pas accuser M. Chénier d'un crime odieux (1). Il s'accoutuma à me voir ; il s'aperçut, comme il me le dit, que mon désir assez constant de plaire n'était pas le besoin de faire effet. Il saisit un prétexte pour venir un matin chez moi ; je le reçus avec plaisir. Il y revint assez souvent, car il faut que je le confesse, il avait fait connaissance également avec Mme de Clermont-Tonnerre ; il en était à peu près amoureux, et je pense qu'il lui arrivait quelquefois de me faire hériter de sa

(1) Qui aurait été sa complicité dans les poursuites dirigées contre son frère André.

visite, ou d'attendre son heure chez moi, quand elle ne se trouvait point chez elle. Quoi qu'il en soit, il était musicien et chantait cependant d'une voix un peu rauque, mais sonore, une foule d'agréables nouveautés ou de beaux morceaux connus, et s'accompagnait au piano. Il me parlait littérature, et je l'écoutais comme un livre excellent et plein du plus grand intérêt. Je me souviens qu'il me dit une fois que, quelque talent qu'on pût se croire, il fallait le mettre tout entier à tout ouvrage qu'on essayait, ou qu'il fallait ne pas l'entreprendre. « Auteur tragique, me disait-il, si je voulais faire une chanson en me disant : Qu'est-ce pour moi qu'une chanson? et que je n'y misse que la centième part de mes moyens, je ferais une chanson très mauvaise. » J'aurais dû noter quelquefois toutes les choses remarquables qui s'échappaient de sa conversation ; elle fut toujours pour moi aussi instructive qu'agréable, et quand j'ai lu dernièrement, dans son rapport littéraire, un mot d'éloge sur ma traduction d'*Udolphe*, je me suis sentie vivement touchée. Ce souvenir à mon intention sortait du sein de la tombe.

M. Chénier me rendit quelques services, et ce fut pour moi l'occasion d'aller chez lui cinq ou six fois, le matin. J'en parle à cause de son portier, chez lequel, ainsi que chez beaucoup d'autres, j'ai passé bien des heures de ma vie. Là aussi j'ai étudié les mœurs. La malaisance est grande parmi cette classe utile : une enceinte, grande juste comme une coquille, abrite, étouffe, et ne réchauffe pas toujours une famille nombreuse. J'ai vu, dans ces petites loges, de combien peu vivaient les habitants de Paris. Le portier dont je parle avait deux filles encore jeunes, qui s'aidaient de leur mieux de leur aiguille; la vieille mère se levait à trois heures du matin pour aller plier le journal *le Publiciste*, rue des Moineaux, et une salade avec peu d'huile composait souvent tout le repas.

Une connaissance d'un autre genre s'était aussi habituée chez nous ; c'était M. de Sade, fils du trop célèbre insensé, — car comment le nommer autrement ? — dont la dépravation parvint à la férocité. Son fils était bien différent. Doux, honnête, sage, et même aimable, je ne sais comment il s'attacha à moi et voulut fortement devenir mon mari. Je l'avais vu chez Mme de Clermont-Tonnerre. Une fois introduit chez nous, il y passa une grande partie de son temps. Un bel après-midi de printemps avait entraîné maman et moi aux Tuileries, une petite pluie avait développé tout à coup la première et fraîche verdure des feuilles ; une guirlande continue de giroflées de Mahon, semées au long des rangées d'arbres, produisait un effet indéfinissable. M. de Sade me donnait le bras ; sa déclaration se fit alors, et avec une vivacité dont je ne l'aurais pas cru susceptible. Je dois l'avouer, elle me toucha, car de toutes celles que j'avais reçues aucune n'allait au mariage, et les projets de mariage dont j'avais été l'objet n'avaient guère été que des affaires, ou n'avaient pu m'offrir ce genre de convenances que le bonheur intérieur a besoin de réunir. Mais n'éprouvant d'ailleurs pour M. de Sade aucune espèce d'inclination, ma profonde reconnaissance ne m'empêcha pas de réfléchir sur le risque effrayant de donner jamais le jour au petit-fils de l'homme phénomène qu'il fallut peu après enfermer à Charenton. Je refusai M. de Sade, qui ne se rebuta pas, et qui ne cessa pas de revenir à la maison aussi assidûment que jamais. Sa fortune était médiocre, mais raisonnable, son âge proportionné. Maman regrettait un peu son nom et son mérite réel ; ses refus, en causant avec lui, furent moins prononcés que les miens. Elle employa M. Réal à lui rendre quelques services, et M. Réal le fit à cause de ses bonnes intentions.

On aura peut-être peine à le croire (1), M. Réal s'employa, selon les moyens en son pouvoir, à seconder en toute rencontre les projets que pouvaient concevoir mes parents pour me procurer un établissement solide. Le vicomte Dauvet me fut proposé, au prix de son retour (2); je pourrais bien en nommer d'autres. Ma réponse fut toujours que mes services, lorsque j'en pourrais rendre, seraient toujours exempts de toute personnalité. Je déclarais, — ce que j'éprouve encore, — que j'épouserais bien plutôt celui qui m'aurait tirée du danger que celui que j'aurais sauvé moi-même. Je répondrai toujours de la reconnaissance dans mon cœur, et ce n'est pas celle d'un service que je me suis crue digne de mériter en ménage. Je servis le vicomte Dauvet, pour lui-même et pour sa famille, parce qu'il était mon parent, mais je ne voulus pas lire une lettre qu'on lui avait fait écrire de Suisse; et quand, après le 18 brumaire, Fouché mit à ma disposition la radiation de l'émigré bien riche que je voudrais choisir pour époux, je le priai de réserver toute sa bonne volonté pour ceux qu'il me faudrait servir, et je repoussai absolument le service qu'il voulait me rendre sous cette forme.

(1) Mme de Chastenay fait allusion aux bruits malveillants que l'on a propagés sur son intimité avec Réal.
(2) Retour d'émigration, que Mme de Chastenay se serait chargée d'obtenir.

CHAPITRE XX

Derniers jours du Directoire (1799). — Parole caractéristique de Joseph Bonaparte sur les projets du général. — Comment Barras et le nouveau directeur Sieyès se débarrassèrent de leurs collègues Treilhard, Merlin et Larevellière-Lépeaux. — Le Consulat (novembre 1799); parole énergique de Réal à Lucien Bonaparte. — Salons parisiens dans l'hiver de 1799 à 1800; un monde nouveau sous d'anciens noms. — Réal conseiller d'État. — Opinion du Premier Consul sur les radiations d'émigrés. — Mme de Chastenay chez le Premier Consul (1800). — Bonaparte quitte le Luxembourg pour les Tuileries. — Hortense de Beauharnais et M. de Gontaut. — Bal chez Mme de Montesson : Mmes Bonaparte, Murat, de Staël. — Radiations d'émigrés : Laguiche, Brézé, Murinais, Vaubecourt, Dauvet.

Cependant, le gouvernement se déconsidérait chaque jour, et par l'organe de ceux mêmes dont il semblait que l'intérêt fût de le soutenir. Rewbell était accusé de trafiquer au ministère de la guerre de tout ce qui pouvait se vendre. Pour désigner un riche, on dit aujourd'hui : un banquier; on a dit longtemps : un général; on disait alors : un fournisseur. Le nom du beau-frère de Rewbell, le nom de Rapinat, qui avait été commissaire en Suisse, prêtait à la propagation d'un bruit que je ne me permets pas d'apprécier ici. Schérer, ministre de la guerre, était parent de Rewbell. Je me souviens que ce directeur, après avoir quitté sa pourpre éphémère et devenu membre du conseil des Anciens, y fit une sorte de justification très noble.

Barras, ou plutôt une partie de son entourage extérieur, ne passait pas pour étranger à ce trafic de chevaux et de subsistances, d'où résultèrent quelques fortunes, mais avant tout la pénurie de nos armées, et celle d'Italie surtout. On disait, on croyait savoir, que si le directeur touchait une somme de dix mille livres, cent peut-être étaient versées autour de lui par l'avide fournisseur, prodigue en connaissance de cause.

Merlin s'était mis à la tête du régime administratif et judiciaire. Chaque jour, dans les départements, on révoquait ou renouvelait les administrateurs; les juges des tribunaux étaient soumis au changement comme la pensée et les systèmes du directeur. Les corps électoraux n'avaient pas été dirigés; leurs opérations n'avaient pas été contrôlées d'une manière plus régulière. C'était Merlin qui avait fait exclure Tallien, dans deux cas tout à fait opposés; il avait, ce me semble, exclu Fréron, et avec lui, je crois, bien d'autres.

Larevellière essayait de faire prospérer ses théophilanthropes, association qui tenait de celle que Penn avait jadis instituée, trop sérieuse pour des gens sans religion, insuffisante, inconséquente pour des gens religieux. Les théophilanthropes allaient faire leurs cérémonies dans les églises catholiques, où j'ai vu leurs adages en très gros caractères. Leurs théories n'avaient rien qui fût capable de séduire les femmes. Les théophilanthropes étaient de vrais acteurs, peu brillants sous tous les rapports, car on les appelait *filous en troupe;* le ridicule en fit justice.

Ces directeurs avaient un peu de l'insouciance qui suit les temps d'agitation; leur désunion achevait de leur ôter toute force, et tout annonça promptement la confirmation de cette prédiction bizarre qui fut envoyée en *rébus* au grand conseil des directeurs : une lancette, une laitue, un rat, que Barras traduisait ainsi : *L'an VII les tuera.*

Une faction se forma, et plusieurs autres sous son ombre. Un directeur devait sortir au printemps par l'effet du sort, ou plutôt, suivant ce qu'on a toujours cru, d'après quelque arrangement secret. Rewbell sortit. Depuis longtemps, un parti qui croyait réunir les gens éclairés portait Sieyès à sa place, et en attendait une refonte dans le système du gouvernement, une impulsion honorable, une direction éclairée enfin. Les adeptes les plus intelligents comptaient bien que ce nombre de cinq gouvernants se trouverait très réduit; de quelque façon que le gouvernement dût s'organiser, on ne doutait pas qu'à la puissance civile il faudrait associer un représentant quelconque de la puissance militaire. Sieyès était le grand prêtre de la première; on destina le second rôle au général Joubert, qui épousa vers cette époque Mlle de Montholon, belle-fille de M. de Semonville. Une balle qu'il reçut à Novi, dans le courant de l'été même, déconcerta ce grand projet plutôt soupçonné que découvert; mais je ne dois pas anticiper.

On ne pouvait pas mettre en comparaison la gloire acquise de Bonaparte et celle du général Joubert. Joseph et Lucien laissaient donc aller à la sape les partisans de la première intrigue; leur coterie semblait la seconder, mais pour en avoir tous les secrets. Les désastres de nos armées offraient chaque jour des chances nouvelles aux acclamations qui suivraient le retour inattendu du héros de Lodi et d'Arcole. Je ne sais comment Joseph, avec qui je causais souvent de l'état des choses, me dit que son frère en était averti, et m'ajouta très naïvement qu'il l'avait envoyé chercher. Ce mot, de sa part, était, eu égard au genre de nos relations, plus indiscret que confidentiel; mais je ne le répétai point.

Tout le parti de Barras était animé de l'esprit ou

du vertige du renversement. Barras avait reconnu que l'avantage devrait appartenir au parti de l'attaque; il voulut le diriger, et se persuada que Sieyès rêverait à loisir pendant que toute l'action lui serait réservée. Joubert ou Bonaparte, ou tout général, en un mot, toujours loin du point central où réside le gouvernement, ne pourrait rien disputer, et préférerait l'influence d'un militaire tel que lui à l'entêtement despotique d'un vieil abbé apostat. Sous ce rapport encore, le nom de Sieyès et son genre d'existence convenaient au directeur Barras. Sieyès fut donc directeur; son principal concurrent était Duval, alors ministre de la police.

Mais ce ne fut pas tout. Il fallait renvoyer les autres directeurs. Treilhard fut attaqué le premier, sur une question d'âge ou d'intervalle de temps, qui se bornait à cinq jours. Ce directeur n'était d'aucune faction. Quand le décret qui l'excluait fut porté à la sanction du Directoire, il vit qu'on allait le ratifier. « Messieurs, dit-il, n'en prenez pas la peine; je quitte volontiers. Plus heureux que vous, maintenant je vais goûter quelque repos, et je vous laisse un fardeau pesant. » Ces paroles dites sans humeur, le citoyen Treilhard prit son parapluie, et alla le soir même, — il était tard, — coucher chez lui, rue des Maçons. Sa femme et sa famille l'y rejoignirent le lendemain. Je crois que son successseur, très promptement nommé, fut un personnage maladif, qui passait pour assez insignifiant; il s'appelait Ducos, et Mme de Staël dit alors qu'on l'avait introduit entre Sieyès et Barras comme du coton entre deux porcelaines, pour les empêcher de se casser.

Il fallait aussi exclure Merlin et Larevellière; ce fut Barras qui s'en chargea. Il avait préparé la scène et fait tenir à tout hasard son aide de camp, M. Avisse, officier très déterminé, dans la salle qui précédait celle du conseil. Il commença par une peinture énergique des embarras du moment, puis proposa à ses deux plus anciens collègues de donner avec lui leur démission. S'ils l'eussent fait, lui-même n'aurait pu se dédire, mais ils refusèrent absolument. « En ce cas, dit Barras, en jetant son chapeau et changeant toute son attitude, en ce cas je reste, et vous, vous partirez. » Alors, reprenant en détail les actes de gouvernement dont Merlin directeur avait été l'auteur, il en démontra le despotisme ; il y répandit de l'odieux, et menaça Merlin d'une attaque personnelle de la part des Conseils législatifs. Puis, se tournant vers Larevellière, et qualifiant avec un mépris souverain ses rêveries philanthropiques, sa ridicule prétention de se faire pape à sa manière, il les bouleversa tellement que sans plus tarder tous deux prirent la plume et signèrent leur propre déchéance. Je me souviens que peu de jours après Lucien me dit : « La différence entre un directoire et une monarchie consiste dans la facilité du changement des personnes. Si ceux qu'on va nommer vont mal, on les mettra de côté, sans plus de cérémonie. » Les deux nouveaux membres furent Gohier et le général Moulins : l'un, bourgeois de Paris ; l'autre, homme sans lettres et sans esprit, et sans distinction militaire, créature du hasard, véritable instrument. En voyant un tel homme remplir une des premières places de l'État, on pouvait penser à ces temps où les soldats barbares étaient arrivés à l'Empire.

Le ministère subit aussi des changements. M. de Talleyrand demanda à quitter, mais se fit donner pour successeur un M. Rheinart, alors envoyé à Florence ; il consentit à continuer ses fonctions jusqu'à l'arrivée de ce titulaire, et je crois qu'il s'était arrangé pour être maître de cette arrivée et en décider le moment.

Le directeur Gohier appela à la police un M. Bourguignon, dont la recommandation était d'avoir habité la même maison que lui à Paris. Je n'oublierai jamais qu'ayant été, dans un après-dîner, attendre ce ministre qu'on m'avait dit sorti, j'entendis monter quatre à quatre dans le grand escalier du ministère un homme qui fredonnait en toute joie quelque chanson gaie ; cet homme, c'était le ministre. Le ministère de Bourguignon fut court et tout à fait insignifiant, mais j'ai reconnu depuis dans le fils de ce ministre de passage un jeune magistrat d'une heureuse distinction.

Le général Bernadotte fut nommé ministre de la guerre. On peut dire qu'il n'y montra pas un aplomb bien remarquable. On le destitua, et, chose catactéristique, en revenant du Luxembourg, où on l'avait prévenu qu'il était révoqué de la veille, il ne put se résoudre à en faire l'aveu devant ses chefs de division, qui attendaient son retour avec leurs portefeuilles ; il fit son travail habituel et signa, comme un véritable enfant.

Cependant la dissolution de la machine politique était complète. On fit une loi d'otages, on essaya de ressusciter les Jacobins ; on en rassembla quelques-uns dans l'ancien local du Manège, où on les entendait beugler la *Marseillaise*, d'effort et non d'enthousiasme. Les Russes marchaient vers la Suisse, sous le commandement de Souwarow. Moreau avait ressaisi, avec un admirable dévouement, le commandement des débris de notre armée, en Lombardie; mais les désastres de Schérer, la mort de Joubert à Novi, la défaite de Jourdan en Allemagne, avaient effacé nos triomphes. La pénurie la plus désolante était partout ; aucun emploi n'était payé ; aucune disposition de prévoyance n'était prise. L'incapacité apparaissait dans le Corps législatif et dans le gouvernement tout entier. C'était un marasme politique insoutenable, et M. Réal disait alors souvent que les gouvernements meurent de bêtise, en France. Il fallait pourtant soutenir celui qui semblait encore exister. Fouché fut mis à la police, Réal nommé commissaire du département de la Seine, et l'on attendit de toute part un événement inévitable.

On pense bien que je n'avais pas abandonné mes tentatives pour la radiation de M. de Laguiche. Ce fut à son sujet que je vis le général Joubert prêt à partir pour l'armée d'Italie. Je trouvai un beau et aimable jeune homme, à qui l'habit militaire seyait bien : un grand sabre frappant à terre m'a toujours paru bien accompagner un costume guerrier d'une grande simplicité ; j'ai toujours eu de l'aversion pour les magnificences de fantaisie. De son côté, le général Debelle n'oubliait rien de ce qu'il pouvait faire pour me seconder. Notre correspondance s'établit. M. de Laguiche, devenu brigadier sur le champ de bataille, et méritant l'estime de tous ceux avec qui il se trouvait appelé à vivre, n'avait pas manqué d'exalter son général à mon sujet. Je n'ai jamais vu le général Debelle, il a été mourir à Saint-Domingue ; ainsi je puis avouer, sans embarras comme sans vanité, que ses lettres étaient autant de déclarations, et d'autant plus gracieuses que sa conduite envers mon grand pupille était celle d'un frère dévoué. Il écrivit au Directoire, et peut-être trop vivement. Je vis les directeurs Gohier et Moulins ; Sieyès était inabordable, mais Chénier me permit de lui demander son entremise à l'instant décisif. Fouché me promit de saisir le premier moment qui lui paraîtrait favorable ; aussi mes parents songèrent à retourner en Bourgogne, où nos intérêts nous appelaient. D'autre part, la loi des otages venait de décider mon frère et ma belle-sœur à quitter le Charolais, et ils arrivèrent à Paris au moment de notre départ; mais M. Réal était l'âme de l'affaire de radiation, sa nouvelle situation semblait augmenter ses moyens, et, d'ailleurs, mes lettres ne pouvaient lui permettre d'en oublier l'emploi; enfin, mon frère, ma belle-sœur, M. Turlot, devaient le voir sans cesse. Nous partîmes donc, et le 9 thermidor an VII (27 juillet 1799) nous étions à Troyes, chez Mme de Mesgrigny.

Nous nous fixâmes à Châtillon dans la rue du Recept, dans une maison affreuse; je crois que j'y serais morte d'ennui, sans l'intérêt singulier dont me fut alors ma correspondance suivie avec M. Réal. Il est impossible d'écrire mieux qu'il ne le fit. Son attachement pour moi devait animer son style; les choses dont il avait à m'entretenir rendaient ses lettres historiques; mémoires précieux, dont je regretterai toujours la perte (1).

Bonaparte revint d'Égypte, et débarqua tout à coup à Fréjus. Il traversa la France comme un triomphateur; la raison de la patrie, la gloire des armes, la modération de tous les gens raisonnables, l'appelaient à prendre le gouvernail d'un vaisseau presque sans pilote. Fouché, Réal, et je crois M. de Talleyrand, traitèrent ouvertement ce grand projet, dès que le général fut à Paris. Barras et Sieyès crurent chacun s'assurer le moyen de tourner le complot à leur profit, en y prenant une part active; tous deux furent joués. Quelques hommes dans le secret firent marcher les Conseils législatifs, et la bataille de Zurich ne laissant plus de crainte sur l'invasion des Russes, la révolution du 18 brumaire (10 novem-

(1) Réal exigea plus tard que Mme de Chastenay lui rendît ses lettres.

bre 1799) s'opéra sans aucune espèce de trouble. Je sais qu'en parlant de cette victoire, dont les conséquences furent si salutaires à son parti, Lucien, dans le cours de la négociation, paraissait la regretter ; Réal lui dit, avec une extrême énergie : « Ne comptez-vous donc exploiter que des défaites ? »

Les lettres que je recevais m'apprenaient jour par jour la marche de l'événement. L'intérêt de Casimir de Laguiche n'était sûrement pas oublié ; le 19 brumaire, ou le 20, du moins, Fouché demanda au Premier Consul de signer sa radiation. Il la promit, mais remit sa signature au moment où il aurait pris à cet égard quelque parti plus général.

Henri et Henriette étaient venus à Châtillon ; le général Debelle avait ramené Casimir, et ce dernier vint avec un congé illimité nous rejoindre à Châtillon.

Le jeune M. Dupotet, déjà enseigne de vaisseau, et distingué, était venu à cette même époque visiter son pays, sa famille, nous surtout. Aucun de nous n'était bien âgé ; il y eut donc des proverbes, des comédies, dans une maison affreuse, il est vrai, mais décorée avec goût dans les grandes occasions, et remplie, je l'ose dire, d'agréments.

Vers le mois de décembre, mon frère, ma belle-sœur, et Casimir, prirent la route de Paris. C'était alors qu'il eût fallu que mon père aussi y fût allé ; on le lui manda de toute part ; nul doute qu'il n'eût été en ce temps-là sénateur, et cela eût changé toutes nos destinées. Mais après les épreuves de la Révolution, il semblait peu engageant de se prononcer dans une révolution nouvelle ; le défaut actuel d'argent, la paresse, l'incertitude, une fatalité enfin, empêchèrent alors ce voyage. A la fin de janvier, on crut y suppléer en me faisant partir moi-même ; la radiation de Casimir commandait pour moi ce voyage. M. Réal était devenu conseiller d'État, et cependant rien n'avançait! Enfin, mes parents songèrent, je crois, que l'hiver, très brillant dans la société de ma belle-sœur, pouvait me causer quelques regrets, et je fus tout à coup embarquée.

C'était une chose toute charmante que le monde dans lequel en peu de jours je me trouvai tout établie. C'était le grand monde en miniature, ou, pour me servir d'une comparaison plus juste, c'était comme la jeune pousse d'une forêt dont les futaies ont disparu, et où l'on ne voit plus que des baliveaux, qui croissent avec une agréable vigueur, en se couronnant chaque jour de rameaux plus nombreux et plus frais. Ce petit monde taillis s'était établi sur le terrain de l'ancien, expulsé par l'émigration, et en tenait fort bien la place ; c'était les mêmes noms, avec d'autres mœurs ; c'était une bourgeoisie de vingt ans, qui portait des noms séculaires. Tous les jeunes gens avaient épousé des jeunes filles ; tous ces petits ménages, contents de leur existence agréable, mais simple, vivaient vertueusement toujours ensemble : le mari faisait monter sa femme dans un cabriolet qui causait le bonheur de tous deux, le luxe de la voiture n'était que de rencontre. Point de chaperons ; les parents étaient absents, ou tellement étourdis encore du changement de leur existence qu'ils se tenaient le plus souvent à l'écart. Des robes de mousseline pour parure ; à peine pour garniture un ruban de satin, à plat ; la coiffure grecque, dans toute sa pureté, ou bien des cheveux à la Titus ; des bals sans nombre, où l'on dansait sans contrainte et jusqu'à sept heures du matin. Dans cette société, où les amusements étaient si bien en train, la plus vieille femme avait vingt ans ; il s'y trouvait quelques demoiselles, mais leurs sœurs les conduisaient le plus souvent, et quand c'était leurs mères, le rôle de celles-ci était d'y mettre de la complaisance ; elles n'étaient pas en force, et ne figuraient, en réalité, que comme des gouvernantes.

Les jeunes hommes échappés à la conscription étaient tous sans emploi et n'en désiraient pas ; ils savouraient en toute sûreté d'amour-propre le doux et réel plaisir de ne rien faire. La galanterie n'était pas bannie de ce monde, mais une galanterie innocente et toute en désir très modéré de plaire. La danse était à la mode, les jeunes gens se piquaient de bien danser ; plusieurs allaient à l'école de Coulon. Les airs de contredanses étaient devenus de jolies pièces, agréables d'exécution comme de composition. Ce fut seulement un an plus tard que le retour de gens plus âgés de quelques années, et gâtés à beaucoup d'égards par le désordre de l'émigration, introduisit à travers ce monde naïf et pur le persiflage, le dénigrement, si j'ose employer ce terme, enfin l'immoralité, à un degré que le bon goût et le cours naturel des choses ont, d'ailleurs, beaucoup diminué depuis, et qui ne pouvait se soutenir.

Je ne saurais dire combien je me trouvai surprise d'être bien fatiguée d'autre chose que d'une course d'affaires. Quoique beaucoup plus âgée que toutes ces jeunes personnes, j'étais encore bien jeune alors (1), et il m'arriva de m'en souvenir. Cependant les affaires allaient aussi leur train, et il fallut plus que jamais travailler les radiations.

J'ai dit que M. Réal était devenu conseiller d'État. Il avait acheté des chevaux et une voiture, son existence était toute métamorphosée, et je ne sais si le premier

(1) Mme de Chastenay avait eu vingt-huit ans le 12 avril 1799 ; elle allait donc en avoir vingt-neuf.

enfantillage de ce genre de luxe ou le premier orgueil de sa nouvelle importance avaient altéré quelque chose de ses manières; quoi qu'il en soit, je n'étais pas à Paris depuis deux heures que déjà j'étais avertie de son changement de position. Rien dans ses lettres ne me l'avait fait soupçonner. Il vint me voir; tout fut d'accord, en un moment, et l'affaire de Casimir fut plus que jamais son affaire. Mais déjà ce n'était plus la seule. Mme de Mesgrigny ne quittait plus M. Réal ou moi; Mme de Brézé ne nous laissait ni à l'un ni à l'autre un moment de repos: elle était chez M. Réal, avant qu'il pût être sorti. Chez moi, à toutes les heures, même quand j'étais absente, elle attendait son protecteur, ou me donnait ses commissions, ou bien encore nous entretenait de son unique intérêt; elle disait même avec assez de grâce et en toute sincérité qu'elle ne concevait pas de quoi l'on pouvait s'occuper, quand ce n'était pas de la radiation de M. de Brézé.

Ce pauvre Réal, depuis si malheureux, était alors le ministre des grâces. L'intérêt de son cœur l'avait décidé à se charger vis-à-vis du Premier Consul, et bien plus que Fouché, de tout ce qui pouvait préparer et accélérer les radiations. Bonaparte était convaincu que presque tous ceux qui étaient sur la liste avaient réellement émigré; son premier mot fut qu'il fallait les maintenir tous, que la mesure pourrait être fâcheuse pour quelques-uns, mais que c'était une bataille perdue. Réal prit la parole; son éloquence, toute puisée dans son cœur, fut animée de tous les sentiments. Il fut secondé par tous ceux qui pouvaient en ce temps émettre un avis, et Bonaparte, en leur cédant, ajouta: « Maintenant il faut les rayer tous. »

Les mesures pourtant ne furent pas promptes et ne

s'annoncèrent pas comme faciles. On ne peut savoir, quand l'œuvre est accomplie, ce qu'elle a coûté de peines et de soins; il fallut plus d'efforts, de tenue, de surveillance, de démarches, chaque jour d'un ordre tout nouveau, qu'on ne pourra jamais le supposer, pour obtenir une radiation, dans le temps où elle était encore très nécessaire, et où elle pouvait assurer la restitution des bois mis en séquestre, ainsi que des autres biens non vendus.

Il me serait impossible de compter les personnes dont les radiations passèrent entre les mains de M. Réal; c'est à ceux qu'il a obligés qu'il appartient de lui rendre le témoignage de son entier désintéressement, de sa bonté, de sa grâce enchanteresse. C'est tout ce qu'on connaît à Paris qui eut alors recours à lui, et qui certes s'en trouva bien. Je saisirai cette occasion pour rapporter que dans le temps où il était commissaire du département, un peu avant le dix-huit brumaire, la maison qu'occupait la marquise d'Harcourt, et qui touchait à celle de M. Réal, fut mise en vente pour la part d'un fils émigré; M. Réal fit demander à M. et Mme d'Harcourt s'il leur convenait de racheter cette maison. Ils s'y refusèrent. Lui-même alors s'en rendit acquéreur, et à un prix si faible que les propriétaires en eurent du regret. M. Réal le sut, et faisant aussitôt une déclaration de command, en faveur de Mlle d'Harcourt l'aînée, depuis Mme de Boisgelin, il ne voulut, pour prix de ce service, qu'une continuation de bienveillance.

Mes relations avec M. Réal étaient trop justement avouées, pour que je ne me trouvasse pas le plus souvent intermédiaire auprès de lui. J'ai rendu alors, toujours par son crédit et par son amitié, plus de services que ma mémoire ne peut m'en rappeler aujourd'hui. M. de Vaubecourt eut une surveillance, ainsi que le chevalier de Murinais, et bien d'autres; mais la première de toutes, et sans que je l'eusse sollicitée, fut envoyée par M. Réal au vicomte Dauvet, en Suisse.

Cependant, à mesure que les jours s'écoulaient, on pensait qu'il pourrait devenir plus avantageux qu'on ne l'avait cru de se voir figurer au nombre des sénateurs. Maman m'en écrivit de Châtillon, et me dit de demander une audience au Premier Consul. Il paraissait d'ailleurs utile de se servir de ce moyen pour accélérer la radiation de Casimir, toujours espérée et non obtenue. Je priai donc M. Réal de solliciter cette audience, que l'on ne considérait guère alors que comme on ferait aujourd'hui un rendez-vous ministériel. Au premier mot, Bonaparte reprit : « Est-ce la mère? » Si maman, en effet, eût été à Paris, l'audience aurait été donnée de suite, et le succès l'eût couronnée; à mon nom, il faut que je dise tout, le ton changea, et la réponse fut qu'il me faudrait venir chez Mme Bonaparte, et que le général serait charmé de m'y trouver.

Il me fallut donc aller chez Mme Bonaparte, alors au Luxembourg. Ce n'est pas le temps où je l'ai trouvée le plus empressée à me servir. J'eus cependant un billet pour me trouver chez elle un certain jour, vers quatre heures. Je m'y rendis. Il y avait là quelques hommes, M. de L'Aigle, M. de Mun, M. Juste de Noailles, à ce que je crois; M. de Bourrienne y vint. Les femmes étaient de l'étroite intimité. Je fus bien reçue, mais tout me parut décousu, jusque dans le genre des politesses. Nous causions, lorsqu'un mouvement à la porte du salon annonça le Premier Consul. Je fus un peu émue; je ne l'avais pas vu depuis Châtillon (1). Dirai-je qu'il fut surpris, et même

---

(1) En mai 1795.

un peu embarrassé? Cela est pourtant parfaitement vrai. Il me reconnut, vint à moi, me demanda des nouvelles de maman, puis tout à coup si M. de Marmont était toujours aussi amoureux de moi. Je répondis, avec assez de fierté, que je ne pensais pas qu'il l'eût jamais été, et que, d'ailleurs, il était marié depuis deux ans. Les questions ne portèrent plus que sur mes talents de musique, dont Bonaparte me parla avec éloge; puis il m'engagea à venir passer des soirées dans leur intérieur, et me priant de l'excuser, il sortit aussitôt, suivi de Mme Bonaparte, qui revint un moment après. On croira ce qu'on en voudra croire, moi-même je n'y ai rien compris : pendant tout cet entretien, dont le ton un peu supérieur ne m'obligeait pas entièrement, cette femme tremblait comme une feuille agitée. Il est très sûr qu'elle m'a toujours comblée de politesses, et toujours tenue éloignée non d'elle, mais de son époux. Je n'étais pas trop dans le cas de lui inspirer de la jalousie, cependant alors j'étais assez brillante. Je connaissais ses beaux-frères, qui alors n'épargnaient rien pour éloigner d'elle Bonaparte; on publiait des écrits de plusieurs genres pour le décider au divorce. Que sais-je ce qu'elle pouvait penser, puisqu'elle me connaissait si peu? Quoi qu'il en soit, je terminai l'entretien en la priant de demander pour moi une audience; elle s'en chargea, aussi ne l'ai-je point obtenue. Elle m'engagea à venir chez elle quand son établissement serait fait aux Tuileries, ce qui devait avoir lieu sous peu de jours. Enfin, elle fut très polie. J'eus lieu de penser dès le soir, au bal de Mme de Rastignac, que j'avais paru bien accueillie, car les quatre hommes qui m'avaient vue le matin au Luxembourg, vinrent, à mon entrée dans la chambre, causer particulièrement avec moi et me proposer de danser.

Le trajet du Premier Consul, du Luxembourg aux Tuileries, se fit avec une cérémonie qui figurait presque une entrée. Les carrosses marchaient à la file; la foule n'était pas réunie avec appareil sur le passage, mais il s'y trouva assez de monde. Quelques personnes s'étonnaient qu'un déménagement fût une si grande affaire; il est certain que cette petite représentation fut un essai de l'opinion. Peu de temps après, un homme peu clairvoyant, causant avec Lucien, dit, en parlant de la France, « la monarchie », et s'interrompit pour faire des excuses de sa méprise d'expression, au frère du Premier Consul : « Rien de plus simple, reprit Lucien; je me surprends toute la journée à dire moi-même : la République. » Il est certain que plusieurs habitudes familières du début se trouvèrent supprimées par le progrès de la position ; Bonaparte aux Tuileries était devenu un prince, et déjà Mme de La Rochefoucauld, à titre d'amie ou de parente, faisait auprès de Mme Bonaparte les fonctions de dame d'honneur.

Cependant, chose assez bizarre, Mlle de Beauharnais, encore élève de Mme Campan, allait avec sa mère au plus grand nombre de nos bals, et passait pour ne se plaire que dans notre société et détester les nouvelles grandeurs de son beau-père. Elle dansait bien ; sa gavotte obtenait toujours un très juste succès, et c'était M. Dupaty, depuis célèbre comme sculpteur, et alors grand amateur de danse, ou quelque autre beau danseur, qui figurait avec elle. Il est certain que Charles de Gontaut aurait pu alors l'épouser. Charles alors s'appelait *Aimé*; il était charmant. Sa physionomie douce et aimable était ombragée de grosses boucles de cheveux blonds. La radiation de son frère fut une grande affaire pour Mme Bonaparte, et comme mes affaires de radiation m'avaient mise en grande relation avec un chef principal dans cette partie, appelé Courné, Mme Bonaparte me fit prier par M. Réal de lui parler de M. de Gontaut l'aîné, dont elle reçut, en effet, la radiation comme un service tout personnel.

Mme de Montesson devint la plus intime amie de cette femme appelée, comme elle-même l'avait été, à un grand rôle si peu prévu ; la veuve du duc d'Orléans fut servie par l'épouse de l'Empereur futur, et lui donna alors d'utiles instructions, dont le bonheur d'être bonne et le plaisir de plaire firent tout le secret.

Il y eut un bal chez Mme de Montesson, où vinrent Mme Bonaparte et sa fille, et aussi Mme Murat, mariée depuis peu de jours (1) à ce roi futur, qui se trouvait alors gouverneur de Paris. C'était la jeune personne qui avait décidé elle-même son mariage. Le Premier Consul, qui, à son retour d'Égypte, avait fait de Moreau son protégé et lui avait donné solennellement un sabre, avait eu le désir de lui donner sa sœur ; Murat, plus jeune, avait gagné l'affection de la jeune Caroline, et jamais elle ne voulut entendre parler de Moreau, qui, je crois, lui-même avait peu d'empressement. On voyait des épouses dans les sœurs de Bonaparte, on ne distinguait pas encore les trônes où elles devaient s'asseoir. A ce bal dont je parle, je fus frappée de voir ce grand Murat, brun de visage et les cheveux noirs, tenant les gants et l'éventail de cette petite personne mince et blanche qui dansait devant lui. Mme Bonaparte me fit assez d'honneur ; elle se leva avec empressement et vint, à l'autre bout de la chambre, me dire, comme une ambassadrice, que le Premier Consul l'avait chargée de m'annoncer

(1) Caroline Bonaparte avait épousé Murat le 20 juin 1800.

qu'il aurait très incessamment le plus grand plaisir à me recevoir. Cette distinction marquée m'en valut plusieurs pendant le bal, mais, je le répète, l'audience n'eut pas lieu.

Je me souviens que Mme de Staël était à ce bal. Elle y était presque venue de force; le Premier Consul s'était déjà prononcé contre elle avec une certaine affectation. Mme de Staël avait voulu le voir, l'entretenir, le faire causer, ce qui déjà n'entrait plus dans son rôle; il prétendait qu'elle avait voulu le violenter. M. de Talleyrand refusa de la prier à un bal qu'il donna alors; elle lui écrivit qu'au nom de l'ancienne amitié elle lui demandait un billet, et il lui répondit qu'au nom de l'ancienne amitié il la priait de ne pas venir. Mme de Montesson fut plus facile; d'ailleurs, elle n'attendait pas le Premier Consul chez elle. Toutefois, la pauvre Mme de Staël était vraiment à cette soirée dans une attitude de défaveur, et sa grosse robe de satin gris ardoise, que je vois encore, ressortait mal sur les robes blanches des danseuses. Je profitai de son délaissement pour causer beaucoup avec elle. Elle faisait imprimer alors son ouvrage sur la littérature, et moi qui méditais depuis longtemps mon *Génie des peuples anciens*, j'en avais écrit quelques pages, et je me proposais de me livrer à cette composition. La politique n'eut aucune part à notre entretien, et je lui dis au premier mot que je ne voulais pas en parler. Il n'était pas bien difficile à Mme de Staël de trouver un sujet pour la conversation.

Quoique plus livrée à l'amusement qu'en aucun moment de ma vie, je ne perdais pas de vue mes importantes radiations. Je ne décrirai pas toutes les phases par lesquelles encore il me fallut passer, les incertitudes, les difficultés imprévues, les changements de personnages.

M. Réal, toujours le plus aimable et le plus utile protecteur, mettait en fusion son crédit, son activité, tous ses moyens, pour ce succès final tant désiré ; Fouché lui-même fut d'une obligeance marquée, et si ceux qu'un retour de circonstances met tout à coup en de grandes places y montraient une partie de cette grâce, de cette aménité qui a distingué les services rendus par leurs prédécesseurs, ils y feraient, sans aucun doute, bénir leur nouvelle influence.

Un jour M. Réal, pour exciter l'intérêt de Fouché, voulut l'amener chez ma belle-sœur. On devait jouer le lendemain des proverbes dans sa société ; mon frère, acteur très distingué, devait faire en charge un rôle de princesse tragique. Son habit, tout garni de brillant papier doré, était en étalage ; il y avait sur un petit réchaud un petit poêlon d'argent, où cuisaient des pastilles. Fouché rit comme un fou, et je suis persuadée qu'encore aujourd'hui, s'il y pense, il voit mon frère et ma belle-sœur comme un ménage de colibris.

Mme de Brézé me désespérait : elle ne me quittait pas. Je n'ai rien vu de comparable à sa ténacité, dont le motif, au reste, était si fondé et la cause si estimable. Nous découvrîmes que le dossier de M. de Brézé contenait une dénonciation contre lui ; elle exigea que M. Réal la retirât, elle s'y prit mal, et lui fit devant moi une scène qui n'était pas la première. Cependant, convaincue des conséquences de cette dénonciation, quand je fus restée seule avec cet homme vraiment généreux, j'osai prier, et j'obtins de lui ce qu'il n'eût pas fait pour lui-même. Il réussit à retirer le papier fatal, il me l'apporta, mais en me faisant jurer de n'en informer Mme de Brézé qu'après la radiation ; je fus fidèle à ma promesse : le lendemain seulement du jour décisif, je mis la dénonciation sous une enveloppe et l'envoyai à Mme de Brézé. Chose assez bizarre, le service ne lui a pas fait pardonner le secret que j'avais gardé, et je ne crois pas qu'elle ait jamais remercié M. Réal.

La radiation de Casimir assura le repos de sa famille ; Mme de Laguiche, sa mère, fut remise en possession de sa belle et grande fortune ; lui-même se fit remplacer à son corps. Ce grand événement de la radiation de Casimir arriva le 1ᵉʳ floréal an VIII.

Le chevalier de Murinais, depuis longtemps à Paris avec sa surveillance, obtint tous les préliminaires de sa radiation, s'il n'eut pas à ce premier travail la radiation définitive même. En arrivant à Paris, il avait été réclamer le secours de ses anciens collègues à l'Assemblée constituante ; tous l'accueillirent avec fraternité ; Fermond (1) lui dit, entre autres choses : « Nous sommes d'anciens camarades, qui nous sommes battus au collège, et nous devons nous trouver heureux de nous servir. »

Je fis rentrer M. et Mme de Vaubecourt et, je crois, beaucoup d'autres dont je ne me souviens guère ; mais le retour qu'on croyait pour moi le plus important, celui du vicomte Dauvet, qu'on appelait Gabriel, n'eut pas le genre de succès que l'on en avait attendu. Le pauvre homme arrivait prédestiné à m'épouser, et je crois qu'il en avait une terrible peur. Son bon oncle, sa tante, qui étaient forcés de me regarder comme leur utile protectrice, m'informèrent de son arrivée, que quelque maladresse avait retardée. Nous dûmes nous voir à dîner, en un certain jour convenu, chez Mme Dauvet. Frère, sœur, tout était prié ; maman m'avait écrit de Châtillon quelques pages de sermon sur la convenance de l'alliance,

---

(1) Fermond des Chapellières, député des communes, pour la sénéchaussée de Rennes (Ille-et-Vilaine).

et l'importance d'un parti qui devait réunir cent vingt mille livres de rente, si son frère ne se mariait pas, et dans tous les cas plus de soixante, car Mme Dauvet ainsi que son mari faisaient Gabriel leur héritier, et il avait encore une fortune personnelle, non vendue, à recouvrer.

Ce dîner ne sortira jamais de ma mémoire. J'ai dit en quelles dispositions j'y venais ; il eût fallu pour moi inspirer un sentiment bien vif, avant que je me décidasse à partager cette fortune que j'avais, en effet, sauvée. Je vois encore le vicomte, avec un visage pâle, sans autre expression que l'embarras, des oreilles de chien poudrées à frimas, une grande redingote verte boutonnée au cou. Il était encore assez jeune, mais jamais il n'avait été beau ; je le trouvai d'une laideur affreuse, il me parut sans grâces, sans esprit. Je vis clairement que je l'épouvantais, qu'il se croyait un peu engagé ; je me promis de lui ôter ses craintes, je n'y épargnai rien, et à compter de ce jour mon frère et ma belle-sœur prétendirent que j'avais été peu aimable pour lui. J'aurais voulu l'être cent fois moins. Sans m'expliquer sur un chapitre dont on ne me parlait pas ouvertement, je dis à Mme Dauvet tout ce qui pouvait assurer Gabriel de ma parfaite indifférence. Cependant, je le servis ; je m'occupai de sa radiation et de celle de sa tante, qui, sans en avoir plus besoin, tenait cependant à l'obtenir. J'allais à la place Vendôme voir un M. Lepage, presque exclusivement chargé de cet objet depuis et avant le 1ᵉʳ floréal. La place même lui servait, à une certaine heure, de salle d'audience. Je le trouvai léger, mais obligeant, et ce fut à son sujet que M. Barthélemy me dit un jour : « Tout le monde se plaint de M. Lepage, je parierais que vous m'en direz du bien » ; et, en effet, je pus lui en dire.

CHAPITRE XXI

Tentatives pour faire entrer M. de Chastenay père au Corps législatif : Champagny, Pétiet, Chaptal, Frochot, Réal. — Le consul Lebrun. — Réal aspire à la main de Mme de Chastenay. — Regnaud de Saint-Jean d'Angely, Beugnot. — Attitude du faubourg Saint-Germain en 1800. — Politique de Bonaparte. — Ministres : Lucien Bonaparte, Fouché. — Dîner à la Malmaison ; manœuvres de Joseph et de Lucien Bonaparte contre Joséphine. — Denon, La Harpe, Saint-Martin. — Séjour à Châtillon, correspondance suivie avec Réal (1801). — *Le calendrier de Flore* (1802). — La vie mondaine à Châtillon, en l'an 1802. — M. et Mme Du Deffand.

Cependant, nos propres affaires ne laissaient pas de m'occuper : nos finances étaient en mauvais état. D'autre part, notre insuccès du côté du Sénat commençait à inspirer des regrets, quelques conseils nous décidèrent à nous rejeter pour le moment sur le Corps législatif, qui devait offrir aussi des appointements, et qui ajouterait un titre aux titres plus anciens que mon père pouvait faire valoir. Mes succès en radiation, mes connaissances nombreuses semblaient devoir me donner le moyen de réussir, car, en ce premier moment, quelques vacances qui survinrent durent être remplies par le Sénat. Je n'appréciai pas très bien, je crois, la nature exacte de la nouvelle tâche qui me fut imposée. J'aurais peut-être pu seconder mon père, je ne pouvais peut-être pas le suppléer en tout. Je fus deux ou trois fois à deux pas du succès, et je ne réussis point à le saisir tout entier. Le succès des affaires se compose de deux moyens : le nuage de bienveillance et de faveur à gonfler autour de soi, le nœud décisif à serrer. Il faut, pour ce double avantage, autant de position que d'adresse ; je manquais par la position, et mes efforts ne purent tout pallier. D'ailleurs, il faut que je l'avoue, je crois bien que je fis quelques fautes, mais je le soupçonne plutôt que je ne pourrais facilement me l'expliquer, même en ce moment, à moi-même.

J'avais retrouvé M. de Champagny, alors conseiller d'État ; je me rapprochai de M. Pétiet (1), qui l'était devenu. M. Chaptal, revêtu du même titre et, suivant moi, plus éminent par sa réputation savante, désira se présenter chez moi. Quelquefois ces trois hommes et M. Réal, leur collègue, passaient des heures de la matinée dans mon petit appartement, et M. Frochot, nommé dans le cours de l'hiver préfet de la Seine, reconnaissant du bien que j'avais assez utilement dit de lui, venait s'y joindre de temps en temps. Les conversations de ces messieurs m'amusaient ; c'était le gouvernement, dont le système se développait sous mes yeux. « Faire le bien avec audace », était une expression que j'avais donnée à Fouché, et qui convenait à merveille à mon comité du Conseil d'État. Je ne tardai pas à essayer de joindre les intérêts de mon père aux thèses libérales que mon comité épuisait, mais je le fis, comme de raison, avec plus ou moins de mesure. M. de Champagny me servit avec plus de zèle que de bonheur, et peut-être d'intelligence. M. Réal mit en jeu tout son sentiment, mais ce sentiment, qui s'identifiait à notre cause, ôtait à l'efficacité de ses moyens ; les deux autres furent aimables, et, je le dis encore, je fus près de réussir.

Lebrun, troisième consul et l'un des deux bras du

---

(1) Claude Pétiet (1749-1806), né à Châtillon-sur-Seine, ministre de la guerre, sénateur, grand officier de la Légion d'honneur, etc.

fauteuil, comme disait mon père, avait été Constituant. Mon père l'aimait et l'estimait ; leurs relations n'avaient jamais été interrompues, et quand le Sénat avait été formé, mon père avait cru tout faire en lui écrivant de confiance et lui remettant ses intérêts. Je ne le connaissais pas, une lettre de mon père m'autorisa à l'aller voir. Je trouvai un homme âgé, d'un bel extérieur, d'un ton protecteur et paterne, mais auquel a toujours manqué, selon moi, je ne sais quelle dignité. Chez lui, dans le plus riche salon, entouré de cent personnes, il m'a toujours paru, dans ses manières, quelque chose de sous-ordre et d'indéfinissable.

M. Lebrun me reçut comme si j'eusse été sa petite-fille, et me pria à dîner pour ce même jour précisément. M. d'Herbouville, mon oncle, se trouvait dans son cabinet au moment où j'y fus admise ; il eut part à l'invitation. Je n'avais pas vu mon oncle depuis le jour de son arrestation à Rouen ; en le voyant, je crus obéir à l'impulsion de maman en me comportant vis-à-vis de lui en bonne nièce. Il en fut touché. Lebrun ne manqua pas de le prier à son dîner, et depuis il s'est vanté d'une réconciliation à laquelle il n'eut aucune part. Je pris jour avec mon oncle pour une explication ; elle eut lieu. Je ne ménageai rien, des lettres fraternelles furent écrites de part et d'autre, et mon oncle, nommé alors préfet d'Anvers, partit fort satisfait d'un retour d'accord inattendu.

Je vis le savant Sainte-Croix (1) à ce dîner consulaire. Cet homme était original, et, on peut le dire, aussi hérissé de probité que de savoir ; il était profondément estimable, et de plus d'une brusquerie âpre qui ne manquait

---

(1) Guillaume-Emmanuel-Joseph Guilhem de Clermont-Lodève, baron de Sainte-Croix (1746-1809), antiquaire, littérateur, membre de l'Institut.

pas de gaieté. Nous nous plûmes également, du moins j'ose m'en flatter.

Je crois que je fus pour M. Lebrun une espèce d'animal rare. Une demoiselle appelée *Madame*, paraissant plus jeune que son âge, et jeune encore cependant, connaissant tout le monde, au niveau de toutes les conversations, considérée de ceux dont elle était connue, et recherchée par ceux qui ne faisaient que la rencontrer : tout cela était étranger à l'échelle de ses idées. Il m'engagea à venir le voir le matin, aussi souvent que je le voudrais, pour lui rendre compte de mes démarches, qu'il me promettait de seconder. Il me parla de mon père comme de son neveu ou de son fils. Je crois qu'il n'aimait guère aucun de nous ; les vertus limpides de mon père n'étaient pas du genre des siennes, qu'une hypocrite affectation ternissait, et qu'elle défigura quelquefois. Sa capacité, sans être nulle, ne dépassait pas beaucoup, je crois, les préambules des édits du chancelier Maupeou, ni l'habitude, si importante en affaires, du dossier, et l'art de le feuilleter rapidement. Je crois qu'il me prit en aversion, comme capable de m'en rendre compte ; mais il me fit tant de protestations tendres et protectrices, que j'y fus longtemps trompée, en dépit de mon intime instinct, et comme il pouvait décider mon succès, il me paraît vraisemblable que c'est lui qui l'empêcha.

J'eus avec lui une petite scène qui acheva totalement de me nuire. J'avais su de Mme Le Couteulx qu'elle devait dîner chez le consul un certain jour, avec son mari et quelques sénateurs. Elle me dit que l'occasion serait favorable, et que je devrais demander à M. Lebrun de me prier. Je le fis, en lui exposant mes motifs. Il me refusa, en m'ajoutant que ma présence gênerait ses recommandations, dont ce dîner était le moyen ; il fallut me contenter. Mais le lendemain, ayant été chez le sénateur Jacqueminot, que j'avais vu tant de fois chez Treilhard, et dont j'avais reçu les engagements, j'y vis entrer un postulant qui, me prenant pour la fille du sénateur, remit sans méfiance devant moi une lettre très pressante du consul Lebrun, qui rappelait les sollicitations et les promesses échangées au dîner de la veille. Jacqueminot s'embarrassa. Je laissai partir le postulant; j'eusse mieux fait de partir moi-même. Je fis éclater alors toute mon indignation, et moins de deux heures après le consul était informé de la moindre de mes expressions. Il m'était échappé de dire en propres termes que j'écrirais l'histoire et que chacun y serait jugé. Je ne tardai pas à me repentir de ma franchise, mais, certaine que M. Lebrun n'en ignorait pas l'explosion, je me rendis chez lui le lendemain, pour lui dire à lui-même ce que je devais penser. Son accueil me surprit; il fut aimable et doux, il eut l'air d'applaudir à ma vivacité. Il nia la valeur d'une recommandation écrite, arrachée par une importune indiscrétion. Ne voulant pas aggraver le mal et faire un ennemi à mon père, j'agréai tout. Je revis plusieurs fois Lebrun, je retournai même à ses grandes soirées, dans un voyage que je fis à Paris longtemps après. Mais, fatiguée enfin de ses affectations paternelles, qui ne tendaient qu'à se parer de moi auprès de ceux qui semblaient m'apprécier, je discontinuai mes visites, et je ne sais pas si j'ai eu tort.

M. et Mme Le Couteulx (1), avec lesquels mes sollicitations du moment me mirent en relation, furent pour moi infiniment aimables. Mme Le Couteulx était

---

(1) Le Couteulx de Canteleu, comte de Fresnelle, député aux États généraux, membre du conseil des Anciens, sénateur, grand officier de la Légion d'honneur et pair de France.

vraiment charmante. Sa figure était pleine d'attrait, ses manières avaient une aménité douce, qui leur donnait une singulière dignité. La bienveillance qu'elle me montra reste pour moi dans le trésor de mes plus précieux souvenirs. Je dînai chez eux plusieurs fois et particulièrement dans leur belle maison d'Auteuil. Dans cette maison la fortune avait un air posé, un caractère de sagesse; elle n'affectait rien, elle était de l'abondance. Je voyais cette femme, qui me semblait réunir toutes les conditions du bonheur : vertu, bonté, agréments, richesse; un mari qu'elle aimait, quoique bien plus âgé qu'elle; deux beaux enfants, doucement élevés sous ses yeux. Point d'efforts dans sa conduite, point de trouble dans sa conscience, point de vide dans son avenir. Ces réflexions me frappèrent si fortement, un jour où je me promenais avec M. et Mme Le Couteulx dans leur jardin d'Auteuil, que tous deux me durent croire un peu extraordinaire.

En effet, j'étais dans un âge où j'aurais dû avoir déjà établi quelques bases solides de bonheur, et de ce genre d'attachement légitime qui l'enlace sur toute la vie. Je ne voyais rien! Ma vie, sans doute, n'avait pas été inutile jusque-là, mais tout ce qu'elle pouvait avoir jamais eu d'influence et d'action était à peu près terminé. Nos dérangements de fortune allaient me plonger à Châtillon dans un vague d'ennui. On me parlait d'un mariage, mais ni mon cœur, ni mon imagination n'y trouvaient à se reposer, et celui qu'on voulait me destiner était visiblement effrayé d'y jamais consentir (1). Pour moi, certes, il était refusé, et sans retour; d'un autre côté, je me voyais l'objet d'une

---

(1) Le vicomte Dauvet.

passion brûlante. Celui qui l'éprouvait avait auprès de moi tous les droits : Réal avait été le défenseur de mon père au Tribunal révolutionnaire, sauveur de la fortune de mon frère, et de celle de toute sa nouvelle famille; je lui devais tout, et ma tendre et profonde amitié lui rendait tout ce qu'il était permis à mon cœur d'éprouver; mais ce feu même que je voyais brûler près de moi, servait à éclairer seulement cette espèce de solitude, où il me faudrait désormais m'abîmer seule pour toujours! Les doux sentiments de la nature ne me semblaient pas sans valeur, mais rien ne pouvait me les ravir, et je croyais que ce premier bonheur, que je n'aurais pas perdu, n'en excluait pas un nouveau. Ma belle-sœur ne me donnait pas la douce illusion de la maternité dans un neveu qui m'eût été cher. Quand ces pensées se compliquaient sur mon cœur, je souffrais plus qu'on ne pourrait le croire, et de plus, encore, je me reprochais souvent d'avoir trop excité cette passion devenue violente, quoique pourtant elle eût été la source de tant de bienfaits.

Je dois le dire aujourd'hui, la vérité a mieux valu que la chimère. Ce frère, cette belle-sœur, que j'appelais mes enfants, m'en ont, en effet, tenu lieu. Henriette a bien été ma fille, et c'est l'honneur de toute ma vie. Mes parents, les mêmes toujours et les plus tendres, ont tenu dans mon existence plus de place en réalité que les prévisions ne pouvaient le faire supposer. Engagée avec eux, nécessaire à leur bonheur, à leur repos, — je l'ai cru du moins, — je n'ai pas tardé à sentir qu'il y aurait de ma part une sorte de perfidie à me retirer d'eux après qu'ils m'avaient prise comme leur point d'appui. L'étude m'a comblée de ses jouissances, mon goût pour toutes les directions de l'esprit s'est accru chaque jour davantage ; enfin, ce sentiment, cette passion qui a répandu tant de bienfaits, qui a causé tant de services, comme tout ce qui brûle elle s'est épuisée! L'or pur de l'amitié est seul resté intact, et je puis avoir la consolation de penser que l'espèce de pouvoir que m'avait donné sur ses affections un homme à qui je devais tout, ne lui a pas inspiré une pensée, ne lui a pas fait faire une action dont il puisse éprouver un regret.

Je n'étais pas toujours absorbée dans les nuages que mon imagination faisait naître ; je courais beaucoup. Mme de Marmont et son mari me firent des avances, comme compatriotes (1), et me prièrent à dîner. Je retrouvai chez eux M. Regnaud de Saint-Jean d'Angely, et sa femme se réunit à lui pour me faire dîner chez eux. Mon carrosse était le fiacre, et quand j'allais dans les maisons, comme celle dont je parle, où ma belle-sœur n'allait pas, j'usais d'un domestique de louage, fort honnête homme, mais d'un extérieur plus respectable qu'élégant. Enfin, tout s'arrangeait sans une grande dépense.

Mme Regnaud était Mlle de Bonneuil. Sa mère, femme ou veuve d'un secrétaire des commandements de Monsieur, jolie comme les Amours, aimable, vive, passionnée, avait été liée, au commencement de la Révolution, avec M. de Cazalès. Ainsi, l'on peut penser dans quelle atmosphère politique Mme Regnaud avait été élevée, et je tiens d'elle que rien ne l'avait plus étonnée que la proposition d'épouser M. Regnaud, dont elle avait entendu parler pendant toute son enfance en des termes qui ne la disposaient pas à des relations si étroites. Toutefois, M. Regnaud avait couru les risques les plus terribles au 10 août ; caché et hors la loi jusque long-

---

(1) Le maréchal Marmont est né à Châtillon-sur-Seine.

temps après le 9 thermidor, il pouvait damer le pion aux plus orgueilleux royalistes, et ses talents lui permettaient maintenant les plus brillantes espérances. Il était conseiller d'État; je dois ajouter qu'il en était moins fier que de la qualité d'oncle ou de cousin, par sa femme, des enfants de M. d'Éprémenil. Mme de Thilorier, sœur de Mme de Bonneuil, avait épousé M. d'Éprémenil en secondes noces; M. Regnaud était devenu le tuteur de tous les enfants orphelins de M. d'Éprémenil. Je trouvais chez lui, au Marais, une réunion considérable, et entre autres convives M. Beugnot, que j'avais rencontré une fois chez Mme de Mesgrigny (1), et qui n'avait pas alors daigné faire le moindre des frais pour justifier sa réputation d'esprit. Je ne sais pas s'il avait appris que j'en méritais mieux la peine qu'il ne l'avait d'abord pensé, mais il est sûr qu'il me rechercha beaucoup chez M. Regnaud, et que, disposée toujours à profiter du plaisir de la conversation, je lui laissai toute latitude pour me montrer qu'il causait, en effet, avec un extrême agrément. Nous avons peu cultivé ces premières relations, mais dans toutes les occasions nous nous sommes trouvés en bons termes.

Mme Regnaud était belle, son mari la fit peindre par Gérard; ce portrait fut un des premiers qui établirent la renommée du peintre d'*Austerlitz* et de l'*Entrée de Henri IV*. Mme Regnaud avait de la voix, son mari attira Garat, et sa maison, durant plusieurs années, fut une espèce de centre pour les artistes, ou du moins pour quelques artistes du premier ordre, liés entre eux. Arnault, en épousant une sœur de la belle Laure, prit rang lui-même dans cette société. L'immense clientèle

---

(1) Beugnot et les Mesgrigny étaient du département de l'Aube.

de Regnaud, qui convoita toujours le ministère de l'intérieur, embrassait tout, d'ailleurs, depuis le fabricant jusqu'au prince d'Allemagne, qui implorait quelque légère indemnité. J'ai rarement été chez Mme Regnaud, mais j'ai entrevu tout cela, et j'aurai l'occasion de revenir sur ce sujet.

On demandera peut-être, si jamais on me lit, quelle était à cette époque la manière politique de l'antique grand monde, et de ce qu'on est convenu depuis d'appeler les salons ou le faubourg Saint-Germain. On y était par habitude éloigné de ce qui tenait au gouvernement et à la Révolution ; cependant, comme Bonaparte ne dissimulait guère plus que les gens de l'ancien régime son peu de goût pour la liberté, on commençait à affecter une assez grande indifférence entre les démarches mêmes qui eussent été faites l'année précédente chez Treilhard ou Larevellière, et celles qu'on tentait près de Lebrun ou de Mme Bonaparte. Les émigrés ne songeaient plus qu'à revenir ; on les voyait rentrer en foule. Il y avait parmi les plus remarquables une sorte de bon goût à se hâter, peut-être une sorte de vanité d'avoir compris depuis longtemps le ridicule et la folie d'une ruine sans objet. Le baron de Montboissier, à peine de retour, n'apercevait pas dans les rues un pauvre hère mal accoutré, qu'il ne le qualifiât du beau titre de défenseur du trône et de l'autel, et n'en rît. Toutes les familles sollicitaient, et tant qu'on demande on est facile. Le baron de Breteuil rentra ; sa fille, sa petite-fille, Mmes de Matignon et de Montmorency, arrivèrent à sa suite, et ne parurent avoir gardé de leur ancienne grande existence que l'espèce d'élévation qui permet de s'en passer. Mme Bonaparte accueillait avec un vif plaisir toutes ces personnes, d'un ordre autrefois si supérieur au sien. Personne n'a jamais plus qu'elle obligé avec grâce et avec bonheur ; on pouvait avouer, dans toutes les maisons de Paris, qu'on avait été chez elle. Au reste, on n'y pénétrait pas avec facilité, et c'était peut-être un appât de plus.

Il serait difficile de dire quelle était, à cette époque aussi, la disposition de Bonaparte. Ayant constaté que le souffle révolutionnaire avait fatigué les esprits de sa bise rude et piquante, il profita de tous les moyens de l'attiédir. Il trouvait tout l'échafaudage républicain démonté, tous les grands mots déconsidérés, méprisés même comme vides de sens. Sans doute, il redoutait les jacobins violents, qui ne pouvaient rester dupes de son consulat monarchique ; mais les noms de plusieurs d'entre eux étaient généralement flétris dans l'opinion. De ceux-là, il en fit une liste et les envoya à Oléron, d'où Fouché les tira ensuite peu à peu par faveur. Ceux que de grands talents avaient distingués, quel qu'eût été le degré de leur exaltation primitive, il se les associa et les mit sur la route de la fortune, en offrant tout, en même temps, à leur capacité ainsi qu'à leur orgueil. Il n'a guère cru aux opinions, et quoique lui-même imbu de quelques préjugés, il a trop cru qu'on pouvait tuer les préjugés sans le lent auxiliaire du temps. Le rappel des émigrés entrait nécessairement dans tous les plans de paix intérieure et de considération au dehors. Ce rappel semblait raisonnable à tous les patriotes doués de raison, à tous les administrateurs qu'une longue série de souffrances intéressait depuis longtemps à tant de familles respectables, autrefois dans des situations splendides et maintenant accablées. Enfin, ce rappel affermissait chaque jour sa puissance, en lui donnant, dans une classe encore influente de l'ordre social, un genre de rapports dont les gouvernements précédents n'avaient pu se faire un appui ; ses empiétements projetés sur les glacis de la citadelle révolutionnaire en acquéraient par avance autant de suffrages, et, s'il l'eût fallu, de renforts. S'établissant au-dessus de toutes les passions, par l'essor d'une gloire pure, Bonaparte parut avoir accordé son estime au noble effort des Vendéens ; il séduisit M. de Bourmont, qui avait voulu le renouveler et qui, du reste, échoua dès le début ; mais il trompa, — du moins en fut-il accusé, — les imprudents qui, sous le nom trop connu de Chouans, se soulevèrent avec Frotté à peu près vers ce même temps. Quoi qu'il en soit, M. de Bourmont prit un crédit prépondérant ; sa liste devint une liste de radiations, on ferma sciemment les yeux sur la condescendance qui la lui fit étendre. Étranger, par son jeune âge, à la véritable Vendée, M. de Bourmont faillit laisser de côté plusieurs de ses réels acteurs ; mais grâce à lui, enfin, un nombre assez considérable de ceux qui avaient levé l'étendard contre leur patrie y rentrèrent comme amnistiés.

Il n'y eut pas jusqu'à M. Hyde de Neuville que le Premier Consul ne voulût aussi voir (1). Je crois que sans méditer aucun projet pour l'ancienne dynastie, Bonaparte voulait cependant sonder tous les courants ; d'ailleurs, un jour qu'il se trouvait importuné du bruit répandu par les Jacobins, qu'il travaillait pour les Bourbons, il dit devant M. Réal : « Je les ferai avoir raison. » Ce fut chez Mme de La Trémoille, encore alors Mme de Saint-Maurice, que je rencontrai M. Hyde, et que j'appris de lui l'imprudence étrange qu'il avait commise, en affichant une proclamation royaliste le 21 janvier (2). Poussant

---

(1) Voir le récit de ces entrevues dans les *Mémoires de Hyde de Neuville*, t. I, p. 263 et suiv. (E. Plon, Nourrit et Cⁱᵉ, éditeurs.)
(2) Voir les *Mémoires de Hyde de Neuville*, t. I, p. 253 et suiv.

plus loin sa confiance, il me parla des conférences que le Premier Consul lui avait accordées ; il n'en donna pourtant pas le détail, étonné peut-être de ma réserve et de ma discrétion sur ce point, car je ne le questionnai pas. Les secrets de l'amitié sont sacrés, au fond de mon cœur ; je n'en provoque jamais la révélation, et il me suffit de les garder, quand on veut librement m'en rendre dépositaire.

Lucien était devenu ministre de l'intérieur. Il affecta de rétablir l'Académie française au sein même de l'Institut ; Bonaparte n'obtint alors la présidence qu'avec le secours de quelque adroite manœuvre ; aussi, sous des prétextes de diverse nature, il ne tarda pas à vouloir réorganiser l'Institut. Il le fit, et je ne sais comment Ginguené, qu'il voulait en exclure, y resta compris malgré lui.

Le ministère ne resta pas longtemps dans les mains légères de Lucien. On l'accusa d'en avoir fait une sorte de brigandage ; on prétendit qu'une femme ne pouvait sans danger aborder son cabinet même. Assurément je n'eusse rien redouté de Lucien, dont j'étais connue ; mais ne voulant pas braver un soupçon de cette nature, je n'eus point recours à lui.

Fouché était resté ministre de la police, et la vie qu'il menait à ce ministère était celle qu'il y a constamment suivie : un intérieur très circonscrit et très obscur, une représentation rare, mais très noble ; un accueil distingué pour tout ce qui pouvait y avoir droit, sans distinction d'opinion. Sa philosophie consistait à rejeter le bigotisme républicain, à rire des exagérations et des niaiseries des révolutionnaires. Malgré tout, cependant, une sorte de respect humain me tenait en réserve avec lui pour les relations de société, beaucoup plus que pour les audiences.

Je ne dînai pas chez lui aussi souvent que je l'eusse pu, et peut-être que je l'aurais dû. Un jour, je n'osai pas rompre un engagement du *vieux style*, pour dîner chez Fouché avec les deux consuls Cambacérès et Lebrun; malgré l'excuse que j'avais fournie, on me garda ma place entre eux deux pendant tout le temps du dîner.

Ce fut une sottise à moi d'avoir cru devoir trop de ménagements à une ombre d'opinion, qui n'a jamais servi qu'à mystifier ses dupes. En effet, quelques jours après, le Premier Consul étant alors parti pour l'armée d'Italie, Mme Bonaparte me pria à dîner avec M. Réal et le ministre Fouché; elle pria pour le même jour Mme de Clermont-Tonnerre, qui par moi, et enfin plus directement par elle-même, avait prodigieusement usé de mon défenseur; et Mme de Clermont-Tonnerre décida que nous irions, elle et moi, dans la voiture ministérielle de Fouché, qui emmena aussi M. Réal.

Ce dîner de la Malmaison fut vraiment agréable; la société était spirituelle et facile, la conversation sans contrainte. Mme Bonaparte, en toute circonstance, m'a toujours traitée à merveille; dans le temps dont je parle, mes deux amis, — car Fouché paraissait l'être, — lui étaient entièrement dévoués, et ce fut eux qui la soutinrent d'une façon très efficace contre ses deux beaux-frères. Il est certain qu'au retour de Bonaparte, au débarquement de Fréjus, la pauvre femme, desservie cruellement par eux, avait presque perdu la tête, et que Réal, après avoir reçu la procuration générale, dont lui seul voulut bien se charger, la fit partir, et presque malgré elle, pour aller au-devant de son époux. Celui-ci, qui ne put s'empêcher de l'accueillir, dit en arrivant à Réal que les guerriers d'Égypte étaient comme ceux du siège de Troie, et que leurs femmes leur avaient gardé le même genre de fidélité; mais c'était le sort des héros!

Les mois qui s'étaient écoulés depuis cette réunion n'avaient pas été sans orages, et Joseph et Lucien voulaient que Bonaparte se mît dans le cas, par un divorce, de se donner des héritiers. Fouché se prononça contre leur opinion. Ce dîner dont je parle, et où je fus admise, servit de prétexte à de longs entretiens de la maîtresse de la Malmaison avec le conseiller d'État et le ministre principal. Je crois qu'à cette époque M. de Talleyrand, rentré au ministère, était du parti des beaux-frères.

Je vis M. Denon (1). Il avait fait le voyage d'Égypte; il m'en parla avec un intérêt que j'ai retrouvé dans sa relation écrite. Kléber vivait encore, et l'on avait appris ses nouveaux et brillants succès; M. Denon m'assura pourtant que l'Égypte ne pouvait pas rester tenable pour notre armée. Il parut à peine me comprendre, quand je lui dis que l'Égypte maintenant me semblait devenue européenne, quels que fussent les événements, et je me souviens que j'en vins à cette question, dont un sourire fut la réponse : « L'Égypte n'a donc été vraiment que la Gaule du nouveau César? Et la guerre qu'il y a portée n'a donc eu pour objet que de remplir un intervalle? »

Il me serait difficile de peindre avec détail toutes les circonstances de mon séjour de quatre mois à Paris. Je vis M. de La Harpe chez Mme de Clermont, qui se vantait d'avoir été pour lui l'organe de la grâce et l'ange de sa conversion. Ses manières un peu arrogantes me surprirent. Deux ou trois exclamations qui lui échappèrent sur plusieurs choses que je hasardai, me firent pourtant goûter, mieux que je ne l'eusse fait, la haute suprématie qu'il voulait s'attribuer. Il me dit que j'étais aimable, et

---

(1) Vivant Denon, membre de l'Institut, etc. (1747-1825).

j'avoue que j'en fus flattée; pour couronner tout son éloge, il voulut m'embrasser (1). Il me sembla que tout le monde autour de moi pensait que je devais en être fière; je me laissai embrasser, quoique un peu étourdie de cet excès d'enthousiasme.

Ce fut, je crois, vers le même temps que je rencontrai dans la même maison M. de Saint-Martin, le patron des illuminés (2), dont son livre fameux *Des erreurs et de la vérité* (3) passe, je crois, pour l'évangile. Ce livre, résultat mal digéré de quelques doctrines antiques, de quelques méprises de mots, de beaucoup d'ignorance et de quelque savoir pédantesque, est inintelligible à quiconque croit lire du français, et fort peu lumineux pour quiconque apprend à le traduire. M. de Saint-Martin plaisanta, avec beaucoup de grâce et de douceur, sur les obscurités de son livre; il me conseilla, pour l'entendre, de le prendre à la dernière page et d'aller toujours en remontant.

Le grand monde de Paris, à l'époque dont je parle, se composait, je l'ai dit, de gens âgés qu'on ne voyait guère, et de très jeunes ménages. Il est bien vrai qu'il était temps pour la classe intermédiaire de venir reprendre sa place, car enfin le monde était à peu près au complet, et il est très sûr que jamais l'amalgame ne s'est bien rétabli. Il y a eu dans la société une sorte de renversement. « Depuis la Révolution, disait naïvement Mme de Laguiche, les enfants sont devenus aussi grands que leurs pères. » C'était chez ces enfants que se trouvait une supériorité de moralité, de sagesse, presque d'expérience;

---

(1) La Harpe avait alors soixante et un ans.
(2) Louis-Claude de Saint-Martin (1743-1803), dit le *Philosophe inconnu*.
(3) Paru pour la première fois en 1775, 2 part. in-8°.

bientôt elle fut complète en importance et en valeur : tout s'en est ressenti, et devait s'en ressentir. A cette époque, le jeune cercle dont je me voyais entourée aurait pu paraître jouer à la Madame, quand il s'avisait de contrefaire; mais il donnait lieu à de profondes observations, quand il se livrait sans contrainte à son originalité.

Il me fallut partir, et, sans une fièvre qu'eut ma belle-sœur, je me serais certainement hâtée davantage. Le chagrin du pauvre Réal fut bien vif; le mien fut très réel, en quittant un pareil ami auquel je devais tout, et auquel sa confiance en moi ne me rendait pas inutile. Nous nous promîmes une correspondance active. J'allais, après quatre grands mois, rejoindre mes parents chéris, et la diligence m'emporta.

Je supprime mon repos à Troyes, où M. François de Mesgrigny et son oncle, tout récemment arrivés de Malte, me reçurent à peu près comme une reine. Je me remis de vingt-quatre heures de route par une journée de musique. M. François, avec une voix charmante, chantait comme un véritable Italien.

Je fus bien heureuse de me revoir dans ma petite case paternelle, que je n'avais jamais quittée pour si longtemps. Peu après, mon frère et ma belle-sœur vinrent eux-mêmes nous retrouver, ensuite M. Turlot; et le pauvre Réal, ne pouvant supporter mon absence, vint à Châtillon, y passa quelques heures, et retourna bien vite à son poste.

Ce voyage me causa une profonde impression. Qui jamais a fait plus de cent lieues pour venir dîner avec moi? Et je pourrais dire avec nous, car le temps d'un si court séjour ne put guère nous permettre de longues conférences particulières. Je le menai à l'antique église de Saint-Vorles, j'y implorai le ciel de tout mon cœur, pour qu'il comblât un si précieux ami de vertus et de bonheur. Durant le chemin, un petit galéopsis, couleur de rose, se trouva fleuri sous nos pas, et fixa son attention; M. Réal trouva que cette labiée ressemblait précisément à une chaire à prêcher; je n'ai jamais revu de galéopsis sans me rappeler ce pèlerinage d'amitié, qui ne pouvait être fait qu'une fois.

Ma correspondance fit le charme et le principal emploi de tout mon temps. La poste venait et partait de Châtillon régulièrement quatre fois par semaine. M. Réal me mandait tout ce qui se passait; ses lettres contenaient, sans aucun doute, le journal historique le plus intéressant; mes lettres à moi se composaient de commentaires assez longs, de beaucoup de sermons, et enfin de descriptions de fleurs, qui presque sans aucun changement, que du nom de Pierre-François en celui de Fanny, ont composé le *Calendrier de Flore* (1).

Cet ouvrage ne fut point, on le voit, exécuté d'après un plan, ni conçu pour aucun projet. Peu avant mon départ, M. Réal me dit qu'il essayerait par distraction de se livrer à la botanique; je l'assurai que je pourrais lui en donner des leçons, et que j'en ferais quelquefois l'objet de mes lettres. Je me souvenais à peine alors du nom des classes de Linné, et malgré mon goût pour les fleurs, et les essais de mon enfance, je n'en avais jamais suivi l'étude. Un géranium bec de grue, que je cueillis dans notre jardin, m'inspira la première description; le succès qu'elle obtint m'en fit esquisser d'autres. Le plaisir que j'y goûtai s'exprimerait difficilement; j'entrais dans un monde nouveau et tout charmant, j'excitais

---

(1) Ouvrage de Mme de Chastenay, publié en 1802.

l'intérêt de l'homme dont l'esprit me plaisait davantage, et dont le suffrage avait pour moi le plus de prix. Chaque jour, je découvrais une merveille inaperçue; chaque jour, je croyais créer; en peignant une grâce nouvelle, je calmais mon âme et ma pensée. Je lisais au sein de ces plantes gracieuses une moralité plus consolante et plus expresse. En un mot, tout cet été, et tout le printemps qui vint après, je puis me féliciter d'avoir joui d'une sorte de ravissement que la nature peut seule produire, par l'effet toujours concordant de ses harmonies et de sa beauté.

L'hiver me vit donner beaucoup de moments à mon ouvrage des *Anciens*. Je lisais, dans les intervalles. Ma musique seule se négligeait un peu, mais toutes mes facultés étaient tendues et occupées. Ma correspondance politique, mes fleurs, les études qu'elles me forçaient à approfondir, mes *Anciens*, et tous les travaux accessoires que cette grande composition accumulait; le parfum d'amitié, et, en vérité, d'un sentiment plus vif, que chaque courrier m'apportait; le prix que ce sentiment attachait à chaque ligne d'écriture que ma plume avait pu tracer; enfin, les illusions de gloire que mon travail sur les *Anciens* devait me donner un jour : il y avait de quoi me faire vivre en rêves, en dépit de l'engourdissement où le sommeil d'ennui qui régnait tout autour de moi eût pu si aisément me plonger.

La maison que nous habitions était, je l'ai déjà dit, dans la rue du Recept, et quand il m'arrive maintenant de repasser devant la porte, je reste surprise du temps que nous avons séjourné dans ses murs. Ma chambre, cependant, en était la meilleure pièce; elle était étroite et longue, et sa croisée unique s'ouvrait sur la montagne au-dessus de laquelle Saint-Vorles se trouve bâti. Ce coteau se couvrait d'épines noires, dont les rameaux de fleurs sont si blancs, d'églantines, de sureaux, d'hyèbles, dans la saison, enfin de toutes sortes de plantes, et la terrasse d'une des petites maisons qui resserraient étroitement notre rue était parée d'un buisson de roses, justement devant ma fenêtre.

On dînait moins tard qu'à présent. L'assemblée s'ouvrait vers six heures, et se terminait pour dix heures, lorsque chacun allait souper. La société ne se composait guère que de personnes âgées ou d'enfants. Une demi-douzaine de reversis, pour l'ordinaire, manœuvraient à la fois ; les bougies des tables de jeu s'éteignaient comme aux psaumes des Ténèbres, et deux chandelles restaient sur la cheminée. C'était un usage général : point encore de quinquets. Des toilettes fort sombres, beaucoup de politesse, pas une seule méchanceté ; des dîners durant tout l'hiver, des bals d'abonnement assez peu élégants, mais suivis, et aussi pendant le carnaval ; des soupers où régnait une grande bonhomie, mais dont les petits plaisirs étaient trop innocents. M. de Mauvernois, jusqu'au jour où l'ambition a gâté même les petites villes, a chanté régulièrement à table : *Le vin est nécessaire*, le *Cantique de Judith* et quelque autre gaieté. Puis, après le très long souper, quelques rondes, toujours les mêmes. J'avoue que pour l'anniversaire de tous les amusements que j'avais eus à Paris, il me parut sévère de prendre ma part d'un semblable divertissement chez le digne M. Milet, dont le salon était tapissé de bergame, avec des rideaux de siamoise flambée. Ce brave homme s'habillait en femme exactement le mardi gras ; le docteur Bourru, jusqu'aux crises de la Révolution, avait fait ce jour-là ses visites en religieuse. Enfin c'était, si l'on veut, l'âge d'or, mais dans un jour de brume épaissie. Toutes les maisons n'étaient pas aussi ternes que celle de M. Milet ; c'étaient toutefois les mêmes convives, les mêmes rondes et les mêmes chansons. Châtillon est autre maintenant, et je ne sais s'il y a gagné ; on a retranché ces joies bourgeoises, sans ajouter un seul plaisir.

Je passai ainsi trois hivers, sans interruption, ce qui suppose trois longues années.

Les deux premières années de séjour à Châtillon furent entremêlées de courts séjours à Essarois. Notre Essarois, toujours peu magnifique, était alors cent fois plus délabré, et le jardin n'avait pas fait encore ces progrès de végétation dont nous jouissons aujourd'hui.

A ce printemps de l'an X ou de 1802, je livrai à l'impression les deux premiers volumes du *Calendrier de Flore* (1). M. Turlot revit les épreuves, et, peu accoutumé à ce genre de travail, y laissa des fautes grossières. Cependant le livre parut, et, malgré les erreurs que j'y ai moi-même laissées glisser, il eut du succès. Mon père voulut que je l'envoyasse à M. Bernardin de Saint-Pierre, et ce peintre de la nature voulut bien sourire à mes essais ; j'eus de lui une lettre charmante. Mon succès n'eut pas l'entraînement de celui que peut obtenir un roman ou un ouvrage de circonstance, mais il fut universel et incontesté. Au reste, l'ouvrage était entièrement neuf, et j'ai été mille fois copiée et pillée, pour le moins imitée, depuis sa publication, mais citée beaucoup plus rarement, car je ne tiens à aucune coterie.

Les descriptions qui firent, un an après, le troisième volume, furent rédigées dans cet été de l'an X, et elles restèrent entre mes mains. Elles partent d'un pinceau plus sûr et plus exercé ; peut-être ont-elles plus de

---

(1) *Calendrier de Flore, ou Études de fleurs d'après nature*, par Mme V. D. C********. Paris, Maradan (1802-1803), 3 in-8°.

mérite, mais je serais tentée de leur croire moins de naturel et moins de grâce.

Les savants du Jardin des Plantes n'accueillirent pas sans intérêt les études de leur élève, qui partout leur rendait hommage. M. Chaptal fut plus sévère, parce que la matière végétale n'avait pas été analysée sous ma plume ; et quand on lui citait le suffrage de M. de Saint-Pierre, il répondait qu'effectivement un ouvrage de cette espèce pouvait et devait assez lui plaire, qu'il aurait plu même à J.-J. Rousseau, mais que ce n'était pourtant pas un bon ouvrage, et le suffrage de M. Desfontaines était le seul qui pût l'ébranler.

La qualité d'auteur original, et quelques éloges de journaux, ne m'inspirèrent pas le moindre orgueil, et je fus moi-même étonnée du peu d'effet que j'en ressentis.

Nos affaires avaient pris un aspect bien sévère, et les chagrins, comme les occupations sur lesquelles je viens de m'étendre, n'avaient pas seuls rempli ma vie. Nous commencions un bail avec un fermier de mauvaise foi, que l'on appelait M. Martin, et dès le début, en l'an VII, quand nous étions tous arrivés, il avait fallu faire une transaction et assurer par elle le maintien de nos droits essentiels. Nous étions à la fin de l'an IX, dans l'été de 1801, quand mon père, excédé du retard des payements, fit faire une saisie à la forge, et y trouva une quantité de fers et de matériaux, presque suffisante pour le couvrir. M. Martin accourut de Franche-Comté, il supplia maman ; il déplorait en ce moment même la mort d'un de ses jeunes enfants : il pria au nom de ses malheurs, au nom des nôtres dont la Providence nous avait délivrés. Maman ne put y tenir, elle supplia mon père. Me consulter, quand il s'agissait de pitié, c'était lui assurer un suffrage. Mon père sentit vainement que sa raison devait nous repousser, il fléchit, mais ce fut malgré lui ; la saisie fut levée, et notre gage disparut.

La dernière barre sortait de la forge quand maman reçut du plus ingrat des hommes l'annonce du dépôt de son bilan. Il serait difficile de dire combien nous fûmes consternés : cet événement nous clouait à Châtillon sans terme, il inspirait à maman plus d'éloignement encore pour le séjour de cette terre d'Essarois, qui allait se trouver trop longtemps sans rapport ; il allait enfin nous coûter de durs sacrifices et de cruels embarras.

Je ne rappellerai pas en détail les ennuis, les incertitudes, les tracas d'une longue procédure. Nous nous retrouvâmes dans le pénible état de gêne où nous avions été à la chute des assignats. On ne saurait croire jusqu'à quel point cette privation de toute espèce de dépense qui n'est pas indispensable est fatigante à un certain âge, et surtout quand, en l'approuvant peut-être, on n'en décide pourtant pas. Maman, très effrayée de notre situation, ne voulut pas augmenter ses charges ; elle préférait tout à ce risque, et quoique le train de la maison fût à peu près toujours le même, j'avoue que pour mon compte, et dans ce qui tient à mes goûts, je passai d'assez durs moments.

On me chargea de voyages à Dijon et à Gray. Dans un second voyage à Gray, je fus forcée d'y passer plusieurs jours pour affaires. Ce fut durant ce séjour que je lus les *Confessions* de Rousseau ; elles me furent d'une grande ressource. Je ne m'étais jamais trouvée dans un pareil isolement ; j'en fus tellement abasourdie, qu'il me fut impossible de travailler à rien, et je me répétai vainement que trois jours d'une entière solitude pouvaient alors me permettre d'écrire un volume de réflexions.

Je traçai à peine quelques pages sur Rousseau, et je m'amusai à être bien malade.

Mais à peine cette affaire était-elle éclaircie, qu'il y eut d'autres difficultés à surmonter. Nous eûmes à régler de longues contestations d'intérêt avec Mme du Deffand, ma tante. Il fallut bien s'en occuper et revenir sur des détails qui ne laissaient pas que d'avoir leur amertume; enfin, mon père se décida à se rendre lui-même à Auxerre, pour essayer de terminer, et je l'accompagnai dans ce voyage.

Je n'avais pas vu depuis longtemps M. ni Mme du Deffand. Leur maison à Auxerre était vraiment charmante. Ils l'avaient acquise depuis peu, car ils avaient habité jusque-là le Tremblay, château situé en Nivernais. Ma tante, marraine de mon père et bien plus âgée que lui, avait et a encore juste le nombre d'idées que l'on acquiert dans un château où l'on n'a jamais reçu personne; d'ailleurs, bonne et charitable, comme l'Évangile le prescrit, et peut-être le conseille; vertueuse comme une haute dame, et pénétrée de l'idée qu'il y a un genre de tort dont le titre de la naissance suffit pour préserver : quand par hasard ma tante a entendu parler de quelque exemple fait pour déranger un peu son système, elle dit avec tristesse : « Que cela est singulier ! Une femme d'un pareil nom ! » Ma tante, pieuse, sage, tranquille, bienfaisante, jouit à Auxerre d'une considération que volontiers je dirais monumentale, et qui est toutefois un hommage de cœur de la part de tout ce qui l'entoure, de la part de tous les pauvres, et je pourrais dire de tous les inférieurs, que sa politesse toujours égale oblige et satisfait.

M. du Deffand était bien plus âgé que sa femme. J'avoue que rien pour moi ne fut plus original. A soixante-seize ans, sa mémoire était pleine de ses auteurs latins, de vers français un peu légers et de quolibets des halles. Il se piquait de faire reconnaître en lui, et dans les moindres choses, un homme de qualité; il *reniflait,* me disait-il, sur tout ce qui s'écartait d'une si noble manière. Vêtu comme on l'était un demi-siècle avant le moment où je le vis, il affectait une belle tenue. Maniaque à l'excès, ce brave homme savait un gré particulier à tous ses gens de n'avoir pas dérangé une épingle de sa pelote, pendant le temps de la Terreur, qu'il avait passé en prison. Ma tante filait de la soie, avec un rouet à manivelle; de temps en temps mon oncle se penchait vers elle, et ma tante, ôtant ses lunettes, et sans lâcher son fil, tendait une joue, puis l'autre, et reprenait sa manivelle. Il arrivait de même à la cuisine : les servantes filaient, monsieur venait à paraître, on s'interrompait un moment, deux joues, vieilles ou jeunes, étaient baisées, et la machine se remettait en mouvement. Je garderai à jamais le souvenir de cette visite à Auxerre. Les affaires y furent arrangées par deux hommes de loi fort habiles.

Mme de Mesgrigny voulut me faire épouser son fils aîné François. C'était bien le plus honnête et le meilleur homme du monde; sa figure était bien, sans être belle; sa voix était charmante : il aimait la musique et chantait très bien. J'avoue, toutefois, que je n'ai jamais pensé que ce mariage me convînt; il fut marchandé quelque temps et manqué comme un vrai marché, avant que l'on fût venu directement à moi. M. François fit mieux, pour la fortune : il épousa presque aussitôt Mlle de Trémoville.

CHAPITRE XXII

Paris en 1803. — Mme de Genlis, Bernardin de Saint-Pierre, Grétry, l'abbé Delille; Marmont à Châtillon. — L'hôtel de Luynes : Mme de Chevreuse. — Conspiration de Pichegru, Moreau, etc., instruite par Réal (1804). — Fouché protecteur de Moreau. — Arrestation de Mme de Polignac : dévouement de Mme de Brancas. — Dévouement de Mmes de Meun et de Marconnet pour M. de Rivière. — Mme de Montpezat. — Mort de Pichegru; mot de Bonaparte. — Assassinat du duc d'Enghien (20 mars 1804). — Principaux accusés du grand procès : Moreau, les Polignac, M. de Rivière, Cadoudal; l'audience. — Singulier rôle de Fouché. — Sort des condamnés.

Le monde s'était renouvelé à Paris, mais je ne le savais que par Henriette, ma belle-sœur. Le retour des émigrés y jeta une sorte de colonie, qui n'avait plus l'aplomb de ce grand monde d'autrefois qu'elle croyait encore figurer. Les Anglais, en liberté de fondre sur le continent, après la paix de Lunéville, vinrent surtout avec empressement faire les honneurs de Paris; mais les jeunes dames prirent soin de leur enseigner comment on dansait les anglaises, et il parut qu'à mille égards la privation de toute relation avec la France avait nui à l'élégance des insulaires : on les trouva assez complètement rouillés.

Je désirais beaucoup aller à Paris, plusieurs circonstances me retardèrent. J'eus le temps de chercher et de trouver des consolations dans un travail que j'eus le bon sens de rendre de plus en plus actif.

Enfin, au printemps de 1803, un prétexte s'offrit, et

je pris, après trois ans, la route de Paris. Ce voyage fut court : cinq semaines à peine en firent la durée. Je fus, je l'avoue, un peu dépaysée ; tout était devenu sec, froid, presque sévère. Le persiflage était le ton dominant, et je n'y ai jamais rien compris. Le Premier Consul exilait, je ne me reconnaissais plus à rien.

Je vis M. Réal cependant, et il fut aimable avec moi. Il me donna des excuses dont aucune n'était valable, mais je compris assez la raison, et cette raison était telle que, malgré le chagrin que j'ai pu ressentir des résultats, je n'ai jamais pu justifier la cause du plus petit mouvement de jalousie. A cela près, la confiance se retrouva au même point. J'aurais pu croire, après certains entretiens, que mon absence avait été un songe. Je me souviens que l'expédition déplorable du général Leclerc (1) excitait alors la douleur de M. Réal. Il accusait hautement, avec moi, le Premier Consul de mensonge, et s'indignait de ses grossiers artifices : il n'avait cessé de tromper le Conseil d'État sur ses projets et sur ses mesures relativement à cette expédition, où quarante mille guerriers périrent pour assurer la perte d'une colonie florissante. Tous ceux qui sortaient de la Révolution, au reste, avec des dettes et des habitudes de dépense, avaient pris parti sur la flotte dans l'espoir de s'enrichir; le malheureux Fréron avait été du nombre des embarqués, il fut une des premières victimes, ainsi que le général Debelle.

Le ministère de la police n'existait plus à cette époque. Je vis quelquefois Fouché dans sa maison; il se livrait à la conversation avec toute la pétulance d'un Breton, dont le plaisir était de fronder. Il se tenait toutefois en

---

(1) La désastreuse expédition de Saint-Domingue.

observation bien exacte, et je dirai plus tard quel fruit il recueillit de l'habileté inaperçue d'une conduite longtemps effacée. Mme Le Couteulx n'était plus ; je vis deux ou trois fois son mari, en sa qualité de sénateur. Un matin, je rencontrai chez lui l'auteur du chant fameux de la *Marseillaise*, M. Rouget de l'Isle, et ce Tyrtée moderne était un muscadin. Je revis M. Regnaud (1) ; il occupait alors une fort jolie maison à la Chaussée d'Antin. Cette maison, acquise nationalement de l'héritage de Mme Dupleix, avait été patrimonialisée d'une façon très noble par M. Regnaud, et il avait pris prétexte d'un dépôt d'argent trouvé dans cette maison, pour supposer une somme considérable, dont les petits enfants de Mme Dupleix reçurent la remise de ses mains.

M. Regnaud me pria à dîner. J'arrivai au jour indiqué, mais justement le Premier Consul venait de le mander ; il ne put rester, il partit, et en quelques minutes nous cessâmes d'y penser. J'ai dit que Mme Regnaud était fort aimable chez elle ; sa mère, Mme de Bonneuil, s'y trouvait, et une dame, jeune encore, tout établie à un métier comme si elle eût été de la maison. Je l'entendis nommer Mme de Vaudreuil, et je crus quelque temps que je me trompais ; c'était pourtant la blonde Mme de Vaudreuil, douce, insinuante, séduisante, et paraissant attachée pour la vie aux hôtes qui l'accueillaient si bien. Le dîner se passa à merveille, et la soirée s'écoula à chanter ; j'accompagnai les deux dames tour à tour. Mme de Vaudreuil me parut charmante, et de la nuance de coquetterie la plus douce et la plus obligeante envers un parent de la maison qui nous écoutait avec transport. Le voyage de Mme de Vau-

(1) Regnaud de Saint-Jean d'Angely.

dreuil, je l'ai su depuis, fut très court; mais Mme de Polignac à cette époque rentra, ou plutôt vint décidément en France, et trouva un asile chez M. Albert de Brancas, son cousin germain. Mme Albert prit une sorte de passion pour sa cousine; Mme de Chazeron, mère de Mme Albert, ne tarda pas elle-même à la goûter beaucoup. Je la vis alors quelquefois, sans me douter des relations que nous devions avoir ensemble; je fus frappée de sa séduction, de sa réserve adroite, de cette espèce d'art couvert qui emprunte un charme assez puissant, d'une existence demi-cachée. Mme de Guiche, sa belle-sœur, venait, je crois, de mourir d'un horrible accident. Elle avait été un moment en France, l'été d'avant; elle avait vu Fouché; elle était encore bien jolie. Mme de Guiche avait été à la Malmaison; Mme Bonaparte l'y avait reçue avec toute sa grâce, mais le Premier Consul, retenu par quelque ménagement, ne voulut pas lui accorder d'audience, et Mme Bonaparte, qui, comme il le disait, était presque toujours en attendrissement au nom du Roi et de l'ancienne cour, obtint seulement qu'il regarderait Mme de Guiche, que l'on promènerait sous sa fenêtre, dans le jardin. Quelques indiscrétions arrêtèrent tous les progrès que ce début eût pu amener: Mme de Guiche reçut l'ordre de repartir pour l'Angleterre.

On se tromperait étrangement, si l'on se méprenait au zèle des membres du gouvernement pour obliger ces exilés, dont le malheur inspirait encore plus d'intérêt et de pitié que leur ancienne existence n'imprimait de considération; mais quand cette existence avait été très brillante, il se mêlait une sorte d'orgueil généreux au plaisir de l'assistance, et d'ailleurs, disons bien toute la vérité, il y avait quelque chose de si simple, de si touchant dans l'expression de ceux qui rentraient! Plusieurs étaient partis, avaient été emmenés avant l'âge de la réflexion; d'autres avaient cru devoir tout risquer pour le rétablissement d'un ordre de choses auquel ils avaient tenu, par intérêt et par devoir. Le destin avait prononcé, ils ne voulaient plus que du repos et leur patrie. Il est vrai, et très vrai, que ce fut, en effet, le vœu unique et l'objet de presque tous les émigrés, quand ils rentrèrent. Ils se marièrent, héritèrent, acceptèrent des places de tout ordre, que le revenu, et le titre d'émigré ruiné, suffisaient pour rendre honorables. Leurs enfants, pour la plupart, se mirent au service militaire et s'y attachèrent essentiellement. Je puis assurer que les revenants n'étaient pas, à l'époque dont je parle, les moins dévoués à un gouvernement réparateur envers eux, même quand il prononça la retenue des bois, dont il ne laissa plus l'espoir qu'à la faveur.

Je vis Mme de Genlis, qui travaillait alors à un journal, et qui m'avait fait l'année précédente l'article le plus flatteur, à l'occasion du *Calendrier de Flore*. Je fis alors vraiment connaissance avec elle, et je la trouvai plus aimable qu'on ne saurait l'imaginer. Jamais conversation n'eut plus de grâce ni plus de mouvement que la sienne; quand elle était bien disposée, quand elle voulait plaire, je ne crois pas qu'on pût rien comparer à l'attrait qui fixait auprès d'elle. Elle logeait à l'Arsenal, où Bonaparte lui avait accordé un appartement; elle recevait six mille livres par an, pour lui écrire tous les quinze jours. Jamais elle ne l'a vu, jamais elle n'a reçu de sa part aucune réponse; une fois seulement, elle avait réclamé un secours pour le vieux Monsigny, et, dans la semaine, cet Amphion vétéran apprit, sans s'y être attendu, qu'il avait une pension d'artiste et une somme à toucher sur-le-champ. Ce bienfait est la preuve unique que Mme de Genlis ait eue que Bonaparte lisait ses lettres.

Je voulus voir M. Bernardin de Saint-Pierre. Je me présentai chez lui, Mme de Saint-Pierre me reçut; elle avait épousé M. de Saint-Pierre depuis un petit nombre d'années. Elle était belle, jeune, fraîche comme une rose. Quand j'arrivai, elle donnait à teter à un petit Bernardin qu'elle avait mis au monde. Virginie, fille de M. de Saint-Pierre et âgée d'environ dix ans, le petit Paul, son fils, qui en avait à peu près sept, étaient aux côtés de cette jeune femme, et le tableau qui s'offrit à moi était justement celui qu'une belle estampe intitulée: *La bonne mère* fait généralement admirer. Il me sembla que j'étais connue dans cette intéressante famille: Mme de Saint-Pierre fut aimable, le petit Paul vraiment charmant. Le nourrisson n'a pas vécu bien longtemps. Je retournai plusieurs fois dans cette maison, et M. de Saint-Pierre vint assez souvent me voir. C'était le plus beau vieillard: ses cheveux blancs tombaient en flocons soyeux sur ses larges épaules, la sérénité reposait sur son front; il parlait bien, avec tant de lenteur que sur la fin de sa vie son entretien n'avait plus d'agrément, et que lui-même en perdait souvent le fil.

Je me rappellerai toujours avec une vive gratitude la touchante bonté dont il a honoré le *Calendrier de Flore* et son auteur; il a bien voulu me prédire que cet ouvrage serait de plus en plus apprécié, et que, devenu classique avec le temps, il obtiendrait enfin une réputation aussi universelle qu'elle serait durable. Je rapporte ici cet oracle, par respect pour la divinité qui a bien voulu le prononcer.

Je voulus aussi voir Grétry. Cet aimable chantre avait

dit, dans son *Essai sur la musique*, que les femmes, en s'exerçant à la composition musicale dramatique, obtiendraient de brillants succès. J'avais été occupée toute ma vie du désir de faire un opéra; je ne cessais de mettre en musique des romances et des chansons; je joignis à l'idée de rendre hommage à Grétry l'espérance de l'intéresser, d'obtenir de lui des conseils, et par son moyen peut-être un petit poème au niveau de mes forces. Je priai Turlot de m'accompagner, et nous nous acheminâmes au boulevard Italien. A peine je fus à la porte, que je m'étonnai de l'excès de ma confiance; il me sembla que j'allais paraître au moins indiscrète, au moins importune à Grétry; cependant je montai l'escalier, un domestique parut, et j'étais dans l'appartement.

L'auteur de *Richard*, troubadour septuagénaire, je crois (1), était enfoncé dans un immense fauteuil; il se souleva. Je bégayai un compliment, je lui parlai des encouragements qu'il avait offerts aux femmes qui essayeraient de composer en musique; surtout, je fis fumer l'encens que je m'étais proposée de brûler pour lui. Je repris courage, en un mot, par degrés, et il est impossible d'avoir été peu à peu plus aimable que ne le fut aussi Grétry. Je voulus voir le piano dont les accords avaient inspiré et soutenu une mélodie si variée et si gracieuse; Grétry m'ouvrit une vieille et mauvaise petite patraque, montée à coulisses sur une table. On avançait, on repoussait l'instrument comme un tiroir, et la table, chargée du papier sur lequel il fallait écrire, n'éprouvait aucun dérangement. Je mis mes mains sur le clavier : il était faux, mais j'étais en présence de l'enchanteur, et

---

(1) Grétry, né le 11 février 1741, avait alors soixante-deux ans.

je préludai avec assez de bonheur, pour que Mme Grétry, accourant d'une chambre voisine, eût la politesse de dire qu'elle avait cru entendre Mme de Montgeroult. Grétry préluda à son tour; il me fit chanter des romances. Il m'engagea à revenir le voir. J'y retournai une fois, en effet; il me promit de me chercher un poème, sans me répondre de réussir. Je lui donnai le *Calendrier de Flore*, il m'écrivit le plus joli billet, et ce furent là toutes nos relations.

Je dois rapporter à cette époque la connaissance que je fis aussi de l'abbé Delille. Il devait passer une soirée chez Mme du Bourg qui nous y convia; elle avait fait de nombreuses invitations, et le Virgile français devait débiter des vers. Je ne sais comment, nous étant trouvées au spectacle, ma belle-sœur et moi, nous arrivâmes fort tard; les vers étaient dits, applaudis, et au moment où nous entrâmes, chacun faisait effort pour amplifier une phrase d'effet. Mme Dolgorouki criait avec emphase : « Il fait vibrer toutes les fibres du cœur! » Nous fûmes reçues avec un dédain prononcé, et je dis tout de suite à Henriette qu'il fallait relever cet opprobre. En effet, je m'informe où s'est placé M. Delille; on m'indique un petit salon, j'y pénètre, je trouve l'aimable vieillard encore rayonnant, encore heureux du plaisir qu'il avait causé; je lui exprime un regret sincère, un désir vif d'être consolée. Il me répond qu'il est tout prêt, me demande quel morceau je veux qu'il me récite, en commence de suite un charmant, redouble de grâces quand je le remercie, et recommence pour moi et pour Henriette la soirée poétique, dont il nous fait un vrai triomphe. On me fit ensuite mettre au piano, pour l'amuser; j'improvisai de mon mieux pour lui plaire, et j'y parvins; il me fit chanter de mes chansons. Deux jours après, nous déjeunâmes ensemble. M. Michaud (1) était présent et débita la plus grande partie de son poème du *Printemps d'un proscrit*.

J'ai revu alors, et depuis, l'abbé Delille, presque privé de la vue; il en était à prendre Mme de Saint-Julien pour Mme de Chevreuse, mais à défaut de réalités son imagination l'environnait de toutes les grâces, de tous les charmes. Les couleurs dont elle lui présentait l'illusion étaient celles de l'arc-en-ciel; heureux, souriant, facile comme un enfant, il cédait à l'impulsion de ce qui lui semblait la beauté. Il se laissait aller au doux enivrement de la louange; Mme Delille toutefois le gouvernait avec assez de sévérité, elle l'emmenait en disant qu'il était fatigué, et c'était elle qu'il fallait le plus ordinairement qu'on fêtât.

Sans doute, il serait fort aisé de verser le ridicule sur une femme dont le ton et l'extérieur avaient si peu de distinction, et quelquefois une prétention si singulière. Autrefois elle avait eu une voix assez belle, elle avait chanté chez Mme de Lamballe; elle passait pour nièce de M. Delille. Quoi qu'il en soit, devenue Mme Delille, elle a soigné d'une manière touchante les derniers ans du vieil enfant des Muses. Elle croyait la gloire de M. Delille attachée à ne point adresser de vers à Bonaparte; aucun prix ne put la tenter, et elle y eut sans doute un mérite d'autant plus grand que le canal où voguait le noble cygne était pour elle moins accessible.

Je quittai Paris sans beaucoup de regrets. Je n'avais pas d'assez grandes affaires pour justifier mon absence, et je n'aime pas les séparations. D'ailleurs, le mariage de M. de Laguiche se préparait, et Henri et

---

(1) Joseph-François Michaud (1767-1839). Le *Printemps d'un proscrit*, publié en 1803, eut un succès prodigieux.

Henriette devaient aussitôt nous rejoindre. Le mariage fait, Mme de Laguiche, la mère, qui menait sa belle-fille en Bourgogne, chez Mme de Mandelot, sa sœur, voulut la présenter également à maman, et passa avec elle trois jours à Châtillon.

Je séjournai, cette fois, dix mois à Châtillon, avant de retourner en famille à Paris. La correspondance promise par M. Réal prit fin presque avant que d'avoir commencé ; ainsi, je me retrouvai dans ma solitude absolue. Le troisième volume de ma *Flore* avait paru dans le cours du printemps ; je m'occupai, toutefois, de descriptions nouvelles, mais, plus que tout, mes *Anciens*, et le travail auquel ils donnaient lieu, absorbèrent tous mes instants.

Le général Marmont alla tenir à Dijon le collège électoral dont il avait la présidence. Il avait fait par intervalles de courts voyages à Châtillon, et il est impossible d'avoir montré mieux qu'il ne l'a fait sa vénération et son amour pour ses parents. L'existence de ceux-ci était honorable, mais bien éloignée de celle que leur fils avait atteinte. Rien n'était donc moins d'aplomb, moins convenable, moins d'accord, que les visites du jeune militaire si hautement favorisé ; ses habitudes de commandement, d'audiences, peut-être (disons le mot) d'arrogance, selon les cas, faisaient à Châtillon un singulier effet. Les uns se mettaient ventre à terre, d'autres affectaient une sorte d'impertinence, qui avait bien son ridicule. Les parents ne savaient trop quelle mesure garder. Rien n'est, je crois, plus difficile que de prendre une attitude avec ceux qui n'en ont point une fixe ; on ne peut, sur un vaisseau, ni observer d'une façon rigoureuse, ni même pointer avec certitude et succès. Quoi qu'il en soit, je me souviendrai toujours d'avoir vu le maréchal Davout venir dîner chez les parents du général Marmont à peu près comme son courtisan.

Nous partîmes tous pour Paris le 2 février 1804. Je ressentis quelque émotion en quittant ce petit pays d'où mon absence devait être longue. Je n'y goûtais aucun plaisir, mais j'y jouissais d'un parfait repos ; on m'y accordait, j'osais le penser, une sorte de bienveillance, et, d'ailleurs, une longue habitude nous identifie aux objets.

Nous n'étions pas hors de voiture que M. d'Aubusson, prévenu de notre arrivée, nous fit reconnaître sa voix ; nous n'étions pas entrés dans notre appartement qu'il nous avait parlé de la grande conspiration, découverte depuis peu et vivement poursuivie. M. Réal avait été chargé de l'instruction de cette grande affaire, et les prisons s'emplissaient chaque jour. Je ne puis dire à quel point je me sentis troublée : retrouver mon protecteur, retrouver le défenseur universel et généreux, accusateur dans une cause si compliquée, chargé d'un ministère sévère, et qui bientôt pourrait paraître odieux, ce fut pour moi une peine déchirante. Je me hâtai de faire savoir mon arrivée à M. Réal ; je l'engageais à venir me voir un seul instant, mais je compris, après quelques jours d'attente et d'anxiété, que je m'en flatterais en vain, et je jugeai que maman me verrait avec quelque peine reformer une liaison, dont la position nouvelle de M. Réal changeait si étrangement les rapports.

Cependant, dès le lendemain de notre arrivée à Paris, mon frère et ma belle-sœur nous menèrent à l'Opéra. Notre loge se trouvait à côté de celle où je reconnus Mme de Kercado, ainsi que d'autres personnes ; mais un jeune homme d'une physionomie riante et bonne y arrêta surtout mes regards et ne cessa pas de porter sur moi les siens : c'était M. Fortuné de Chabrillan, le neveu du duc d'Aiguillon, celui qu'on avait voulu me faire autrefois épouser, qu'on avait marié à la hâte, et qui maintenant était veuf et rendu à la liberté. Nous devions être l'un pour l'autre un sujet de curiosité. Nous nous retrouvâmes les jours suivants, nous renouvelâmes bien vite une connaissance d'enfance ; sans parler d'autre chose, nous fûmes promptement liés, et sans autre formalité le bon Fortuné vint chez nous.

L'hôtel de Luynes était ouvert, et alors dans tout son éclat ; on me fit faire en quelques heures une robe de satin, à queue, et Henriette me mena avec elle. Cette grande maison, bien éclairée, livrait au monde et à ses âges différents une enfilade de salons bien meublés ; on jouait, dans plusieurs, au biribi et au creps : c'était, je crois, de mauvais exemple, mais la jeunesse ne jouait pas. Mme de Chevreuse, mise avec élégance, un peu bizarre dans ses manières sans doute, mais pleine d'agréments, ne paraissait jamais au jeu et encourageait, par son exemple, une liberté fort aimable. L'hôtel de Luynes était un grand café où tout un monde affluait et se trouvait avec plaisir. Je fus frappée du changement des toilettes ; ce n'était plus la robe de mousseline avec le grand ruban à plat, c'étaient des robes de velours et de satin, de toutes les nuances et de toutes les couleurs. Il me fallut du temps pour m'y accoutumer ; je ne jugeais pas le prix des étoffes, et la bigarrure des couleurs choquait trop fortement mes yeux pour me paraître magnifique.

Les bals dans tout Paris étaient très animés, les conspirations n'y faisaient rien. On avait commencé à valser à la russe, et tous les jeunes conseillers de l'ambassade avaient, sous ce rapport, d'assez brillants succès. Je me souviens de M. de Lanskoï, l'un des premiers admis dans toutes nos sociétés ; il était gai et bon enfant, son genre simple avait de la grâce, et il valsait en perfection. Une fois qu'il causait avec nous, un homme de notre cercle s'avisa de lui dire : « Mme de Chastenay me demandait tout à l'heure si c'était vous qui aviez été l'amant de l'Impératrice. — Non, reprit M. de Lanskoï avec simplicité, ce n'était pas moi, c'était mon oncle. » Le pauvre jeune homme a été tué durant la campagne de France, et nous lui devons des regrets.

Les bals se succédaient avec rapidité ; j'y prenais assez de plaisir, et le petit nombre de ceux qui me témoignaient savoir que j'eusse écrit, s'amusaient de voir danser un professeur de botanique; mais je dois ajouter que le grand nombre n'a pas pris beaucoup de part à mes travaux : mes succès littéraires y ont été à peu près nuls. On me les a pardonnés, ainsi que mes talents, parce que, disait-on, quand par hasard quelqu'un en parlait, je les faisais totalement oublier en ne paraissant pas m'en occuper moi-même.

Il y eut une belle fête à Clichy, chez Mme de Lévis. On dut s'y réunir à midi, en simples robes de mousseline ; on déjeuna. On devait se promener, le temps y mit obstacle, et avant quatre heures on dansa. Ce bal, nombreux et animé, interrompu à peine par un souper, dura jusqu'au matin. L'uniformité des robes simples et du blanc mat des mousselines donnait à ce bal une sorte de magnificence dans le coup d'œil, dont l'habitude était perdue, et je puis à tous égards citer cette journée dansante comme l'une des dernières gaietés de la jeunesse de ce temps-là.

Cependant, les arrestations marchaient, et sûrement ce devait être une source curieuse d'observations que l'état de Paris à cette époque. Cette grande conspiration, dont les ramifications s'étendaient en sens si divers, n'avait point de racines dans la société de Paris, dans ce qui y constituait le grand monde, et ce grand monde, généralement jeune, y goûtait les jouissances de la neutralité. J'avais passé une matinée assez bizarre chez Mme de Coislin : elle prétendait avoir composé un menuet, on faisait de la musique chez elle, je jouai ce menuet, accompagnée par M. Boucher, habile violon, et Mme de Coislin le dansa avec M. de Béthisy le père, qui se mit à genoux devant elle et lui baisa la main. Le soir je vis M. Riouffe, nouveau préfet de la Côte-d'Or, homme bien distingué par l'esprit ; j'appris l'arrestation de Pichegru, et M. Riouffe dit, avec beaucoup de sagesse, que cet événement moralisait du moins les mesures prises depuis quelques jours.

Ces mesures, je l'appris peu à peu, avaient été très rigoureuses ; ce qu'elles avaient eu de plus odieux n'avait cessé que quand M. Réal avait pu s'en attribuer l'entière direction, et tout se confondait encore. Dix-sept jours s'étaient écoulés depuis mon arrivée à Paris, sans que j'eusse entendu parler de lui, et tous les plaisirs en mouvement ne m'avaient pas empêchée d'en être vivement occupée. Un soir, on me dit que les prisonniers étaient mis à la question, et je puis assurer que la fièvre au cerveau ne m'eût pas causé une plus terrible secousse. Je ne croyais pas à tant d'horreurs, dont l'image ne cessait de m'assaillir ; je ne pouvais croire que l'homme en qui j'avais vu mon plus sincère ami en fût coupable, et cependant j'en éprouvais l'angoisse ; je le voyais en fuite, après ce moment affreux, et moi à la torture pour déclarer sa retraite. Je n'aurais pu supporter cet état, et le lendemain, bravant toute considération, je suppliai mon frère de venir avec moi, et je me rendis sous sa garde au bureau de la Police, rue des Saints-Pères, lieu où M. Réal se trouvai établi.

Nous fûmes reçus, et, je l'avoue, mes plus grandes craintes s'effacèrent ; un accueil aimable et riant, quelques traits de la conversation, repoussèrent des idées cruelles ; j'appris bientôt que trop effectivement les interrogatoires avaient commencé par de si sombres cruautés, et que c'était M. Réal qui les avait fait disparaître aussitôt qu'il avait paru ; car ce n'était pas lui d'abord que l'affaire avait concerné.

Ma première démarche faite, je réfléchis d'une façon plus profonde aux devoirs qu'imposait l'amitié ; je crus que le premier de ces devoirs était de sauver ses amis des écueils dans lesquels ils pouvaient s'engager, de les soutenir dans les crises périlleuses. Je n'avais encore aucune mission à porter à M. Réal, mais je crus servir l'humanité et lui-même en me présentant toujours à lui, en lui retraçant par un seul accent, par un seul regard, tout ce qu'un entraînement funeste aurait pu lui faire oublier. Impétueux, ardent, M. Réal croyait défendre Bonaparte ; il attaquait avec cette énergie qui n'appartient qu'à la défense. Je craignais tout de son caractère, mais j'étais sûre que la pitié s'éveillerait toujours dans son cœur, et quelle fonction pour moi que d'en prendre le soin !

Le ministère de la Police avait été supprimé, je l'ai dit, et Fouché triomphait un peu, de voir comment le grand juge Régnier avait laissé ourdir une trame si longuement préparée. Je voyais alors Fouché assez souvent ; il se tenait chez lui et faisait un assez beau rôle, car il semblait soutenir la cause de l'opprimé. Son compatriote Moreau était le noble objet de sa sollicitude. J'ai vu mille fois chez lui le frère du général; Fouché était le conseil et le centre des relations de cette famille persécutée. Sûr de ma discrétion, Fouché s'expliquait devant moi et avec moi de la façon la plus honorable. Jamais je n'ai mieux jugé son esprit. Nos entretiens s'étendaient à tout, nous passions en revue les personnes et les choses; jamais je n'ai pu prendre de lui une opinion plus favorable, et je puis dire que je m'attachai, d'estime et d'affection, à un homme qui me semblait d'une portée si supérieure et d'une bonté si indépendante et si vraie.

Bientôt je fus plus directement invoquée. MM. de Polignac furent pris sans qu'on songeât à les chercher. Mme de Polignac fut arrêtée elle-même, et Mme Albert de Brancas vint de suite réclamer mon secours.

Les amis de Mme de Brancas pourront toujours s'enorgueillir pour elle du dévouement tout admirable qu'elle a montré à cette époque. Elle connaissait M. Réal, elle l'avait vu chez ma belle-sœur; elle avait bu du punch en de petites soirées où ils s'étaient tous deux trouvés chez elle. M. Réal y avait entrepris de lui faire verser des larmes sur Babeuf, et y avait réussi, malgré elle, en lui débitant des morceaux de son beau plaidoyer de Vendôme. Ces légères circonstances acquièrent un bien grand prix.

Mme de Brancas suivit sa cousine arrachée de ses bras; les espions, les gendarmes, rien ne put l'intimider. Elle entra à la Police, elle répondit à grands cris de celle qu'elle idolâtrait, elle jura que leurs secrets étaient communs entre elles deux, que sa chère Idalie (1) ignorait to-

---

(1) Idalie, baronne de Neukirchen-Nyvenheim, mariée le 6 sep-

talement que M. de Polignac conspirât, puisque elle-même l'a ignoré. Hélas! pendant ce temps Mme de Polignac, certaine de l'inutilité des réticences les plus habiles, avouait ce qu'on savait déjà, mais ce qu'avait ignoré sa confiante cousine. L'état affreux de cette jeune femme, ses cheveux blonds épars, ses regards délirants, ses souffrances, ses larmes, celles de sa généreuse amie, tout décida M. Réal à les rendre enfin l'une à l'autre, à les renvoyer toutes les deux; mais il sentit combien ce parti inspirerait de soupçons au Premier Consul irrité; il lui fallut racheter cette grâce et mille autres, par un redoublement de surveillance; et il eut souvent besoin dans cette affaire de plus de courage et d'esprit qu'on ne l'a cru.

A peine cette première crise était-elle apaisée, que Mme de Meun, s'introduisant chez moi, sans nulle espèce de préambule, me fit reconnaître la belle-sœur future de Mlle de Lévis. Je l'avais vue à Clichy, et l'avais peu remarquée. Elle voulait mon appui pour M. de Rivière, et cette histoire toute romanesque mérite une courte digression.

Mme de Meun m'a elle-même conté qu'elle avait connu M. de Rivière quand elle avait douze ou treize ans. Le voyant venir chez sa mère, Mme de la Ferté-Meun, elle s'était mis dans la tête qu'il avait le dessein de la demander en mariage. Alors sûrement M. de Rivière n'y pensait guère et avait d'autres occupations. Cependant, la jeune personne avait suivi son petit roman dans sa tête, quand tout à coup elle se vit mariée à M. de Meun, son oncle, qui, en sortant de l'autel, partit pour émigrer. Mme de Meun avait renoncé depuis longtemps

tembre 1790 à Armand-Jules-Marie-Héraclius, duc de Polignac, maréchal de camp, premier écuyer de Charles X.

à se réunir à son mari, qui lui-même avait pris des habitudes étrangères à son mariage ; mais aussi elle avait perdu le souvenir de M. de Rivière. Elle apprit son arrestation, comme elle sortait de l'Opéra, et ne fut pas d'abord très émue ; puis, ses idées se montant par degrés, il lui sembla en quelques heures que le destin de sa vie était attaché à cet événement. Elle courut à la maison où M. de Rivière avait été pris ; c'était celle d'un de ses anciens serviteurs. La Police ignorait qu'il s'y trouvât caché, mais Jules de Polignac, se voyant poursuivi, avait imaginé de s'y jeter aussi. M. de Rivière, en dépit de tous les dangers, ne voulut pas lui refuser un asile, et tous les deux furent bientôt arrêtés.

Les prisonniers étaient au Temple et au secret ; Mme de Meun se rendit au Temple, elle écrivit au prisonnier, il s'empressa de lui répondre, et tous les jours, portant sa lettre ouverte et en recevant une semblable, elle allait s'exalter au pied de ce donjon, qui, maintenant, renfermait l'objet de ses pensées et de ses sentiments.

Mme de Meun sut tout de suite que j'avais de l'accès auprès de M. Réal, et, sans perdre un instant, elle arriva chez moi. Je pouvais déjà lui donner quelques nouvelles de son prisonnier. Un héros de roman tel que lui, et en ce moment victime de l'amitié, et pour le frère de celle qu'il avait tant chérie ! il n'en fallait pas tant pour que, sans en être priée, j'eusse déjà essayé d'intéresser en sa faveur ; mais sa seule présence, dans l'interrogatoire qu'il avait d'abord subi, avait déjà produit pour lui, près de M. Réal, plus que ne l'eussent fait tous nos efforts. A compter de ce jour, je portai et rendis des paroles et des renseignements. M. de Rivière redemanda le portrait de Mme de Guiche, qui lui fut renvoyé ; il voulut quelques livres, qu'on s'empressa de lui fournir ; il voulut sa montre, et en la demandant il fit à M. Réal, son correspondant journalier, une phrase si aimable qu'il se l'attacha pour toujours. Mme de Meun obtint plusieurs audiences, et un jour, pour lui procurer le plaisir de voir l'objet de tant d'anxiétés, M. Réal, en lui faisant dire d'attendre, prit un prétexte et fit amener le prisonnier. Il passa devant elle et n'en fut pas reconnu ; lui-même l'avait saluée sans y avoir pris garde. M. Réal dit à M. de Rivière dans quelle intention il l'avait fait mander, et en sortant du cabinet l'exempt de police eut ordre de laisser au captif toute liberté de causer avec sa protectrice. Je ne sais quelle impression ils en ressentirent tous deux, mais la scène était singulière. Le dévouement de Mme de Meun ne diminua pas ; une autre dame y joignit le sien, c'était Mme de Marconnet, et il doit être dit à la louange des femmes que tant que dura le danger, et quelque temps après, les deux rivales, presque toujours ensemble, unirent leurs soins, leurs démarches, leurs efforts, et n'eurent bien franchement qu'un même but ainsi qu'un même sentiment.

Aux Polignac et à M. de Rivière, je dus ajouter une cliente qui, elle seule, me donna encore plus d'embarras ; ce fut la vieille Mme de Montpezat (1). Je ne pourrais dire précisément le moment de son arrestation. Mme de Malijac, sa fille, fit d'abord seule quelques démarches ; elle y obtint un premier succès, et Mme de Montpezat fut alors renvoyée chez elle, avec ou même sans un garde. Je n'avais pas revu Mme de Malijac depuis le Directoire et le salon de Barras. En ce triste moment, elle vint me retrouver, et je la reçus comme

(1) Cousine de Barras ; il en a été question précédemment.

une amie. Sa mère avait été surprise chez M. de Puivert, à Belleville : elle l'aidait à brûler des papiers, quand lui-même avait été pris. Un général Desnoyers, arrêté, avait chargé Mme de Montpezat des accusations les plus fortes, et elle avait été détenue.

L'arrestation de M. de Puivert entraîna, pour quelques moments, celle d'un vieux M. de Badens, avec lequel il demeurait. M. de Bruyères de Chalabre, son parent, vint aussitôt me demander secours ; je ne l'avais jamais vu, Mme de Laguiche me l'envoya : je m'employai assez utilement du moins en dictant les démarches. M. de Badens bientôt fut mis en liberté, mais l'une de ses filles aimait M. de Puivert ; M. Réal en reçut alors l'aveu, et comme jamais Bonaparte ne voulut consentir à la libération du correspondant de Baireuth, M. Réal dut se borner, à la fin, à procurer sa sortie pour deux heures, et sur la foi d'une parole solennelle. M. de Puivert fut ainsi marié, et il vint reprendre des fers qu'allégea, durant dix années, le sentiment le plus vif et le plus pur. M. de Chalabre, quand je l'ai revu, m'a paru se souvenir de la part que j'avais prise aux premiers chagrins de cette famille, mais M. de Badens et sa fille non mariée, que j'ai depuis rencontrés mille fois, ne m'en ont jamais rien témoigné.

Mme de Montpezat ne put demeurer tranquille chez elle, et, au lieu de se faire oublier, elle affecta une démence complète, pour arracher son entière liberté. Mme de Malijac voulut à cet égard essayer de tromper M. Réal ; convaincu promptement qu'elle lui avait menti, le fougueux Réal s'irrita avec violence ; le Consul était soupçonneux, un moment pouvait entraîner la perte de plus d'un prisonnier ; un mandat d'arrêt impérieux fut lancé une seconde fois, et Mme de Montpezat fut traînée aux Madelonnettes. Quand je l'appris, aux cris désespérés de la malheureuse Malijac, M. Réal avait refusé de l'écouter un seul instant. Je marchai promptement à sa place, et j'osai réclamer ma suppliante, enlevée d'une manière qui me semblait si dure. La colère était grande encore, cependant on ne me repoussa pas ; je témoignai ma douleur, j'annonçai que mon intervention ne pourrait jamais être nulle, et qu'avoir refusé la porte à la fille de la prisonnière, c'était m'avoir remis ses droits. Je compris que c'était Barras que Bonaparte faisait poursuivre, dans les extravagances de sa vieille cousine, car il n'eût pas été fâché de le voir alors compromis. Je rappelai à M. Réal le mot que Barras m'avait dit, en rapportant la maintenue de Casimir de Laguiche : « Si jamais on me fait un procès, je veux vous avoir pour défenseur. » Peu à peu je pus obtenir les adoucissements réclamés par l'excellente Malijac ; elle vit sa mère, elle lui prodigua ses soins. Devenue seule intermédiaire, je craignais moins les indiscrétions, et surtout l'effet des maladresses ; je préférais à la difficulté de les réparer, l'ennui des visites et des billets de la pauvre femme affligée, qui, seule des six filles de Mme de Montpezat, se trouvait dévouée à la servir. Je dirai de suite qu'en moins de quelques semaines, M. Réal obtint de Bonaparte, à force d'art, à force de soins, le retour de Mme de Montpezat chez elle ; mais le Consul voulut un gendarme, et sur l'allégation d'une trop forte dépense, il répondit que la police le payerait.

Plus tard encore, la vieille Montpezat fut mise totalement en liberté, mais à la condition de partir pour le Midi. Sa fille, digne de tous les genres d'estime, m'a témoigné depuis une amitié touchante, à laquelle j'ai mal répondu : son entourage me déplaisait. Devenue veuve, quoi qu'il en soit, elle a épousé un Saxon, le comte de Redern, homme de beaucoup d'esprit, et d'assez de bon sens et de bon goût pour avoir voulu être heureux.

Je ne saurais mettre dans leur ordre toutes les circonstances d'un temps qui s'écoula avec rapidité, mais dont chaque minute marqua les incidents les plus étranges. J'ai dit que Pichegru avait été trahi et arrêté dans le moment où l'opinion se refusait au soupçon qu'il fût même à Paris. En apprenant cette nouvelle, Bonaparte fit un saut de joie, et de suite le signe de la croix. Je ne discuterai pas la triste question du suicide ou de l'assassinat de Pichegru, je sais seulement qu'en recevant l'annonce terrible de cette mort, M. Réal fut tout glacé d'effroi et préoccupé uniquement de la gloire de nos premiers combats, qui survivait seule maintenant au premier artisan de nos éclatants triomphes; il porta chez le Premier Consul cette tragique impression, et Bonaparte, avec dédain, lui dit : « Vous êtes un enfant! »

Un événement plus désastreux ensanglanta la nuit fatale du 20 mars. Depuis longtemps, on répandait le bruit qu'un prince de la maison royale se trouvait caché à Paris; M. Réal niait le fait, et pressé à cet égard par le Premier Consul, il lui dit que M. de Talleyrand pouvait l'éclaircir mieux qu'un autre. La résidence des princes était connue, on pouvait s'assurer qu'ils y étaient toujours. Cependant tous les esprits sages s'accordaient, d'après le bruit courant, à admirer la bonne fortune et les destins de Bonaparte : un prince de l'ancienne dynastie allait se trouver entre ses mains, allait lui devoir la vie, qu'il essayait de lui ravir, et tout ce que la générosité a de plus puissant sur l'âme des hommes allait, en l'exaltant, consolider mieux que les exploits son autorité tutélaire. J'étais à l'Opéra, et l'on donnait *Saül* (1), quand M. Le Couteulx, qui nous prêtait sa loge, me dit tout bas que certains hommes complotaient dans ce moment même la mort violente du prince, qui ne pourrait se dérober toujours, et que l'on disait même arrêté secrètement; ils exigeaient de Bonaparte, ces hommes, un acte de nature à le lier sans retour. Je frémis, et crus voir un Teutatès affreux recevant des victimes humaines; je répondis qu'on vendait tout au prix auquel on l'avait acheté. Ce lieu seul où j'étais, ces arts dont le charme m'enivrait, ce luxe social qui attestait la douceur actuelle de nos mœurs, tout faisait reculer la pensée devant un traité infernal, et la victime en y tombant ferait plus sûrement crouler l'autel. Mais au reste, je m'en croyais sûre, aucun prince n'était arrêté, et, en tout cas, le bruit sourd qui s'était répandu d'un voyage mystérieux de M. de Caulaincourt avait déjà fait supposer que le prince imprudent, circonvenu et surpris, était ramené à la frontière, pour ne plus jamais la franchir.

Un jour, deux jours passèrent, je crois, et celui de l'hôtel de Luynes y réunit à l'ordinaire ce que nous appelons Tout-Paris. On y jouait, et la réunion de ceux qui entouraient le creps durant encore à huit heures du matin, la banque sauta absolument. Cette soirée me sera sans cesse présente; j'y vois encore M. de Talleyrand, que j'y laissai à l'heure où nous nous retirâmes, et qui ne pouvait rien ignorer! Nuit horrible, et pour nous effroyable réveil!

Ce fut Mme de Brancas qui m'apprit l'assassinat du duc d'Enghien. Depuis le commencement de ses affaires, je la voyais presque chaque jour. Mme de Polignac évi-

(1) *Saül*, opéra biblique, musique d'après Haydn, Mozart, Cimarosa et Paisiello.

tait de se montrer, et sa cousine et moi, nous partagions les rôles. L'arrivée matinale de Mme de Brancas ne m'épouvanta pas d'abord; elle parla, je ne pouvais la croire, mais, sans revenir sur l'effet terrible et sur la consternation qui devait en être la suite, j'ajouterai que Mme de Brancas avait senti redoubler ses craintes pour ses amis; je l'assurai que s'ils vivaient à midi, leur existence demeurait garantie, quels que fussent les événements; l'effet odieux qu'allait produire un forfait si inattendu, si loin du siècle et de nos mœurs, arrêterait nécessairement l'effusion du sang qu'on aurait pu répandre, et préserverait du moins celui que signalait quelque illustration.

M. de Chateaubriand, qui avait accompagné le cardinal Fesch à Rome, et qu'on venait de nommer ministre diplomatique à Sion, donna de suite sa démission. Cette démarche de premier mouvement doit honorer son caractère; ce fut le seul acte éclatant de réprobation contre le gouvernement à cette époque, mais de ce jour fut semé le germe de sa perte : l'ombre du prince assassiné sembla grandir chaque jour et devenir, avec le temps, plus menaçante et plus sombre. Le nom de M. de Caulaincourt demeura lâchement flétri; on lui reprocha moins d'avoir obéi peut-être, que d'avoir reçu le prix de son obéissance et du sang. On raconta que le colonel Lacuée, tué peu après à Guntzbourg, avait refusé la commission fatale. L'opinion, eût-elle erré sur M. de Caulaincourt, resta froidement implacable, et peut-être l'horreur du crime s'est-elle d'autant plus identifiée dans les esprits et dans les cœurs, que moins de signes apparents durent la manifester.

Il est remarquable néanmoins que ce moment même fut celui où la promotion à l'empire fut travaillée dans le

Sénat, et Lucien et Joseph témoignèrent hautement combien ils abhorraient le détestable emportement de leur frère. « Mais, disait Joseph, d'un air persuasif et doux, quoique affligé, le mal est fait, il faut bien que nous nous en tirions. » La ligne moyenne des sénateurs fut essentiellement caressée, la médiocrité triompha de l'importance qu'elle se crut acquise. La nouvelle combinaison de puissance qui allait résulter d'une conspiration faite pour tout engloutir, d'un acte sanguinaire atroce, mais très hardi, qui était venu le compliquer, parut sublime au plus grand nombre. Les plus habiles pressentirent le rang qui les attendait sous l'empire, ils entrevirent une cour qu'ils allaient dominer; de moindres intérêts entraînèrent le reste, et tous ceux qui se connaissaient désabusés de république, et à peu près de liberté, se crurent hommes d'État en fondant un pouvoir dont le despotisme, comme me le dit un de ses agents, serait la révolution faite homme.

Plusieurs exils suivirent la mort du duc d'Enghien et résultèrent des indiscrétions de quelques imprudents amis; le chevalier de La Salle, cité pour avoir été son aide de camp, quoiqu'il n'ait pas eu cet honneur, fut envoyé à Châtillon, et n'en a pu sortir que dix années après, par l'effet de la Restauration.

J'ai bien des fois remercié le ciel de ce que M. Réal, ni de près, ni de loin, n'avait eu part à cette déplorable affaire; il fut totalement étranger à la mission d'Etenheim, et même à l'arrivée du prince au château de Vincennes. Je l'ai vu regretter devant moi de n'en avoir pas été prévenu; il me disait qu'il eût peut-être adouci l'horreur de la situation de l'héroïque victime, qu'il eût peut-être prévenu sa mort, et que sans nul doute il aurait tout employé pour accomplir le désir qu'il témoignait, et le faire exprimer au Consul. C'eût été le salut de tous deux, mais je crois trop certain que toute tentative eût été nulle à cet égard, et la complicité aurait pesé toujours sur sa mémoire, en dépit des plus humaines intentions.

J'écarte ces souvenirs affreux, pour revenir au grand procès, où l'on vit sur le banc des accusés le général rival de Bonaparte, le héros de Hohenlinden, le protecteur des peuples et l'ami du soldat. Dans Moreau paraissait briller la gloire militaire sans apparat, la probité sans subterfuge; en lui la bourgeoisie française reconnaissait avec orgueil un étudiant en droit, qui, ceint de l'épée du chevalier, avait vaincu les archiducs, et ennobli par le mérite, par le savoir, par l'urbanité franche, autant que par la valeur, l'existence du citoyen. Moreau avait perdu son père dans les massacres de la Révolution; il avait, depuis sa renommée, épousé une femme charmante, et en qui brillaient les talents. L'existence de Moreau avait de la dignité, et son nom encore davantage; mais il n'a pas eu tout l'esprit qu'eût exigé sa renommée.

MM. de Polignac attirèrent l'intérêt qui se rattache à de grands malheurs et à une jeunesse courageuse. Jules, sorti de France à six ans, ne pouvait paraître coupable pour son dévouement à ses princes, dont il semblait que rien ne devait séparer son destin; et son frère semblait, ainsi que lui, avoir accompli un devoir.

M. de Rivière avait dans l'extérieur, dans les manières, dans le ton, un charme, une douceur qui semblaient des souvenirs, et dont les spectateurs devenaient heureux de ressaisir la trace.

Georges Cadoudal avait été chef de chouans; mais, depuis l'extinction de la Vendée, il présentait un personnage neuf, déterminé, loyal, plein de courage, et rejetant toute réticence; il est trop vrai de dire que, dans la procédure, il effaça Moreau, dont le rôle avait été douteux, et qui avait bien plus prêté l'oreille au secret des autres qu'il n'avait, en réalité, donné le sien et pris un parti.

D'autres accusés, fort nombreux, achevaient cette étrange réunion. Je ne les connaissais pas, mais j'avoue que je ne pus supporter d'entendre M. de Bourrienne, chez Fouché, dire qu'après Moreau, les Polignac et M. de Rivière, le reste ne méritait plus qu'on y prît aucun intérêt. Je me souviens de cette matinée, parce que je pris la parole avec feu, et que M. de Bourrienne, qui me voyait alors pour la première fois, parut frappé de mes arguments, et revint, ou parut revenir à ces notions d'humanité sur lesquelles, il peut être effrayant de le penser, on s'égare par pure distraction.

Le palais fut assiégé par un public immense, tant que la plaidoirie dura. Moreau parla d'abord lui-même, et le peu de mots qu'il prononça produisirent un immense effet. M. Tourton ne quittait point Mme Moreau; il l'amenait au tribunal, il portait son fils dans ses bras, et un jour que le président l'interpella sur la distribution qu'il faisait entre tous les bancs, d'un mémoire imprimé de Moreau, il jeta parmi l'assistance les exemplaires qui lui restaient. Cet acte ostensible de zèle lui attira beaucoup d'estime et aussi beaucoup d'aversion; le procès fini, M. Tourton fut exilé au Clos-Vougeot, et Fouché dut lutter longtemps avant d'obtenir son rappel.

On peut se figurer aisément l'éclat d'une telle procédure. L'opinion tout entière se soulevait contre la tyrannie qui voulait condamner des hommes et non juger une conspiration ourdie. Le président du tribunal, Amar, se fit haïr pour son animosité non voilée. Thuriot, chargé de la partie publique, était taxé d'une immoralité d'autant plus révoltante qu'aucun talent ne la contre-balançait. Les bancs et le Palais étaient assiégés par la foule, et beaucoup de dames ont suivi toutes les scènes de cette réelle tragédie. J'admire ce genre d'insouciance et de courage. Les avocats étaient tous en action. Ceux de Moreau ne surent pas le défendre; ils vinrent un matin trouver M. Réal pour lui demander quel caractère ils pourraient et devraient donner à la défense du général. L'ancien et courageux patron de tant d'accusés déjà proscrits s'indigna d'une question qui lui parut venir d'une méprisable faiblesse. M. Billecoq se chargea de M. de Rivière, et M. Guichard, qui était venu me prier de lui trouver dans ce conflit une cause d'éclat, fut à ma recommandation chargé de l'affaire des Polignac.

Mais à mesure que la procédure marchait et devenait plus redoutable et plus sombre, l'inquiétude s'empara de quelques avocats. Le président interrompait à la moindre apparence d'une digression; un courage indiscret pouvait perdre les défenseurs, sans servir de rien aux accusés; une maladresse pouvait coûter la vie à ces clients, soutenus à peine par une vague de l'opinion. Enfin, l'événement semblait si peu douteux, que presque aucun espoir n'éveillait l'énergie. M. Guichard vint me consulter et me demander un plan pour une sage défense; j'osai le lui tracer. Je cherchai mon niveau dans les conversations de Réal et de Fouché, dans celles que j'entendais jusqu'au milieu du monde, où, il faut bien que je le dise, aucune personnalité d'intérêt ne se rattachait aux Polignac; mais l'idéal du dévouement s'exaltait à leur nom, dans toute la classe intermédiaire. Tombée en quelque sorte avec le trône, leur élévation passée devenait sacrée au souvenir des maux qu'avaient soufferts leur royale protectrice. M. Guichard suivit en partie mes idées; je crois qu'il aurait dû les suivre tout à fait. Cependant, c'était moins d'un discours prononcé qu'on devait attendre le salut de MM. de Polignac, accusés par leur seule présence, que de la bienveillance de celui qui aurait sans doute à choisir, pour racheter dans l'opinion des condamnations par des grâces. Déjà on avait décidé Mme Moreau à écrire, et le Sénat ayant déjà livré l'empire, sa plume avait à tracer les noms de Sire et de Majesté. Sa lettre ne fit qu'un faible effet, l'effort s'y faisait trop sentir, et Bonaparte dit que ce ne serait pas de ce style que sa femme écrirait pour lui. Mme de Polignac sut écrire sa supplique avec tout l'abandon d'un sentiment profond ; Réal remit sa lettre, et la lettre toucha.

Cependant, on arrivait au jour du plaidoyer, la tâche à chaque instant devenait plus épineuse, et l'avenir imminent inspirait plus d'effroi. Guichard, tout éperdu, me fit prier de venir, et j'allai chez lui aussitôt. C'était le soir, il devait parler à la séance du lendemain, j'avoue que mon émotion égalait bien la sienne. Je l'avais fait choisir ; je recevais depuis l'arrestation les larmes et les confidences des amis, de la femme, de la sœur des deux accusés ; l'instant terrible était venu, et cet instant jamais ne ressemble en rien aux instants mêmes qui le précèdent. Pendant que j'étais enfermée dans le cabinet de M. Guichard, Mmes de Polignac et de Brancas se présentèrent pour lui parler ; je le priai d'aller les recevoir et de ne pas dire que je fusse là : je n'aurais pu donner les derniers détails, éplucher le plaidoyer, retrancher même des paroles flatteuses ou d'autres termes en présence d'une épouse et d'une parente éplorées. C'était de salut qu'il s'agissait. Elles partirent, et je restai avec le défenseur jusqu'à plus de minuit, écrivant, proposant, scrutant jusqu'aux syllabes, préparant des effets de réplique. L'avocat se sentait sans verve, car à vrai dire ses paroles battaient l'air, et les juges qui allaient l'entendre n'étaient certes plus dans le cas d'être remués ou convaincus. M. Guichard, grâce au soin qu'il y mit, n'éprouva point d'interruption ; son discours, comme je le désirais, versa de l'intérêt sur la cause et ramena tout au passé, bien plus puissant sur les cœurs que l'avenir ; mais, comme on s'y était attendu, les condamnations se prononcèrent, et je crains que l'histoire n'attribue à la peur, bien plus qu'au courage, l'exemption qu'obtint Moreau. On eût voulu, non sans doute le faire périr, mais lui faire tenir l'existence de la grâce du nouvel Empereur. Le tribunal, intimidé de toutes parts, balbutia une condamnation de deux et un an de prison, et ce fut tout. Les troupes mêmes de la garnison de Paris étaient dans une effervescence telle qu'il avait fallu les retenir sévèrement consignées aux casernes, et Fouché assura l'avenir pour lui-même, en obtenant presque aussitôt le départ de Moreau pour les États-Unis, et en négociant en peu d'heures le seul abandon de Grosbois, pour compenser les frais d'une procédure immense.

Mme de Polignac avait fort peu paru dans le cours de la plaidoirie ; on la disait malade jusqu'au délire : elle se gardait pour l'instant décisif. Jules de Polignac était condamné seulement à deux années de captivité, mais Armand devait périr, et Mme de Polignac, retrouvant tous les sentiments et la dignité d'une épouse, courut sans délai à Saint-Cloud, et en revint avec la vie de son époux. Mme Bonaparte, ou comme on devait dire déjà, l'Impératrice, fut dans toute cette affaire un ange de bonté ; tout ce qui fut sauvé le fut par elle, et celui aussi qui avait eu à démêler les fils de l'imprudent complot, reprit son beau rôle de défenseur. J'attendais avec anxiété, et pourtant avec espérance, le retour désiré d'Idalie, quand enfin elle parut, heureuse et triomphante, Réal aussi était présent, et les larmes se confondirent.

M. de Rivière était l'autre objet d'intérêt, pour M. Réal surtout. Ni Mme de Meun, ni Mme de Marconnet ne pouvaient aller demander sa grâce, et je ne pourrais exprimer ce que mon cœur eût souffert pour elles, si le sentiment, toujours ingénieux, ne leur eût préparé d'avance un interprète pour la forme, tandis que Réal même s'était chargé directement de leur cause : une enfant, une petite-nièce de M. de Rivière, présentée par l'Impératrice, reçut aux pieds de Napoléon la parole du salut de son oncle, et dans le cercle où se trouvaient pressés les objets de notre intérêt, un jour de deuil devint celui de l'attendrissement et de la joie.

Réal obtint encore quelques vies menacées, mais son crédit était fini. Fouché avait laissé achever la procédure, il s'était fait un titre adroit de son rôle de modérateur; protecteur déclaré de Moreau, il témoignait qu'en le sauvant il avait rendu à l'Empereur le plus signalé des services; il avait agi habilement entre les rangs des sénateurs, pour leur faire déclarer l'empire. C'était depuis la destruction de son ministère que le complot avait éclaté, il en obtint le rétablissement; mais, avant que d'y reparaître, il voulut que les suites funestes de la procédure fussent comblées. On nomma un Conseil de grâce, Fouché y fut admis, Réal en fut exclu, et douze des condamnés périrent. J'ai entendu vanter comme chef-d'œuvre de politique ce mélange de sang et de clémence; c'était calomnier la nation. Il n'est pour nous aucun crime politique que le supplice n'ait absous; la trame connue est sans danger, et la vengeance en devient cruelle. Obéir est aisé, mais respecter, chérir est bien plus difficile; on ne chérit que ce qui est bon, on ne révère que ce qui est vertueux, et quand un acte est généreux, quiconque l'apprend en bénit le noble auteur. Le Conseil de grâce, si peu digne de ce nom, imposa quatre années de prison à ceux à qui l'Empereur venait de donner la vie; le bienfait, ainsi arrêté dans son élan, ne parut plus qu'un calcul, et put se calculer; tandis que dans le moment brillant d'exaltation où Mme de Polignac, belle de tout le dévouement de son action courageuse, nous rapportait avec une vie l'espérance d'une victoire absolue sur la mort, les cœurs étaient en effusion : un pas de plus, on allait aimer!

M. Réal usa de sa dernière influence, et même après l'installation de Fouché au ministère, pour mettre en liberté un grand nombre de détenus, et particulièrement toutes les femmes. Après toutes les angoisses qu'il avait éprouvées, après toutes les horreurs qu'il venait de traverser, et auxquelles il s'était souvent désespéré d'avoir une part, il se croyait aux jours de Thermidor et sollicitait activement; car, tant que régna Bonaparte, ses ministres et ses agents ont toujours eu le droit d'arrêter, et n'ont jamais eu celui d'élargir.

Je fus employée, à différentes reprises, pendant ce nombre de jours heureux, où l'on se hâtait de réussir dans la crainte de quelques changements. La sœur de Mme de Glinglin fut arrêtée à sa place, par méprise; on m'imposa le soin de ses affaires. Quelquefois les huissiers du cabinet de M. Réal me demandaient de lui porter les pétitions des femmes qu'il avait refusé d'admettre; l'apparence d'un rapport quelconque avec une personne arrêtée me fournissait droit et prétexte de soutenir ses intérêts. Je puis le dire, M. Réal a répandu sur moi, dans ce moment, toutes les faveurs que l'amitié devait apprécier davantage : en me prêtant souvent le bonheur d'être utile, il a cru me laisser le gage le plus honorable et le plus cher de l'attachement qu'il avait eu pour moi.

Je dirai tout de suite ici que le premier mot de M. de Rivière, quand Réal, en se jetant dans ses bras, lui apprit qu'il était sauvé, fut : « Que me sera-t-il possible de faire pour l'Empereur? » M. Réal, persuadé que le bonheur de dévouer sa vie ne pouvait pas admettre de restriction, croyait que M. de Rivière allait retourner près des princes; il le pria de veiller sur les jours de celui qui venait de conserver les siens, et de ne pas souffrir désormais que l'on conspirât contre leur sûreté. M. de Rivière s'y engagea de grand cœur; hélas! peu de jours après, quatre ans de captivité vinrent glacer ces transports. M. de Rivière fut mené au château de Joux. Quelques jeunes détenus s'en sauvèrent; M. de Rivière, lié par les garanties que ses amis avaient offertes pour obtenir sa liberté, ne voulut pas exposer leur repos : il refusa de suivre les fugitifs, mais transféré, au bout de quelque temps, à la citadelle de Strasbourg, il y trouva autant d'adoucissement que peut en comporter une prison. Même avant la Restauration, il vit briser absolument ses fers, et, fixé dès lors en Berry, il épousa Mme de Meun, dont la constance méritait ce prix.

Le sort des Polignac, d'abord beaucoup plus doux, fut ensuite très aggravé. On les mena au château de Ham. Mmes de Chazeron et de Brancas avaient une terre près de cette ville, et peu s'en fallait que les jeunes prisonniers n'eussent la permission de s'y montrer; une trahison du commandant leur fit croire la fuite trop aisée : dénoncés au moment qu'ils pensaient décisif, ils furent transférés à Paris. J'en vis Réal au désespoir, mais ils avaient été si imprudents à mille égards, que malgré l'apparente rigueur que Fouché témoigna contre eux, Mme de Polignac m'a dit qu'il leur avait alors rendu un service très grand. Du Temple ils passèrent à Vincennes, quand Vincennes fut devenu une prison d'État, et ce fut là, ce fut alors que la captivité devint particulièrement dure, étroite et désolante.

Comme le mouvement de Paris n'est guère interrompu, je me souviens que durant l'été le mariage de Mlle de Lévis occasionna une belle fête à Clichy : après de jolis proverbes, où le vicomte de Ségur, M. Després, enfin tous les amis de Mme de Lévis firent briller leur esprit et leurs talents aimables, on dansa, et jusqu'au matin. La chaleur était excessive; le salon était rempli de monde, et dans l'agitation d'un bal. Les lampes, les bougies donnaient un jour tout rouge; par les fenêtres on découvrait le parc, où régnait un calme absolu, où l'on pressentait une humide et douce fraîcheur, où l'aube, qui paraissait, étendait un jour bleuâtre. Ce contraste me causa une vive impression. Je m'en souviens, je ne dansai pas; je contemplais cette paisible nature, et jusqu'à la nuance prodigieuse des clartés vraies et des lueurs factices. J'eusse trouvé du charme à passer dans le jardin, à y sentir les gouttes de rosée, à y épier le réveil et le premier chant des oiseaux; tout cela était bien vague sans doute, et cependant je m'y reporte encore.

FIN DU TOME PREMIER.

TABLE DES MATIÈRES

CHAPITRE PREMIER

Famille de l'auteur : les Chastenay, Le Bascle d'Argenteuil, Herbouville. — Jeunesse de Mme de Chastenay mère. La vie de couvent, à Port-Royal. Dame d'honneur de la duchesse de Bourbon. Son mariage (1770).. 1

CHAPITRE II

Naissance de Mme de Chastenay (1771). — Carrière militaire de son père. — Premières études de Mme de Chastenay. — Le piano avec Séjan et Pradhère. — Premier voyage à Essarois. — Le prince Xavier de Saxe à Pont-sur-Seine (1781). — Voyage à Fleury. — Fêtes champêtres en Picardie. — Suite des études. — Fêtes de famille. — Bals d'enfants. — Études de mathématiques élémentaires, de latin, de géographie. — Habitués du salon de Mme de Chastenay mère. — Médecins d'autrefois. — M. Turlot devient l'ami de la famille de Chastenay...................... 15

CHAPITRE III

Instruction religieuse. — Mme de Chastenay élue chanoinesse d'Épinal (1785) ; cérémonie de réception. — Elle devient, ainsi que son frère, avec les enfants d'Orléans, élève de Mme de Genlis. — Portrait de Mme de Genlis. — Assemblée des notables (1787). — Mme de Chastenay coadjutrice de l'abbesse d'Épinal (1788). — Mme de Montesson à Plombières. — Le cardinal de Loménie et son ministère. — Du rôle de la femme près des hommes politiques. — Agitation parlementaire à Dijon...................... 47

CHAPITRE IV

Séjour en Bourgogne (1788-1789). — Essarois et Châtillon-sur-Seine. — Navier : *le Franc Bourguignon*. — Élections des députés aux

États généraux. — M. de Chastenay, libéral, député de la noblesse du bailliage de Châtillon ou de la Montagne............ 70

CHAPITRE V

Portraits du Roi, de la Reine et des principaux membres de la famille royale.............................. 84

CHAPITRE VI

Retour à Paris; installation à Versailles (1789). — Ouverture des États généraux (9 mai). — Portraits de constituants. — Mme de Chastenay, enthousiaste des idées nouvelles. — Son portrait physique et moral. — Prise de la Bastille; une députation de l'Assemblée nationale se rend à Paris. — Le Roi s'y rend deux jours après. — Journées des 5 et 6 octobre.................. 97

CHAPITRE VII

Séjour en Bourgogne pendant l'hiver de 1789-1790. — Retour à Paris au printemps. — L'émigration. — M. et Mme Stanislas de Clermont-Tonnerre. — Projets de mariage. — Quelques salons arriérés. — Soirées et spectacles. — La jeune garde royale.. 135

CHAPITRE VIII

Séjour à Rouen (1792-1794). — État des esprits à Rouen et aux environs, en 1792. — M. de Liancourt commandant militaire, et M. d'Herbouville procureur-syndic. — Calme de la ville. — Musiciens : Garat, Rode, Punto. — Mme Du Bourg. — Le fabuliste Boisard. — M. Begouen, du Havre................ 154

CHAPITRE IX

La Terreur à Rouen (1793). — Loi des suspects. — Lambert, président du Comité de surveillance. — Fausse alerte. — Mme de Coislin. — L'abbaye de Saint-Ouen et ses habitants. — Le conventionnel Lacroix, d'Eure-et-Loir. — M. et Mme d'Aubusson, la maréchale d'Aubeterre; M. de La Borde, ancien valet de chambre du Roi. — La famine. — Printemps de 1794. — Arrestations arbitraires. — Le conventionnel Alquier. — Le teinturier Godebin, membre du Comité de surveillance. — Sagesse du peuple de Rouen. — Le conventionnel Guimberteau. — Farouches révolutionnaires....... 181

CHAPITRE X

Suite de la Terreur à Rouen (1794). — Décret du 27 germinal an II obligeant les nobles à quitter Paris et les villes maritimes. — Démarches de Mme de Chastenay pour obtenir une surséance ; ses débuts politiques. — Cruelles alertes. — Ses parents se décident à retourner en Bourgogne. — Voyage accidenté de Rouen à Châtillon-sur-Seine (mai 1794).............................. 200

CHAPITRE XI

La Terreur à Châtillon-sur-Seine (1794). — État des esprits. — La vicomtesse de Damas et sa famille. — Fête de l'Être suprême. — M. de Chastenay inscrit par erreur sur la liste des émigrés. — Mme de Chastenay part aussitôt pour Dijon. — L'hôtel de la *Galère*, à Dijon. — Delmasse, chef du bureau d'émigration. — M. de Chastenay se dérobe aux recherches; sa fille est emprisonnée... 210

CHAPITRE XII

La prison de Châtillon et ceux qu'elle renfermait en 1794. — Mme de Chastenay est mandée devant la municipalité. — Son père est arrêté et conduit à Dijon, puis à Paris. — Détails sur les principaux prisonniers de Châtillon. — Leurs portraits dessinés par M. Henri de Chastenay. — Nouvelle comparution devant la municipalité. — Composition de ce tribunal ; attitude courageuse de l'accusée. 227

CHAPITRE XIII

M. de Chastenay à la Conciergerie (1794) ; émouvante rencontre avec Arnoult, son accusateur. — Derniers moments des condamnés. — Genre de vie des prisonniers. — Mme de Chastenay mise en liberté. — A quel moment la révolution de Thermidor produisit réellement ses effets. — Acquittement de M. de Chastenay, défendu par Réal (22 septembre). — Causes mystérieuses du salut de M. de Chastenay. — Mort du jeune Auguste de Damas; Fouquier-Tinville... 250

CHAPITRE XIV

Séjour de Mme de Chastenay à Dijon; automne de 1794. — Biographie de Delmasse. — Singulière aventure. — M. et Mme de Béthune. — Marmont, le général Bonaparte et son frère Louis à Châtillon; longue conversation du général avec Mme de Chastenay (mai 1795).................................. 270

CHAPITRE XV

Dépréciation des assignats. — Nouveau séjour à Dijon (1796). — Bals et concerts. — M. de Charbonnières. — Première publication de Mme de Chastenay : traduction du *Village abandonné* (1797). — MM. de Chastenay passent quelques jours à Paris ; coup d'œil rapide sur la société parisienne à cette époque ; Aubusson et Clermont-Tonnerre. — Seconde publication de Mme de Chastenay : traduction des *Mystères d'Udolphe*. — Mariage de M. Henri de Chastenay avec Mlle Henriette de Laguiche. — Paris en 1797 : la mode, divertissements. — Les émigrés. — L'ambassadeur de la Porte à Paris ; sa visite à la Bibliothèque nationale. — Les Trudaine. — Prony, M. d'Aligre, le vicomte de Ségur. — Première entrevue avec Réal.......... 290

CHAPITRE XVI

Dix-huit fructidor an V (4 septembre 1797) ; les conspirateurs, Carnot et Barthélemy. — Nombreuses démarches de Mme de Chastenay pour faire rayer Casimir de Laguiche de la liste des émigrés. — Sotin, ministre de la police. — Réal et les papiers de Pichegru. — Visite chez Tallien, à la Chaumière. — Relations journalières avec Réal pour sauver la fortune des Laguiche................. 311

CHAPITRE XVII

Bonaparte revient d'Italie ; sa présentation solennelle au Directoire (décembre 1797). — Son appréciation sur le gouvernement. — Marmont songe à demander la main de Mme de Chastenay ; inimitié passagère. — Premières relations avec Fouché. — Salon littéraire de Mme d'Esquelbeck : Vigée, Legouvé, Palissot, Despréaux. — Suite des démarches concernant la famille de Laguiche : la société Ouen, Barras, Larevellière-Lépeaux. — Réceptions de Barras au Luxembourg ; Mme de Chastenay est invitée aux dîners (1798). — Radiation de Casimir de Laguiche. — Alerte policière ; intervention décisive de Réal. — Fin tragique de M. d'Ambert. — Démarches en faveur de Mme Dauvet ; entrevue avec le général Marbot.   333

CHAPITRE XVIII

Portrait de Barras. — Principaux invités de ses réceptions du Luxembourg : Beurnonville, Merlin de Thionville, Tallien ; Mmes Tallien, de Mailly-Château-Renaud, Bonaparte, de Staël ; Benjamin Constant, Lucien et Joseph Bonaparte, Bernadotte ; Talleyrand, habitué rare ; Sophie Arnould, la Guimard. — Réception de Barras, en l'honneur de Mme de Chastenay, à Grosbois. — Salon du directeur Treilhard. — Les beaux-arts sous le Directoire : *Retour de Marcus Sextus*, par le peintre Guérin ; Garat. — Fête du 1er vendémiaire an VII (22 septembre 1798)...................... 358

CHAPITRE XIX

Démarches en faveur de Mmes Dauvet et de Clermont; noire ingratitude. — Bureau central de la Police. — Le général Éblé. — L'affaire de Casimir de Laguiche remise en question; succès inespéré. — Talleyrand prévenu contre Mme de Chastenay. — L'influence de Mme de Chastenay dans les régions gouvernementales fait rechercher son appui : Mmes de Montesson et du Bourg, M. de Ségur, Mmes de Noailles, de Brézé, de Villerouet. — Liaison avec Mme d'Arenberg. — Réflexions de Mme de Chastenay sur ses rapports avec Réal. — Marie-Joseph Chénier; sa tragédie de *Charles IX*. — Détails sur l'arrestation d'André Chénier. — M. de Sade.   377

CHAPITRE XX

Derniers jours du Directoire (1799). — Parole caractéristique de Joseph Bonaparte sur les projets du général. — Comment Barras et le nouveau directeur Sieyès se débarrassèrent de leurs collègues Treilhard, Merlin et Larevellière-Lépeaux. — Le Consulat (novembre 1799); parole énergique de Réal à Lucien Bonaparte. — Salons parisiens dans l'hiver de 1799 à 1800; un monde nouveau sous d'anciens noms. — Réal conseiller d'État. — Opinion du Premier Consul sur les radiations d'émigrés. — Mme de Chastenay chez le Premier Consul (1800). — Bonaparte quitte le Luxembourg pour les Tuileries. — Hortense de Beauharnais et M. de Gontaut. — Bal chez Mme de Montesson : Mmes Bonaparte, Murat, de Staël. — Radiations d'émigrés : Laguiche, Brézé, Murinais, Vaubecourt, Dauvet...   403

CHAPITRE XXI

Tentatives pour faire entrer M. de Chastenay père au Corps législatif : Champagny, Pétiet, Chaptal, Frochot, Réal. — Le consul Lebrun. — Réal aspire à la main de Mme de Chastenay. — Regnaud de Saint-Jean d'Angely, Beugnot. — Attitude du faubourg Saint-Germain en 1800. — Politique de Bonaparte. — Ministres : Lucien Bonaparte, Fouché. — Dîner à la Malmaison; manœuvres de Joseph et de Lucien Bonaparte contre Joséphine. — Denon, La Harpe, Saint-Martin. — Séjour à Châtillon, correspondance suivie avec Réal (1801). — *Le Calendrier de Flore* (1802). — La vie mondaine à Châtillon, en l'an 1802. — M. et Mme Du Deffand........   424

CHAPITRE XXII

Paris en 1803. — Mme de Genlis, Bernardin de Saint-Pierre, Grétry, l'abbé Delille; Marmont à Châtillon. — L'hôtel de Luynes : Mme de

Chevreuse. — Conspiration de Pichegru, Moreau, etc., instruite par Réal (1804). — Fouché protecteur de Moreau. — Arrestation de Mme de Polignac : dévouement de Mme de Brancas. — Dévouement de Mmes de Meun et de Marconnet pour M. de Rivière. — Mme de Montpezat. — Mort de Pichegru ; mot de Bonaparte. — Assassinat du duc d'Enghien (20 mars 1804). — Principaux accusés du grand procès : Moreau, les Polignac, M. de Rivière, Cadoudal ; l'audience. — Singulier rôle de Fouché. — Sort des condamnés.. 449

En vente à la même Librairie :

Les Mémoires d'une Inconnue, publiés sur le manuscrit original, 1780-1816. 2ᵉ édition. Un vol. in-8°. Prix . . . . 7 fr. 50

Dix ans de la vie d'une femme pendant l'Émigration, par le vicomte DE BROC. 2ᵉ édition. Un vol. in-8°. Prix . . . . . 7 fr. 50

Souvenirs de la comtesse de La Bouëre : **La Guerre de Vendée (1793-1796)**. Mémoires inédits publiés par madame la comtesse DE LA BOUËRE, belle-fille de l'auteur. Préface par M. le marquis COSTA DE BEAUREGARD. Un vol. in-8°. Prix . . . . 7 fr. 50

Mémoires inédits de B. P. de Beauvais, commandant général de l'artillerie des armées de la Vendée, publiés par madame la comtesse DE LA BOUËRE. Un vol. in-8°. Prix . . . . 7 fr. 50

Mémoires de Madame la duchesse de Tourzel, gouvernante des Enfants de France (1789-1795), publiés par le duc DES CARS. 3ᵉ édit. Deux in-8°, enrichis du dernier portrait de la Reine. 15 fr.

Mémoires sur les règnes de Louis XV et Louis XVI, et sur la Révolution, par J.-N. DUFORT, comte DE CHEVERNY, introducteur des ambassadeurs, lieutenant général du Blaisois (1731-1802). Publiés avec une introduction et des notes par Robert DE CRÈVECŒUR. Deux vol. in-8°, enrichis de deux portraits. Prix . . . . 16 fr.

Journal des prisons de mon père, de ma mère et des miennes, par Mme la duchesse DE DURAS, née Noailles. Un vol. in-8° orné d'un portrait. Prix . . . . 7 fr. 50

Une Famille noble sous la Terreur, par Alexandrine DES ÉCHEROLLES. 3ᵉ édition. Un vol. in-18. Prix . . . . 4 fr.

Mémoires de Madame la duchesse de Gontaut, gouvernante des Enfants de France pendant la Restauration. 1773-1836. 3ᵉ édition. Un vol. in-8°, accompagné d'un portrait en héliogravure. 7 fr. 50

Le Roman d'un Royaliste sous la Révolution. Souvenirs du comte de Virieu, par le marquis COSTA DE BEAUREGARD. 3ᵉ édition. Un vol. in-8°, avec deux portraits. Prix . . . . 7 fr. 50

Mémoires de la marquise de La Rochejaquelein. Édition originale publiée sur son manuscrit autographe par son petit-fils. Un vol. grand in-8° soleil, annoté de 340 notices biographiques. Hors texte : deux eaux-fortes de Lalauze et O. de Rochebrune; sept héliogravures de Dujardin, et deux cartes spécialement dressées pour l'ouvrage. Prix . . . . 20 fr.

Récits de guerre et de foyer. **Le Maréchal Oudinot, duc de Reggio**, d'après les Souvenirs inédits de la maréchale, par Gaston STIEGLER. Préface de M. le marquis COSTA DE BEAUREGARD. 7ᵉ édition. Un vol. in-8° avec deux portraits. Prix . . . . 7 fr. 50

Mémoires inédits de l'Internonce à Paris pendant la Révolution (Mgr de Salamon) (1790-1801). Avant-propos, introduction, notes et pièces justificatives, par M. l'abbé BRIDIER, du clergé de Paris. 2ᵉ édition. Un vol. in-8°. Prix . . . . 7 fr. 50

www.ingramcontent.com/pod-product-compliance
Lightning Source LLC
Chambersburg PA
CBHW050557230426
43670CB00009B/1162